本书为2017年福建省高等学校教学改革重大研究项目。

项目编号：FBJG20170269

项目名称：公共管理学科应用型人才培养案例库建设

U0645564

ZHENGFU
JINGJI
GUANLI
ANLI
JIAOCHENG

# 政府经济管理案例教程

郗永勤　李双荣　主编

厦门大学出版社 国家一级出版社

XIAMEN UNIVERSITY PRESS　全国百佳图书出版单位

**图书在版编目（CIP）数据**

政府经济管理案例教程 / 郗永勤，李双荣主编. --
厦门：厦门大学出版社，2022.5
ISBN 978-7-5615-8610-5

Ⅰ．①政… Ⅱ．①郗… ②李… Ⅲ．①国家行政机关
-经济管理-案例-教材 Ⅳ．①F20

中国版本图书馆CIP数据核字(2022)第084678号

| | |
|---|---|
| 出 版 人 | 郑文礼 |
| 责任编辑 | 潘 瑛 |
| 美术编辑 | 蔡炜荣 |
| 技术编辑 | 朱 楷 |

出版发行　厦门大学出版社

| | |
|---|---|
| 社　　　址 | 厦门市软件园二期望海路39号 |
| 邮政编码 | 361008 |
| 总　　机 | 0592-2181111　0592-2181406(传真) |
| 营销中心 | 0592-2184458　0592-2181365 |
| 网　　址 | http://www.xmupress.com |
| 邮　　箱 | xmup@xmupress.com |
| 印　　刷 | 厦门市竞成印刷有限公司 |

| | |
|---|---|
| 开本 | 787 mm×1 092 mm　1/16 |
| 印张 | 21.5 |
| 插页 | 1 |
| 字数 | 485 千字 |
| 版次 | 2022 年 5 月第 1 版 |
| 印次 | 2022 年 5 月第 1 次印刷 |
| 定价 | 88.00 元 |

本书如有印装质量问题请直接寄承印厂调换

厦门大学出版社
微信二维码

厦门大学出版社
微博二维码

# 前　言

青年人胸怀抱负，志存高远。"以天下为己任"，正是新一代青年人的主体自觉，公务员成为不少有志青年的重要职业选择。掌握政府经济管理的相关知识及应用方法，是公务员履行岗位职责的必然要求。然而，高校开设的政府经济管理课程理论性较强，对于尚未步入社会、缺乏实际管理经验的学生来说，不仅难以理解和掌握其相关理论的知识要点，更难以将理论知识与实践结合起来。因而，入职政府部门之后，面对错综复杂的经济管理事务，在履行岗位职责时，容易造成越位、错位、缺位或不到位等问题，由此导致自身绩效不理想，甚至降低了政府工作效能。

当前，我国正处在实现中华民族伟大复兴、加快推进国家治理体系和治理能力现代化的关键时期，迫切需要加快转变政府职能，而调整政府经济管理职能又是重中之重。如何让学生更好地理解政府在经济管理中的定位、职能及其实现途径，将理论与实践紧密结合起来？这就需要更加通俗易懂的教学方法。案例教学法可以追溯到1920年，由美国哈佛商学院倡导和发起，并于20世纪30—40年代逐步引入公共管理领域。实践证明，案例教学法是富有创新性的教学探索，有助于提高课程教学质量与学生综合素质。《政府经济管理案例教程》的编写正是基于案例教学的重要价值，通过精心编撰与科学设计，为政府经济管理课程的教学提供素材支撑、思路引导、思考启发与学习借鉴，使学生能够在学习过程中真正理解政府经济管理的重要原理与思想，达到学以致用的目的。

本教程依照政府经济管理所涉及的知识和功能运行的逻辑顺序，分为十四章，每一章均精选若干案例。本教程具有以下几个特点：

第一，主题鲜明，重点突出。围绕政府经济管理的基础理论、宏观调控理论与实践、微观规制理论与实践三个方面展开，每个案例都有一个鲜明的主题，紧扣政府经济管理特定领域的热点、难点和焦点。案例内容充实，重点突出，对该领域的现状、问题及应对之策进行剖析，贴合实际，针对性强；同时，案例注重与时俱进，突出新颖性，能够充分反映现实经济问题，具有重要的现实意义。

第二，客观真实，普适性强。案例提供的背景材料，均为近年来中国新时代创新发展的真实情境再现，充分体现案例的真实性、典型性、客观性和时效性，有助于师生系统分析问题，提高处理复杂事务的综合能力，适用于应用型人才培养的课堂教学。案例所描述的事件具有较强的普适性:类似的事件可能在此地发生,也可能在彼地发生;以前发生过,未来还可能再次发生。因此,案例研究具有宽广的应用领域。

第三,风格统一,结构清晰。每个案例部分均由案例导读、案例材料、案例分析参考等版块组成,形成了系统完整、逻辑严密的分析架构。案例导读对案例材料的内容、问题、意义等进行简要介绍,案例材料全面描述事件情境并展开案例主线,案例分析参考则对所提出的研讨问题进行分析和解读。

本教程系福建省本科高校教育教学改革重大项目"公共管理学科应用型人才培养案例库建设"(项目编号:FBJG20170269)的研究成果之一。本教程由阳光学院郗永勤、李双荣负责编写,郗基成、游宇暄、姚亦文等学生参与部分资料的搜集、整理与修订工作,在此表示感谢。本教程试图通过经典案例对政府经济管理的重要理论、思想和观点进行阐释,但经济领域的问题层出不穷,政府经济管理理论也在不断推陈出新,处于不断创新发展的过程之中。由于编者水平有限,书中难免存在不当之处,甚至错误之处,恳请读者批评指正。

郗永勤　李双荣

2022 年 3 月 10 日

# 目　录

# 第一章 市场经济与政府经济管理

## 第一节 学习目的和要求

《中共中央关于制定国民经济和社会发展第十四个五年规划和二〇三五年远景目标的建议》强调指出,坚持和完善社会主义基本经济制度,充分发挥市场在资源配置中的决定性作用,更好发挥政府作用,推动有效市场和有为政府更好结合。市场经济是以市场机制配置社会资源的一种经济运行形式。从发展历史来看,市场经济主要经历了以市场自由放任为主和以政府宏观调控为主的两个阶段,前者的主要特征是经济的运行在很大程度上由市场机制决定,政府的介入被局限在很小的范围和领域;后者则是在维护市场机制的基础上强调政府有目的、有针对性地对经济运行过程进行宏观管理。当前,我国的社会主义市场经济体制仍不完善,市场配置和政府管理各自的介入程度、范围便成为当代经济运行的重要议题。

**本章的学习目的及要求:**

准确理解市场失灵的概念、特征和类型,把握市场失灵的原因;明确市场经济中政府的经济角色,明晰政府与市场的关系;了解我国体制转轨和完成时期政府的不同经济职能,把握我国社会主义市场经济的深入发展对政府所应发挥的经济职能提出的新要求。要求学生能够应用相关知识分析案例,从而提高政府在市场经济中的管理能力。

## 第二节 知识要点

### 一、市场经济的含义与特征

市场经济是商品经济的现代形态和发达形态,是一种以市场为中心来组织社会经济,以市场机制为基础来配置社会资源的经济运行形式和资源配置方式。

市场经济作为一种经济运行方式,具有自主性、竞争性、平等性、开放性、系统性等特征。

## 二、市场经济的主要功能

市场经济的主要功能有:自动促进资源配置效率的提高,自动促进技术创新和生产效率的提高,自发地促进积累的增长,自发地促进经济持续、有效增长。

## 三、市场失灵的含义与原因

市场失灵是指由于内在功能性缺陷和外部条件缺陷引起的市场机制在资源配置的某些领域运作不灵。它有狭义和广义两层含义,在狭义上主要表现在对外部负经济效应、垄断生产和经营、公共物品的生产、不对称信息情况下的商品交易以及社会收入分配不均等问题的调节上运作不灵;在广义上,除了包括狭义的市场失灵的内容外,还包括由宏观经济总量失衡导致的经济波动。

造成市场失灵的原因既有内在性因素,也有外在性因素。狭义的市场失灵,主要是由市场的外在性和市场的不完全性或不充分性造成的,即市场机制发挥最佳功能所需要的若干市场条件在现实的经济运动中往往不具备或不完全或不充分,由此引起市场失灵。广义的市场失灵,主要是由市场机制作用的自发性、盲目性和滞后性引起的。

## 四、市场失灵的类型

1.宏观性失灵:市场总供求关系发生以超额供给或超额需求为特征的宏观经济总量失衡。

2.信息性失灵:在交易过程中,交易双方对于商品质量、性能等信息的了解程度不同,出现"信息不完全"或"信息不均等"的现象。

3.公共性失灵:国防、市政建设、生态环境保护、教育和医疗保健等公共部门或准公共部门的产品,由于非竞争性和非排他性的特点,不能在市场上被自发有效地生产出来。

4.垄断性失灵:市场上出现只有为数很少的几家供应商,甚至是独家垄断的局面,垄断厂商通过操纵物价牟取暴利,使市场均衡作用失灵,资源不能得到合理配置。

5.外在性失灵:当某些市场主体的活动给社会或其他主体带来经济损失时,通过市场机制的自发调节作用将难以达到有效配置社会资源的目的。

6.分配性失灵:在分配领域,单纯依靠市场机制的自发作用不可能完全实现公正的收入分配。

## 五、市场经济中政府的经济角色

市场失灵的存在决定了政府介入、干预经济活动的必要性。政府在市场经济中的经济角色是由弥补市场的缺陷或不足等情况所决定的。

　　1.调控人角色:职责是对宏观经济总量进行调节和控制。

　　2.公益人角色:职责是实现并维护一定的公共目标。

　　3.管制人角色:职责是对私人经济部门(厂商或家庭)的活动进行某些限制和规定。

　　4.仲裁人角色:职责是超越于各个经济主体之上,从而协调、处理经济主体之间的利益冲突。

　　5.守夜人角色:职责是防止和打击经济领域的违法犯罪行为,维护社会经济生活的正常秩序。

## 六、政府经济职能及其发展变化

　　概括地说,政府经济职能是以政府机构为行为主体,从社会生活总体的角度,对国民经济进行全局性的规划、协调、服务和监督。它是为了达到一定目标而采取的协调和组织经济活动的各种方式、方法的总称。

　　西方国家市场经济体制下政府经济职能经历了如下阶段的发展变化:"国家主义经济"阶段、"守夜人"阶段、"全面干预"阶段、"混合经济"阶段。

## 七、体制转轨和完成时期我国政府的经济职能

　　政府经济职能是我国政府管理最重要的职能之一。在我国经济体制转轨和完成时期,政府既是国有资产的所有者,同时也是国民经济的管理者。这种双重的社会组织者角色,决定了政府拥有以下几方面的经济职能:

　　1.制定经济社会发展战略和规划的职能:从经济运行方式看,社会主义市场经济是以市场机制配置资源为特征的,但从经济的运行状态看,它是有计划按比例发展的,这就要求政府具有制定经济发展规划的职能。

　　2.宏观调控职能:依靠宏观调控手段,保证社会经济的全面、协调和可持续发展,是市场经济条件下政府的一项基本职能。

　　3.建立和维护市场秩序的职能:市场经济的深入发展不但需要相对发达、完善的市场体系,而且还需要市场体系能够健康地运行和发展,这就相应地赋予政府建立和维护市场秩序的职能。

　　4.提供公共产品和公共服务的职能:政府有必要参与公共部门的经济活动,为市场经济的发展创造必要的和良好的基础设施条件以及信息沟通、交流网络,以降低企业生产成本、提高整个社会的福利水平。

　　5.管理国有资产的职能:从特殊性的角度来考察,政府的经济职能主要体现在国有资产所有权的行使与实现上,即建立适合市场经济发展要求的国有资产管理体制。

## 八、市场经济的深入发展对我国政府经济职能的新要求

1.强化政府对经济宏观调控的职能

建立完善的社会主义市场经济体制,必须通过改革,使市场在资源配置中发挥基础性作用的同时强化政府的宏观调控职能。

2.加强和完善政府的社会管理和服务职能

在社会主义市场经济中,政府既是管理者,又是服务者。政府管理的根本目的是实现社会的共同利益,政府不应该追求自身单独的利益,而应该以实现社会公共利益为出发点和最终归宿。

# 第三节  案例分析

## 案例1  2020年新冠肺炎疫情席卷全球:口罩价格需管控

### 一、案例导读

2019年12月以来,湖北省武汉市持续开展流感及相关疾病监测,发现多起病毒性肺炎病例,均诊断为病毒性肺炎/肺部感染。2020年1月20日,习近平总书记对新型冠状病毒感染的肺炎疫情作出重要指示,强调要把人民群众生命安全和身体健康放在第一位,坚决遏制疫情蔓延势头。当月27日,受习近平总书记委托,中共中央政治局常委、国务院总理、中央应对新型冠状病毒肺炎疫情工作领导小组组长李克强来到武汉,考察指导疫情防控工作,看望慰问患者和奋战在一线的医护人员。紧随其后的1月30日晚,世界卫生组织(WHO)宣布,将新型冠状病毒疫情列为国际关注的突发公共卫生事件(PHEIC)。在新冠肺炎疫情全球性“大流行”的过程中,口罩价格上涨问题逐渐凸显。我国在2020年新冠肺炎疫情防控工作当中同样遇到了来自口罩价格上涨所带来的挑战。本案例聚焦口罩价格调控,从中对政府经济管理的相关问题展开讨论。

### 二、案例材料

(一)疫情暴发,口罩成为“年货”

自2019年疫情发生以来,口罩一直就是最抢手的紧俏货,不仅在国内热销至脱销,又因为海外的疫情加剧,尤其是多个国家确诊人数持续暴增,导致一罩难求。这个平时毫不起眼的小小医用品,在疫情发生前也只是几毛钱的东西,突然间价格一路飙升,暴涨到离谱地步,确实让人惊掉了下巴。

在这种口罩极度紧缺的情况之下,很多厂商迅速行动起来,有的是现成的工厂直接转

产口罩,有的索性是客厅收拾好,把几台机器放在家里日夜加工,基本上都是两班倒,总之是歇人不停机。桐城这段时间的朋友圈及各个微信群,聊得最多的都是"口罩,口罩",走在路上都能听见口罩的话题。这足以证明,小小口罩已经让人疯狂。

2020年1月,我国疫情暴发正值春节,正是人口大规模流动的时期,在人口流动的时期,人与人之间存在着接触,口罩成了个体之间的"最后一道防线",由此带来了口罩需求量的剧烈增加。在人们的日常生活中,口罩的应用范围也变得越来越广,从乘坐公共交通到进入人群密集的菜市场、超市买菜等,甚至到人们日常的行走过程中,都需要佩戴口罩。一方面,口罩应用范围的扩大使口罩的需求量也逐渐增大;另一方面,在疫情之前口罩并不是生活必需品,市场上没有足够规模的口罩供给。还有其他方面的一些原因导致了口罩的价格飞涨,有口罩的商户提升口罩的市场价格;有正规口罩生产线的家大规模扩大口罩的生产导致口罩原材料的价格飞涨。

(二)囤货居奇谋取暴利?　国家出手让大家买到平价口罩

口罩的产能受到很多方面的限制。口罩生产流水线的关键部件——超声波设备极度短缺,没有一个月无法缓解。口罩的核心原料——优质的熔喷过滤布早已断货,进口的都需要等很久。口罩的辅助材料——耳带线现在的供应也十分短缺。另外,医用口罩生产出来需要用环氧乙烷灭菌,灭菌后,口罩上会有环氧乙烷残留,这不但刺激呼吸道,还可能致癌。

所以,口罩生产后必须通过解析的方式,使残留的环氧乙烷释放,达到安全标准,经检测合格后,才能出厂上市。这一过程,一般需要7~15天。

中间商发现口罩价格一直上涨,觉得未来价格还会涨得更高。于是,他从厂家买了大量口罩,先囤着不卖,想等未来口罩价格涨得更高再卖。这个时候,大部分口罩囤在中间商的仓库里,有钱也买不到。此时政府的宏观调控就显得十分重要。

针对突如其来的疫情,全国各地均出现了医疗用品断货、涨价等现象。2020年2月1日起,北京、南昌等地市场监管部门对哄抬口罩价格的不良商贩开出300万元的罚款。越是在万众一心防控疫情的重要时刻,越需要发挥好市场配置资源的作用,更关键的还要发挥好政府的调控作用。面对口罩一罩难求的局面,长沙少量还有口罩销售的药店门口更是排起了长长的队伍,凭身份证实名购买,每人限购3个。与此同时,全国各地政府都开始实行凭身份证限量购买口罩的政策,这在一定程度上保证了市场秩序,同时也保证了人们复工复产对于口罩的需求。如2020年1月28日泰州市政府为做好一次性医用口罩的政府投放工作,将生产商的口罩出厂价格调整为0.4元/只,政府各投放点销售的上述口罩零售价为0.5元/只。

2020年2月4日,在中央应对疫情工作领导小组的领导下,国务院应对疫情联防联控机制医疗物资保障组成立了,工业和信息化部作为牵头单位,主要负责医用防护服、医用护目镜和眼罩、医用口罩、消杀用品、负压救护车、红外体温计等重点医疗物资的生产保障,统筹调度急需物资。保障组各成员单位大力协同,各负其责,全国各省市工信系统上下联动,共同担起以武汉和湖北为重点的医疗保障任务。

工业和信息化部党组成员、总工程师田玉龙表示,我国拥有全球最大的口罩产能——每天2000多万只,就目前急需的N95口罩和医用外科口罩来看,总体产能还需要一定时间恢复，但"从现在复工复产的速度来看，还是很乐观的。到今天为止，最主要紧缺物资复工率大概在 60%～70% 之间，产能已经开始逐步显现，从刚开始的应急状态已经进入了'紧平衡'状况"。

国家发改委副主任连维良强调，解决口罩紧缺的问题，要从两个方面做工作：一是增加供应，这是根本。目前医用 N95 口罩各方面汇总的需求很大，很多都是按照底线思维的思路，宽备窄用。"但即使如此，到昨天晚上我们已经按 1 倍以上的规模组织了产能，准备了原料，并且启动了增产增供。不少企业担心将来会不会产能过剩，我们明确告诉他们，疫情过后富余的产量，政府将进行收储。只要符合标准，企业可以开足马力组织生产。"二是科学使用、合理使用，即按需使用，按功能使用，避免过度使用，特别是一般的防护，不要挤占宝贵的医用资源。

2020 年 2 月 14 日，国家发改委会同财政部等出台文件明确已将相关医疗防护物资列入国家储备。对于企业加大生产力度、扩大产能而多生产出来的口罩等防护物资，政府将兜底收购。同时，鼓励地方政府出台相关支持政策。"请企业不要顾虑，全面加大生产。"

在口罩生产扩大数量的同时，还应该注意口罩质量的管控。2020 年 2 月 25 日，江西省市场监管局专门印发实施《关于做好我省非医用防护口罩生产企业精准服务工作的通知》，为保障非医用防护口罩产品质量安全，助力非医用防护口罩生产企业扩大产能、缓解供需矛盾，组织各地市局对非医用防护口罩生产企业开展精准帮扶。

一是把好型式检验关，相关执行标准中明确的型式检验项目正式生产前必须做型式检验；二是把好原料验收关，建立健全进货检验制度，防止不合格物料进入生产环节；三是把好过程控制关，严格按照生产工艺、技术文件或标准进行生产；四是把好出厂检验关，建立健全出厂检验制度，严格执行成品出厂批批检验，确保产品符合相关技术要求。

### （三）口罩价格管控

一只防护口罩，在非常时期维系着抗"疫"一线战士及广大群众的安危和切身利益。在疫情期间，全国各地政府对于倒卖口罩、非法提价、出售低质口罩等违法行为的处罚手段都是统一的"严肃处理"。

启动疫情防控以来，湘西自治州市场监管系统突出药品、医疗器械、口罩等预防类商品监管，接连出重拳、下重手，快查重处一系列市场违法案件，借此正告经营者必须守法经营，坚决维护疫情防控期间的良好市场秩序。截至 2 月 7 日，全州共检查药品、医疗器械市场经营主体 2664 家次，专项开展市场价格监督检查市场主体 5738 家次，立案查处案件 16 起，向公安机关移送涉刑案件 1 起，其中查处哄抬价格销售口罩违法案件 5 起，查扣问题口罩 113500 余只。

### （四）口罩产能提升导致原材料价格上涨

小作坊的熔喷布是"三无"产品，也是三无"残"品。多家媒体曝光，受暴利驱使，一些小型熔喷布生产机在民间违规生产不适用的改性料，采用 S2040 来生产"熔喷布"，而这种"熔喷布"，是不能制作口罩的。

江苏省执法部门也在运输中截获了违规物资，对所有车辆运载的"三无"熔喷布产品依法查扣，部门共查扣熔喷布运输车 30 余辆，并下发《关于开展熔喷布行业规范化整治的通知》,检查当地有熔喷布生产、销售企业共计867户。通知指出,利用家庭作坊进行生产的,一律取缔;没有合法合规生产经营手续的,一律关停等等。

可以看到,低值耗材行业中经营企业的暴增,无论是质量还是价格都不同于往常,这将会对行业产生哪些影响?对此,《成为医疗器械领军者》的作者王强对赛柏蓝器械表示,疫情使做高值耗材的企业也跨界来开辟低端市场,使整个市场已经饱和,优胜劣汰将显现,有的小企业也将破产倒闭。虽然国外市场缺口大,但出口质量不容乐观,国家已经开始严检,所以疫情是分水岭,也是洗牌期。

(五)针对市场乱象,国家持续出手!

据悉,一只普通的平面口罩大概需要1g熔喷布+2g纺粘布;而一只N95口罩,大概需要3~4g熔喷布+4g纺粘布。

在新冠肺炎疫情之下,熔喷布的市场行情已经到达极致,市场上一布难求,其价格已从原来的1.8万元/吨,被炒到了20万~40万/吨。有口罩生产企业表示,年后熔喷布价格成倍上涨,可谓是一天一个价。

因此,不少口罩生产企业,目前已经停止接单。相关企业人士透露,"不只是稀缺,熔喷布厂家已经排到了3月份,甚至有些4月都排满了,可以说熔喷无纺布已经没有了"。很多渠道企业的订单,都是之前签订的。现在都是按订单生产,卖完想再要就没有了,根本拿不到货。

国家市场监管总局也注意到了熔喷布涨价严重的情况,3月10日,市场监管总局表示要严查哄抬熔喷布价格等违法行为,并且已经联合公安部依法查处了一批扰乱熔喷布市场价格秩序的违法行为。

(案例来源:国家市场监督管理总局.疫情防控期间哄抬熔喷布价格违法行为典型案件(第九批)[EB/OL].(2020-03-11)[2021-11-1].http://www.gov.cn/xinwen/2020-03/11/content_5489768.htm.)

**案例思考:**

1.结合案例分析口罩价格为何飞涨。

2.案例主要体现了市场失灵的哪种类型?为此政府需要在市场经济中承担起什么角色?

3.结合案例,试论述政府应如何对物价进行有效干预。

### 三、案例分析参考

**1.结合案例分析口罩价格为何飞涨。**

一是受疫情影响。案例材料提及的口罩价格上涨主要是受新冠肺炎疫情影响,平时不起眼的口罩这时也由原来的非必需品变为了必需品。由于应对疫情的需要,人们需要佩戴口罩以防控疫情的传播,在此情况下口罩的重要性一下子突显了出来,口罩价格上涨也反映了其在经济社会中的重要性的提升。

二是市场机制作用。案例材料提及的口罩价格上涨现象反映了口罩供不应求的情况。物以稀为贵,价格反映了市场供求关系的变化,当商品供大于求时市场价格就会下降,当商品供不应求时市场价格就会上升,口罩价格也不例外。市场经济的一个特点就是通过价格变化来引导资源配置。

三是部分商家的哄抬物价行为的推动。例如案例材料提及的一些不良商家囤货居奇，或是高价销售，希望从中牟取暴利。这样的一些行为扰乱了市场秩序，不仅造成口罩价格的飞涨，而且给人们的防疫信心也带来不利的影响，不利于社会的安定稳定。

**2.案例主要体现了市场失灵的哪种类型？为此政府需要在市场经济中承担起什么角色？**

案例主要体现了"宏观性失灵"这一市场失灵类型。宏观性失灵表现为宏观经济总量失衡，其特征在于市场总供求关系中的供应过剩或需求过剩，案例材料提及的口罩价格飞涨主要涉及需求过剩这一情况。当需求过剩时，容易导致通货膨胀。

为此政府需要在市场经济中承担起调控人角色。该角色的作用是调节和控制宏观经济总量。案例提及的口罩价格飞涨涉及宏观总量的失衡，为此案例材料提到政府采取了一系列的举措进行调控，以便维持宏观总量的平衡，保持口罩的社会总供给与总需求之间的基本平衡。

**3.结合案例，试论述政府应如何对物价进行有效干预。**

政府干预物价的方法在形式上分为直接干预和间接干预。直接干预的方法包括定价、限价。政府应当这样对物价进行有效干预：

（1）政府应维护市场经济的运行机制，遵循市场经济规律，在干预物价时要明确干预的目标，要预见干预的结果。案例材料当中政府采用定价、限价等干预方式，从而防止通货膨胀、制止物价过快上涨。

（2）政府干预市场物价在极特殊时期，如战争、特大自然灾害时可采用直接干预物价的方式。案例材料当中政府便是采取直接干预的方式，对哄抬物价的行为进行了相应的处理。同时承诺在市场供给饱和的情况下政府会对富余的口罩进行收储，从而使生产者更加坚定地增加供给，缓解市场矛盾。至于非特殊情况下，政府则应当尽量使用间接的手段达到市场的稳定和均衡，政府可以综合运用财政、税收、货币、投资、商品采购与投放等手段达到干预目标。

（3）政府干预市场物价要弄清物价上涨的特点和原因，有针对性地选择有效手段进行干预。例如案例中政府意识到口罩价格飞涨的原因之一是一些不良商家哄抬物价，因而有针对性地制定调控口罩价格的政策措施，对于一些违法牟取暴利的商家给予了严厉处罚。而如果不是处在极特殊时期，那么政府干预物价的方式选择则主要有如下方面的考量：对于因全行业劳动成本上涨引起的物价上涨应主要采取减税手段进行调节。政府对企业适当减税，特别是对财力薄弱的中小企业减税，会直接降低企业开支，起到平抑物价的作用。此外，从财政上扶持市场薄弱微利行业，对其技术、设备需求给予补贴支持，使其得到发展壮大；对超社会平均利润的企业加大税收，形成高物价不一定有高收入状态；从货币手段上选择既不损害经济增长，又不导致通货膨胀的适当货币政策。消费者物价指数统计的消费品物价多数和货币流动性关系不大，在某些情况下，政府控制流动性只是起到减少投资抑制经济增长的作用，这反而使物价更贵。当然，实施货币政策比实施财政税收政策更容易，一般不需要复杂的计算和实施的细则。

（4）政府对于因市场供需信息失真或失衡所引起的物价波动，可通过及时发布补充有效信息、进行适当的商品储备和投放调节供求，来缓解或消除市场价格波动。政府应当对民生商品进行储备，必要时用以平抑物价。例如案例材料提到为调控口罩价格，政府积极进行口罩储备。

（5）政府对人为的操控市场的违法行为应从行政手段上加强市场监管，防止破坏市场秩序的不法行为泛滥。案例材料提到口罩价格上涨的一部分原因是受疫情的影响，但也存在部分商贩故意哄抬物价的现象。政府应当在监管上把商品分为关注和不关注两类分别对待，政府应当关注的是民生商品，对奢侈品不予关注，口罩在疫情防控期间便属于民生商品，需要予以重点关注。

**参考文献：**

[1]许光建,徐利,乔羽堃.从严查处哄抬价格行为 切实做好保供稳价工作:防控新冠肺炎疫情期间实施若干稳价措施的思考[J].价格理论与实践,2020(4):4-7,50.

[2]许光建,黎珍羽."新冠肺炎"疫情对我国口罩产业的影响[J].经济与管理评论,2020,36(3):11-20.

[3]彭文生.口罩经济学的人文视角[J].国际经济评论,2020(2):71-80,6.

[4]陶杰,高岩.疫情环境下价格导向的防护物资最优生产分配机制研究[J].运筹学学报,2020,24(1):13-22.

[5]国浩律师事务所编著.新冠肺炎疫情法律问题与依法应对[M].上海:上海辞书出版社,2020.

# 案例2　加快推进棚户区改造正当时

## 一、案例导读

民生是执政之本、执政之要。民生能否改善，有赖于国家财力的积累，更有赖于执政者的自觉和重视。党的十九大把民生问题提到相当的高度，指出要加快推进以改善民生为重点的社会建设。棚户区改造便是对中央这一战略部署的自觉实践，做到从政策上改善民生，制度上保障民生，政治上重视民生。棚改工作是惠及千家万户的"三民"工程，直接关注民生保障，关注人民群众最关心、最直接、最迫切需要解决的切身利益问题。民生工程办好了，有利于赢得民心，当然在此过程中也要充分发扬民主精神，一定要采用一些公众参与的方式让群众知晓、评判和决定政府的棚户区改造工作。近几年一些地方开展的大力度棚户区改造引起了社会的极大关注，本案例聚焦棚户区改造，从中对政府经济管理的相关问题展开讨论。

## 二、案例材料

**材料一:"十四五"期间长春市计划改造棚户区约3.8万户 面向社会公众征求意见**

为加快推进长春市"十四五"期间城市棚户区改造工作，进一步改善居民住房条件，近日，长春市住房保障和房屋管理局拟定了《长春市人民政府关于"十四五"期间城市棚户区改造工作的意见（征求意见稿）》，现面向社会公众征求意见。

该《棚改意见（征求意见稿）》显示，"十四五"期间，长春市将以三环以内集中连片棚户区为重点，计划改造棚户区约3.8万户，基本完成三环以内现有城市棚户区改造工作。《棚改意见（征求意见稿）》本着尊重居民意愿原则，各辖区政府（开发区管委会）在申请将地块(D级危房除外)列入棚改计划前,应以户为单位充分征求居民意见。征询后同意率达不到90％的,不得列入棚户区改造计划。同时,对棚户区住宅房屋征收,选择产权调换(房屋安置)的,实施原面积部分"拆一还一",不找差价,对合理扩大面积(即上靠标准户型)部分,只收建安成本。对特殊困难家庭,免收扩大面积部分费用。对选择货币补偿的,参照房屋安置,上靠标准户型,上靠面积部分根据新建商品房价格进行补偿,但需由被征收人按照上一年度的建安成本,补交上靠面积部分的差价。除征收政策法规之外,对在规定征收时限内迁出的居民,予以原被征收住宅房屋建筑面积20％的奖励。

(案例来源:于吉."十四五"期间长春市计划改造棚户区约3.8万户 面向社会公众征求意见[EB/OL].(2021-01-27)[2021-11-1].https://jl.sina.cn/news/b/2021-02-27/detail-ikftssap9007873.d.html?from＝wap.)

**材料二:国家发展改革委住房城乡建设部关于下达保障性安居工程2021年第一批中央预算内投资计划的通知**

为加强保障性安居工程配套基础设施建设,根据《政府投资条例》(国务院令第712号)、《中央预算内投资补助和贴息项目管理办法》(国家发展和改革委员会令2016年第45号)和《中央预算内投资保障性安居工程专项管理暂行办法》(发改投资规〔2019〕1035号),现将保障性安居工程2021年第一批中央预算内投资计划2969300万元以投资补助方式切块下达你们,用于支持城镇老旧小区改造和棚户区改造配套基础设施建设,并就有关事项通知如下:

(一)项目实施

请严格按照有关规定,认真组织实施,加强项目管理,严格按照批准的项目名称、建设内容、建设规模以及下达的中央预算内投资进行建设,严禁将中央预算内投资截留、挤占或挪作他用,项目建设所需其他资金要确保足额及时到位。严禁未经批准擅自变更建设内容和建设规模,如确需调整,须按权限报有关机关批准。项目建设内容和规模调整影响中央预算内投资安排规模的,应及时报国家发展改革委进行调整。

要加强对保障性安居工程配套基础设施项目的审核,原则上不得安排用于城市主干道主管网、综合管廊、城市广场、城市公园等项目,不得安排用于地方各项建设资金未落实、规定时间内无法开工建设的项目;要符合本地区财政承受能力和政府投资能力,切实防范地方政府债务风险和金融风险。安排保障性安居工程配套基础设施建设项目时,中央预算内投资要重点支持项目排水防涝设施内容,要统筹考虑支持消除污水收集空白区,完善"一城一策""一区一策"消防车通道治理方案。同时,要切实落实项目建设条件,重点安排因配套基础设施短板影响群众使用的项目;对审计、督查发现存在问题多、整改不到位的市县,要减少安排中央预算内投资。

(二)分解下达

请在收文后30个工作日内将投资计划分解落实到具体项目,及时上报备案并在国家重大建设项目库中相应分解至具体项目。要按照《政府投资条例》有关规定明确安排方式,已安排中央财政资金的项目不得重复支持。在分解投资计划时,要加大对"三区三州"和革命老区等特殊地区倾斜支持力度;要对地震易发区加大支持。有关项目应符合《中央预算内投资保障性安居工程专项管理暂行办法》和《关于申报2021年城镇老旧小区改造计划任务的通知》(建办城〔2020〕41号)、《关于申报2021年城镇棚户区改造公租房保障计划任务的通知》(建办保〔2020〕52号)明确的支持范围。计划新开工项目应有扎实的前期工作基础、具备开工条件,在建项目各项建设手续应当完备,确保投资计划分解后,下达投资能够立即投入项目建设。

对分解后的具体项目应逐一落实项目(法人)单位及项目责任人、日常监管直接责任单位及监管责任人,并经日常监管直接责任单位及监管责任人认可。各地要按照国家有关规定,建立部门间衔接机制,在项目申报、资金安排过程中严格做好信用信息审核,确保资金使用管理规范。

### (三)加强监管

项目单位要严格落实投资计划执行和项目监管的主体责任。项目单位应当按要求签署综合信用承诺书,积极开展项目前期工作,严格按批复组织项目建设,及时准确上报进度数据和信息,如期保质保量完工投用。自觉接受各级监管部门和监管责任人的监督检查。对监管部门指出的问题要积极整改,并及时向有关部门报送整改情况。

日常监管直接责任单位要严格落实投资计划执行和项目实施日常监管直接责任。日常监管直接责任单位中的监管责任人应随时掌握项目建设情况,做到"三到现场",即开工到现场、建设到现场、竣工到现场,并及时主动向上级相关部门报告。

按照省级人民政府负总责、市县人民政府负责实施和监管的要求,各地要建立保障性安居工程中央投资项目上下联动、分级负责的监管机制,切实履行监管职责。省级发展改革应会同住房城乡建设(房地)部门,按照隶属关系加强对市县有关部门的督促指导,强化本行政区域内项目的监管,特别要发挥基层发展改革部门和行业管理部门就近就便监管的优势,压实"两个责任",努力做到问题早发现、早解决,避免等到审计、督查发现问题才去解决。要建立工作机制,制订监管计划,组织实施中央预算内投资项目的日常调度、在线监测、现场检查和监督问责。国家发展改革委、住房城乡建设部将加大监督检查工作力度,适时对计划执行情况进行抽查,重点检查项目管理、资金使用、施工进度、工程质量等。对于投资计划执行不力的项目,将按照有关规定,对有关单位和相关责任人员实施处罚。

### (四)按月调度

列入本批计划的项目,均纳入国家重大建设项目库监管体系,请有关方面严格做好项目信息数据填报和审核工作,提高填报数据质量。请于每月10日前将本批计划项目开工情况、投资完成情况、工程形象进度等数据通过国家重大建设项目库报送国家发展改革委(涉密项目按有关要求报送)。国家发展改革委将对所有项目实施在线监测,定期对本批项目进行综合评价,在一定范围内公开评价结果,并作为后续投资安排的重要参考。国家发展改革委将会同住房城乡建设部根据调度情况,对建设进度慢、配套设施建设滞后、资金使用存在问题的地区进行通报,并督促地方进行整改。

### (五)绩效目标

本批计划的总体绩效目标详见绩效目标表(附后),请省级发展改革部门根据此次下达的投资计划按照下达单位分解落实绩效目标,与投资计划同步分解下达,分解的下达单位绩效目标表随分解文件一并上报备案。请加强对绩效目标实现情况的监控,发现问题要及时纠正,确保绩效目标如期保质保量实现。国家发展改革委将适时组织开展绩效评价。

(案例来源:《关于下达保障性安居工程2021年第一批中央预算内投资计划的通知》[发改投资〔2021〕198号][EB/OL].(2021-02-07)[2022-01-22].http://www.gov.cn/zhengce/zhengceku/2021-02/23/content_5588458.htm.)

**材料三:下达保障性安居工程2021年第一批中央预算内投资296.93亿元**

国家发展和改革委与住建部联合印发《关于下达保障性安居工程2021年第一批中央预算内投资计划的通知》(发改投资〔2021〕198号,以下简称《通知》),下达中央预算内投资296.93亿元支持城镇老旧小区改造、棚户区改造等保障性安居工程配套基础设施建设。其中,安排194.98亿元支持城镇老旧小区配套基础设施建设,安排101.95亿元支持棚户区改造配套基础设施建设。《通知》要求各地方要在规定时限内分解落实保障性安居工程中央预算内投资计划,计划新开工项目要具备扎实的前期工作基础,在规定时限内加快开工建设,在建项目手续应当完备,确保投资计划分解后,资金能够立即投入项目建设,充分发挥中央预算内投资效益。

(案例来源:我委下达保障性安居工程2021年第一批中央预算内投资296.93亿元[EB/OL].(2021-02-23)[2021-11-1].https://www.ndrc.gov.cn/fzggw/jgsj/tzs/sjdt/202102/t20210223_1267731_ext.html.)

**案例思考:**

1.案例材料体现了体制转轨和完成时期我国政府所承担的哪些经济职能?

2.结合案例,分析棚户区改造的社会效应。

3.政府在棚户区改造中应如何作为?

## 三、案例分析参考

### 1.案例材料体现了体制转轨和完成时期我国政府所承担的哪些经济职能?

案例材料体现了体制转轨和完成时期我国政府的这些经济职能:

(1)制定经济社会发展战略和规划的职能

案例材料提到国家发展和改革委与住建部联合印发《关于下达保障性安居工程2021年第一批中央预算内投资计划的通知》,当中涉及的规划、计划偏重于指导性,指出发展方向和所要达到的目标,其主要功能在于综合统筹和配置经济资源、资本的流转,从而保证棚改工作的平稳推进。

(2)宏观调控职能

案例材料提到的棚户区改造涉及政府的宏观调控职能。依靠宏观调控手段,扭转市场经济在时空上分布的不均衡性,当然在不同形势下政府宏观调控的程度也会有所不同。市场机制虽然能够提升效率,但是对公平的关注不够,棚户区的存在客观上反映了住房资源分配的不均,这便需要政府通过宏观调控来促进资源在时空上的均衡分布。

(3)促进市场发育,规范市场发展,建立和维护市场秩序的职能

案例材料提到强化本行政区域内项目的监管,特别要发挥基层发展改革部门和行业管理部门就近就便监管的优势,这涉及政府在市场秩序维护方面的职能。市场经济的深入发展需要市场体系能够健康运行和发展,而政府通过相应政策制度的实施,有利于维护好市场秩序。

（4）提供公共产品和公共服务的职能

案例材料提到的棚户区改造工作正是为了更好地造福住房困难群众，棚改工作的推进是在积极提供住房这一公共产品与配套公共服务。公共产品和公共服务成本高而风险大，投资巨大而收益甚小，一般市场行为主体不愿投资或无力投资，但又为社会所必需，棚改项目正是多数企业不愿意投资的，而政府刚好可以承担起这项职能。

**2.结合案例，分析棚户区改造的社会效应。**

（1）棚户区改造是城市居民收入的再分配

案例材料提及的棚户区改造工作，实际上是优化城市居民收入分配结构的政策选择。城市中富有阶层和困难群体并存的局面业已形成，从某种意义上看，社会的结构出现了"断裂"。一方面，社会财富加速向富人集聚；另一方面，城市居民的社会分化程度已较突出，困难群体基本由低收入人群组成，其生存和谋生手段有限，改变自身现状的能力较低，又缺乏机会，需要国家的帮助。收入再分配可以在一定程度上改善贫困和低收入群体的生活状况。建立、健全收入分配的再调节制度，建立比较规范、完善的社会保障制度，是目前解决城市民生工作的重点。棚户区改造的出发点就是使低收入群众，充分享受改革开放的成果，以共享式增长促进社会和谐，使其生活添信心、发展有奔头。

（2）棚户区改造是对政府服务能力总的检阅

案例提及的棚户区改造是一项有益的实践探索，也在一定程度上体现了政府的服务能力。地方政府的服务能力能否与百姓不断增长的民生需求相适应，将是未来检验地方政府执政能力的关键。未来一段时间内，民生改善将大致沿以下路径展开：一是民生保障的宽度决定了经济社会发展的高度。目前我国解决民生问题的制度体系只是初步建立，许多领域有待解决的深层次民生问题还很多，民生难题持续、有效的改善无疑依赖于更多的制度供给，但在社会转型时期，更需要一些有效探索。二是随着民生问题向精神领域的拓展，文化权益、收入分配、社会公平、社会治安等成为民生保障新领域和敏感领域，需要更多关注。

（3）棚户区改造的投入有利于调整经济结构

案例提及的棚户区改造有利于调整经济结构。在宏观调控方面我国采取了一系列应对措施，取得了很大成效，经济结构的调整与消费的增长都是社会所需要的，而要实现这些目标离不开社会保障，没有社会保障便不可能有稳定的安全预期，也就只能吝啬消费，但没有消费将难以调整经济结构，因为经济结构调整一定要有人购买产品，有需求。在无法通过需求、消费来调整经济结构的情况下，政府只能自己投资再自己创造消费。如果公共投入中有更多钱投到社会保障等民生领域，虽然可能见效会慢一点，但一定会沿比较理想的方向稳步发展，不仅民生得到保障与改善，经济结构与发展模式转型也会达到预期目标，效果也会更好。

**3.政府在棚户区改造中应如何作为？**

（1）完善棚户区改造规划

案例提及的棚户区改造关系到不少居民的生活，因此政府需要摸清本地区待改造的棚户区的底数、面积、类型等，区分轻重缓急，结合需要与可能，按照尽力而为、量力而行的原则，有计划有步骤地组织实施。要注意优先改造连片规模较大、住房条件困难、安全隐患严重、群众要求迫切的棚户区。

（2）优化棚户区改造规划布局

案例提及的棚户区改造本身就涉及对现有格局的变更，需要朝着优化的方向进行变更。首先，完善安置住房选点布局。棚户区改造安置住房实行原地和异地建设相结合，以原地安置为主，优先考虑就近安置；异地安置的，要充分考虑居民就业、就医、就学、出行等需要，在土地利用总体规划和城市总体规划确定的建设用地范围内，安排在交通便利、配套设施齐全地段。其次，改进配套设施规划布局，政府部门应编制城市基础设施建设规划，做好与棚户区改造规划的衔接，同步规划安置住房小区的城市道路以及公共交通、供水、供电、供气、供热、通信、污水与垃圾处理等市政基础设施建设和商业、教育、医疗卫生等公共服务设施。

（3）落实好财税政策支持

案例提及的棚户区改造离不开相关政策的支持。市、县人民政府要切实加大棚户区改造资金投入，落实好税费减免政策。省级人民政府要进一步加大对本地区财政困难市县、贫困农林场棚户区改造的资金投入，支持国有林区（林场）、垦区（农场）棚户区改造相关的配套设施建设，重点支持资源枯竭型城市、独立工矿区和三线企业集中地区棚户区改造。中央继续加大对棚户区改造的补助力度，对财政困难地区予以倾斜。建立健全地方政府债券制度，加大对棚户区改造的支持。

（4）加强质量安全管理

案例提及的棚户区改造涉及工程建设，而工程建设当中需要杜绝安全隐患，强化在建工程质量安全监管。各地区要切实加强对棚户区改造在建工程质量安全的监督管理，重点对勘察、设计、施工、监理等参建单位执行工程建设强制性标准情况进行监督检查，对违法违规行为坚决予以查处。严格执行建筑节能强制性标准，实施绿色建筑行动，积极推广应用新技术、新材料，加快推进住宅产业化。全面推行安置住房质量责任终身制，加大质量安全责任追究力度。与此同时市、县人民政府要加强对已入住棚户区改造安置住房质量安全状况的检查，重点是建成入住时间较长的安置住房，对有安全隐患的要督促整改、消除隐患，确保居住安全。

（5）加强组织领导

案例提及的棚户区改造事关民生，需要强有力的领导。各地区、各有关部门要紧紧围绕推进新型城镇化的重大战略部署，进一步加大棚户区改造工作力度。政府对本地区棚户区改造负总责，要加强对棚户区改造工作目标进行责任考核，落实政府的具体工作责任，完善工作机制，抓好组织实施。

**参考文献：**

［1］王优容,王自义,易成栋,等.棚户区改造对周边住房价格的溢出效应:基于北京市海淀区的实证分析[J].城市发展研究,2020,27(12):106-113,131.

［2］陈长石,刘晨晖.棚户区改造、非常规货币政策与房地产价格[J].财贸经济,2019,40(7):143-159.

［3］刘晓君,乔伙.城市内涵式发展视角下棚户区改造安置模式选择研究:以西安市为例[J].现代城市研究,2018(9):91-100.

## 案例3　决战脱贫攻坚，决胜全面小康

### 一、案例导读

习近平总书记强调指出，消除贫困、改善民生、逐步实现共同富裕，是社会主义的本质要求，是中国共产党的重要使命。习近平总书记在一些重要讲话中，对于脱贫攻坚的重要性也是给予了强调，由中央宣传部(国务院新闻办公室)会同中央党史和文献研究院、中国外文局编辑的《习近平谈治国理政》第三卷，其中的一个关键词便是"决战脱贫攻坚"。近年来国家脱贫攻坚的力度不断加大，2019年10月，国家脱贫攻坚普查领导小组正式成立；2020年5月，李克强总理在2020年政府工作报告中提出，2020年要优先稳就业保民生，坚决打赢脱贫攻坚战，努力实现全面建成小康社会目标任务，同年7月，2020年脱贫攻坚督查工作在国务院扶贫开发领导小组的主持下正式开启。在决战脱贫攻坚、决胜全面小康的过程中，在党中央、国务院的坚强领导下，近些年全国各地全力以赴开展脱贫攻坚战并取得了一系列成效，也引起了社会的极大关注，本案例聚焦脱贫攻坚这一主题，从中对政府经济管理的相关问题展开讨论。

### 二、案例材料

**材料一：《习近平谈治国理政》第三卷关键词：决胜全面建成小康社会，决战脱贫攻坚**

中央宣传部(国务院新闻办公室)会同中央党史和文献研究院、中国外文局编辑的《习近平谈治国理政》第三卷，由外文出版社以中英文出版，面向海内外发行。

《习近平谈治国理政》第三卷收入了习近平总书记在2017年10月18日至2020年1月13日期间的报告、讲话、谈话、演讲、批示、指示、贺信等92篇，分为19个专题。

这部重要著作生动记录了党的十九大以来以习近平同志为核心的党中央，着眼中华民族伟大复兴的战略全局和世界百年未有之大变局，团结带领全党全国各族人民推动党和国家各项事业取得新的重大进展的伟大实践，集中展示了马克思主义中国化的最新理论成果，充分体现了我们党为推动构建人类命运共同体贡献的智慧方案，是全面系统反映习近平新时代中国特色社会主义思想的权威著作。

梳理习近平总书记部分讲话，其中的关键词之一便是"决胜全面建成小康社会，决战脱贫攻坚"。以下是相关讲话精神的摘录：

让贫困人口和贫困地区同全国一道进入全面小康社会是我们党的庄严承诺。

——2017年10月18日，习近平在中共第十九次全国代表大会上的报告

全面建成小康社会要得到人民认可、经得起历史检验，必须做到实打实、不掺任何水分。

——2017年10月25日，习近平在中共十九届一中全会上的讲话

全面建成小康社会，一个也不能少；共同富裕路上，一个也不能掉队。

——2017年10月25日，习近平在中共十九届中央政治局常委同中外记者见面时的讲话

中华民族千百年来存在的绝对贫困问题,将在我们这一代人的手里历史性地得到解决。这是我们人生之大幸。

——2018 年 2 月 12 日,习近平在打好精准脱贫攻坚战座谈会上的讲话

不搞大水漫灌,不搞"手榴弹炸跳蚤",因村因户因人施策,对症下药、精准滴灌、靶向治疗,扶贫扶到点上扶到根上。

——2018 年 2 月 12 日,习近平在打好精准脱贫攻坚战座谈会上的讲话

到 2020 年稳定实现农村贫困人口不愁吃、不愁穿,义务教育、基本医疗、住房安全有保障,是贫困人口脱贫的基本要求和核心指标,直接关系攻坚战质量。

——2019 年 4 月 16 日,习近平在解决"两不愁三保障"突出问题座谈会上的讲话

(案例来源:《习近平谈治国理政》第三卷关键词|决胜全面建成小康社会,决战脱贫攻坚[EB/OL].(2017-10-18)[2020-7-29].https://www.12371.cn/2020/07/29/ARTI1596013315190227.shtml.)

### 材料二:脱贫攻坚农村危房改造任务按时完成

2020 年 9 月 23 日,在国务院新闻办公室举行的新闻发布会上,住房和城乡建设部副部长倪虹介绍,住房和城乡建设部会同有关部门组织各地合力攻坚,按时完成了脱贫攻坚农村危房改造扫尾工程任务,脱贫攻坚住房安全有保障工作取得决定性进展。

**让贫困人口不住危房**

倪虹介绍,紧紧围绕实现贫困人口住房安全有保障的目标任务,住房和城乡建设部将建档立卡贫困户作为攻坚重点,组织各地对全国所有建档立卡贫困家庭的住房逐一进行安全性评定,将存在安全隐患的房屋全部纳入改造范围,逐户建立改造台账,逐步提高农村危房改造户均补助标准,并对"三区三州"等深度贫困地区危房改造给予倾斜支持。

各地以 6 月 30 日为时限,倒排工期,统筹做好项目、资金、人力调配,逐村逐户推进改造。在各地区各部门的共同努力下,按时完成了脱贫攻坚农村危房改造扫尾工程任务。

此外,住房和城乡建设部对全国 2341 万户建档立卡贫困户住房安全情况逐户核验,并指导各地及时妥善解决核验发现的问题。截至今年 6 月 30 日,核验工作全面完成。从核验结果看,其中有 1184 万户建档立卡贫困户原住房基本安全,占比 50.6%;有 1157 万户建档立卡贫困户通过实施农村危房改造、易地扶贫搬迁、农村集体公租房等多种形式保障了住房安全,占比 49.4%。核验表明,全国所有建档立卡贫困户均已实现住房安全有保障。

**不漏一户不落一人**

"三区三州"是深度贫困地区,农村危房改造难度大。住房和城乡建设部村镇建设司司长张学勤介绍,各方全力对"三区三州"住房安全有保障工作进行支持。

张学勤说,近几年中央给地方下拨的农村危房改造资金有将近一半集中在了"三区三州"。各相关省份在安排地方补助资金和资金分配上也对"三区三州"进行了倾斜。

贵州省住房和城乡建设厅厅长周宏文介绍,贵州是最早实施农村危房改造的省份,也是实施农村危房改造最多的省份。贵州农村危房改造实施全覆盖鉴定,确保住房安全有保障全覆盖、零遗漏。同时,实施全领域提质,全面实施农村老旧住房透风漏雨整治,全面实施农村人畜混居整治,并同步配套实施改厨、改厕、改圈"三改"工程。此外,实施全方位培训,直接培训乡镇干部 1 万余人次,培训各类建筑工匠近万人次。

云南省昭通市镇雄县委书记翟玉龙介绍,镇雄县在住房安全有保障工作中做到了"三个不漏一户"。识别不漏一户,组织 3 轮入户识别。改造不漏一户,识别出来后,紧紧抓住资金补助、技术服务、过程控制这三个关键,分类别、分年度有序组织群众开展危房改造。核验不漏一户,用 6 天时间全面完成了全县 11.8 万户建档立卡贫困户的住房安全有保障核验工作。

**危房改造需长期巩固**

脱贫攻坚住房安全有保障工作已取得决定性进展,下一步,要实现脱贫攻坚与乡村振兴的有效衔接,还需作出哪些努力?

倪虹介绍,第一是巩固。在 2341 万户建档立卡贫困户中,49.4% 是通过危房改造、易地扶贫搬迁等保障形式实现了住房安全有保障。按照农房建筑设计寿命 50 年,每年折旧 2% 计算,已实施危房改造的 1157 万户中,有 20 多万户又有可能成为危房;原来房屋安全的是 1184 万户,按照 50 年的使用寿命和 2% 的折旧率,又有 20 多万户可能成为危房。此外,还有已保障的贫困边缘户,包括低保户、五保户、贫困残疾人家庭,还有 1000 多万户,按照 2% 计算,同样有 20 多万户可能成为危房。也就是说,要保证这 60 多万建档立卡贫困户和贫困边缘户的危房改造完成,需要长期巩固。

第二是提升。倪虹介绍,现在解决的是农村贫困群众的基本住房安全问题,全面小康以后,也要逐步提升人居环境质量,在供水、污水处理、能源结构包括住房节能保温等方面,进一步提升农村群众的居住环境,使他们更加有获得感、幸福感和安全感。

(案例来源:亢舒.脱贫攻坚农村危房改造任务按时完成[EB/OL].(2020-09-24)[2021-12-31]. http://www.ce.cn/xwzx/gnsz/gdxw/202009/24/t20200924_35804557.shtml.)

**材料三:义务教育阶段辍学学生从 60 万人降至 2419 人 我国已基本解决因贫辍学问题**

2020 年 9 月 23 日,在国务院新闻办公室举行的新闻发布会上,教育部副部长郑富芝透露,截至 9 月 15 日,全国义务教育阶段辍学的学生已由去年大约 60 万人降至 2419 人,基本实现了应返尽返;同时,基本实现了资助全覆盖,已基本解决因贫辍学问题。

义务教育有保障,首先要保障学生有学上。教育部门建立了对应到每一个辍学学生的台账,一个一个做工作,因人施策,现在基本上已劝返学校正常上学。截至 2019 年,我国小学净入学率达到 99.94%,初中阶段毛入学率达到 102.6%。

针对家庭困难学生,我国基本实现了资助全覆盖。在义务教育阶段,我国实施"两免一补",对所有学生免除学杂费、免费提供教科书,对家庭经济困难学生进行生活补助。同时,我国实行营养改善计划,每年大约有 4000 万农村孩子享受营养餐补助,已覆盖所有的国家级贫困县。

目前,我国已建立起覆盖城乡、从学前教育阶段一直到高校的学生资助体系。数据显示,2019 年,全国累计资助学前教育、义务教育、中职学校、普通高中和普通高校学生10590.79 万人次,增幅 8.05%;累计资助金额 2126 亿元,增幅 4.07%。学生资助资金连续 13 年保持快速增长。此外,2019 年,营养膳食补助惠及学生 4060.82 万人,投入资金 290.28 亿元。郑富芝表示,到目前为止,我国基本上解决了因贫辍学的问题。

经过各方面努力,教育脱贫攻坚、义务教育有保障发生重大变化:2013 年到 2019 年,全国贫困地区新建改扩建校舍面积约 2.21 亿平方米,30.96 万所小学、教学点办学条件基本上达到了规定要求;前些年大班额、超大班额现象比较严重,目前 56 人以上的大班额已降至 3.98%,超过 66 人的超大班额基本消除;为加强师资力量,我国推行了公费师范生培养计划,每年大约有毕业生 4.5 万人到农村学校任教;实施"特岗计划",招聘教师 95 万名,覆盖全国大约 1000 个县的 3 万所学校;对在职教师,国家有教师国培计划,每年中央财政拿出约 20 亿元专款对中小学教师进行培训。

在职业教育领域,我国实施了职业教育东西协作行动计划,让东部的职业教育集团帮扶西部,一是帮助建立实用的专业;二是让欠发达地区或者贫困地区的学生到东部地区接受优质职业教育,鼓励其完成职业教育以后能够在当地就业,实现"就业一人,脱贫一户"的目标。

(案例来源:佘颖.义务教育阶段辍学学生从 60 万人降至 2419 人 我国已基本解决因贫辍学问题[EB/OL].(2020-09-24)[2021-12-31].http://bgimg.ce.cn/xwzx/gnsz/gdxw/202009/24/t20200924_35806580.shtml.)

### 材料四:"搬"出来的幸福生活——云南省镇雄县、会泽县、屏边县脱贫攻坚一线见闻

大山巍峨,层层叠叠,一个个小山村嵌入其间,这里是云贵高原深处。金秋时节,记者走访了云南省镇雄、会泽、屏边 3 县。得益于易地扶贫搬迁,这里群众的生活已经有了翻天覆地的变化。

#### 易地搬迁寻新路

"以前住的是人畜混居的土砖房,看个感冒要走 1 个多小时的山路。现在生活可方便了。"站在镇雄县赤水源镇螳螂村银厂坪易地搬迁安置点自家新楼前,建档立卡贫困户张东梅高兴地说。

张东梅是银厂坪易地搬迁点一期项目安置户,这里集中安置银厂坪、安家山、河沟 3 个村民组 116 户 410 人。新居实行"人畜分离、厨卫入户",完全达到抗震安全标准。

镇雄、会泽、屏边 3 县有一个共同点,都处于贫困深山区。处于乌蒙山主峰地段的会泽县 106 万人口中,有近 40 万居住在深山区、石山区、高寒冷凉地区、泥石流滑坡地带等"六类地区"。镇雄县位于乌蒙山腹地,全县山区占比高达 98.8%,山高谷深,土地贫瘠,地质灾害频发。地处西南边陲的屏边县石漠化严重。

在这种"一方水土养活不了一方人"的深山区,脱贫最好的办法就是易地扶贫搬迁。镇雄县委书记翟玉龙告诉记者,"十三五"期间,镇雄县实施易地扶贫搬迁达 14752 户 65464 人。

#### 教育扶贫挖穷根

"以前在村里上小学,早晨 5 点就要出发,走 2 个小时山路才能到学校。现在,学校就在小区附近,20 分钟就能到学校。"坐在钟屏小学 6 年级宽敞明亮的教室里,12 岁的郭蓉开心地说。

记者了解到,镇雄、会泽、屏边三县在实施易地扶贫搬迁时,都高标准地做好就学保障工作。会泽县易地扶贫搬迁县城安置群众 81257 人,学龄人口 15705 人,按照基本办学标准测算,规划新建幼儿园 4 所、小学 2 所、初中 2 所,改扩建 3 所小学、3 所中学,新建校舍 19.65 万平方米,规划总投资 7.46 亿元。目前,项目建设快速有序推进,秋季学期开学将全部竣工投入使用。项目建成后将新增学位 16062 个,确保所有搬迁群众适龄子女"全覆

盖、零门槛、无障碍、不落一人"全部顺利入学。

镇雄县在做好易地扶贫搬迁工作的同时,紧抓教育扶贫,切断贫困的代际传递。2016年以来,镇雄县与云南师范大学、西南大学、浙江外国语学院合作办学,3年多的时间里,镇雄县教育水平迅速提升。2020年镇雄县中高考取得喜人成绩:中考得分率90%以上的考生占全市46.3%;高考一本总上线率达98.4%;7人达到清华、北大录取线。屏边县制定了贫困学生救助实施方案,实现了从学前教育到高等教育的全覆盖帮扶救助机制,如今再也没有学生因贫辍学。

**产业配套促脱贫**

"没有脱贫攻坚的好政策,就没有我的今天。"在屏边县湾塘乡沿溪村,39岁的何会成激动地对记者说。

沿溪村地处大山之上,只有28户人家,建档立卡贫困户就有16户,"光棍汉"竟然有四五十位。贫瘠的山地里种的玉米勉强只够一家人的口粮,如果想卖点粮食换钱,需要肩扛背驮走几十里山路到最近的集镇上。2016年,通过落实易地扶贫搬迁政策,何会成和乡亲们从山顶上的土坯房搬下来,住上了新楼房。政府给沿溪村修通了水泥路,又提供产业扶贫贷款50万元,帮助发展荔枝产业。短短几年间,沿溪村28户群众种植荔枝1000余亩,户均年收入10余万元,一举摘下贫困帽。

镇雄县芒部镇松林村建档立卡贫困户、56岁的聋哑人宋兴玉,以前住在不足20平方米的小土房,现在一家人搬进了政府帮盖的楼房里。镇雄县又在乡村大量设立扶贫车间,让群众在家门口就业,让留守老人、妇女有事干、有钱赚。宋兴玉在家门口的扶贫车间上班,每月能挣2000多元。

会泽县依托当地扶贫开发公司,建设冷链物流园区,配套安装制冷、制冰、预冷等系统设备,生产生鲜蔬菜供应广东、湖北、河南等地24个大中城市。钟河村34岁的建档立卡贫困户司春兰在园区找到工作,每月能赚4000多元。

(案例来源:黄俊毅."搬"出来的幸福生活:云南省镇雄县、会泽县、屏边县脱贫攻坚一线见闻[EB/OL].(2020-09-25)[2021-12-31].http://www.ce.cn/xwzx/gnsz/gdxw/202009/25/t20200925_35814086.shtml.)

**案例思考:**

1.结合案例分析,市场经济的深入发展对我国政府经济职能提出了哪些新要求。

2.结合案例,论述脱贫攻坚工作在政府经济管理中的重要性。

3.结合案例,论述如何有效推进脱贫攻坚工作。

## 三、案例分析参考

**1.结合案例分析,市场经济的深入发展对我国政府经济职能提出了哪些新要求。**

(1)强化政府对经济的宏观调控职能

社会主义市场经济体制的发展完善,需要在市场发挥作用的同时加强宏观调控这一政府职能。因为市场经济这一经济模式既要有市场调节又要有政府宏观调控,而且后发展国家在赶超过程中也较多通过政府主导而取得市场经济的成功。在我国市场经济还不够完善的阶段,更需要加强政府的宏观调控职能。案例材料提及的政府助力脱贫攻坚,便是通过政府宏观调控职能的发挥,促进社会公平正义。

（2）加强和完善政府的社会管理和服务职能

社会主义市场经济当中政府具有服务者角色，通过管理来维护和提升公共利益，社会公共利益也便成为政府管理的出发点和落脚点。在加强和完善社会管理及服务职能方面，市场经济的深入发展提出的新要求主要有：

①培育市场体系，规范市场运行机制。在当前市场经济体制还不完善的情况下，政府就需要采取相应的举措促进市场机制的健全与完善。主要销往粤港澳大湾区市场，而产销的顺利对接显然离不开对市场的培育与健全。

②加强基础设施建设，创造良好的经济发展环境。通过基础设施建设，为经济发展保驾护航，而且基础设施多属于公共产品，而市场机制对于公共产品的供给往往存在不足，这就需要政府在基础设施等公共产品的供给中发挥应有的作用。案例材料提的大项目落户小村庄并销往大市场的模式，与公路等基础设施的支撑显然是密不可分，正是靠着交通的支持村庄才能在招商引资中抓住难得的发展机遇。

③进行信息引导，促进信息畅通。市场经济存在信息不对称问题，这就需要强化政府的信息引导功能从而促进信息畅通。案例材料涉及供需双方之间的信息对接，因而政府进行信息引导对于交易的达成可以起到积极的作用。

④维护社会公平，促进和谐发展。市场经济中存在"马太效应"现象，贫富差距问题难以避免，而这不利于社会的和谐发展，这就需要政府发挥其职能从而维护社会公平。正因为如此，案例材料当中政府积极开展脱贫攻坚工作，正是要缩小贫富差距从而助力全面小康目标的实现。

**2.结合案例，论述脱贫攻坚工作在政府经济管理中的重要性。**

（1）脱贫攻坚工作将首次整体消除绝对贫困的现象，是政府经济管理中的创举。我国的济贫历史久远，历史最终选择了中国共产党，从党成立起就确立了为人民谋幸福的目标。在党的方针政策指引下，政府高度重视脱贫攻坚工作，在现行标准下实现各项脱贫攻坚目标，在几千年历史发展中首次实现整体消除绝对贫困现象。案例材料当中习近平总书记也提到"中华民族千百年来存在的绝对贫困问题，将在我们这一代人的手里历史性地得到解决。这是我们人生之大幸"。

（2）脱贫攻坚战是政府经济管理必须完成的底线任务。全面小康目标的实现主要取决于脱贫攻坚工作的成效。贫困人口全部脱贫是全面建成小康社会的必然要求，这是底线任务，需要不折不扣地完成，做到让人民满意、受国际认可。正如案例材料当中习近平总书记提到的那样："全面建成小康社会，一个也不能少；共同富裕路上，一个也不能掉队。"

（3）全国一同进入全面小康社会是党的庄严承诺，也是政府经济管理的工作重点。打赢脱贫攻坚战，需要深入基层为贫困群众办实事、好事，通过将扶贫和扶志、扶智相结合来改变现状，采取多种方式调动群众积极性与主动性，增强群众的主体感、获得感，使脱贫攻坚工作充分展现出中国特色社会主义道路自信、理论自信、制度自信及文化自信。而这一伟大事业也需要脚踏实地予以完成，因而案例材料中习近平总书记提到全面建成小康社会要得到人民认可、经得起历史检验，必须做到实打实、不掺任何水分。

（4）在实践中逐步形成的脱贫攻坚制度体系能够成为政府经济管理领域的中国式脱

贫方案。精准扶贫精准脱贫是一项重大变革,在实践中逐步形成具有中国特色的脱贫方案,在责任厘清、投入管控、工作动员、考核监督等方面形成了综合的系统,具备创新性与指导性,各级党委和政府也真抓实干、全力以赴,在脱贫攻坚工作中展现出了为人民竭诚服务的执政风范。案例材料当中也通过不同的事例展示出各个地方如何因地制宜、因地施策,做到精准扶贫、精准脱贫,这当中凝聚了中国智慧也为世界提供了中国方案。

**3.结合案例,论述如何有效推进脱贫攻坚工作。**

(1)进一步抓好责任与落实。全面了解脱贫攻坚形势,明确当前脱贫攻坚的难点,发挥"敢啃硬骨头"的精神,不回避问题而是积极分析问题和解决问题,抓好整改落实,务求实效。例如案例材料提到"三区三州"是深度贫困地区,农村危房改造难度大,因而各方全力对"三区三州"住房安全有保障工作进行支持,近几年中央给地方下拨的农村危房改造资金有将近一半集中在了"三区三州",各相关省份在安排地方补助资金和资金分配上也对"三区三州"进行了倾斜,这便体现了直面问题并努力解决问题的工作理念。

(2)要重点突出、精准施策。精准推进项目,对扶贫专项资金等领域予以聚焦;精准安排任务,在对象识别、贫困分析、举措制定、制度落实等方面务求精准;在产业扶贫领域要选好主导产业,精准发力,稳定脱贫;实施"贫困家庭奋进计划",在扶贫过程中不忘"扶志",推动群众形成自力更生、团结奋进的精神风貌。

(3)将保障与监督有机结合。做好组织、资金等方面的保障,狠抓责任落实、引导激励及督查改进,确保脱贫攻坚工作不断取得新的进展。例如案例材料提到镇雄、会泽、屏边三县在实施易地扶贫搬迁时,都高标准地做好就学保障工作,而扎实的保障工作为脱贫攻坚取得良好成效奠定了重要基础。

**参考文献:**

[1]燕继荣.反贫困与国家治理:中国"脱贫攻坚"的创新意义[J].管理世界,2020,36(4):209-220.

[2]黄征学,高国力,滕飞,等.中国长期减贫,路在何方?:2020年脱贫攻坚完成后的减贫战略前瞻[J].中国农村经济,2019(9):2-14.

[3]胡钰,付饶,金书秦.脱贫攻坚与乡村振兴有机衔接中的生态环境关切[J].改革,2019(10):141-148.

[4]汪三贵,冯紫曦.脱贫攻坚与乡村振兴有机衔接:逻辑关系、内涵与重点内容[J].南京农业大学学报(社会科学版),2019,19(5):8-14,154.

[5]国务院扶贫办政策法规司,国务院扶贫办全国扶贫宣传教育中心.脱贫攻坚前沿问题研究[M].北京:研究出版社,2019.

# 第二章　"政府失灵"与政府管理效能改进

## 第一节　学习目的和要求

近些年来,食品问题、药物事件等引发了社会的高度关注,保障食品、药品安全也成为政府经济管理的重要使命。2020年5月,习近平主席参加十三届全国人大三次会议内蒙古代表团审议时强调,要始终把人民安居乐业、安危冷暖放在心上,用心用情用力解决群众关心的就业、教育、社保、医疗、住房、养老、食品安全、社会治安等实际问题,一件一件抓落实,一年接着一年干,努力让群众看到变化、得到实惠。食品、药品的安全问题引发了对"政府失灵"及其补救措施以及改进政府管理效能等问题的思考。如何正确把握和运用政府经济管理职能,合理有效解决政府与市场的关系问题,具有十分重要的理论价值和现实意义。

**本章的学习目的及要求:**

准确理解"政府失灵"的含义与类型以及公共选择的概念,把握"政府失灵"的原因;了解公共选择理论的基本特点,熟悉治理"政府失灵"的政策主张,明晰政府管理体制的创新举措,并能把握政府职能进一步转变的方向;要求学生能够应用相关知识分析案例,积极利用市场力量改善政府服务功能,提高政府的决策能力。

## 第二节　知识要点

### 一、公共选择理论

美国经济学家、诺贝尔经济学奖获得者詹姆斯·M.布坎南等人创立的公共选择理论是一种不同于凯恩斯主义的新公共经济理论,其突出的特点是把政治决策的分析和经济理论结合起来。正像布坎南所说,公共选择理论"是经济学在政治学中的应用,公共选择的主题就是政治科学的主题:国家理论、选举规则、选民行为、党派政治、官僚体制等等"。

所谓公共选择是指非市场的集体选择,实际上就是政府选择。公共选择理论的基本特点是以"经济人"假定为分析武器,将选民、官僚、政治家等都看成是自利的理性"经济人",探讨在政治领域中"经济人"行为是怎样决定和支配集体行为,特别是对政府行为的集体选择所起到的制约作用。

## 二、"政府失灵"的含义及原因

用来弥补市场经济缺陷的政府行政职能本身并不是完美无缺的。在现实的经济运动中,人们期望政府能够做好市场做不到或做不好的事,结果却发现政府不仅不能补救市场失灵,反而降低了社会效益。这种现象在公共选择理论中称为"政府失灵"。

布坎南认为,人们必须破除凡是政府都会一心一意为公众利益服务、把公共事务办好的观念,因为政府是由政治家和公务员等个人组成的群体。首先,政府在理论上是一个抽象的概念,但在现实中,却是由一个个公务人员组成的行政组织。因此,政府也成为"经济人",作为"经济人"都有自己的私欲,因而都会以追求自身利益最大化作为行为的准则,所不同的是这种追求私利的欲望有时是有意识的,有时则是无意识的。"人非圣贤,孰能无过",政治家和公务人员既有理性人的一面,也有"经济人"的一面。他们在为社会公众工作时,并不能排除对自身利益的追求。当"私欲"战胜"公理"时,就会出现某些"过失"甚至"罪过"来。其次,政治家和公务人员并不是无所不知、无所不能的,相反他们同样拥有人类所共有的一些弱点,如知识、智能和才干上的有限性,加上现实社会又是如此复杂,即使有的政治家主观上想把事情办好,也会由于种种局限难以做到,或是出现好心办坏事的现象。

## 三、"政府失灵"的类型

根据公共选择理论的研究,"政府失灵"的现象有如下类型:政府的政策偏差、政府政策的低效率、政府机构工作的低效率、政府的专制倾向和政治偏好、政府部门的自我扩张、政府的寻租活动。

## 四、治理"政府失灵"的政策主张

公共选择理论在深入剖析了"政府失灵"及其根源之后,就如何对这种失灵进行补救提出了颇有启发性的政策主张。

1.在提供公共物品的政府各部门之间创设竞争机制。通过允许若干部门在某一公共服务的生产上彼此竞争,从中可得到有关各部门生产公共服务的实际成本的准确信息,保证监督的效率。同时,各部门之间的竞争还会刺激在公共物品的生产中降低生产成本的动机,形成一种与"利润"类似的约束机制来控制公共部门的行为。

2.改革政府决策规则,克服政府的"自我扩张"逻辑。一是让最高负责人占用本部门资金的结余,这部分节余资金既可以作为奖酬回报给部门负责人并将其作为晋升的一项重要标准,也可由部门负责人用作其他投资活动的资金,如参与公共产品生产方面的竞争。公共选择理论认为,通过实行这一制度可望克服政府部门的扩张逻辑。二是采用新的决策规则来弥补"多数规则"的缺陷。这一方面最具实际意义的成果就是"需求显示法"。所谓"需求显示法"就是提供这样一种机制,使所有参与集体选择的个体都有充分的激励,说出他对某一公共物品的真实需求状况,从而使投票者得到公共物品的数量与质量,最大限度地接近投票者的实际偏好结构,因此它将大大提高制定集体决策的社会效率。

## 五、政府管理体制的创新

科学的政府经济管理方式,必须构建于新型的政府行为理念和政府行为方式之上,积极推进政府管理体制的创新:更新政府治理理念,重塑行政文化;建立现代公共管理机制,健全行政管理体制,切实加强政风建设;增强政务信息传达能力,切实提高政府效率;加快社会保障体系建设,保证构建社会主义和谐社会的顺利进行。

## 六、政府职能的进一步转变

加速政府职能的转变对于提高政府管理效能具有特别重要的意义。

1.实行政企分开,建立现代企业制度。政企不分,是政府职能错位、效率低下的根本原因。要转变政府职能,根本途径就是政企分开,解除企业对政府的依附关系,切断政府和企业的脐带。

2.改善以间接手段为主的宏观调控体系。实施稳健的财政政策,适当减少财政赤字,适当减少长期建设国债发行规模。认真做好财税工作,依法加强税收征管,全面清理和规范税收优惠政策,严格控制减免税,确保财政收入稳定增长。严格控制一般性支出增长,保证重点支出需要。全面厉行节约,反对铺张浪费。继续实行稳健的货币政策,合理调控货币信贷总量,既要支持经济发展,又要防止通货膨胀和防范金融风险。

3.加快行政审批制度改革。在经济全球化条件下,市场在社会资源配置中发挥基础性作用,我国原有的行政审批制度越来越凸显其弊端,成为制约我国社会进步的绊脚石。我国政府应按照国际市场经济通行规则,依照合理性、有效性、公开性和责任性原则,对现有的各种审批事项进行系统清理,对保留下来的审批事项,应进一步规范程序、时限和责任,增加透明度,健全监督机制;对取消的审批事项可以改为"注册制"、"登记制"或"备案制",逐步同国际接轨。

4.精兵简政,优化政府经济管理机构。机构是职能的载体,什么样的职能,决定什么样的机构设置。所以,转变政府职能,必然要求精简政府机构。党的十七大报告明确指出:"规范垂直管理部门和地方政府的关系。加大机构整合力度,探索实行职能有机统一的大部门体制,健全部门间协调配合机制。精简和规范各类议事协调机构及其办事机构,减少行政层次,降低行政成本,着力解决机构重叠、职责交叉、政出多门问题。"

## 七、提高政府决策能力

提高政府决策能力,关键是要从制度上确保政府决策的科学化、民主化和法制化。

1.政府决策的科学化。形成科学的决策机制,建立一套科学的决策系统和决策程序;建立严格的决策责任制度;充分运用例行决策方法;切实降低政府决策的成本。

2.政府决策的民主化。实现决策民主化最直接的办法是在界定经济主体的利益的前提下,引入司法机制。因为司法机制具有公开、平等和确定等特点。在政府的决策程序中引进司法机制,需要建立如下三种制度:决策听证的准司法制度;仲裁、调解的准司法制度;接受司法审查的制度。

3.政府决策的法制化。实行决策法制化,是建立社会主义市场经济体制的迫切要求。由于社会主义市场经济要求经济主体之间自由竞争,承认经济主体独立、分化的利益,因而客观上要求政府在决策时要做到:不能任意侵犯其独立、分化的利益;严格遵守法律;大力推进依法行政,进一步加强民主法治建设。

## 八、利用市场力量改善政府服务功能

1.在政府管理中注入市场因素的必要性。要提高政府的服务质量和办事效率,就必须借助市场的力量来打破政府服务机构的"垄断性",并改变其对"预算"的过分依赖,因而借助市场力量对提高政府服务质量和管理效能具有重要作用。

2.在政府管理中注入市场因素的可能性。把市场因素和企业家的精神引入政府管理中,不仅完全可能,而且十分有效。这已为近30年来发达国家政府改革的实践所证实。

3.我国政府改革的"市场导向"。西方各国实行政府改革、在政府管理中注入市场因素的做法,对我国同样具有借鉴意义。如何处理好我国政府改革的"市场导向",上海财经大学经济学院院长田国强认为,关键是政府职能的两个转变。一是从发展型政府向服务型政府转变,二是从全能型政府向有限型政府转变。

# 第三节 案例分析

## 案例4 国企改革风樯动 金融国企改革压轴登场

### 一、案例导读

政府经济管理涉及国民经济的方方面面。金融业是国民经济的核心,垄断性强,杠杆高,改革步伐相对滞后于竞争性行业。目前金融业处于估值洼地,盈利提升空间大,因而将受到持续关注。而在金融企业当中,金融国企地位突出,在国民经济发展中扮演着重要角色,因而金融国企的相关改革有着广泛而深远的影响。金融国企的改革路径主要包括整体上市、混合所有制改革和长效激励机制,涉及国有资产注入上市公司提高证券化率、整体上市构建金控平台;引入战投或民营资本促进股权多元化;围绕管理层股权激励和员工持股计划建立长效激励机制。在近些年的金融国企改革中,越秀金控成为地方金控改革排头兵,广东省、山东省金控平台准备就位;交通银行成为银行业混改风向标;主业清晰、经营良好的传统金融企业也积极探索激励机制的优化。金融国企改革压轴登场,迎来盈利估值双击。央企改革先行,地方国改方案到位,竞争性行业相继响应。本案例聚焦金融国企改革,从中对政府经济管理的相关问题展开讨论。

## 二、案例材料

**材料一:"简版"金融国企混改操作指引:财政部发文规范增资扩股程序**

2019年12月,财政部发布了《关于进一步明确国有金融企业增资扩股股权管理有关问题的通知》(财金〔2019〕130号)(以下简称《通知》)。该《通知》在规范国有金融企业增资扩股行为、明确进场交易相关流程、防止国有金融资产流失等方面,做出了比较具体的规定。

老吴认为,《通知》实际上是一个简单版的国有金融企业混合所有制改革操作指引。为什么这样说呢?

首先,看《通知》出台的背景。2019年11月,国务院国企改革领导小组召开了第三次会议,提出未来三年是关键的历史阶段,要求有关部门制定时间表与路线图。与此同时,国务院国资委出台了《中央企业混合所有制改革操作指引》,在全国范围内掀起了一次混改"小高潮"。

其次,看文件的适用范围。国资委的操作指引并不适用于国有金融企业。根据目前的分工,中央金融企业由财政部、中央汇金等单位履行出资人职责。在地方,国有金融企业管理模式不一,有些地方由国资委集中管理,有些地方则由财政部门或金融局(办)履行出资人职责。

为理顺国有金融资本管理体制,结束多头管理的局面,2018年6月,国务院出台了《关于完善国有金融资本管理的指导意见》(以下简称《指导意见》),明确各级财政部门根据本级政府授权,集中统一履行国有金融资本出资人职责。

再次,看《通知》针对的事项。本轮国企改革中,国有金融企业的混改力度似乎远不如国资委旗下的国有企业。老吴认为主要原因有二:一是大多数重要的金融国企早就实行了股份制改革,甚至实现整体上市,已经是混合所有制企业了;二是金融国企位于重要行业与关键领域,按照国家分类推进混改的原则,重要的金融国企应该保留国有资本控股地位,因此,业界认为其"二次混改"的空间并不大。

2015年6月,有媒体报道交通银行深化改革与员工持股方案获得国务院的批准,但至今未见其有实质性的进展。

然而,金融国企的改革也不能总是停滞不前。《指导意见》明确提出要稳妥推进国有金融机构混合所有制改革。具体而言,第一,对于开发性和政策性金融机构,保持国有独资或全资的性质。第二,对于涉及国家金融安全、外溢性强的金融基础设施类机构,保持国家绝对控制力。第三,对于在行业中具有重要影响的国有金融机构,保持国有金融资本控制力和主导作用。第四,对于处于竞争领域的其他国有金融机构,积极引入各类资本,国有金融资本可以绝对控股、相对控股,也可以参股。

可见,金融国企还有再次混改的空间。上述《指导意见》提及的第三类、第四类金融国企主要是指地方性的银行、证券、信托等金融机构。它们可以进一步开放股权,引入社会资本,转换经营机制。值得注意的是,近期国家出台了一系列政策,解除外资持股金融机构的比例限制。

一般而言,混改包括股权转让与增资两种方式。对于已经上市的金融机构,通过股权转让进行混改的操作手段已经比较成熟,相关规程也十分完善,财政部无须再制定专门的操作指引,因此可以将重心放在规范增资扩股事项上。《通知》特别指出,各级政府或履行出资人职责的机构对国有金融企业注资,以及风险金融机构接受风险救助的情形,不适用本通知的规定。显然,从这个表述可以看出,增资扩股主要是针对混改而言的。

《通知》规定,国有金融企业本级因增资导致国有股权比例变动的,须依法报同级财政部门履行相关程序;因增资导致国家不再拥有所出资金融企业控股权的,财政部门须报同级人民政府批准。可见,在审批层级上,该项规定与国资委的操作指引的精神是一致的。

《通知》还提出"重点子公司"概念。重点子公司由集团公司综合考虑公司长期发展战略、金融业务布局、财务管理水平、风险管控能力、投资行业范围等因素确定,包括但不限于集团公司具有实际控制权的金融企业和上市公司,以及当期净资产占集团公司本级净资产超过一定比例(一般不低于5%)的各级子公司。国有金融企业应建立重点子公司动态名录,并报同级财政部门备案。

对于重点子公司混改的审批程序,财政部规定:"重点子公司因增资行为导致实际控制权转移的,须报财政部门履行相关程序。"国资委也规定:"拟混改企业属于主业处于关系国家安全、国民经济命脉的重要行业和关键领域、主要承担重大专项任务子企业的,其混合所有制改革方案由中央企业审核后报国资委批准。"可见,两者的审批程序也十分类似。

总之,老吴预测,随着财政部出台《通知》,各地农商行、城商行以及证券公司、信托公司等地方金融机构的混改进程也将会加快。

(案例来源:吴刚梁."简版"金融国企混改操作指引:财政部发文规范增资扩股程序[EB/OL].(2019-12-12)[2021-12-31].https://baijiahao.baidu.com/s? id=1652692165765598590.)

**材料二:坚定深化国企改革筑牢金融防风险基石**

国企改革迎来重大"行动纲领"。11月12日,国务院国有企业改革领导小组第三次会议(下称"会议")传递出信息——落实好国企改革顶层设计,抓紧研究制定国企改革三年行动方案,明确提出改革的目标、时间表、路线图。

国企历来是金融支持的重点领域之一。根据监管部门公布的数据,截至2018年末,国企贷款余额已经达到47.7万亿元。国企改革的深入推进,对于打好防范化解金融风险攻坚战起到积极作用。

国家金融与发展实验室特聘研究员董希淼认为,国企改革与金融防风险攻坚战之间有比较密切的关系。宏观杠杆率偏高是金融脆弱的根源之一,近年来杠杆率又主要集中在企业部门尤其是国企,所以下一步深化国企改革,强化财务硬约束,把国企杠杆率降下来,进而降低整个宏观杠杆率,是防范金融风险的重要方面。

去年4月召开的中央财经委员会第一次会议明确指出,要以结构性去杠杆为基本思路,分部门、分债务类型提出不同要求,地方政府和企业特别是国有企业要尽快把杠杆降下来,努力实现宏观杠杆率稳定和逐步下降。

根据国家金融与发展实验室的最新报告,自2017年二季度以来的十个季度中,非金融企业杠杆率除了有两个季度有所回升,其余各季度都是下降,由2017年一季度的161.4%下降到今年三季度的155.6%,下降了5.8个百分点,去杠杆取得良好成绩。

但值得关注的是,根据上述报告,国企债务占比基本处于上升态势,现在已经占到六成多。因此,下一步政策需要更针对国企去杠杆,而国企去杠杆主要是针对僵尸国企和融资平台。

在改革内容上,此次会议提出"强化财务硬约束、削减和规范补贴",与混改、国资监管等重要内容并列,对于防范国企金融风险具有针对性。

在中国企业研究院首席研究员李锦看来,这种并列的提法是过去不曾有的,显然是强调国企财务风险防范的问题。这显示,决策层希望通过国企改革的方法,来化解财务和金融风险,国企成为打好防范化解金融风险攻坚战的重要战场之一。

此前国资委明确了国企高质量发展新目标——国企效益、国有资本保值增值率、回报率,流动资产周转率和资产负债率"四升一降"。李锦认为,这是从正面"主动性"促进发展,防范风险。而强化财务硬约束、削减和规范补贴则是从背面"防御性"防范风险。正反两手都采用,是今后三年防范国企金融风险的重要议题。

今年前三季度,全国国资系统监管企业实现营业收入41.8万亿元,同比增长7.4%,实现净利润2万亿元,同比增长8.9%,保持了稳中有进的发展态势。

此次会议进一步提出,要从国家整体战略出发,按照建立中国特色现代国有企业制度的要求,聚焦解放和发展生产力,全面增强国有经济竞争力、创新力、控制力、影响力、抗风险能力。

有理由相信,随着国企改革的深入推进以及三年行动方案的落地,国企将迈向财务更稳、结构更优、效益更好、质量更高的发展阶段,金融防风险的基石也将更为牢固。

(案例来源:陈羽.坚定深化国企改革筑牢金融防风险基石[N].上海证券报,2019-11-14.)

**案例思考:**

1.结合案例,分析国有企业在国民经济中具有什么样的作用。

2.结合案例,分析我国金融业国企改革的原因。

3.结合案例,试分析政府如何推进我国国企改革。

## 三、案例分析参考

**1.结合案例,分析国有企业在国民经济中具有什么样的作用。**

(1)国有企业是推进经济社会全面现代化的重要力量,在国家发展中地位突出。案例中的金融国企改革对于推动各项现代化更是具有十分重要的意义。国有资本应当更多地投资于与国家安全和国民经济命脉相关的重要行业和重点领域,发挥出更大的作用。

(2)国有企业是增强国家综合实力、维护人民共同利益的中坚力量。案例提及的金融国企在增强国家综合竞争力与推动民生发展方面具有重要作用。在进入全面建成小康社会的决定性阶段的背景下,经营国有企业、促进国有资产保值增值具有重要意义。必须从我国社会主义初级阶段基本国情出发,妥善处理效率与公平之间的关系,并通过国有企业改革来提高国有经济的竞争力。

**2.结合案例,分析我国金融业国企改革的原因。**

案例材料提及的金融业国企改革是政府经济管理的重要内容。金融业是调节宏观经济的重要杠杆,通过执行国家金融政策调节货币流通和信用活动,关乎我国金融体系的安全、国民经济的稳定和转型实效。所以,在此轮由竞争性行业向功能类行业再向公共服务类行业渐进式推进的国企改革中,金融行业由于与生俱来的自然垄断性、国民经济指标性、高风险和高杠杆性等特征,改革的步伐必然较为谨慎。我国金融业国企改革的原因主要有以下几点:

(1)金融业国有企业数量众多,行政化障碍需破除。案例材料提到的一些问题也反映了进一步推进政企分开的必要性。垄断特征一定程度上造成金融国企政企不分、整体效率偏低;较多的价格管制影响到利率市场化进程。16家上市的商业银行中31%实际控制人为中央或地方国有资本;非银行金融的33家上市公司中,65%的实际控制人为中央或地方国有资本,国有资本垄断地位长期存在。根据中信行业分类(29个行业),非银行金融业、银行业国企数量占比在所有行业中分别排名第8和第20。在层级分明的行政化力量主导下,金融主体的市场化活力未能充分调动,横向之间的业务衔接与衍生还有很大创新与提升的空间。整个金融体系结构有些缺乏弹性,吸收风险的能力有待增强。

(2)银行业借国改春风,提升盈利能力势在必行。案例材料提及的金融国企改革既然是政府经济管理的重要内容,因而其改革进展关系到政府管理效能。长期以来金融行业资源错配、效率低下等问题已经逐渐反映在企业经营状况上。2010年以来,银行业上市公司ROE(净资产收益率)持续下滑,2014年降至18.49%,同比下降6.49%,在过去五年中呈现最大降幅。随着核心经纪业务需求开始下降,证券行业ROE也难以再现曾经50%以上的辉煌,而是亟须由传统的经纪、投行业务转型为以信用交易、量化交易、衍生品交易与做市商交易为主的资金类业务。业务模式、企业的转型升级首先需要明晰的产权制度、完善的治理机制以及多元化的股权结构作为支撑,深入体制机制根源的国企改革已经势在必行。

(3)混改打破行政桎梏,提升估值水平。案例提及的金融国企混改是改革的一个重要方向。以混合所有制改革为重点的新一轮国企改革为金融业外延和内生两方向改革指明方向。首先,外延整合上,一方面以资产注入、整体上市、借壳上市方式提高金融国企国有资产的证券化率,实现国有资产增值保值,盘活存量,改善经营业绩;另一方面积极引入战略投资者或民营资本,促进金融国企股权多元化,激发市场化运行活力。其次,内部改革中,以破除行政垄断为目的完善现代企业制度,实现政企分开、政资分开。重点围绕股权激励、职业经理人制度、员工持股计划建立长效激励机制,督促企业内部实现公平竞争,鼓励创新,提高企业效率。金融企业将迎来转型发展的最佳窗口期,通过股权改革推进金融主体治理结构优化和市场化激励机制的建立。

**3.结合案例,试分析政府如何推进我国国企改革。**

(1)科学布局、分类管理

案例提及的国企改革关系重大,因而改革不是局部优化,而是全局整改。因此基于供给侧结构性改革的国企改革首先要在顶层设计方面实现科学布局、分类管理。由于起步于特殊历史时期,国企几乎覆盖了国民经济各行各业。因此在科学布局过程中应结合行业特点、重要程度加以区分。比如对能源类、通信类等具战略核心意义的国有企业来说,事关国家安全,这些类型的国企改革非常有必要确保国有资本占据主导地位。故而需在事前充分细化企业业务类型,将可竞争业务与不可竞争业务清楚分界。

(2)构建现代企业管理机制

案例提及的一些问题凸显了进一步推进政企分开的重要性,基于供给侧结构性改革深化国企改革的要义在于全面激发国有资产的内生动力。而要达成这样的目标,就需要全面颠覆计划经济时代国有资产一统天下的陈旧管理思想和机制,将国企运作方式尽快转为市场化操作的现代管理模式。因此,加快混合制改革,采取资本入股、股权置换等方式构建现代企业管理机制已成当务之急。具体办法可以是国有资产与非公资本进行交叉持股,双方比例可视行业特点、企业类型并考虑管理现代化、科学化等要求进行客观调节。混合制改革的重点在于质而非量,核心在于充分提高国有资产的回报率、运转率。与此同时,市场化经营要求国有企业从绩效考核、薪酬分配、人力资源管理等各方面遵循市场化运作原则,并使党组织、董事会、管理层共同作用于决策、经营与监管的方方面面。

(3)优化监管,推进职能转变

案例提及的金融国企改革涉及政府职能转变。国有资产的特殊属性决定了其必须时刻接受全方位监管以确保国有资产安全性、完整性。这也是多年来国有资产始终处于特定监管机构监督管理之下的主要原因。但对资产的监管并不等同于对企业的监管,传统管理模式正是混淆了二者的差异而出现问题。基于供给侧结构性改革的国企改革就是要将资产监管与企业管理加以区分,使资产监管机构与企业管理部门能够各司其职、各尽其能、各归其位。因此,厘清权责边界、构建问责机制已成当务之急。国有资产监管机构当全面转变管理视角,将着眼点落实到国有资产投资战略、监管质量、提升回报率的科学定位上。

## 案例5　二手车市场交易问题频发 政府规制力度亟须强化

### 一、案例导读

二手车市场是在汽车市场发展成熟的基础上自然衍生出的一种市场形式,且交易量呈现上行走势。但值得注意的是,蓬勃发展的二手车市场存在不够规范问题。近年来,各地消协、工商行政部门受理二手车消费者投诉案件的数量激增,这从一个侧面折射出国内二手车市场的经营乱象。本案例聚焦二手车市场交易领域,从中对政府经济管理的相关问题展开讨论。

## 二、案例材料

### 材料一：二手车市场交易问题频发

"买新不买旧"是多数中国人的购车理念。与发达国家消费者热衷购买二手车不同，中国二手车市场发展滞后。2019年8月，国务院办公厅印发《关于加快发展流通促进商业消费的意见》(简称《意见》)，提出释放汽车消费潜力，探索推行逐步放宽或取消限购的具体措施，支持购置新能源汽车，促进二手车流通。专家表示，良好的市场秩序是促进二手车市场发展的关键，必须构建数据共享、政企联动机制，助推车况透明化，大力推动二手车品牌化经营及交易诚信体系的建立。

与新车产销放缓相比，当前我国二手车市场十分活跃。数据显示，从2001年至今，中国二手车交易量已经连续18年持续增长，全国交易量从37万辆增长至1382万辆，增长了36倍。不过，在二手车交易呈现蓬勃发展势头的同时，我国二手车市场也充斥了大量"黑车商"，"野蛮生长"后的诸多乱象与弊端也愈发凸显。比如，隐性收费、销售事故车、里程数据造假、恶意赚取暴利、服务承诺难以兑现等，严重阻碍了我国二手车市场的快速发展。

经济日报记者了解到，"一车一况""一车一价"是二手车与生俱来的非标品特质，由于买卖双方的信息不对称，"黑车商"通过混淆车况、隐瞒车况等手段低买高卖赚取差价，使得二手车市场劣币驱逐良币，长此以往，不仅严重影响交易信任，也会使市场逐步萎缩，影响市场健康有序发展。传统二手车市场乱象由来已久，由于传统车商大部分起家于街边揽客赚取差价模式，加之入行门槛低，导致大量闲散人员进入，为赚取快钱，滋生了非法经营、不正当竞争、有损消费者利益的"黑车商"。目前，"黑车商"不法行为被曝光较少，有业内人士透露，这是因为"黑车商"多为分散的个体经营者或小商户，缺乏经营资质，加之买卖双方被骗金额较低或举证困难，导致警方或工商部门受理困难。买家无奈只能向法院、消协等部门投诉"黑车商"，但大多用户因势单力薄，承担不起时间成本和起诉费用，只能放弃维权。数据显示，2015年1月至2018年3月，北京市第二中级人民法院共审结因购买二手车引起的消费者维权案件25件，从2018年以来的情况看，此类案件呈较快增长态势。

就成熟二手车市场而言，早期的美国也存在"黑车商"乱象，后来经过美国政府和汽车经销商的共同努力，以及《二手车保护法》、"柠檬法"等措施陆续出台，并逐步建立起一套完善的旧车认证、置换、拍卖、收购和销售体制，使得成熟的二手车市场保护了购车者的权益，美国的二手车交易市场开始迈入有序经营时代。北京市消费者协会副会长兼秘书长杨晓军表示，我国二手车交易市场中存在着较为普遍且严重的侵害消费者权益现象，主要原因在于车况信息不透明。消费者作为二手车的买方，享有消费知情权，依法有权了解车辆出厂后产生的维修、保养、碰撞、事故记录，信息生成及保存部门应当无条件公开及提供。

业内专家呼吁，应建立车商准入制度和"黑车商"信息曝光制度，让"黑车商"无处遁形。同时，展开更大范围针对"黑车商"的二手车集中专项整治行动，依法严厉打击黑恶势力违法犯罪，并加强行业监管，完善管理办法；认可品牌化、连锁化经营的二手车经纪企业，从根源扼制黑恶势力滋生蔓延，构建健康规范的良好营商环境，为消费者营造更为安全安心的二手车交易环境。

(案例来源:王铁辰.二手车市场交易问题频发 专家呼吁曝光"黑车商"[N].经济日报,2019-10-18.)

**材料二:二手车市场信任瓶颈待破解**

中国汽车流通协会数据显示,2019年前11个月,国内汽车市场累计产销量为2303万辆和2311万辆,与2018年同期相比分别下降9%和9.1%;累计完成二手车交易1323.63万辆,同比增长5.01%,交易金额为8317.59亿元,同比增长6.18%。

随着时代的发展,很多消费者对二手车的心态逐渐发生变化,很多买家对于是不是新车已没有以前那么在意,而是十分关注车况质量和售后保障。基于此,瓜子二手车等平台纷纷宣布"质量革命",在不增加用户成本的前提下,全面严控车源,增加车辆检测技术和设备投入,加大售后保障力度,为消费者提供更好的服务品质与用车保障。尽管如此,二手车行业的发展也没有进入爆发期。据中国汽车流通协会统计,目前传统二手车经销商超过15万家,平均每家年交易量不足100台。由于买卖双方信息不对称,车况、车价缺乏透明度,个别经销商存在交易欺诈、隐瞒车况、牟取暴利等行为,既损害二手车买卖双方的权益,也给道路交通安全埋下隐患,非常不利于行业持续健康发展。

为更好解决信任问题,优信、瓜子、人人车等二手车电商平台通过开展全国范围的布局,构建起"线上线下全渠道、业态融合体验式消费"商业模式。这些电商平台应用大数据和人工智能技术,积极构建车况透明、标准化定价的交易方式,将"一车一况一价"非标品的二手车予以标准化、透明化,方便各地消费者挑选和比价,并实现跨地域流通交易。不过,解决二手车消费信任难题,仅靠平台力量是不够的。有关方面应及时完善体制机制,创新技术手段,加强二手车市场监管,最大限度地消除信息不对称问题,保障二手车质量稳定可靠。

应及时制定二手车质量检测国家统一标准。明确汽车质量检测指标、准确率、良品率等相关标准,实施二手车强制质检认证,质检报告全部公开,确保车况信息透明,由二手车车商和平台承担车况质量责任、售后服务,鼓励完全独立第三方检测机构提供服务。

应制定和完善二手车方面的法律法规。通过法律法规确定二手车经销商、拍卖行、平台、保险公司等各环节的权利与义务,明令禁止和严惩各种欺骗行为,强制要求公开二手车信息数据,确保车辆事故情况、维修信息透明化。依法保障用户的知情权,强制各环节全力配合,确保用户能够随时查询到二手车信息数据,以实现消费端信息把控。

应打破地区、部门数据屏障,建立全国统一的二手车信息数据平台。汽车厂商、经销商、维修公司、保险公司、车管部门等,负责各自环节的信息数据依法依规管理工作,在二手车出现交易信息、维修信息等变动时,须将相关信息数据及时输入平台,供二手车质量检测、车况评估使用。严密防范隐瞒事故车况、损毁信息的行为,对违规者予以严惩。建议探索利用区块链技术,从生产端就给每一辆车确定唯一的身份识别码,传输到区块链验证系统中,实现源头品质管控,彻底解决信息不对称问题。

(案例来源:李琳.二手车市场信任瓶颈待破解[N].经济日报,2020-01-08.)

**材料三:国内二手车市场的政府规制失灵问题**

**(一)二手车鉴定评估的国家标准执行不力**

虽然我国于2013年正式发布了《二手车鉴定评估技术规范》(GB/T 30323—2013),

但在实际执行过程中仍存在二手车鉴定评估的许多环节被简化、个别关键性环节甚至被跳过等现象。例如,在判别事故车环节,按照国家标准规定,若被判定为事故车,将会终止评估;若被判定为非事故车,才能继续进行后续评估。而实际评估过程中却屡屡出现评估机构和二手车企业出于自身利益考虑,致使评估标准不明确、评估结果不公正等问题发生。另外,目前我国二手车市场第三方评估机构还没有形成完善的体制机制,没有确立统一的评估标准,评估机构缺乏权威的科学认证,评估技术还有待达到先进水平,在评估过程中很容易出现机制漏洞而影响评估结果的准确度。虽然,目前我国国家官方认证的二手车网是一个信息相对比较透明的第三方评估机构,在政府部门的参与和规范下,对从业人员进行专业培训,以寻求最大限度的信息透明而带来公平交易,但是此网站知名度不高,且工作效率比较低,对于完全解决我国二手车市场中信息不对称问题没有起到决定性作用。

### (二)二手车跨域流通受制于地方保护主义

二手车限迁政策始于 2008 年,北京市以环境治理为由,对外地迁入二手车辆设置了严格的环保门槛。此后,全国各省市纷纷效仿。限迁政策是指部分城市为二手车设置排放标准、使用年限等门槛,外地的一些排放标准低的车辆,不允许迁入本地的一种政策导向。据中国汽车流通协会统计,全国曾有约 300 个地级市出台了二手车的限迁政策。虽然这一政策在短期内给当地经济发展带来了一定的积极影响,但是从二手车市场长远的发展看,弊大于利。二手车限迁政策所带来的最直观的影响就是分割市场,严重限制二手车跨区域、全国性的流通,对建立全国性的二手车市场带来极大冲击。经过对国内外二手车市场进行比较,可发现我国车辆的平均换购周期为 8 年,比国外车辆的平均换购周期延长 25%。

### (三)二手车市场交易过程中政府监管缺位

中国汽车流通协会调查显示,2017 年消费者投诉案件高达 20000 件。二手车交易体制不健全,交易时易忽略的细节问题是导致消费者售后投诉的主要原因,反映出我国二手车市场交易标准急需建立。主要表现在二手车交易时,买卖合同的签订不同程度地存在"不平等条款",例如对二手车质量的保证不列明期限,缺少法律规定的"三包"服务;一些商家打着"特价"旗号,规定一旦交易完成,日后出现质量问题时退款和违约金不予支付,买家自负损失;更有甚者,在合同的尾部添加各种免责声明,或"最终解释权归本店所有"字样。这些行为在一定程度上损害了消费者的知情权和自身利益等相关合法权益,使得售后投诉案件频发。一方面,这说明企业失信问题已延续到交易后期;另一方面,这与交易后规制部门对消费者的反馈意见没有及时收集和妥善处理也存在直接关系。

### (四)二手车政策存在地方选择性执行问题

在政策执行过程中我们发现,部分地方政府对中央政策进行选择性执行,限迁政策仍未彻底解除。而地方政府不推行"取限"政策的原因主要集中在中央与地方利益关系不协调,中央政府政策的出台是出于对全国性的公共利益考虑,具有宏观的政策导向性,地方政府选择性执行往往出于自利动机,为当地税收和环保问题考虑。在税收方面,对比新车来说,二手车交易为当地政府所创造的税收少之又少。但是,二手车交易量增加会影响新车销量,从而导致地方税收减少。在环境保护问题上,低质二手车的流入会给地方环保带来压力。一些大排量二手车的流入,对于促进二手车行业渠道畅通成效甚微,却可能导致该地区率先进入低环保标准城市的概率加大。

(五)二手车营销企业的信誉评价机制缺失

虚假广告是二手车电商行业失信行为的主要表现。例如,瓜子二手车直卖网利用广告大肆宣传其"没有中间商赚差价"的营销方式,因此成为全国最大的二手车电商。但一些有过体验经历的用户表示,瓜子二手车虽没有从消费者和个人车主身上赚得差价,但此平台有高额的服务费用。同时,瓜子二手车被车主投诉的事件也层出不穷。2018年11月,瓜子二手车又因广告用语"创办一年,成交量就已遥遥领先"内容不实被处以行政罚款1250万元,北京市海淀区工商局给出调查依据,认为其广告与事实不符,违反了《广告法》第四条规定:"广告不得含有虚假或者引人误解的内容,不得欺骗、误导消费者。"因此,企业失信行为仍然是影响二手车交易的主要因素,二手车行业信誉机制无法建立,消费者对二手车的传统消费观念就难以改变,一定程度上阻碍了二手车市场的发展。

(案例来源:任鹏飞.失灵与矫治:中国二手车市场的政府规制研究[D].呼和浩特:内蒙古大学,2019.)

**案例思考:**

1.结合案例,分析我国二手车市场管理中"政府失灵"的主要表现。

2.结合案例,分析我国二手车市场管理中出现"政府失灵"的原因。

3.结合案例,试分析政府如何改进二手车市场管理效能。

## 三、案例分析参考

**1.结合案例,分析我国二手车市场管理中"政府失灵"的主要表现。**

(1)国家考核评价标准执行不力

该案例提到我国发布了《二手车鉴定评估技术规范》(GB/T 30323—2013),然而鉴定评估的许多方面在实际执行中被简化。例如,在实际评估过程中,评估机构和二手车公司经常出于自身利益而制定不清晰的评估标准。另外,我国二手车市场的第三方评估机构尚未建立统一的评估标准,评估技术尚未达到先进水平。

(2)跨地域流通受制于地方保护主义

该案例提到,北京对从其他地方转移二手车设置严格的环境保护门槛,亦即实行限制二手车迁移的政策。从那以后,全国众多省市都纷纷效仿。限迁政策在短期内对经济发展产生了一定的积极影响,但将限制二手车的跨地区和全国流通,不利于建立全国二手车市场,将带来较大的市场损失。

(3)二手车市场交易过程中缺乏政府监管

该案例提到迫切需要为二手车市场建立交易标准。在二手车交易中,销售合同的签订带有不同程度的"不平等条款",例如在合同末尾添加各种免责声明,这在一定程度上损害了消费者的知情权和其他相关的合法权益,导致售后投诉频繁。这与交易后监管机构未能及时收集并正确处理消费者反馈直接相关。

(4)存在地方选择性执行政策现象

该案例提到一些地方政府有选择地执行中央政策,例如没有按中央要求及时解除限迁政策。这样做的主要原因是中央利益与地方利益之间的关系不协调。有选择地执行源于地方政府对当地利益的考量,因为二手车交易量的增加将影响新车的销售并减少地方税。

(5)营销公司信用评价机制缺失

该案例提到虚假广告是二手车电子商务行业中不诚实行为的主要表现。广告与事实不符的现象违反了《广告法》的规定,按规定广告不得包含虚假或误导性内容,不得欺骗或误导消费者。二手车行业信誉机制的缺失,在一定程度上阻碍了二手车市场的发展,迫切需要政府进行规范。

**2.结合案例,分析我国二手车市场管理中出现"政府失灵"的原因。**

(1)政府的有限理性。案例提及的二手车市场管理问题在一定程度上也反映了政府的有限理性,公务人员并不是无所不知、无所不能的,相反他们同样拥有人类所共有的一些弱点,如知识、智能和才干上的有限性,政府在对二手车市场了解不充分的情况下,加之企业的抵制因素,难以做出高效的决策;另外,管理严格与否带来的税收差异是致使政府部门两难的重要因素之一。

(2)信息披露制度被虚置。案例提及的二手车市场出现问题的部分原因在于信息不对称,这就有赖于信息披露制度的建设,然而虽然政府在理论上是一个抽象的概念,但在现实中政府也是"经济人",具体表现为政府部门在自利动机的驱使下,二手车企业和政府管理部门持续合谋,出现企业为隐藏信息而行贿、政府部门受贿的情况,从而造成了对二手车市场秩序的持续破坏,损害了公共利益。

(3)缺乏与之相匹配的行业标准。目前,我国政府部门还未建立一套标准化的交易流程,很多企业都是按照自定的交易流程进行交易,所以市场上出现多种交易流程,且交易细节和消费者保障参差不一,这导致随着我国二手车交易量的增长,消费者投诉案件也随之增多。

(4)地方政府的利益偏好。案例中提及的二手车市场问题与地方政府利益偏好也密不可分,"经济人"以追求自身利益最大化作为行为的准则,一方面,政府对二手车市场监管制度的缺失导致逆向选择和道德风险的发生,另一方面,中央政府依据全国市场作出宏观调控,地方政府选择性执行,这两种低效问题严重制约了二手车市场的发展。

(5)政府监管职能的缺位。政府部门的监管职能没有贯穿于整个二手车交易过程的始终。有关二手车交易前的市场准入环节、交易过程中的交易价格、车况信息、合同签订以及交易后的售后服务、维修年限等问题尚缺乏政府部门严格的监督管理。

**3.结合案例,试分析政府如何改进二手车市场管理效能。**

(1)完善二手车市场的信息公开机制

鉴于案例材料提及的二手车市场问题源于一定的信息不对称,因而需要建立二手车市场信息控制机制,保证信息的真实有效、公开透明,最大限度实现完全信息对称,让委托代理双方在公平的信息环境中履行契约;完善二手车市场信息共享平台,对全国二手车信息进行联网登记,增加信息透明度,收集全国范围内的用户及二手车经销商信息,同时也要做到每辆二手车车况信息完备且真实,实现信息共享。

（2）加强对二手车市场的政策性引导

鉴于案例材料提及的二手车市场问题在一定程度上也源于管理者的有限理性,因而需要完善政府决策部门行政人员的认知结构,强化行政人员对市场的预测能力和风险判断能力,提高政府决策能力,促进政府决策的科学化、民主化和法制化,规避政府决策时的有限理性;鼓励二手车电商通过多种渠道和方式进行交易,在对其进行规范的同时,也有利于二手车行业的整体发展。

（3）完善二手车市场的激励约束机制

案例提及的二手车交易市场问题主要体现为不够规范,因而需要强化激励约束机制,在企业与政府部门严格执行政策的前提下,给予适当的奖励、补助等,加大扶持力度,否则就要受到相应的处罚,从而调动各方执行政策的积极性;可适当省略多层级传递,有针对性地直接向地方政府执行部门下达政策,在保证政策信息的传递速度的同时,也可有效监督地方政府执行效率以及对政策的贯彻程度。

（4）加强对二手车市场的社会性规制

案例提及的二手车市场的健康发展离不开信用体系的建设,因而需要建立二手车行业的信誉机制,出台相关规范化政策,利用征信系统,实行信用评级机制,鼓励二手车行业协会制定标准;优化政府监管机制,实行诚信褒奖机制与失信惩戒机制并行,提高二手车市场交易效率,在提升政府管理效率的同时,也提升消费者对于二手车市场的满意度。

**参考文献:**

[1]张丽丽,章政.广义信用经济的内涵、机制与效率研究:以二手车交易为例[J].征信,2020,38(5):1-7.

[2]"行"认证落地长沙 二手车质量更透明[N].三湘都市报,2020-11-10(A7).

[3]两部门发出通知 加强二手车环保达标监管[N].西江日报,2017-01-04(A01).

## 案例6　到底谁的错:美国政府疫情防控工作受质疑

### 一、案例导读

新冠肺炎疫情在美国快速蔓延,给当地居民的身体健康与生命安全带来了巨大威胁,而多数美国人也把美国疫情现状归因于美国政府,认为美国政府应当对国内新冠肺炎疫情现状承担主要责任,并指出其存在隐瞒疫情欺骗大众的行为,需要给美国人民一个交代。而对于防疫不力,美方早已经找好了"替罪羊",美国国务卿蓬佩奥等政客先是有意将新冠病毒污名化,继而在西方舆论场中炮制和引导国外"信息不透明"的论调,并将防疫不力的罪责扣到世界卫生组织头上,进而在全球抗疫的关键时刻暂停对世卫组织的资助。新冠肺炎疫情在美国出现失控状态引发了社会的广泛关注,本案例聚焦美国的新冠肺炎疫情防控,从中对政府经济管理的相关问题展开讨论。

## 二、案例材料

**材料一:福奇:美国政府的疫情应对策略不能更糟了!**

美国国家过敏症和传染病研究所所长安东尼·福奇,在 2020 年 10 月 30 日接受采访时再度指出,美国政府的疫情应对策略不能更糟了。

2020 年 10 月 31 日的《华盛顿邮报》公布了此前一天对福奇的采访。根据该采访报道,美国政府淡化疫情的威胁,举行人员密集且不戴口罩的大型活动,还声称医生是为了牟利夸大疫情影响。

福奇就此指出,美国将受到很大伤害。随着寒冷冬季到来,人们会更多地在室内聚集,疫情恐怕还将加剧。而美国政府采取的措施都是错的,不能更糟了。福奇表示,他佩服白宫办公厅主任梅多斯的诚实,能在此前的采访中承认政府不会控制疫情。

对于美国政府任用并无流行性疾病控制经验的斯科特·阿特拉斯担任顾问指导疫情应对,福奇说,阿特拉斯是个善于对自己完全不懂的事夸夸其谈的聪明人,但他说的话都经不起推敲。

白宫方面则声称,福奇的言论有政治倾向性,还与福奇进行了谈话,提醒福奇别忘了自己是白宫新型冠状病毒应对工作组的成员。

(案例来源:佚名.福奇:美国政府的疫情应对策略不能更糟了![EB/OL].(2020-11-03)[2021-12-31].http://m.news.cctv.com/2020/11/02/ARTIcouSaxyVUBk85z78pEWQ201102.shtml.)

**材料二:多数美国人把美国疫情现状归因于美国政府**

一份最新民意调查结果显示,多数美国人认为,美国政府应对国内新冠肺炎疫情现状承担主要责任。

美联社 2020 年 10 月 5 日发布与芝加哥大学联合所做民意调查的结果,显示 56% 的美国受访者把国内疫情现状主要归咎于美国政府。

这次调查共 1053 名成年人受访,79% 的民主党受访者认为政府应该对疫情现状负主要责任;相比之下,持这一观点的共和党受访者仅为 38%。

美国累计新冠肺炎病例和死亡病例都远超其他国家和地区。美国约翰斯·霍普金斯大学疫情追踪数据显示:全球 3500 多万例确诊病例中,美国有大约 742 万例;全球超过 100 万死亡者中,美国有 20 多万。二者占比都大约为 1/5。

芝加哥大学哈里斯公共政策学院副教授奥斯汀·赖特说,这一结果反映了美国民众"对政府应对局势的方式普遍缺乏信心"。

"我认为他们本应该及早严肃对待疫情,应该早点告诉我们这有多么严重,"38 岁的弗吉尼亚州居民内森·奥尼尔说,"但他们却说不会有事、不会影响我们。他们的信用度大打折扣。"

世界卫生组织总干事谭德塞在 2020 年 10 月 5 日的讲话中提到,新冠肺炎疫情在全球范围内呈现"不均衡"态势,10 个国家的合计确诊病例和死亡人数占全球总数的 70%,其中仅 3 个国家合计占比就达到 50%,"不是所有国家都以同样方式应对,不是所有国家所受影响都相同"。

(案例来源:惠晓霜.多数美国人把美国疫情现状归因于美国政府[EB/OL].(2020-10-07)[2021-12-31].https://baijiahao.baidu.com/s? id=16798590062519150264&wfr=spider&for=pc.)

### 材料三:隐瞒疫情欺骗大众,美国政府应给美国人民一个交代

如果说1月份就提出要检测新冠病毒的朱海伦医生、写信呼吁撤离官兵的"罗斯福号"舰长是美国政府外部的"吹哨人",那么1月以来不断发出预警的白宫顾问、与内阁有密切联系的专家,以及美国情报部门可说是美国政府内部的"敲钟人"。

近日,《华盛顿邮报》《纽约时报》等美国媒体梳理了美国防疫时间线,清晰展示了美国政府是如何错过了抗疫最初,也是最关键的70天。

1月3日,美国疾控中心主任雷德菲尔德接到关于新冠病毒的第一个正式通知,并转告卫生与公共服务部部长阿扎。阿扎则确保白宫得到通知,并与国家安全委员会分享报告。

1月初,美国国家安全委员会的官员就接到了关于新病毒潜在危险的警告。国安委的传染病学家预警,病毒可能会发展成疫情。

1月末,白宫贸易顾问彼得·纳瓦罗撰写的备忘录中指出,疫情可能会让美国付出严重代价,产生至少50万人死亡和数以亿计的经济损失。

2月21日,美国卫生与公众服务部助理国务卿罗伯特·卡德莱克召集白宫抗疫小组会议,认为需要迅速采取严格的社交隔离措施。

但此时总统特朗普正在印度访问。美国媒体报道,在回国的飞机上,特朗普被金融界人士告知,采取进一步措施会严重影响日常生活和经济。于是总统取消了原本与卫生专家的见面,并指派副总统彭斯接管白宫防疫小组。从此,防疫变成了经济、政治和公关问题。

尽管整个1月和2月,美国的学者、医生,包括政府官员、民众,都反复警告行动迟缓将带来的失败,但美国总统屡次拒绝在全国实施社交安全距离措施,并坚持在公众面前对疫情轻描淡写。

2月25日,特朗普在访问印度期间的新闻发布会上表示,新冠病毒在美国很大程度上得到了控制,疫情将"很快过去"。

2月26日,特朗普在新闻发布会上说,这是一种流感,你要像对待流感一样对待它。他表示,美国人感染的风险"非常低"。

3月9日,特朗普回应各州采取的限制措施说,普通流感每年导致数万人死亡,"没有什么是停滞的,生活和经济仍在继续"。

直到3月13日,特朗普才对公众发布社交隔离指南。此前的3周内,美国的新冠肺炎病例数从15上涨到了4226。此后,超过60万美国人的测试结果为阳性。

微软联合创始人比尔·盖茨在访谈中表示,美国应对新冠病毒危机的行动过于迟缓。美国国家过敏症和传染病研究所所长福奇对CNN记者表示,如果有一个持续推进的过程,而且能更早采取减缓病毒传播的举措,本可以挽救更多生命。

在挽救人的生命还是发展经济金融之间,美国政府做出了自己的抉择。一边对专业人士的警报充耳不闻,一边对本国疫情状况轻描淡写,美国政府难道不应就隐瞒疫情和欺骗大众被问责吗?

#### 对于防疫不力,美方找好了"替罪羊"

美国国务卿蓬佩奥等政客先是有意将新冠病毒污名为"中国病毒",继而在西方舆论场中炮制和引导所谓"中国信息不透明"论调,并将防疫不力的罪责扣到世界卫生组织头

上。在全球抗疫的关键时刻,美国竟然暂停对世卫组织的资助。

疫情溯源是科学问题,中国最先报告,公开、透明且负责任地作出响应,但这不代表病毒源自武汉。《自然》杂志近日发表社论文章,为曾将新冠病毒与武汉乃至中国关联致歉。英国天空新闻记者阿曼达·沃克一针见血地指出:"如果数以百万计的美国人死亡,那将是总统的责任。而称之为'中国病毒'是逃避指责的一种方式。"

美方从中国获取疫情信息和数据的渠道是通畅的。所谓中国"隐瞒论""不透明论"毫无根据。1月3日,中国正式通报世界卫生组织;1月23日,中国封闭武汉;1月26日,美国关闭了驻武汉领事馆;1月底,美国专家来到中国;2月2日,美国对中国禁航。无论是中国通报的时间线,还是美国媒体总结的美国"吹哨"时间线,都清楚地证明,将美国疫情蔓延归罪于"中国的虚假信息",完全站不住脚。著名医学杂志《柳叶刀》主编霍顿说:"中国传递的信息非常清晰,可是我们浪费了整个2月份,这简直就是一场国家丑闻。"

针对无端指责,世卫组织总干事谭德塞强硬回击:将疫情政治化相当于玩火,除非你想要更多的裹尸袋。随后,包括联合国秘书长古特雷斯、法国总统马克龙、埃塞俄比亚总统萨赫勒-沃克、纳米比亚总统根哥布、卢旺达总统卡加梅等多位政要均表达了对世卫组织的支持。4月12日,俄罗斯外交部在社交媒体上指出,美国试图将本国疫情恶化的责任推卸给他人,这种行为引人担忧。

事实上,病毒并不认同"甩锅者"强加给它的国籍。政治把戏无法挽回失去的时间和生命,傲慢与偏见却是病毒不折不扣的帮凶。

正如瑞典网友艾米·布罗姆奎斯特在社交媒体上表达的:当中国警示病毒,戴口罩、隔离、停工的时候,欧美有些人认为,不要相信他们,他们这是试图控制人身自由,这只是流感。而亚洲一些国家积极防控,谨慎应对,取得了较好的防控效果。

有网友说:"这精确地总结了所有的崩溃。西方世界收到了警告。我也试图劝人们戴口罩,但我被嘲笑了。现在他们明白了,但不愿意承担责任。我已经看到许多无视警告的国家领导人如今隐瞒数据。"

在人类共同的危机面前,美国践行的是"顺我者昌,逆我者亡"的霸权逻辑。除了经济和金融,在美国政客最想要挽救的名单上,政治和霸权也排在生命的前面。

团结一致才能战胜病毒,玩弄政治无法挽回失去的时间和生命。美国政府难道不应就污蔑、抹黑、分裂行为给世界人民一个解释吗?

**拖泥带水坐失良机,美国政府应为疫情蔓延负责**

"速度就是一切。"3月初,世界卫生组织助理总干事艾尔沃德离开中国后,接受了多家西方媒体采访,向世界通报了防疫的紧迫性和应该采取的措施。艾尔沃德提醒,快速检测感染者,隔离密切接触者是当务之急。

而美国的情况怎么样呢?3月1日,美国疾控中心公布的检测人数是472人,3月2日,疾控中心宣布停止公布检测人数。这时病毒早已悄无声息地潜入社区。

比尔·盖茨说,每个人都应该回过头看看今年1月华盛顿州发现首例感染新冠病毒病例的时刻,"在这段时间里我们意识到了它的传播,我们现在应该做得更多"。

1月底,美国第一个新冠肺炎确诊病例来到西雅图医生朱海伦的医院。"他是否已经传染了别人?致命病毒是否已经潜入其他的社区并传播?"这些问题亟待解答。

凑巧的是,朱海伦的流感研究项目一直在收集居民的鼻拭子。是否可以直接对这些样本进行新冠病毒检测?在提议屡遭官方拒绝之后,2月25日,朱海伦自行进行了测试。一个近期没有旅行历史的少年确诊阳性。这证实病毒早在美国社区生根,需要大规模检测。然而她的检测很快被联邦和州官员叫停,理由是没有研究对象的明确允许,实验室也达不到临床标准。朱海伦说,在可能失去很多生命的紧急情况下,政府应更加灵活。

这只是美国政府错失的一系列机会之一。美国媒体称,既有的规则已经阻碍了美国开展全国性检测。而其他国家的这种检测都更快,也更早。在百年不遇的公共卫生紧急状况面前,美国行动拖沓。

"太慢了!"3月8日,纽约州州长科莫痛批联邦政府迟迟不批准私人实验室加入病毒检测。当被问到为何拿不到许可,科莫说:"我想是因为官僚主义。"

即使在3月上旬,因为不合格的试剂盒和繁冗的规定,病例飙升的各州还困于测试能力,无法得到疫情增长的真实状况,官员们不得不在盲人摸象中疲于奔命,放任危机悄无声息地肆虐生长。

1月,中国向世卫组织递交了病毒的基因序列。美国疾控中心(CDC)主任雷德菲尔德说,疾控中心的第一要务就是研发诊断试剂。CDC研发了自己的试剂盒。但当CDC将这些检测盒运往全国的公立实验室时,一些当地的卫生官员报告测试结果不准确。

CDC承诺会在几天内更换,但是这个问题一直拖,拖了超过2周。只有5个州立实验室在此期间可以进行测试。

美国公共卫生实验室协会向食药监局(FDA)专员哈恩发出"非同寻常的罕见请求",请他允许当地和公共卫生实验室制造自己的试剂盒。两天后得到回复称,实验室可提交检测紧急授权申请。但实际申请过程却被证实十分麻烦。FDA的授权非常慢。"病毒比FDA快。"华盛顿大学西雅图医学中心助理教授亚历克斯·格伦宁格说。

到3月10日,接受检测的数据仍然缺失。CDC认为自疫情暴发后有接近8500个鼻拭子已经使用,这肯定比实际接受检测的人数多,因为一人可能使用多个拭子。相比之下,韩国发现第一例病例的时间跟美国差不多,却自从2月末就已经有能力每天检测1万人。

疫情对全球各国的治理和承压能力进行了一次突如其来的测试。作为全球最发达的经济体,美国拥有最强的综合国力和医疗、科研水平。在中国已经向世界提供宝贵防疫经验的基础上,美国的答卷是否及格?反复延误、甩锅,对公众失责、对世界失信……事实面前,美国政府对疫情蔓延和逝去的生命难辞其咎。

(案例来源:徐祥丽,崔越.国际观察:为什么美国政府对疫情蔓延难辞其咎?[EB/OL].(2020-04-17)[2021-12-31].https://baijiahao.baidu.com/s? id=1664201269030603926&wfr=spider&for=pc.)

**案例思考:**

1.结合案例,谈谈新冠肺炎疫情在美国出现失控状态,主要原因有哪些。

2.结合案例,谈谈美国政府在新冠肺炎疫情应对方面存在哪些"政府失灵"现象。

3.结合案例,谈谈美国政府在新冠肺炎疫情应对方面的"政府失灵",需要从哪些方面入手进行改善。

### 三、案例分析参考

**1.结合案例,谈谈新冠肺炎疫情在美国出现失控状态,主要原因有哪些。**

首先,从公共管理者的角度来看,美国的高层没有尽取尽责地负起故障排除者的责任。作为公共管理者,面对疫情应该做的是依据现有资源与信息及时对事件进行处理和解决,而非将科学问题政治化。正如案例中提到的,英国天空新闻记者阿曼达·沃克一针见血地指出,"如果数以百万计的美国人死亡,那将是总统的责任。而称之为'中国病毒'是逃避指责的一种方式"。

其次,从人性假设的角度来看,美国政府官员作为"经济人",存在一定的私人利益,当追求自身利益最大化与公共利益最大化存在冲突时,美国的部分政府官员选择了为自身谋取利益而牺牲公共利益,进而无法保障群众的财产、生命安全,而这也导致了民众对政府的满意度下降。

**2.结合案例,谈谈美国政府在新冠肺炎疫情应对方面存在哪些"政府失灵"现象。**

从"政府失灵"的类型与表现来看,美国政府在新冠肺炎疫情应对方面存在的"政府失灵"现象主要有:

(1)政府的专制倾向和政治偏好。政府在发挥其职能作用时具有双重身份,它既是社会的行政管理者,又是宏观经济政策的制定者,美国的部分政府官员利用所掌控的资源去追求更大权力,体现出强烈的政治偏好,在考虑经济问题时首先着眼于一些政治目标,在此之后才考虑经济效率,导致制定出的经济政策不一定是客观存在的诸多方案中的较优选择。正如材料中所提到的:在人类共同的危机面前,美国践行的却是"顺我者昌,逆我者亡"的霸权逻辑。除了经济和金融,部分美国政客对于政治和霸权的追求甚至超过了对生命的挽救。

(2)政府机构工作的低效率。案例提到,《华盛顿邮报》《纽约时报》等美国媒体梳理了美国防疫时间线,清晰展示了美国政府是如何错过了抗疫最初,也是最关键的70天。而在疫情防控方面时间是极其宝贵的,美国政府机构的低效率导致疫情防控错失了大量时间,进而导致美国疫情的失控。

**3.结合案例,谈谈美国政府在新冠肺炎疫情应对方面的"政府失灵",需要从哪些方面入手进行改善。**

美国政府在新冠肺炎疫情应对方面,要采取科学的方式,构建新型的政府行为理念和政府行为方式,从而改善"政府失灵":

(1)美国政府的关注点应该从私人领域、竞争性领域、微观领域转到社会公共领域、非竞争领域、宏观领域。随着市场化进程的不断深入,政府应逐渐承担起公共服务的职能。面对疫情,美国政府应重点保障民众生命安全,而不是将科学性问题等价于政治性问题,也不能过分看重经济利益而忽视社会公众利益。

(2)美国政府要将传统的直接控制、直接管理转变为以间接调控为主的管理模式。在未来的社会发展中,政府的职能需要得到转化:

一是需要更新政府治理理念,重塑行政文化。为了顺应经济全球化、人类命运共同体的潮流,美国政府在公共政策的决策与实施的全过程中,必须确立符合时代发展趋势、现代的民主政府治理观念,抛弃传统的权威主义政府取向和霸权主义思想,提高服务和效率意识,为人类可持续发展做出贡献。

二是建立现代公共管理机制,健全行政管理体制,切实加强政风建设。美国政府在面对疫情时,应该做的是加强政风建设,坚持以人为本、执政为民,而不是反复延误、甩锅,对公众失责、对世界失信。

**参考文献:**

[1]李坤.新冠肺炎疫情期间西方的意识形态攻击与中国的应对[J].天津师范大学学报(社会科学版),2021(4):70-75.

[2]蒲婧新.疫情政治化:特朗普政府领导下的美国疫情治理[J].亚太安全与海洋研究,2021(4):95-106,4.

[3]赵一衡.美国的新冠肺炎疫情叙事与霸权护持[J].世界经济与政治,2021(6):138-155,160.

# 第三章 政府宏观调控原理

## 第一节 学习目的和要求

2021年国务院政府工作报告指出,过去一年面对突如其来的新冠肺炎疫情、世界经济深度衰退等多重严重冲击,我国创新宏观政策实施方式,经过艰苦努力,率先实现复工复产,经济恢复好于预期,宏观调控积累了新的经验,以合理代价取得了较大成效。面对着我国经济运行中一些长期问题和短期问题相互交织、体制性矛盾和结构性问题叠加在一起的情况,政府进行宏观调控、实现预期目标的难度增大,需要积极处理好保持经济平稳较快发展、调整经济结构、管理通胀预期的关系,防止经济出现大的波动。在近些年来自于国内、国外的一系列经济冲击的应对当中,我国政府正是抱着积极主动的态度,扎实做好宏观调控工作,为促进经济社会的平稳健康发展提供了重要保障。

**本章的学习目的及要求:**

准确理解宏观调控的含义、特征,以及政府进行宏观调控的必要性;把握经济周期及其阶段特征,并了解经济周期的主要成因理论;明确宏观调控的目标、内容和政策工具,并了解主要市场经济发达国家宏观调控模式。要求学生能够应用相关知识分析案例,从而进一步加强和完善我国的宏观调控。

## 第二节 知识要点

### 一、宏观调控的含义与特征

从一般意义上说,宏观调控是指在市场经济条件下,以中央政府为主的国家各级政府,为了保证整个国民经济平稳较快发展并取得较好的宏观效益,主要运用间接手段,对一定范围内经济总体的运行进行引导和调节的过程。

从宏观调控的概念和国内外实践经验来看,对宏观调控应该强调以下特点:

1.经济体制的特定性

宏观调控是市场经济体制下的一个特定概念。宏观调控是指在市场经济条件下,即市场对资源配置起基础性作用的条件下的政府行为,而不是一切经济体制条件下、一切资源配置方式下的政府行为。

2.调控方式的间接性

宏观调控要以间接手段为主。所谓间接手段,主要是指运用经济政策和法律规范,通过利益调节和行为引导进行调控的方式。

3.调控任务的宏观性

所谓调控任务的宏观性,主要是指宏观调控要以总量平衡为主、以结构调整为主、以长远的规划和战略部署为主,而不能以直接管理微观经济为主、以实物管理为主、以短期计划和项目审批为主。

4.调控目的的全局性

宏观调控与微观经济管理相比,要更侧重考虑国家的整体利益和国民经济发展的总体效益。为此,进行宏观调控要树立全局观念、系统观念、战略观念。

## 二、政府进行宏观调控的必要性

1.为了弥补"市场失灵",政府必须进行宏观调控

经济学中的所谓市场失灵,主要是指市场有做不到、做不好的事情。

2.为了维护市场秩序,有必要搞好宏观调控

在市场经济条件下,发挥市场配置资源优越性的重要条件之一,就是要保证市场的公平竞争。但是,单靠市场的自发调节,并不能确保市场的公平竞争,相反还容易形成市场垄断和过度投机,从而破坏公平竞争机制,造成市场秩序的混乱。

3.为了维护公正分配和国家整体利益,有必要搞好宏观调控

建立社会主义市场经济体制,发展社会主义市场经济,从根本上说有利于资源的优化配置、有利于经济的发展、有利于微观经济效益和宏观经济效益的提高,因此也为公正分配、社会稳定创造了基本条件。但是,单靠市场调节和市场竞争,并不能保证公正分配和国家整体利益,相反还会拉大收入差距,甚至产生两极分化,从而影响社会稳定。

4.为了应对经济周期性波动的需要

任何事物的发展都不可能是平坦的、笔直的。社会经济的发展过程同样也会出现波折和反复,因此在宏观经济运行中发生周期波动是必然的。经济周期性波动是经济运行中的一个基本规律和现象,它的发生既可以给经济发展带来一些积极因素,也会带来巨大的冲击和破坏。

## 三、经济周期及其阶段特征

经济周期是指宏观经济在增长中的扩张与收缩的交替波动。它反映的是国民经济在

动态增长中出现的扩张—收缩—再扩张的反复的周期性变化。

经济周期一般是从繁荣开始,经过衰退、萧条和复苏四个阶段,再到下一轮繁荣。各阶段的特征为:

### 1.繁荣

繁荣是指宏观经济由复苏到衰退之间的顶峰阶段,这一阶段是经济处于高水平并持续增长时期。繁荣阶段的特征是:总需求达到最高水平,经济资源得到充分利用,用于增加新的生产能力的资本投资率高,生产不断增长,生产者和消费者对经济发展的前景均持乐观态度,投资活跃,信用扩张,物价上涨,失业率很低。经济繁荣阶段是在经济复苏阶段的基础上发展而来的。

### 2.衰退

衰退是指宏观经济由繁荣到萧条之间的过渡阶段,这一阶段是经济处于全面下降的时期。衰退阶段的特征是:销售疲软,生产缩减,资本投资减少,信用收缩,价格下跌,失业增加,企业停产倒闭率上升。经济衰退阶段是经济高速增长过程中潜伏的负面因素发展所带来的结果。

### 3.萧条

萧条是指宏观经济由衰退到复苏之间的经济谷底阶段,这一阶段是经济停滞甚至全面倒退时期。萧条阶段的特征是:总需求严重不足,生产者和消费者对经济发展前景持悲观态度,商业萎缩,生产停滞,资本投资稀少,信用收缩,企业大批倒闭,工人大量失业。经济萧条阶段是经济衰退所造成的严重后果。

### 4.复苏

复苏是指宏观经济由萧条到繁荣的上升过渡阶段,是经济全面重新增长时期。这一阶段的特征是:市场逐渐活跃,生产持续恢复,信用逐渐扩大,物价稳步攀升,资本周转加快,利润不断增加,就业日益增多,个人收入持续提高,整个经济逐步地恢复到原有的水平。经济复苏阶段是经济萧条后的全面扩张。

## 四、经济周期的主要成因理论

经济发展的周期性波动是一个客观的经济现象。那么,产生这种现象的原因是什么呢?这就是经济周期成因理论要说明的问题。

1.消费不足成因理论:这种理论以消费不足为由说明经济的周期波动。

2.投资过度成因理论:强调经济周期波动的根本原因在于投资过多。

3.技术创新成因理论:这种理论是用生产经营领域中的创新来解释经济周期。

4.纯货币成因理论:这种理论认为经济周期变化的主要原因在于货币因素,在于货币需求与不稳定的货币供给之间的不协调。

## 五、宏观调控的目标和内容

宏观调控的目标可以分为以下四方面内容:

1.经济稳定目标

根据影响经济稳定的因素,经济稳定目标主要包括以下内容:经济总量平衡;国际收支平衡;物价稳定。

2.经济增长目标

宏观调控不仅要保证整个国民经济的稳定,更重要的是还要促其不断发展。一般来说,经济增长是指一定时期内以价值量表现的社会总产品或最终产品总量及人均量所要达到的新水平。

3.宏观效益目标

宏观调控所追求的效益是宏观效益。所谓宏观效益,主要包括以下内容:宏观经济效益;社会效益;生态效益

4.生活水平目标

不断满足广大人民日益增长的物质文化生活的需要是社会主义生产的目的,也是社会主义国家宏观调控的最高目标。在整个国民经济发展中,经济稳定、经济增长和宏观效益的提高都是人民物质文化水平不断提高的直接影响因素和前提条件。

# 六、宏观调控的政策工具

政府对宏观经济进行干预和调控,需要借助于各种手段和工具,它们主要包括各种政策工具、法律工具、制度约束、政府规制等。

1.需求管理政策

需求管理是指政府采取有效的经济政策刺激或抑制需求,从而实现充分就业、物价稳定、产出增加等宏观经济目标。需求管理政策产生于凯恩斯的宏观经济理论。政府应在供给既定的条件下,对总需求实行积极主动的管理。需求管理的内容包括财政政策和货币政策。

2.供给管理政策

供给管理是指通过调节总供给来达到一定的宏观经济目标的政策工具。供给管理政策是 20 世纪 70 年代石油危机时期流行起来的经济政策。作为短期的宏观经济政策的供给管理政策是能够在短期内较快发生作用的政策。它主要指税收政策和减支政策。

# 七、主要市场经济发达国家宏观调控模式

1.美国的宏观调控模式

人们把美国的宏观调控概括为微调型的市场经济模式。美国政府对市场经济的调节主要是采用财政政策和金融政策。

2.瑞典的宏观调控模式

瑞典政府对市场经济的干预主要是采取缩小收入差距的措施,推行高度的社会福利化。因此,人们把瑞典的宏观调控模式称为社会福利调节模式。

3.日本的宏观调控模式

日本政府以强有力的财政政策、经济计划和产业政策对经济进行干预,人们将日本的

宏观调控称为政府主导型的宏观调控模式。

4.法国的宏观调控模式

法国是二战后西方国家中推行国家计划调节的典型。人们将法国的宏观调控称为政府指导性计划调节模式。

## 八、进一步加强和完善我国的宏观调控

随着市场经济的进一步发展,必须进一步加强和完善宏观调控。

1.进一步健全国家计划和财政政策、货币政策等相互配合的宏观调控体系。

2.积极探索政府调控方式的创新。

3.高度重视收入分配方面的问题,力求通过统筹兼顾的宏观管理与调控,实现经济平稳增长与社会全面发展的和谐统一。

4.按照市场经济的客观要求切实转变政府职能,合理界定各级政府的职能边界,纠正政府职能以往的越位和缺位。

5.突出供给管理推进结构调整。

# 第三节　案例分析

## 案例7　房住不炒,房产调控再度升级

### 一、案例导读

房住不炒是2019年全国两会的讨论热点,而与房地产相关的话题也一直是民众关心的话题之一。社会上的大部分年轻人为买房而犯愁,但房地产市场由于炒房现象的存在而趋于失调。2016年底的中央经济工作会议首次提出,"房子是用来住的,不是用来炒的",此后,与房地产相关的部门陆续出台了与之相配套的政策,涉及房企融资、购房者信贷等方面。房地产第一功能是使用功能,对GDP和税金的贡献要建立在有效使用的基础上,这是常识。为此要加强房地产市场分类调控,房价上涨压力大的城市要合理增加住宅用地,规范开发、销售、中介等行为,因城施策去库存;而三、四线城市房地产库存仍然较多,要支持居民自住和进城人员购房需求。2019年,房地产调控力度加大,楼市去库存进展加快,2019年7月,银保监会约谈了房地产信托业务增速过快、增量过大的部分信托公司,要求这些单位增强大局意识,严格落实"房住不炒"要求,严格执行房地产市场调控政策和现行房地产信托监管要求。本案例聚焦房产调控,从中对政府经济管理的相关问题展开讨论。

## 二、案例材料

(一)房住不炒！ 地方政府需向改革和开放要发展

2019年7月30日,中共中央政治局召开会议,分析研究当前经济形势,部署下半年经济工作。当前我国经济形势怎么看？下半年经济工作怎么干？会议就此给出最新判断和部署,值得高度关注。其中一个表述在网络刷屏——坚持房子是用来住的,不是用来炒的定位,落实房地产长效管理机制,不将房地产作为短期刺激经济的手段。

房价问题,关系到每个人的切身利益。"房子是用来住的,不是用来炒的"从2016年首次提出,就引发广泛关注、热烈讨论。2019年4月的中央政治局会议,又强调要坚持房子是用来住的,不是用来炒的定位,并要求落实好一城一策、因城施策、城市政府主体责任的长效调控机制。不到四个月,再次强调"房住不炒",其分量不言而喻。

事实上,此轮楼市调控已经进入一个关键期。从去年底到近期,个别城市先后出现了放松限购政策后又立即撤回的尴尬现象。当前部分地方政府和民众都产生了一定程度的观望心理——调控会不会放松？楼市下一步到底如何走？当此之时,中央再次定调"坚持房子是用来住的,不是用来炒的定位",可谓一锤定音,信号意义非常明显。

坚持"房住不炒"原则,说到底就是要让住宅回到居住的本质,有效压缩其中的投机和炒作空间。对个人而言,要遏制盲目投资和炒房;对地方政府而言,要减少对土地财政的依赖,真正通过推进改革和扩大开放来实现高质量发展。要确保"房住不炒"成为现实,就必须要落实房地产长效管理机制。部分地区过去的调控未能实现既有预期,就在于长效管理机制并未有效落实。但近期,无论是中央表态,还是地方执行,以及信贷等配套政策的推出,都预示着调控在动真格,且必然是长效导向的。

如果说"落实房地产长效管理机制"过去已经强调多次,那么,这次会议首次明确提出"不将房地产作为短期刺激经济的手段",则划定了最新的调控红线。一方面,不搞短期刺激与落实长效机制一脉相承;另一方面,在当前新的国内外经济形势下,强调不依赖于靠房产来短期刺激经济,也将进一步打破一些地方把经济发展寄希望于短期刺激的守旧惯性,切断其对旧发展路径的依赖,倒逼地方政府把更多精力放在改革和开放上来。

让经济告别对房产刺激的依赖,也源自当前经济的发展底气和潜力。如,2019年上半年全国社会消费品零售总额增长8.4%,高出GDP增速2个百分点以上。这次会议也提出要深挖国内需求潜力,拓展扩大最终需求,有效启动农村市场,多用改革办法扩大消费;与此同时,实施城镇老旧小区改造,城市停车场、城乡冷链物流设施建设等补短板工程,加快推进信息网络等新型基础设施建设。这些都具有非常大的发展潜力,值得充分挖掘,也为地方经济发展告别房产短期刺激提供了坚实基础。

(二)房贷利率"换锚","房住不炒"定位不改

2019年10月8日起,新发放商业性个人住房贷款利率换锚,以近一个月相应期限贷款市场报价利率(LPR)为定价基准加点形成。从换锚首日看,个人房贷利率顺利切换至相应期限LPR加点形式,实际形成的利率与此前利率相比变化很小,这表明房地产市场的理性之锚正在形成,房住不炒理念已深入人心。

当前,我国房地产市场正坚定向房住不炒定位前进。受到库存和资金压力影响,房地

产开发企业回笼资金意愿明显增强,非理性购地热情明显消减。据房地产中介机构监测,2019 年 1—9 月,重点监测的全国 100 个城市住宅用地成交面积增幅明显收窄。楼市供求同时回落,旺季不旺,期望中的"金九"没有出现。而从传统国庆假期购房旺季看,商品房市场购买意愿趋向理性,"银十"大概率不会到来。我国房价上涨刚性预期的自我实现循环已经被打破。

根据国家统计局数据,2019 年 8 月 70 城房价涨幅整体回落,新房价格环比上涨城市数量进一步缩减至 55 个,二手房价格环比已连续 3 个月有多达 20 个城市下跌。另据中国房地产指数系统百城价格指数对全国 100 个城市新建住宅的全样本调查数据,9 月百城(新建)住宅平均价格环比上涨 0.31%,涨幅较 8 月收窄 0.06 个百分点。

应该看到,房贷利率换锚不改房住不炒定位。定价基准转换后,全国范围内新发放首套个人住房贷款利率不得低于相应期限 LPR;二套个人住房贷款利率不得低于相应期限 LPR 加 60 个基点,与我国个人住房贷款实际最低利率水平基本相当。同时人民银行分支机构将指导各省级市场利率定价自律机制及时确定当地 LPR 加点下限。这意味着,我国个人房贷利率将同时受到 LPR、地区加点下限及银行加点三方面因素共同影响。其中,LPR 是利率定价中枢。受宏观经济金融形势影响,LPR 也将产生波动。但因城施策下的动态地区加点下限,实际上设定了个人房贷利率的"底",也就是房住不炒的利率底,即使 LPR 出现明显波动,地区加点下限也会保持实际个人房贷利率相对稳定,这样可以保证房贷利率换锚不会鼓励房地产炒作投机行为。热点城市、非热点城市的房贷利率换锚顺利推进,已换锚城市实际房贷利率和换锚前利率相比,差异很小,凸显出房住不炒的定位。

不仅如此,房贷利率换锚将鼓励房地产市场理性行为。换锚后,受定价基准 LPR 的影响,个人房贷利率变化势必较过去更为频繁。利率不仅是资金价格,也是商品房定价的重要参数,相对频繁变化的个人房贷利率,将明显增大房地产投机炒作的风险。换锚后,房贷定价基准 LPR 波动加大,地区加点下限及时机也将更为主动,导致投资性购房时机将更难把握。换锚后,虽然商业银行可以与客户约定利率的执行和调整方式,但总体而言个人房贷利率将更加市场化,过去固定利率可能提供的利差保护可能会受到明显限制,推动商业银行经营个人房贷业务将更加理性,过去通过各种名义变相发放个人房贷的情况可能会有所减少。由此可见,在变化的房贷利率环境下,房价理性预期至关重要。

更为重要的是,房贷利率换锚已经纳入"不将房地产作为短期刺激经济手段"政策框架,房地产路径依赖已被坚决抛弃。各地更多依靠改革开放和创新创业来释放经济增长潜力,进一步激发经济活力。与此同时,坚决落实房住不炒定位,从紧执行房地产调控政策,结合本地房地产市场变化,加强房地产市场调控,严厉打击投机炒作行为,积极培育住房租赁市场,加快推进长效机制建设。

（三）北京市住建委：坚持房住不炒 加大政策性住房供应力度

2019 年 8 月 2 日,北京市住房和城乡建设委员会(以下简称"北京市住建委")发布《北京住房和城乡建设发展白皮书(2019)》(以下简称"白皮书 2019")。2019 年,北京市将加大政策性住房供应力度,多渠道建设筹集租赁住房 5 万套(间)、政策性产权住房 6 万套,竣工各类政策性住房 7 万套,完成棚户区改造 1.15 万户。

据白皮书 2019 统计,2018 年,北京市各类保障性住房(含共有产权住房)完成投资 1227.2 亿元,同比增长 44.1%。保障房全年新开工 5.45 万套,完成 5 万套目标任务的 110%。棚户区全年改造 3.43 万户,完成 2.36 万户任务的 145%。2017 年确定的 39 个集体土地建设租赁住房项目,已开工 12 个,可提供房源约 1.2 万套。

北京市住建委保障房建设管理处副处长窦连增表示,截至 2018 年 12 月底,北京市共有产权住房项目 53 个,房源约 5.3 万套,其中启动网申项目共 31 个,可提供房源 3.3 万套;年内共有 26 个项目启动网申,可提供房源 2.9 万套。除此之外,闲置商场、写字楼、酒店等转化、改建租赁住房项目稳步实施,共有项目 15 个,面积约 18 万平方米。

白皮书 2019 数据显示,2018 年各类保障性住房新增申请 4.8 万户,通过审核备案 3.69 万户,同比分别减少 27%、19%;其中公租房实物配租申请 3.68 万户,通过审核备案 3.85 万户,同比分别减少 27%、15%。

2018 年全年分配 3.23 万套(户),完成目标任务的 215%;2015 年底前开工的政府投资公租房已分配 16.71 万套,分配率 92.3%。截至 2018 年底,共为 15 对工作地发生变化的承租家庭调换了房源,为 517 户人口增加的承租家庭调整了房屋,为 6 组(12 户)家庭调整住房。面向"新北京人"配售共有产权住房 6106 套。

(案例来源:坚持房住不炒 加大政策性住房供应力度[EB/OL].(2019-08-04)[2021-12-31].http://shenzhen.creb.com.cn/cj/77449.jhtml;人民财评:房住不炒! 地方政府需向改革和开放要发展[EB/OL].(2019-08-01)[2021-12-31]. https://baijiahao.baidu.com/s? id=1640625094941185572&wfr=spider&for=pc.)

**案例思考:**

1.结合案例,分析为何我国政府要对房地产行业进行宏观调控。

2.结合案例,谈谈政府在房地产宏观调控方面应当如何运用需求管理政策工具。

3.结合案例,谈谈对于房地产行业的现存问题,有何对策建议。

## 三、案例分析参考

**1.结合案例,分析为何我国政府要对房地产行业进行宏观调控。**

(1)为了弥补"市场失灵",政府必须进行宏观调控

正如案例材料所提到的"房价问题,关系到每个人的切身利益",住房是民众的普遍需求,带有一定的公共产品的属性,而公共产品的提供正是房地产市场难以办到的事情。市场机制在提供公共产品方面存在一定缺陷,例如案例当中提到的"对个人而言,要遏制盲目投资和炒房",便是由于市场机制偏重于营利性而非公益性,也因此市场调节有一定的盲目性和滞后性,而过高的房价势必会影响民众的生活质量,对公共利益造成一定的损害,这就需要依靠政府的宏观调控予以弥补。政府通过宏观调控保障居民住房需要的措施很多,保障房的建设便在一定程度上体现了政府宏观调控的意图。

(2)为了维护市场秩序,有必要搞好宏观调控

案例材料提到"我国房地产市场正坚定向房住不炒定位前进。受到库存和资金压力影响,房地产开发企业回笼资金意愿明显增强,非理性购地热情明显消减",当中涉及的"非理性购地"现象在调控之前时有发生,而"非理性购地"又会对市场的公平竞争造成一

定的冲击,单靠市场的自发调节并不能确保市场的公平竞争,相反还容易形成市场垄断和过度投机,"非理性购地"行为的背后便反映了过度投机的市场冲动。因此,为了保证市场的公平竞争,为了维护良好的市场秩序,国家必须做好宏观调控。从案例中可以看出政府调控之后效果也是很明显的:"8 月 70 城房价涨幅整体回落,新房价格环比上涨城市数量进一步缩减至 55 个,二手房价格环比已连续 3 个月有多达 20 个城市下跌。"

(3)为了维护公正分配和国家整体利益,有必要搞好宏观调控

案例材料提到"相对频繁变化的个人房贷利率,将明显增大房地产投机炒作的风险……过去通过各种名义变相发放个人房贷的情况可能会有所减少",单靠市场调节不能保证供需平衡和公平竞争,对炒房的打击,有利于抑制房价虚高及过快上涨态势。如果政府缺乏宏观调控,在部分人通过炒房牟取利益的同时,房价被抬高,另一部分人因买房背上房贷,低收入群体和进城务工农民失去住房购买能力,使贫富差距进一步拉大,给社会带来不安定因素。在市场经济条件下,国家通过制定各种经济政策对收入分配和住房供应领域涉及的相关利益进行调节,有利于居民住房的有效供给,特别是有利于减小年轻人在买房方面面临的资金压力。

此外,自 21 世纪初以来,房地产过剩的状况日益严重,对"鬼城"的报道屡见不鲜。相关调查比较多,普遍显示住房空置率过高。房地产业是一种严重侵蚀资源环境的行业。房地产不仅大量占用土地,透支大量能源、水和矿产资源,而且带来排碳、扬尘、污水排放等问题,上下游产业链也多为环境污染行业。近年来中国建筑业能耗占社会总能耗的三分之一,钢材水泥消耗量超过世界的一半;建筑业二氧化碳排放量占总排放量将近 50%,全球建筑及相关行业造成了 70% 的温室效应。为维护国家在生态环境方面的整体利益,也有必要搞好宏观调控。

(4)为了应对经济周期性波动

案例材料提到"严厉打击投机炒作行为,积极培育住房租赁市场,加快推进长效机制建设",对炒房行为的打击有利于遏制炒房对经济带来的虚假繁荣现象。房地产市场调控不仅要保障居住需求,还要注意最大限度限制投资。房子是用来住的,也就意味着不应该成为投资品。"炒"的字面意思似乎是投机,但投资者通常也会像投机者一样遇高抛出,趁低买入,而一些投机者也会考虑基本面,也会被长时间套牢,而且房地产市场上有投机心理的人持有房产的时间往往也不会太短。因此,房地产投资者较少有严格意义上的"炒",基本上都是投资,但"投资"并不比"投机"影响好。如果大量的房地产成为投资品,必将出现很多闲置房,变相鼓励不劳而获,会带来极大的分配不公和不满,也必然削弱人们工作创新和实体经营的积极性。即使不能完全抑制房地产投资,也要尽最大可能压缩其规模及收益。

如果政府没有进行宏观调控,越来越高的房价和过度繁荣的房地产业,形成产能过剩,抬高实体经济经营成本,还可能降低居民消费能力,积累经济风险;进一步推动投资和信贷脱实向虚,加大了银行业和房地产业的债务风险,累积了购房者的杠杆风险。而有效的房地产调控则有利于减少房地产泡沫进而有利于减少经济危机的发生,从而对经济周期性波动起到一定的预防作用。而研究经济周期性波动的特点和规律并采取有效的应对措施,也正是政府进行宏观调控的一个重要方面。

**2.结合案例,谈谈政府在房地产宏观调控方面应当如何运用需求管理政策工具。**

政府在房地产宏观调控方面应当积极用好货币政策与财政政策这两类需求管理政策工具:

(1)货币政策。案例材料提到2019年7月30日中共中央政治局的会议精神"坚持房子是用来住的,不是用来炒的定位,落实房地产长效管理机制,不将房地产作为短期刺激经济的手段",便体现了对房地产行业投机需求的抑制。就具体的需求管理政策而言,出台的房贷利率换锚的政策便是一项需求管理政策,其政策效应在于"相对频繁变化的个人房贷利率,将明显增大房地产投机炒作的风险",从而对房地产行业的投机需求起到相应的抑制作用,进而为居民正常的买房需求的满足提供更好的保障。

(2)财政政策。案例中提到的保障性住房的建设,可以运用财政政策对需求进行相应的调节。例如政府可以通过适当的财政补贴或税收减免政策,鼓励开发商参与保障性住房建设,进而对保障性住房建设需求起到相应的拉动作用,从而为更多民众的住房需求的解决提供有力保障。

**3.结合案例,谈谈对于房地产行业的现存问题,有何对策建议。**

(1)明确中央和地方政府的职责分工

案例提及的房价过高的问题,需要立足全局予以应对。地方政府和中央政府在房地产上的利益诉求不一致导致紧缩调控政策效果低于预期。为了避免地方政府在房地产调控上的不作为,要让地方政府充分认识到高地价会显著降低工业税收占全部地方税收的比重,高房价会使居民消费需求受到抑制,让更多民营企业陷入困境,导致资本外流和削弱地方经济长期增长的基础。从长远来看,理顺政府间的财政分配关系,将财税体制改革与住房制度和土地供应制度结合起来,是建立房地产市场长效机制的重要基础。在此基础上,通过延长地方政府官员任期、加大对地方政府在民生保障方面的考核等措施,激励地方政府毫不动摇地坚持"房住不炒"定位,充分落实主体责任,切实改善供求关系。在达成共识后,还要明确中央和地方政府在房地产长效机制中的职责。

(2)以公平和绿色的税收原则促使房地产回归居住属性

案例提及的炒房问题,涉及资金资源配置不均衡的现象。因此房地产税制设计要充分体现行业间税负公平原则,以避免资金过多流入房地产业。此外,房地产税制设计要以绿色发展理念为指引,坚持节约资源和保护环境,弱化房地产金融属性,降低房屋空置率,充分发挥房屋使用价值,促使房地产回归居住属性。按照行业间税负公平原则,房产转让所得税税率应不低于工资、薪金所得税税率。逐步适时开征房产税。在开征房产税前需要解决以下几个问题:对什么性质的房屋开征房产税?如何设置减免额?房产税的计税依据?房产税税率是多少?通过渐进式开征房产税,使房产税逐渐取代土地出让金,成为地方政府的主要收入来源。在房价过高且供不应求的城市开征空置税。对于持有房屋时间较短的出卖人可考虑征收短期交易税。关注税负转嫁问题、打击二手房交易中的偷逃税款等行为,确保税收政策执行中的公正公平。

(3)加强行业自律和政府监管

案例提及的房价过高问题的解决是一项系统工程,除了信贷、税收、土地、保障房和住房租赁市场外,还涉及信息和预警、行业自律和监管等方面。

一是做好房地产信息和预警等基础性工作。构建强有力的房地产长效机制领导体系,在不动产统一登记基础上完善房地产信息,完整地记录每户家庭曾经拥有和现在拥有的房屋信息以及人口信息,完整地记录每套房屋的产权、租赁、流转、按揭贷款、抵押融资和税收等信息,为完善房地产信贷政策和税收政策提供数据支撑。加强对房地产主体、房地产金融、房地产市场的监测,构建房地产风险预警体系。二是加强行业自律。开发商和房产中介要加强自律,发布真实房源、严格规范交易资金管理、禁止为不符合交易条件的房屋业主提供中介服务、不协助购房人伪造证明材料、不从事场外配资、不哄抬房价。三是加强对房地产的监管。各级地方政府要明确房地产预售许可项目建设工程的进度标准,严格房地产项目预(销)售价格、销售方案和销售合同网签的备案管理,严格房地产项目楼盘销售行为的有效监管,加强房地产经纪机构和从业人员管理,加大房地产市场金融信贷的监管,严厉打击房地产市场违法违规行为。

**参考文献:**

[1]马理,范伟.促进"房住不炒"的货币政策与宏观审慎"双支柱"调控研究[J].中国工业经济,2021(3):5-23.

[2]易宪容,郑丽雅,Lkhagva Dolgorsuren."房住不炒"楼市定位的理论意义和政策选择[J].江西社会科学,2019,39(5):50-60,255.

[3]刘金东,杨璇,汪崇金.高房价、土地财政与房住不炒:房地产税能抑制房价吗?[J].现代财经(天津财经大学学报),2019,39(1):3-15.

[4]程民选,冯庆元.试析新时代"房住不炒"定位的理论逻辑:基于大卫·哈维的马克思主义经济学分析框架[J].经济问题,2019(1):1-5.

# 案例8　打好经济防"疫"战:加强宏观调控

## 一、案例导读

2020年第一季度极不寻常,突如其来的新冠肺炎疫情给我国经济社会发展带来了前所未有的冲击。从国家统计局公布的一季度经济数据来看,突如其来的新冠肺炎疫情确实对我国经济运行造成了比较大的影响,主要经济指标明显下滑。同时,国际疫情持续蔓延,世界经济下行风险加剧,我国保持疫情防控成果、防止疫情反弹的任务繁重,经济发展面临的挑战前所未有。虽然总体来看,我国基本民生保障有力,社会大局保持稳定,经济长期向好的基本面和内在向上的趋势没有改变,疫情的影响是短期的、外在的,也是可控的,但在对经济保持信心与定力的同时,政府需要及时、全面研判疫情影响,增强逆周期调节的预见性、前瞻性,加大宏观政策对冲力度,让政策转化为红利,切实把疫情造成的损失降低到最低限度。本案例聚焦新冠肺炎疫情的防控,从中对政府经济管理的相关问题展开讨论。

## 二、案例材料

**材料一：加强国际宏观经济政策协调是负责任之举**

受疫情影响，全球几乎所有国家的经济正承受巨大压力。如何在携手抗击疫情的同时，联手加大宏观政策对冲力度，最大限度减少疫情对世界经济的影响，努力避免经济下行造成的次生灾害，成为既立足当下又兼顾长远的重要课题。

在某种意义上，新冠肺炎疫情也算得上一场经济突发事件。国际金融协会在一个月内三次下调全球经济增长预期；国际货币基金组织认为，2020年全球经济将急剧跌入负增长，预计将出现20世纪30年代大萧条以来最糟糕的经济后果；联合国贸易和发展会议预测，全球外国直接投资总额或将触及2008年国际金融危机以来的最低点……这些预测表明，疫情不可避免地将对世界经济造成严重冲击。世界各国必须携起手来，避免突如其来的疫情"黑天鹅"变成威胁世界经济发展的"灰犀牛"。"巨大的灾难……会使陌生人之间产生兄弟般的情谊。"国际货币基金组织总裁格奥尔基耶娃就世界经济形势发表演讲时，引用法国作家雨果的这句名言，鼓励全世界团结起来，以巨大的勇气共同应对新冠肺炎疫情给世界经济造成的冲击。

"疫情对全球生产和需求造成全面冲击，各国应该联手加大宏观政策对冲力度，防止世界经济陷入衰退。"习近平主席在二十国集团领导人应对新冠肺炎特别峰会上提出加强国际宏观经济政策协调的中国倡议，强调要实施有力有效的财政和货币政策，加强金融监管协调，共同维护全球产业链供应链稳定，保护妇女儿童，保护老年人、残疾人等弱势群体，保障人民基本生活。中国倡议为稳定世界经济发出有力信号，为世界经济发展注入信心。

二十国集团领导人作出维护全球经济金融稳定、提振市场信心、保障就业民生、减少疫情对全球贸易和供应链的冲击等承诺，展现出以更有力度、更加团结的集体行动对冲疫情影响、维护世界经济稳定的决心。各国协同增效的宏观经济政策，不仅有利于缓冲疫情对经济造成的冲击，而且有利于提升全球经济应对冲击和波动的能力。中方在双边和多边层面上加强沟通，积极推动各方落实二十国集团领导人应对新冠肺炎特别峰会共识，推动二十国集团和国际社会在危机应对和全球经济治理方面发挥作用，得到各方积极响应。

国际社会成员当以高度的责任感弘扬合作精神，竭尽所能，使用现有一切政策工具，降低此次大流行病对经济和社会造成的损害，恢复全球增长，维持市场稳定并增强经济韧性。中国正加大力度向国际市场供应原料药、生活必需品、防疫物资等产品。中国持续实施积极的财政政策和稳健的货币政策，重申坚定不移扩大改革开放，放宽市场准入，持续优化营商环境，积极扩大进口，扩大对外投资。由于疫情在全球的蔓延和世界经济严峻的形势，中国经济发展面临的困难加大，但中国经济体量大、韧性强，有充足的政策工具，有信心把疫情造成的损失降到最低限度，努力完成全年经济社会发展目标任务。随着中国复工复产取得重要进展，国际社会对中国经济发展的信心不断增强。"中国复工复产经验为世界提供范本""中国经济复苏给世界带来希望"……透过中国经济复苏释放的明显积极信号，观察中国与世界的良性互动，国际社会更加清楚地感知到中国为维护世界经济稳定贡献的正能量。

世界经济韧性和全球经济治理能力正在面对严峻考验。越是关键时刻,越需要把准方向,越需要同舟共济、合作共赢的伙伴精神。坚持多边主义,加强宏观政策协调,共同维护开放型世界经济,积聚共同发展的力量,世界经济大船才经得起风浪,闯得过险滩,才能拥抱充满希望的蔚蓝之海。

（案例来源:佚名.加强国际宏观经济政策协调是负责任之举(和音):抗击疫情离不开命运共同体意识[N].（2020-04-14）[2021-12-31]. https://baijiahao.baidu.com/s? id＝16639120989295108028.wfr＝spider&.for＝pc.)

**材料二:在一场罕见的电视电话会上,习近平这样动员战"疫"**

2020年2月23日,农历二月初一,一场特别的会议在人民大会堂召开,分会场一直设到了县、团。中国正在打一场疫情防控的人民战争、总体战、阻击战。怎样分析这场战争? 目前打到了哪一步? 如何全面打赢? 亲自指挥这场战争的习近平在这场"战时会议"上从容作答。

**谈战情:这是一次危机 也是一次大考**

新冠肺炎疫情突如其来,中国人在战争中认清战争。在2月23日的会议上,习近平这样描述"战情":这是新中国成立以来在我国发生的传播速度最快、感染范围最广、防控难度最大的一次重大突发公共卫生事件。

敏锐的指挥者总是善于研判战争。在正月初一召开的中央政治局常委会会议上,习近平提出,只要坚定信心、同舟共济、科学防治、精准施策,我们就一定能打赢疫情防控阻击战。2月10日,习近平在北京市调研指导时,进一步将这场战争定义为"疫情防控的人民战争、总体战、阻击战"。

清醒的指挥者也总是善于总结战争。正月初十,习近平提出,这次疫情是对我国治理体系和能力的一次大考。此后,他又提出,这场疫情对全国各级疾控中心的应急处置能力是一次大考。

对于这样的大考,我们无须畏之如虎。正如习近平23日所说,"中华民族历史上经历过很多磨难,但从来没有被压垮过,而是愈挫愈勇,不断在磨难中成长、从磨难中奋起"。

对于这样的大考,我们又确需全力应考。当前疫情形势依然严峻复杂,防控正处在最吃劲的关键阶段。习近平说:"统筹做好疫情防控和经济社会发展,既是一次大战,也是一次大考。"这正是23日会议的鲜明主题,也是打赢这场战争的当务之急。

**谈发展:精准有序复工复产**

经济社会是一个动态循环系统,不能长时间停摆。随着战"疫"的推进,如何统筹推进疫情防控与经济社会发展工作,这道命题摆在了总指挥面前。

2月12日,习近平在中央政治局常委会会议上提出,非疫情防控重点地区要分区分级制定差异化防控策略,统筹疫情防控与经济社会秩序恢复。21日,他主持召开中央政治局会议,会议的一大重点就是部署统筹做好疫情防控和经济社会发展工作,提出"要建立与疫情防控相适应的经济社会运行秩序"。两天后,统筹推进新冠肺炎疫情防控和经济社会发展工作部署会议召开。

谈到落实分区分级精准复工复产时,习近平就有序复工复产提出8点要求:落实分区分级精准复工复产、加大宏观政策调节力度、全面强化稳就业举措、坚决完成脱贫攻坚任务、推动企业复工复产、不失时机抓好春季农业生产、切实保障基本民生、稳住外贸外资基本盘。习近平说,既不能对不同地区采取"一刀切"的做法阻碍经济社会秩序恢复,又不能不当放松防控导致前功尽弃。谈到坚决完成脱贫攻坚任务时,习近平说,今年脱贫攻坚要全面收官,原本就有不少硬仗要打,现在还要努力克服疫情的影响,必须再加把劲,狠抓攻坚工作落实。谈到切实保障基本民生时,习近平提醒,要统筹做好其他疾病患者医疗救治工作,做到急重症患者救治有保障、慢性病患者用药有供应、一般患者就医有渠道。

正如习近平所说:"新冠肺炎疫情发生后,如何在较短时间内整合力量、全力抗击疫情,这是很大的挑战;在疫情形势趋缓后,如何统筹好疫情防控和复工复产,这也是很大的挑战。"能不能打好、打赢这场战"疫",是对各级党组织和党员干部的重大考验。

**谈领导:沉甸甸的 3 点要求**

疫情防控是一场保卫人民群众生命安全和身体健康的严峻斗争。2 月 12 日,习近平在主持召开中央政治局常委会会议时说,各级党委、政府和各级领导干部要扛起责任、经受考验,既有责任担当之勇,又有科学防控之智;既有统筹兼顾之谋,又有组织实施之能。

在 23 日的会议上,习近平谆谆告诫,各级干部特别是领导干部要增强必胜之心、责任之心、仁爱之心、谨慎之心。

战"疫"是一块试金石。习近平评价说,总体看,在抗疫斗争中我们的干部队伍是好的,是经受住考验的,但也有少数干部表现不佳甚至很差。这次疫情防控工作中,一些领导干部的治理能力和专业能力明显跟不上,必须引起高度重视。习近平强调,各级党组织要在斗争一线考察识别干部,对表现突出的干部要大力褒奖、大胆使用,对不担当不作为、失职渎职的要严肃问责,对紧要关头当"逃兵"的要就地免职。

在讲话的最后,习近平给参会同志提出 3 点要求,一要狠抓工作落实,二要增强忧患意识,三要提高工作本领。他说,今年我国发展面临的风险挑战升级,再叠加这次疫情影响,做好经济社会发展工作难度更大,要以"咬定青山不放松"的韧劲、"不破楼兰终不还"的拼劲,把工作落到实处。

毋庸讳言,新冠肺炎疫情不可避免会对中国经济社会造成较大冲击。正如习近平总书记所言,"越是在这个时候,越要用全面、辩证、长远的眼光看待我国发展,越要增强信心、坚定信心"。没有一个冬天不可逾越,没有一个春天不会来临。

(案例来源:在一场罕见的电视电话会上,习近平这样动员战"疫"[EB/OL].(2020-02-24)[2021-12-31].http://www.chinanews.com/gn/2020/02-24/9102512.shtml.)

**材料三:稳步复苏!习近平为中国经济提出这些"决胜指引"**

突如其来的新冠肺炎疫情,不仅对全球公共健康造成威胁,更严重冲击着世界经济运行。

7 月 15 日,习近平主席给"全球首席执行官委员会"成员代表回信时重申,"中国经济长期向好的基本面没有改变,也不会改变"。

7 月 16 日,国家统计局公布 2020 年上半年国民经济运行情况,二季度中国经济同比增长3.2%。在一季度同比下降6.8%的情况下,这个"转正"来之不易,彰显中国经济稳步复苏的力量。

复工复产、脱贫攻坚、稳定就业、扩大开放……每一项都是经济社会发展不可或缺的环节。自新冠肺炎疫情发生以来,习近平总书记主持多场重要会议并多次赴地方考察调研……在不同场合为中国经济谋篇布局、把脉定调。习近平主席的相关论述也坚定了民众对于中国经济巨轮必能乘风破浪、行稳致远的信心,现摘录部分如下:

2020年2月18日,习近平主席同法国总统通电话时的讲话:疫情对中国经济的影响是暂时的,相信经过努力,今年我们仍能实现既定的经济社会发展目标任务。

2020年2月23日,习近平主席在统筹推进新冠肺炎疫情防控和经济社会发展工作部署会议上的讲话:要保障外贸产业链、供应链畅通运转,稳定国际市场份额。要用足用好出口退税、出口信用保险等合规的外贸政策工具,扩大出口信贷投放,适度放宽承保和理赔条件。要简化通关手续,降低港口、检验检疫等环节收费,推出更多外汇便利化业务。要鼓励各地促增量、稳存量并举,抓好重大外资项目落地。要扩大金融等服务业对外开放。要继续优化营商环境,做好招商、安商、稳商工作,增强外商长期投资经营的信心。

2020年3月10日,习近平主席在湖北省武汉市考察新冠肺炎疫情防控工作时的讲话:要落实落细国家出台的一系列支持政策,有针对性地开展援企、稳岗、扩就业等工作,强化"六稳"举措,统筹抓好春耕生产、农民就业增收等工作,坚决抓好脱贫攻坚各项任务。

2020年4月23日,习近平主席听取陕西省委和省政府工作汇报时的讲话:要坚定信心、保持定力,加快转变经济发展方式,把实体经济特别是制造业做实做强做优,推进5G、物联网、人工智能、工业互联网等新型基建投资,加大交通、水利、能源等领域投资力度,补齐农村基础设施和公共服务短板,着力解决发展不平衡不充分问题。

2020年5月23日,习近平主席看望全国政协十三届三次会议的经济界委员并参加联组会时的讲话:面向未来,我们要把满足国内需求作为发展的出发点和落脚点,加快构建完整的内需体系,大力推进科技创新及其他各方面创新,加快推进数字经济、智能制造、生命健康、新材料等战略性新兴产业,形成更多新的增长点、增长极,着力打通生产、分配、流通、消费各个环节,逐步形成以国内大循环为主体、国内国际双循环相互促进的新发展格局,培育新形势下我国参与国际合作和竞争新优势。

2020年6月10日,习近平主席听取宁夏回族自治区党委和政府工作汇报时的讲话:要坚持不懈推动高质量发展,加快转变经济发展方式,加快产业转型升级,加快新旧动能转换,推动经济发展实现量的合理增长和质的稳步提升。

2020年6月30日,习近平主席在中央全面深化改革委员会第十四次会议上的讲话:胜利完成"十三五"规划主要目标任务、决胜脱贫攻坚、全面建成小康社会,乘势而上开启全面建设社会主义现代化国家新征程,必须发挥好改革的突破和先导作用,依靠改革应对变局、开拓新局,坚持目标引领和问题导向,既善于积势蓄势谋势,又善于识变求变应变,紧紧扭住关键,积极鼓励探索,突出改革实效,推动改革更好服务经济社会发展大局。

2020年7月15日,习近平主席给"全球首席执行官委员会"成员代表的回信:中国经济长期向好的基本面没有改变,也不会改变。我们将继续深化改革、扩大开放,全面落实"六稳""六保"的重大政策举措,为中外企业投资发展提供更完善的营商环境,开辟新机遇新前景……中国将坚定不移坚持和平发展道路,坚定不移推动经济全球化朝着开放、包容、普惠、平衡、共赢的方向发展,推动建设开放型世界经济。

(案例来源:稳步复苏!习近平为中国经济提出这些"决胜指引"[EB/OL].(2020-07-17)[2021-12-31].https://baijiahao.baidu.com/s? id=1672440673389907904&wfr=spider&for=pc.)

**案例思考：**

1.结合案例分析宏观调控的目标有哪些。

2.根据所学知识归纳上述案例主要体现出宏观调控的哪些基本特征。

3.结合案例分析为何要在新冠肺炎疫情防控期间加强国际宏观经济政策协调。

## 三、案例分析参考

**1.结合案例分析宏观调控的目标有哪些。**

宏观调控的目标主要有四个，具体而言：

（1）经济稳定目标

案例材料提到"在携手抗击疫情的同时，联手加大宏观政策对冲力度"，而宏观政策的对冲则有利于实现均衡，在经济总量平衡、国际收支平衡、物价稳定等方面能够起到有益的作用，通过宏观调控可以促进国家经济稳定。

（2）经济增长目标

案例材料提到"最大限度减少疫情对世界经济的影响，努力避免经济下行造成的次生灾害，成为既立足当下又兼顾长远的重要课题"，新冠肺炎疫情对各个国家和地区带来巨大冲击，经济下行压力增大，在此情况下通过加强国际宏观经济政策协调，有利于实现适度的投资规模、合理的产业结构和形成先进的科学技术与合理的资源配置，从而促进经济增长目标的实现。

（3）宏观效益目标

案例材料提到习近平主席在中央政治局常委会会议上提出"非疫情防控重点地区要分区分级制定差异化防控策略，统筹疫情防控与经济社会秩序恢复"，这当中便反映了宏观调控的宏观效益目标，主要包括宏观经济效益、社会效益等方面的内容，"经济社会秩序恢复"便体现了经济效益、社会效益方面的目标。

（4）生活水平目标

案例材料提到习近平主席指出"共同维护全球产业链供应链稳定，保护妇女儿童，保护老年人、残疾人等弱势群体，保障人民基本生活"，这反映了宏观调控对于充分就业、公平分配、社会保障等方面的促进作用。在新冠肺炎疫情带来的经济衰退预期之下，为确保民众生活水平能够维持在合理层次，就非常有必要通过加强国际宏观经济政策协调，实现各国的共生共荣。

**2.根据所学知识归纳上述案例主要体现出宏观调控的哪些基本特征。**

案例材料对宏观调控的三项基本特征有较为明显的体现：

（1）调控方式的间接性

案例材料提到为了最大限度减少疫情对经济的影响，加大宏观政策对冲力度，努力避免经济下行造成的次生灾害，我国持续实施积极的财政政策和稳健的货币政策。以间接手段为主进行宏观调控，主要运用经济政策和法律规范，通过利益调节和行为引导进行调控。对外重申坚定不移扩大改革开放，放宽市场准入，持续优化营商环境，积极扩大进口，扩大对外投资；对内统筹做好疫情防控和经济社会发展工作，科学落实分区分级精准复工复产，并对相关领导干部的治理能力和专业能力提出要求，一要狠抓工作落实，二要增强忧患意识,三要提高工作本领。

（2）调控任务的宏观性

案例材料提到疫情防控期间,针对落实分区分级精准复工复产,习近平总书记就提出了8点明确的要求:落实分区分级精准复工复产、加大宏观政策调节力度、全面强化稳就业举措、坚决完成脱贫攻坚任务、推动企业复工复产、不失时机抓好春季农业生产、切实保障基本民生、稳住外贸外资基本盘。这些任务要求都是从宏观角度予以指导,而没有对具体工作措施与细节作出限制与规定。宏观调控正是以总量平衡为主、以结构调整为主、以长远的规划和战略部署为主,而不能以直接管理微观经济为主、以实物管理为主、以短期计划为主。

（3）调控目的的全局性

从案例材料可以看出,我国在疫情防控期间进行宏观调控时,树立了高度的全局观念、系统观念、战略观念。宏观调控与微观经济管理相比,更加倾向于考虑国家的整体利益和国民经济发展的总体效益,通过种种政策和手段,不断协调局部利益和全局利益、微观效益和宏观效益之间的关系:既要统筹做好其他疾病患者的医疗救治工作,保护妇女儿童,保护老年人、残疾人等弱势群体,维护中国人民生命安全和身体健康,维护世界公共卫生安全;又要努力实现维护全球经济金融稳定、提振市场信心、保障就业民生、减少疫情对全球贸易和供应链的冲击等宏观调控目标。

**3.结合案例分析为何要在新冠肺炎疫情防控期间加强国际宏观经济政策协调。**

在新冠肺炎疫情防控期间加强国际宏观经济政策协调,是基于疫情之下各个国家和地区在政府宏观调控当中存在一些差异需要协调,以便实现一些带有共性的宏观调控目标,具体阐述如下:

（1）加强国际宏观经济政策协调,是最大程度减少新冠肺炎疫情对世界经济负面影响的有效手段

案例材料反映出人类命运共同体的系统性,近年来,随着全球化的深入推进,经济资源在世界范围内配置,形成了全球供应链、产业链和价值链。以汽车产业为例,汽车生产涉及的大大小小的各类零部件有上万个,全球没有任何一个国家能够全部自产。哪怕一个微小的零件生产"停摆",都有可能会对整车生产造成影响。因此,各国只有携手共进、密切配合,才能应对疫情对全球生产和需求造成的全面冲击,共同推动世界经济发展。

（2）加强国际宏观经济政策协调,是推动世界经济长期增长的必然选择

案例材料反映出疫情对各国经济增长所带来的巨大压力,突如其来的新冠肺炎疫情让本就呈下行趋势的世界经济雪上加霜,若处理不当,则面临着严重衰退的可能性。为了应对人类面临的前所未有的危机,我国实施积极的财政政策和稳健的货币政策,坚定不移扩大改革开放,放宽市场准入,持续优化营商环境,积极扩大进口,扩大对外投资,为世界经济稳定做出贡献。一些发达国家也要有责任担当,自觉摒弃单边主义、贸易保护主义思维,放弃一意孤行的"去全球化"行为,积极主动参与宏观经济政策协调,推动市场开放,力避产出缺口,增加潜在产出能力,确保全球供应链稳定,为世界经济长期增长贡献力量。

（3）加强国际宏观经济政策协调,是维护全球金融稳定的有力保障

正如案例材料提到的,国际货币基金组织等机构对疫情之下的经济走势较为悲观。

为了应对新冠肺炎疫情带来的经济下行压力，一些国家也采取了极端宽松的货币政策。比如，为了托底救市，美国采取了"无上限"的量化宽松政策。这让低利率、负利率政策进一步延续和深化，有很强的负面外溢效应。它加剧了资本跨境流动套利，抬升了债务规模，吹大了资本市场泡沫，提高了金融市场的风险。因此，需要加强国际宏观经济政策协调，通过强有力的监督监管制度安排和机制设定，稳定国际金融市场。

**参考文献：**

[1]李富有,王少辉.新冠肺炎疫情、疫苗突破与经济复苏的逻辑与建议[J].新疆社会科学,2021(3)：39-47.

[2]刘达禹,徐斌,刘金全.不确定性冲击、产业波动与经济政策调控：基于三次疫情时期的对比研究[J].浙江社会科学,2020(9)：4-14,156.

[3]张劲松.社会主义基本经济制度的治理效能：以统筹新冠肺炎疫情防控和经济发展为例[J].理论月刊,2020(9)：81-87.

[4]中国人民大学中国宏观经济分析与预测课题组.疫情冲击、修复调整与基础再造的中国宏观经济[J].经济理论与经济管理,2020(8)：12-31.

[5]汪彬,许正中.新冠肺炎疫情对中国经济的冲击及应对策略[J].中国党政干部论坛,2020(3)：57-61.

## 案例9  一斤猪肉30块，消费者犯难：猪肉何时能降价？

### 一、案例导读

猪肉在居民整个膳食结构中占有重要分量，但从2019年3月开始，我国猪肉价格出现了持续上涨趋势，使得各地居民生活压力不断增大。由于猪肉是居民副食品消费的大宗商品，因而其价格起落在一定程度上会影响到消费者物价指数(CPI)的高低，因此猪肉价格的持续上涨很可能会影响到未来几个月的物价运行状况，从而使我国的CPI出现翘尾。国家统计局提供的数据显示，猪肉价格在2019年4月至7月分别同比上涨18.2%、14.4%、21.1%、27.0%，CPI连续几个月处于"2时代"。2019年9月16日，仔猪价格42.57元/公斤，同比增长94.12%，活猪25.97元/公斤，同比增长90.96%，猪肉44元/公斤，同比增长82.10%。如何抑制猪肉价格上涨，保障人民正常生活和维持社会稳定，就需要依靠政府对整个猪肉市场进行积极调控。本案例聚焦猪肉价格调控，从中对政府经济管理的相关问题展开讨论。

### 二、案例材料

2019年最触动消费者神经的是什么？不是房价，不是黄金价，也不是股市价，而是猪肉的价格。从2019年3月份的11元/斤，到11月的32元/斤，"二师兄"的"身价"在短短8个月的时间内翻了2倍，市民的"肉盘子"端着有些吃力。有网友调侃：教你如何分辨有钱人：看2019年哪家阳台上挂腊肠腊肉就对了。

（一）应对猪肉价格上涨　聊城打出"组合招"

2019年10月11日上午,在聊城市开发区一超市内,一长排猪肉货架前,挑选猪肉的市民寥寥可数。记者看到,带皮五花肉29.9元一斤,后腿肉27.9元一斤,精瘦肉29.9元一斤,小里脊32.9元一斤,这样的价格让不少市民望而却步。

"最近猪肉是怎么了,价格一直居高不下,都快吃不起了。"市民赵大姐一边挑拣买哪个部位,一边口中念叨。她想买一些鲜肋排,但看着价格着实下不去手:"这一斤要39块钱,还不如买牛肉划算。"该超市销售员说,进入6月份,猪肉价格一直呈上涨趋势,"不涨价成本压力大,但一涨价明显感觉买的人少了"。

猪肉价格飙升,相较于消费端,反映在经营端的表现更为激烈一些。首当其冲的就是小本经营、受原材料价格影响较大的街边小店。记者了解到,一些小餐馆已宣布涨价,有的餐馆则还在咬牙硬撑着。在开发区湄河路开了4年的"朝城肉饼",在一个半月前就宣布原本8元一个的猪肉粉条饼涨价2元。"这几个月以来,猪肉价格简直就是一天一个价。"面对质疑,老板委屈地说是迫于成本压力,"我们这些年都没涨过价,如今不得不涨了"。事实上,受猪肉价格影响,近期牛羊肉价格也跟进上涨。"对于消费者来说,它们具有互相可替代的关系,猪肉太贵,一部分人就转而去买牛羊肉,根据供需原理,后者价格就会有所上涨。"业内人士分析。

猪肉价格居高不下,无论是消费者还是猪肉供应产业链上的各个环节都叫苦不迭,那么究竟是什么原因导致猪肉价格一直上涨?"纵观这十几年来的猪肉价格涨跌,市场供求关系起到了决定性作用。"市农业农村局相关负责人介绍,去年,因生猪出栏量增加,市场猪肉供大于求,4月份价格大幅下降,而2019年受非洲猪瘟疫情、养殖成本上升等多种因素的影响,全国生猪产能持续下滑,猪肉供应相对偏紧,导致生猪价格上涨明显。从2019年以来聊城市的生猪存栏量,不难看出些许猪肉价格接连抬高的端倪:第一季度末,生猪存栏107.83万头,同比下降32％,环比下降26％;第二季度末,生猪存栏88.42万头,其中能繁母猪存栏9.81万头,生猪出栏125.24万头。生猪存栏量减少,造成市场供应短缺,养猪户、屠宰场的惜售行为也助推了价格上涨。"现在无论是规模养殖企业,还是中小养殖户,都不敢贸然增加生猪存栏数量。"东昌府区一位养猪户在接受记者采访时表示,一方面,很多养殖户担心发生疫情,一旦本地出现疫情,猪肉不能调运,会给养殖户带来经济负担。另一方面不断走高的价格,也让他们担心猪肉卖不掉。值得注意的是,每年春节前都是生猪需求旺季,多位市场分析人士认为,从2019年下半年到2020年春节期间,生猪价格依然存在上行空间。

受非洲猪瘟等因素制约,聊城市生猪产业整体呈现萎缩态势。对于快速上涨的猪肉价格,聊城市相关部门迅速出手,在落实财政扶持政策、严抓非洲猪瘟防控、调整畜牧产业结构等多方面做出部署,从多个环节抑制上涨趋势,打响肉价"保卫战"。为保障生猪核心产能,聊城市按照省里发布的《金融支持畜牧业战略合作协议》,明确了贷款优惠政策。目前,已有4家企业符合贷款贴息政策,贴息总额68.6952万元。同时,积极推动政策性畜禽养殖业保险工作的开展,2019年市财政列支畜牧业政策性保险资金218.9万元,截至第二季度末,各县市区保险机构已承保能繁母猪1万余头、落实各级财政补贴资金接近40万元,承保育肥猪30万头、落实各级财政补贴资金450余万元。此外,聊城市全面落实综合防控措施,严防非洲猪瘟疫情传入传播。

如果说保供稳价慢不得,那么产业转型更是等不起。市政府明确要求,各县市区切实加快调整畜牧业结构,促进黑毛驴、鲁西黑头羊和兔特色产业,以及家禽、牛羊等产业发展,在保市场供给的同时,布局优化聊城市肉类供给结构,有效满足消费市场多元需求。

(二)猪肉价格上涨吃不起? 国务院出五招让你吃上便宜肉

猪年最受中国民众关注的民生话题之一便是持续攀升的猪肉价格。持续上涨的猪肉价格再次引起中国高层关注。中国国务院总理李克强8月21日主持召开国务院常务会议,确定稳定生猪生产和猪肉保供稳价措施。

自2018年8月中国发生非洲猪瘟疫情,全国各地各有关部门通力协作、连续奋战,取得了阶段性成效。中国农业农村部数据显示,截至2019年7月3日,全国共发生非洲猪瘟疫情143起,扑杀生猪116万余头。目前,全国25个省区的疫区已经全部解除封锁。总体看,非洲猪瘟疫情发展势头明显减缓,正常的生猪生产和运销秩序正在逐步恢复。疫情虽然得到控制,但疫情造成的最大后遗症——肉价上涨,逐渐显露。

猪肉价格节节攀升,已突破历史高点21元/公斤。猪易数据显示,8月18日全国生猪均价24.02元/公斤,周变动2.61元/公斤。各区域猪价均出现大幅上涨,尤其是广东、广西猪源供应紧张地区,价格已超过27元/公斤。中国国家统计局数据显示,受非洲猪瘟疫情影响,7月份猪肉价格同比上涨27%,猪肉价格上涨,导致畜肉类价格整体上涨18.2%,影响CPI(居民消费价格指数)上涨约0.75个百分点,其中猪肉影响CPI上涨约0.59个百分点。中国农业农村部发布的7月存栏数据显示,400个监测县能繁母猪存栏环降8.9%、同降31.9%,生猪存栏环降9.4%、同降32.2%,降幅再创历史新高。猪肉在中国居民的肉食消费中占比达到62%。生猪产业事关民众肉食品保障,事关经济平稳运行和社会大局稳定。从近三天时间,李克强总理两次谈及稳定猪肉价格可见一斑。

除了8月21日的国务院常务会议将稳定猪肉价格作为会议一大议题。8月19日至20日,李克强总理在黑龙江省考察时,还专门来到哈尔滨道里菜市场,走到猪肉、蔬菜、鸡蛋、豆制品、水果等摊位前,询问价格变动和销售情况。李克强坦言,中国是发展中国家,食品价格上涨对群众特别是低收入家庭会有较大影响。他强调,"菜篮子"牵动群众"钱袋子",要多策并举,保障市场供应、价格平稳、质量安全,增强群众获得感。

非洲猪瘟疫情发生势头虽然得到控制,但在中国这样一个养猪大国要想彻底根除非洲猪瘟"难于上青天"。自1921年非洲猪瘟在肯尼亚首次发现以来,全球已68个国家和地区发生,目前只有13个国家曾经实现根除,根除时间多为5至36年,需要付出巨大人力、物力和财力。中国工程院院士陈焕春表示,非洲猪瘟对生猪是一个毁灭性的疾病,感染病毒的生猪死亡率达到百分之百。中国养猪数量超过世界一半,占53%。猪肉还是中国最大的单项农产品,年产值1.6万亿元人民币,还带动了3万多亿元的其他产业。可以说,防控非洲猪瘟关系到国民经济和国计民生。

2018年以来,由于受非洲猪瘟影响,中国生猪数量连续走下坡路,达到十年来下浮的最高峰值。此外,除了染病导致大量生猪死亡,造成猪肉价格上涨,中国农业大学杨汉春教授还谈到三个因素:非洲猪瘟导致养殖户、养殖企业对疫情有很大不确定性,不敢增加养猪数量;疫情令部分养猪户出现资金紧张,不得不降低产能;中国生猪产业面临转型升级,部分散养养殖户,在疫情发生后逐步退出行业,生猪养殖门槛提高,养殖成本上升。虽然面临巨大困难,但猪肉对多数中国民众来说太重要了。"所以我们还是要去养猪,尽管有风险,风险和机遇是并存的,如果生物安全做得好,非洲猪瘟能够控制好,猪就能够养起来,一定会进入盈利期。"杨汉春建议,养殖户现在应该根据时机适当补栏,争取获得好的经济效益。

国务院出"五招"平抑肉价。稳定生猪生产、保障猪肉供应,事关"三农"发展、群众生活和物价稳定。为让民众尽早吃上"平价猪肉",此次国务院常务会议提出了五项切实有力措施。

一是综合施策恢复生猪生产。加快非洲猪瘟强制扑杀补助发放,采取多种措施加大对生猪调出大县和养殖场(户)的支持,引导有效增加生猪存栏量。将仔猪及冷鲜猪肉运输纳入"绿色通道"政策范围,降低物流成本。尤其是"非洲猪瘟强制扑杀补助发放"问题,确实是养殖户当下非常关心和迫切要解决的问题。及时发放补助,能够缓解养猪户出现的资金紧张情况,尽快恢复产能。中国农业农村部副部长于康震此前表示,2018年补助结算是一年一次,2019年开始已经将补助结算周期缩短为半年一次,大小猪场一视同仁。

二是地方要立即取消超出法律法规的生猪禁养、限养规定。对依法划定的禁养区内关停搬迁的养殖场(户),要安排用地支持异地重建。

三是发展规模养殖,支持农户养猪。取消生猪生产附属设施用地15亩上限。据中新社记者了解,一段时间以来,部分地方政府因为环保要求,关停了部分距离居民区较近的养殖场(户),但后期异地重建却不理想,一定程度上影响了生猪产能。措施旨在尽快恢复和扩大生猪养殖产能。

四是加强动物防疫体系建设,提升疫病防控能力。

五是保障猪肉供应,增加地方猪肉储备。各地要适时启动社会救助和保障标准与物价上涨挂钩联动机制,确保困难群众基本生活。

可以看出,国务院常务会议确定的5条措施,正是从产、保、供、销等层面全力支持中国生猪产业恢复发展。

(案例来源:佚名.应对猪肉价格上涨 聊城打出"组合招"[EB/OL].(2019-10-12)[2021-12-31].http://xm.shandong.gov.cn/art/2019/10/14/art_24614_7263924.html.;齐倩.猪肉价格上涨吃不起? 国务院出五招让你吃上便宜肉[EB/OL].(2019-08-22)[2021-12-31].https://www.guancha.cn/economy/2019_08_22_514675.shtml.)

**案例思考:**

1.结合案例,分析猪肉价格为何飞涨。

2.结合案例,谈谈政府在猪肉价格调控中运用了哪些政策工具。

3.结合案例,试论述政府应如何对物价进行有效调控。

## 三、案例分析参考

### 1.结合案例,分析猪肉价格为何飞涨。

一是受疫情影响。案例材料提及的猪肉价格上涨主要是由受非洲猪瘟疫情影响,生猪产能下降较多所致。按照生猪生产规律,从母猪怀孕到育肥猪出栏约需10个月。2018

年发生的非洲猪瘟疫情,导致从 2019 年下半年开始,生猪市场供应明显减少,价格较快上涨。2019 年 8 月份,全国 400 个监测县生猪存栏数环比减 9.8％、同比降 38.7％,能繁母猪存栏数环比减 9.1％、同比降 37.4％。此外,非洲猪瘟疫情发生后,生猪养殖业防疫工作成本的增加也助推了猪肉价格上涨。

二是周期性波动。案例材料提及的猪肉价格上涨当中也存在一定的周期性波动的影响。科学研究表明,生猪价格波动具有较为明显的周期性特征,猪肉价格从上涨至高位再回落,一般需要几年时间。本轮生猪价格跌至周期低点后,步入新一轮上涨通道,同时受非洲猪瘟疫情叠加影响,生猪产能下降明显,猪肉价格短暂调整后持续较快上涨。

三是市场机制作用。案例材料提及的猪肉价格上涨现象反映了猪肉供不应求的情况。物以稀为贵,价格反映了市场供求关系的变化,当商品供大于求时市场价格就会下降,当商品供不应求时市场价格就会上升,猪肉价格也不例外。市场经济的一个特点就是通过价格变化来引导资源配置。

**2.结合案例,谈谈政府在猪肉价格调控中运用了哪些政策工具。**

案例体现了市场机制的"宏观性失灵",表现为宏观经济总量失衡,猪肉价格过快上涨主要涉及需求过剩这一情况,为此政府采取了一系列的举措进行调控,运用的政策工具主要有:

(1)财政政策。案例提到为应对猪肉价格上涨,积极落实各级财政补贴资金并落实贷款贴息政策,从多个环节抑制上涨趋势,当中运用了财政政策中的支出政策工具。

(2)制度约束。任何经济政策总是在一定的制度背景下发挥作用的,制度的变更会直接影响政策目标的传导机制,因此要加快体制改革,不断地进行制度创新。案例提到为了应对猪肉价格的过快上涨,政府要求地方立即取消超出法律法规的生猪禁养、限养规定,对依法划定的禁养区内关停搬迁的养殖场(户),要安排用地支持异地重建,便体现了制度约束方面的创新,进而有利于破解猪肉价格上涨的问题。

**3.结合案例,试论述政府应如何对物价进行有效调控。**

政府调控物价的方法在形式上分为直接干预和间接干预。直接干预的方法包括定价、限价。政府应当这样对物价进行有效干预:

(1)政府应维护市场经济的运行机制,遵循市场经济规律,政府在干预物价时要明确干预的目标,要预见干预的结果。案例材料当中政府没有采用定价、限价等干预方式,便反映了对市场经济规律的较好的遵循。案例材料当中,政府干预目标主要为防止通货膨胀、制止物价过快上涨;但与此同时,政府对于生猪行业的替代性行业的扶持,则有利于使行业均衡发展。

(2)政府干预市场物价除在极特殊时期,如战争、特大自然灾害时尽量不采用直接干预物价方式。案例材料当中政府便没有采取直接干预的方式。直接干预物价会使市场发出错误信号,由于价格低于成本,生产者会在市场需要增加供给时,减少生产,甚至放弃供给,从而增加市场矛盾。政府应当尽量使用间接的手段达到市场的稳定和均衡,政府可以综合运用财政、税收、货币、投资、商品采购与投放等手段达到干预目标。

(3)政府干预市场物价要弄清物价上涨的特点和原因,有针对性地选择有效手段进行干预。例如案例中政府意识到非洲猪瘟等因素对生猪产量带来的负面影响,进而有针对性地制定调控猪肉价格的政策措施。对于因全行业劳动成本上涨引起的物价上涨应主要采取减税手段进行调节。政府对企业适当减税,特别是对财力薄弱的中小企业减税,会直接降低企业开支,起到平抑物价的作用。此外,从财政上扶持市场薄弱微利行业,对其技术、设备需求给予补贴支持,可使其得到发展壮大;对超社会平均利润的企业加大税收,可形成高物价不一定有高收入状态;还可从货币手段上选择既不损害经济增长,又不导致通货膨胀的适当货币政策。消费者物价指数统计的消费品物价多数和货币流动性关系不大,在某些情况下,政府控制流动性只是起到减少投资抑制经济增长的作用,这反而使物价更贵。当然货币政策的实施比财政税收政策更容易,一般不需要复杂的计算和实施的细则。

(4)政府对于因市场供需信息失真或失衡所引起的物价波动,可通过及时发布有效信息、补充适当的商品储备和投放调节供求,来缓解或消除市场价格波动。政府应当对民生商品,如粮油肉菜进行储备,必要时用以平抑物价。例如案例材料提到为调控猪肉价格,需要保障猪肉供应,增加地方猪肉储备。

(5)政府对人为的操控市场的违法行为从行政手段上加强市场监管,防止破坏市场秩序的不法行为泛滥。虽然案例材料提到的猪肉价格上涨的主要原因是受非洲猪瘟的影响,但也需要防范个别商贩可能存在的故意哄抬物价的行为。政府还应当在监管上把商品分为关注和不关注两类分别对待,政府应当关注的是民生商品,对奢侈品不予关注,有些商品既是民生的又是奢侈的,对此要分开档次。

**参考文献:**

[1]康海琪,肖海峰.非洲猪瘟疫情背景下我国畜肉价格上涨与通货膨胀的关系:基于 VEC 模型的实证研究[J].农业经济与管理,2020(6):76-85.

[2]王双正.我国生猪产业发展与市场调控:反思与前瞻[J].价格理论与实践,2020(4):20-24.

[3]康海琪,肖海峰.非洲猪瘟背景下我国猪肉价格上涨的经济效应[J].农业现代化研究,2020,41(3):493-501.

[4]牟笛,许静斯,冯佳昊,等.我国猪肉供应风险及对策研究[J].中国科学院院刊,2020,35(3):363-370.

# 第四章　政府微观规制原理

## 第一节　学习目的和要求

　　和宏观调控一样,微观规制也是政府的一项重要经济职能。近年来,我国的规制改革呈现出经济性规制放活、社会性规制从紧的特点。2021年国务院政府工作报告指出,"深化'证照分离'改革,大力推进涉企审批减环节、减材料、减时限。实行中小微企业简易注销制度",从中明显可见我国政府放松经济性规制的政策趋势。而往年发生的双汇瘦肉精事件与玉米热狗肠"食品门"、山西老陈醋勾兑事件等使得人们对于食品质量状况存在担忧,频发的食品问题、矿难事故和污染事件使加强社会性规制成为必然。如何既盘活经济又保障社会的和谐、安定、公平,已成为当前我国政府规制改革面临的重大课题。

　　**本章的学习目的及要求:**

　　准确理解政府微观规制的含义、特点及构成要素,把握政府微观规制的分类及领域,并了解政府微观规制的理论基础;明确当前我国政府规制面临的问题,明晰我国的政府规制改革应坚持的原则。要求学生能够应用相关知识分析案例,从而进一步把握我国政府规制改革的基本思路。

## 第二节　知识要点

### 一、政府微观规制的理论基础

　　1.过度竞争与垄断理论

　　竞争与垄断是市场经济条件下两种常见的经济现象。根据西方经济学理论,在市场结构中,完全竞争市场能使资源得到最有效的配置和社会福利的最大化,但是,完全竞争市场在现实经济生活中很少见。而大多数是垄断，即单个或少数企业凭借自身的资本、经营实力和规模，控制一个或几个部门的生产与销售，从而获得高额垄断利润。事实上，阻碍市场优化资源配置的除垄断之外还有过度竞争行为。要避免和消除这两种经济行为，政府必须进行干预，以实现市场的有效竞争。

2.信息不对称理论

信息不完全带来许多问题。市场机制本身可以解决其中的一部分。例如，为了利润最大化，生产者必须根据消费者的偏好进行生产，否则，生产出来的商品就可能卖不出去。生产者显然很难知道每个消费者的偏好的具体情况。不过，在市场经济中，这一类信息的不完全并不会影响他们的正确决策——因为他们知道商品的价格。只要知道了商品的价格，就可以由此计算生产该商品的边际收益，从而就能够确定它的利润最大化产量。但是，在很多情况下，市场的价格机制并不能够解决或者至少是不能够有效地解决信息不完全问题。信息不对称会导致市场失灵，带来逆向选择和道德风险问题，在这种情况下，可能需要政府进入市场。

3.外部效应

外部效应是市场失灵的主要表现之一。微观经济学认为，在完全竞争的市场条件下，当外部效应存在时，实现资源的帕累托最优配置将是不可能的。因此，要想达到资源的帕累托最优配置，就需要政府组织的介入来解决这一问题，在政府和市场机制的共同作用下实现外部效应的内在化。

## 二、政府微观规制的含义及构成要素

政府微观规制，又称政府规制（government regulation），是指具有法律地位的、相对独立的政府规制者（机构），依照一定的法规对被规制者（主要是企业）所采取的一系列行政管理行为。

政府规制包括三个构成要素：第一，规制的主体是政府行政机关，这些行政机关通过立法或其他形式被授予规制权，通常被称为规制者。第二，规制的客体是各种经济主体（主要是企业），通常被称为被规制者。第三，规制的主要依据和手段是各种规则或制度，明确规定限制被规制者的决策，如何限制以及被规制者违反规则将受到的各种制裁。

## 三、政府微观规制的特点

1.是一种特殊的公共产品

政府规制不是针对某一经济主体的，而是针对众多经济主体的，同时，政府规制在运用中不具有排他性，可以同时作用于所有的被规制对象，但政府规制只能由政府提供和运用。同时，政府规制要受到价值观、意识形态、政治制度等因素的影响，具有一定的"地域专用性"。

2.必须依法规制,也即通常所说的依法行政

这里的"法"必须是所有相关利益集团都接受的法。否则依法行政或依法规制就成为少数强势利益集团侵害弱势利益集团的"合法"工具。

3.规制方式多样化

一般来说,政府规制的方式既有禁止性、限制性的消极规制,也包括通过优惠、鼓励、促进、保护等政策进行的积极规制。

# 四、政府微观规制的分类及领域

根据政府规制的特点,我们可以把政府微观规制划分为经济性规制与社会性规制这两大类型。经济性规制与社会性规制的区别在于:经济性规制直接影响市场主体的经济决策;社会性规制则旨在保护诸如健康、安全、环境等公众利益及社会的安定。一般意义上的政府规制,侧重于指经济性规制。

1.经济性规制的概念、领域及内容

经济性规制是指在自然垄断和存在信息偏差的领域,主要为了防止发生资源配置低效率和确保利用者的公平利用,政府机关用法律权限,通过许可和认可等手段,对企业的进入退出、价格、服务的数量和质量、投资、财务等有关行为加以规制。经济性规制的领域主要包括自然垄断领域和存在信息不对称(信息偏差)的领域。

经济性规制的内容主要包括:(1)价格规制。政府规制者要制定特定产业在一定时期内的最高限价(有时也要制定最低限价),规定价格调整的周期。(2)进入和退出市场规制。为了获得产业的规模经济性和成本弱增性,政府规制者需要限制新企业进入产业。同时,为保证供给的稳定性,还要限制企业任意退出产业。(3)行业投资规制。政府规制者既要鼓励企业投资,以满足不断增长的产品或服务需求,又要防止企业间过度竞争和重复投资。还要对投资品的最优组合进行规制,以保证投资效率和效益。(4)工商行政规制。主要包括经济合同、广告和商标管理。

2.社会性规制的内容与领域

社会性规制是以保障劳动者和消费者的安全、健康、卫生,保护环境和防止灾害为目的,对产品和服务的质量和伴随着为达到这些目的而制定一定的标准,并禁止、限定特定行为的规制。社会性规制包括对环境、劳动条件(职业卫生与安全)、消费者权益保护以及就业(机会平等)等领域的规制。主要的规制措施包括:对环境有害物质的收费规制、工厂与车间的安全规制、产品包装或标签上的信息披露要求、禁止提供特定商品或服务的规定、禁止录用人才时的肤色、宗教、性别或国籍歧视等。

社会性规制的研究领域主要包括卫生、健康、安全和环境保护。与经济性规制不同的是,社会性规制是一种较新的政府规制,社会性规制不是以特定产业为研究对象,而是围绕如何达到一定的社会目标,实行跨产业、全方位的规制。其中,外部性理论与信息不对称理论是社会性规制的基本理论。

## 五、当前我国政府规制面临的问题

经济性规制领域面临的问题主要有：(1)国内垄断行业定价及补贴等问题突出。一是公用事业费涨价。消费者面对无从选择、无力抗争的"价格听证会"，只能无奈地接受"价格听证会"预定的结果——涨价。二是垄断企业补贴。如中国成品油价远低于国际水准，为了防止油价上涨加剧通胀压力，我国对成品油采取补贴的政策，同时，政府对成品油进行严格的价格规制。其后果是，国内过度消费成品油，而境外飞机、轮船和汽车在内地加油的时候相当于间接地得到了补贴。(2)竞争性行业的问题较多。一是资本市场监管制度不健全，导致市场秩序混乱；二是市场准入和市场运营规制不到位；三是经济规制缺位，影响中国产品国际市场竞争力。

社会性规制领域面临的问题主要有：(1)国内社会规制问题频发：食品问题、矿难事故、污染事件频繁发生。(2)社会规制国际化问题增多。如，2007年中国出口产品频频遭遇"质量门"，出现了美国召回受污染的宠物食品、美泰公司召回中国生产的玩具和水产品等一系列事件，这严重打击了相关的出口厂商，损害了中国产品的国际竞争力。

## 六、我国的政府规制改革应坚持的原则

#### 1.高效原则

政府规制是为了弥补市场失灵，争取更大的效率，但政府规制也有成本，所以，是否实施政府规制以及实施的范围、程度、方式必须以高效为基本准则。同时，高效原则还要求规制机构具备高度专业化的行政官员，以及在专业化的基础上建立合理配置的知识结构（技术、经济、法律、审计、管理）。

#### 2.独立原则

无论在经济性规制领域（垄断产业）还是在社会性规制领域（居民安全和健康），我国目前的行政规制机构都不同程度地存在政企不分、政事不分、政资不分和政社不分的事实。它们的职能结构基本是宏观政策调控（如行业规划和产业政策）、微观管理和行政规制的混合体。如果不改变这种状况，行政机构就很难具备独立性和摆脱部门偏好，从而难以在中立的立场上公正执法，或者难以有效利用有限的行政资源，难以从源头上遏制寻租和腐败行为。因此，建立独立于各种利益集团的规制机构是深化政府机构改革的首要任务。

#### 3.公开、公正原则

大量事实证明，规制机构在缺乏有效制衡和监督的条件下，很容易做出不作为、滥用权力、歧视性执法和违背程序等行政违法行为，从而影响政府规制效率。为防止这些行为的产生，一方面，要建立完善的行政程序制度和外部监督机制；另一方面，要最大限度地强制行政机构公开其内部信息，对外提供知情权和接受监督；还必须加大行政违法行为的法律责任和惩治力度。

### 4.合法性原则

这项原则要求,所有的规制权及其执行,都必须基于严格的法律界定。这实际上是政府规制的法律合法性完善的问题。行政规制的法律合法性完善有两层含义:一是要根据行政规制的经济合理性,严格界定其职能范围及其行使方式,并通过新的立法或修改现有实体法,对缺乏经济合理性的规章制度给予废除,同时保留和完善合理的规章制度;二是通过制定行政程序法或专门的行政许可法,建立政府规制的合理程序和规制者的规制结构。

# 七、我国政府规制改革的基本思路

我国政府规制改革的总体思路是:放松经济性规制,加强社会性规制;在经济性规制领域有效引入竞争,在社会性规制领域加强规制机构和方式的改革。

### 1.适时剥离垄断性业务,有效引入竞争

就经济性规制领域来说,政府应以自然垄断业务作为规制的重点,建立模拟竞争机制的管理机制,而对非自然垄断性业务应推进实现竞争性经营。对自然垄断合理性已经不存在的产业或某些业务环节,要适时剥离出去,防止该行业处于垄断地位的经营者为了谋取附加业务领域的暴利而进行垄断势力的延伸,造成对竞争秩序的破坏和对消费者权益的损害。

### 2.改革规制机构,提高规制效率

现有的政府规制机构总体上存在政企不分、政资不分、明显偏向既得利益集团的倾向,固化了行政垄断,加剧了政府失灵。因此,建立一个独立、公正、高效的新的规制机构是必要的也是必需的。首先,规制机构应该独立,尤其要独立于各种既得利益集团而不受其左右,在行政框架内建立相对独立的规制机构,实现政策、规制相对分离。同时赋予规制机构必要的权力和资源。与职责相一致的权力和资源是规制机构实行独立规制的基本条件。其次,建立完善的行政程序和外部监督机制,并加大对行政违规和行政违法行为的责任追究与惩罚力度,从制度上保证规制机构的公正性。再次,坚持职权法定原则,根据行政规制的经济合理性严格界定规制机构的职责范围和行使职权方式,通过修改法律或新立法废除没有经济合理性的规章制度。复次,以法规为基础建立规制体系。立法是基础,在立法滞后的情况下,可以先设立行政性条例。法规要对规制机构的权力、资源、责任、程序、重要原则做出规定。法规有助于增强规制机构的独立性,减少规制随意性。最后,建立社会监督体系,充分发挥社会监督的重要作用。

### 3.改革规制方式

规制方式的改革与规制机构的改革同等重要。规制的核心是协调社会福利与被规制企业之间的矛盾,既让被规制企业提高效率,又有可能极大地增加社会福利,不至于让被规制企业过多吞噬消费者福利。科学的规制方式可以较好地解决这个矛盾,而不合理的规制方式则可能成为维护行政垄断、牟取暴利的合法工具。

# 第三节 案例分析

## 案例10 "单车围城",共享单车何去何从?

### 一、案例导读

共享单车是指企业在校园、地铁站点、公交站点、居民区、商业区、公共服务区等提供单车共享服务,采取分时租赁模式,是共享经济领域的新的构成部分。共享单车实质是一种新型的交通工具租赁业务,即自行车租赁业务,主要依靠载体为(单车)自行车。共享单车充分利用了公共道路的可用空间,越来越多地引起人们的注意,由于其符合低碳出行理念,受到了民众的广泛欢迎,城市因快速的经济发展而带来的自行车出行萎靡状况因为共享单车的出现而有所改观。相关政策随后也相继出台,2017年8月3日,交通运输部等10部门联合发布了《关于鼓励和规范互联网租赁自行车发展的指导意见》,新政明确了规范停车点和推广电子围栏等意见,并提出共享单车平台要提升线上线下服务能力。2018年5月21日,北京市政交通一卡通与ofo小黄车共同宣布达成战略合作,并发布了支持北京一卡通的NFC智能锁。同年7月5日,摩拜单车宣布即日起将在全国实行零门槛免押。2019年3月19日,交通运输部发布《交通运输新业态用户资金管理办法(试行)》,新规明确运营企业原则上不收取用户押金。一系列政策的出台,为共享单车的健康发展提供了坚实基础。本案例聚焦共享单车治理,从中对政府经济管理的相关问题展开讨论。

### 二、案例材料

(一)石家庄市裕华区探路共享单车治理

2019年8月初开始,伴随着石家庄轰轰烈烈的创建全国卫生城市的行动,石家庄市裕华区城市管理部门开始对共享单车进行集中整治。以每天清理1000辆为目标,计划两周内对辖区内无准入手续的共享单车进行地毯式清理。此次行动引发人们对城市共享单车管理的关注。

石家庄市民李书军住在体育大街槐北路附近一个小区里,他的工作单位在桥西区和平医院旁边。每天早上,他走出小区后,会骑一辆共享单车到中山路口的地铁一号线,坐地铁上班。每天花在路上的时间顶多半小时,非常方便。然而,最近他出门发现,经常停在小区门口的一片共享单车,好像少了许多。

"我是看朋友圈里的消息才知道,裕华区城管清理共享单车呢,"李书军说,"有朋友给我发照片了,城管部门开着车,装了一大车拉走了。"

从8月7日开始,石家庄裕华区城市管理综合执法大队开始对辖区内的无准入手续的共享单车进行集中清理。据执法大队副大队长褚旭东介绍,共享单车两年前进入石家庄以来,为解决市民"最后一公里"出行提供了很大方便。然而,随着企业恶意竞争,投放量急剧加大,路边乱停乱放,甚至堆积的共享单车越来越多。特别是在医院、学校、商超周边,许多无序停放的共享单车,挤占非机动车道、占压盲道,不但造成行人通行不便,还造成环卫部门无法展开垃圾清扫,对城市环境、市容秩序造成了很大的压力。"这次清理之前,我们向市交通局、行政审批局发函了解,在我市投放的共享单车,仅摩拜、哈啰和青桔办理过准入手续,其他像小黄车(ofo)、街兔电单车、哈啰电单车都没有办理过任何准入手续。"褚旭东说,这次清理整治行动的第一步主要针对这些没有准入手续的共享单车。按照规定,管理人员的配备要到千分之五。也就是说,二百辆车子至少有一名专门的管理人员。"然而,石家庄好多共享单车公司的人员配备根本没有达到这个标准,"褚旭东说,"这次清理,先从数量上让共享单车在我区减少一半。下一步,我们区准备出台规范措施,彻底解决共享单车无序停放,影响城市市容环境的问题。"

在调查中,除了李书军外,许多石家庄市民都表示,日常生活中都骑过共享单车。而据哈啰单车公布石家庄 2018 年骑行大数据,25~35 岁的上班、上学人群是共享单车的最大用户群。单个用户的单次平均骑行时间为 15 分钟,骑行活跃时间都集中在上下班时间,即 7—9 时,17—19 时。这也证明了共享单车的最大用途是解决了"短距离出行"。

尽管大家日常生活中已经习惯了使用共享单车,但对城管部门清理整顿共享单车,大多数市民表示支持。

"我觉得应该整治,"经常使用共享单车的刘女士说,"共享单车没问题,有问题的是管理。有些共享单车乱停乱放,有的都成'僵尸单车'了。"

市民张女士说:"有时候想找辆好骑的车子都找不到。"她发现有些路段停放的共享单车破损严重,座子脏兮兮的。地铁口用车高峰期无车可用,过了高峰期大量车辆闲置,乱七八糟的堵成一片,进地铁还得穿过"自行车阵"。"不是清理,应该是整理。"张女士说。

共享单车作为新兴事物一出现就成为社会热门话题。据交通运输部数据,共享单车出现不到一年,到 2017 年 7 月,全国已经累计投放超过 1000 万辆,注册用户超过 1 亿人次。这种共享单车的井喷式发展,包括乱停乱放等问题涌现,违背了共享精神,也给城市管理增添了不小的难题,导致各地纷纷出台禁令,禁止共享单车的进入和使用。

"比方说,石家庄的共享单车需求量是 10 万辆,那么现在在石家庄的共享单车得有50 万辆,"石家庄裕华区城市管理综合执法大队副大队长褚旭东说,"约谈五家企业的时候,要他们减少投放量,没有一家这么做的。"

"我们也希望规范起来,"一家共享单车的负责人表示,"我们是最早被批准进入石家庄的。当时给我们批的数量是十五万,其他的批的都是一两万。但实际上他们投放的比我们多得多。车子太多了,我们想放也没地方放了。"

共享单车作为共享经济时代的新兴产物,很大程度上解决了人们出行的最后一公里难题,但也给交通管理、城市秩序带来了不小的压力。不光石家庄,山西太原也展开了对共享单车乱象的集中整治。城市主干道、道路辅路、背街小巷、老旧小区,特别是对车站、机场、公园、大型商超、学校周边等人流量较大的区域进行集中式、地毯式的清理整顿,要求共享单车做到"三个必须",即:共享单车必须在规定线内停放,车头必须统一朝向,车辆必须整齐有序、首尾一致。另外,该市还在禁止停放区域设置了禁停电子围栏,在人流密集区域设置停车推荐区域,引导民众有序停放。

河北师范大学丁立杰教授认为,共享单车是一个很好的创造,满足了人们短距离出行的需要,特别是对于年轻人来说,共享经济是一个多元利他的经济模式。但是,共享单车正处在一个行业内部竞争整合期,从企业的角度看,对于市场占有率的渴望导致企业内部缺乏监管动力,因为只有提供更加便捷的服务,企业才能更有效地占领市场,为此甚至不惜突破规则。资本或许可以不理性,但主管部门不能看热闹。从生产、运营、准入到摆放,其实都有明确的主管部门。目前石家庄的管理实际上长期处于缺位状态,当前的管理也是因为创卫的一阵风式监管。这样起不到真正的规范作用。仅就摆放而言,必须建立健全规章制度,包括设置专门地点(严禁溢出)、加强日常维护、设置警告处罚乃至退出条款。

据石家庄裕华区城市管理综合执法大队副大队长褚旭东介绍,下一步该区也将出台相关长效治理的政策。"裕华区将按街道编号,全面统计辖区单车投放数量,在全区重新测划停车围栏。根据设置的停放位置,将停放围栏划分为 A、B、C、D 四类,A 类围栏位置优于 B 类,B 类优于 C 类,C 类优于 D 类;采取评分和末位淘汰制,对各共享单车企业'一天一考评',每周总结,分数越高的企业,停放区域越好,不允许低分企业越级停放。"

除此之外,裕华区还将对共享单车企业进行一次全面查验,共享单车企业必须提供单车、助力车准入批文;对没有准入许可的,企业应自行清除路段上的共享单车,否则将对其进行专项清理,并对企业实施行政处罚。

"市政府要我们先从裕华区试点,成功之后在全市推广。最终要实现三赢:市民方便、城市整洁、企业盈利。"褚旭东说。

几年前,石家庄市政府有关部门为了解决出行"最后一公里"的问题,也曾推出过便民自行车,然而却很快销声匿迹。究其原因,主要是因为不方便:办卡退卡、取车还车都要到指定地点,一来一回所花费的成本还不如步行。如今在市场的引导下,各个共享单车企业将当年政府部门没有解决的问题解决了,关键就是做到了方便。这种方便的运行模式,适应了大众出行的需求,但随之出现了乱停乱放,秩序混乱的问题。

河北省政协委员康君元认为,治理共享单车之乱,关键不在于政府要不要干,而在于该怎么干。政府的管理应该以服务为主,而不是设置准入障碍、要求获得许可或者牌照等办法。这种行政手段短时期内可能收到不错效果,但却阻碍了市场的内生动力,束缚了创造创新能力。要实现对共享单车的有效监管,监管部门应当转变思维方式,构建一套全新的监管模式。比如,可以充分运用大数据的力量,通过与企业的数据共享,加强对平台企业的管理,实现"政府管平台,平台管单车"的目的。

共享单车企业也需要通过电子信息化手段进行精细管理。政府根据公众的出行便利和道路管理规则科学地划定停放区域,同时,企业根据大数据分析及时调整单车的停放数量和区域,保证车辆的投放更优化,利用率更高。

(二)共享单车治理的"成都经验"

新生事物从来都是发展与问题相随。目前成都单车投放总量达到 123 万辆,上下班高峰,许多地铁站口、公交站周边堆满了单车,侵占了行人道路。节假日,一些热门景区甚至"单车围城"。

2017年3月初,成都市交委、城管委、公安局联合发布《关于鼓励共享单车发展的试行意见》,形成政府、企业、使用者齐抓共管、有序使用的"共享"服务体系。"意见首次明确了各方的责任。"王增勇说,政府承担服务、规范的监管职责,企业承担共享单车投放、经营和维护的主体责任,使用者做到文明使用。规划停车位成为破解共享单车无序停放的"关键一环"。交管局与企业一起规划泊位位置,既保证单车方便使用,又兼顾行人路权,做到合理分配。"有的是政府主导,有的是我们根据骑行数据,划好位置,再由政府审核。"周伟国说,在成都温江区,全部100多个点位都是基于ofo提出的方案划定的。

为提高管理服务水平,成都市交委、交管局、城管委还联合发布了《关于进一步加强共享单车管理的工作方案》,在全国首创了"3+7+N"会商制度:市交委、交管局、城管委3部门,联合五城区及高新区、天府新区共7个区以及共享单车运营企业参加的会商制度,及时解决共享单车发展中出现的问题。

周伟国说,方案要求运营企业制定完善车辆运行维护、车辆停放秩序管理、文明用车奖惩、个人信用评价、使用者投诉等相关规章制度,及时报送共享单车投放、运营情况,并将运营车辆和信用评价信息接入政府监控平台,实现共享。

全国共享单车企业近70家,投放超过1600万辆,约1.3亿人次注册,"单车社会"正快速向我们走近。"单车出现的问题需要政府、企业、社会三方协同创新治理。"交通运输部科学研究院城市交通中心战略规划师尹志芳说,政府要做好共享单车的发展定位和顶层设计;企业要增强线下运维能力,履行经营主体责任;用户要文明用车,并带动更多使用者做文明骑行的参与者和监督者。

在ofo后台,记者看到单车分布的实时热力图,从绿色、蓝色到红色,时刻提醒运维人员哪个地方车辆过于集中。"会展中心周边有单车乱停乱放,请及时派人处理。"这样的信息,ofo成都经理何众的手机微信群里几乎每天都会收到十几条。微信群是成都治理共享单车的一个重要内容。在成都市交管局副局长刘荣生和城管委市容秩序管理处处长李健手机里,记者都看到了"共享单车管理群",上到各区主管,下到片区民警、城管、单车企业运维人员,形成了"上下联动"的一条线。

企业的线下运维能力也是提高实时反应的关键。ofo将成都主要城区划分为400多个网格,实行"网格化管理":每个网格约2平方公里,专人负责,并跟街道办、交警对接,建立微信群,共同维护网格内停车秩序。"出现问题我们会第一时间响应,到场清运或整理。每天早晚高峰我们还有约80个重点维护点、700多维护人员保障转运。"何众说。

"1步单车"部门经理冷雪说,"1步单车"配备了24小时线下运维团队,保证车辆的停放秩序。团队工作人员每人还配备"上帝之眼"系统,能第一时间收到客户报修信息。创新的治理手段,高效的对接方式,让成都的共享单车有序发展。在成都ofo总部,记者记录下一组数据:

——中心城区平均每天使用8次,活跃度在全国同类城市位居前列,每天调度超过3万多台次;

——三环内坏车从发现到回收平均在20分钟内,是全国首个做到及时发现并反应的城市;

——报修率仅2%,在全国同类城市最低……

阿里研究院院长、新旅游三十人论坛创始人之一高红冰指出,共享单车应该以平台化的治理方式动员全社会的力量参与治理,在人人共享价值的同时,做到人人共担责任。

(案例来源:日清单车1000辆 石家庄市裕华区探路共享单车治理[EB/OL].(2019-09-10)[2021-12-31].https://k.sina.com.cn/article_3236242114_pc0e522c202700jr58.html.;齐中熙,樊曦,许茹,等.求解"单车围城",看共享单车治理的"成都经验"[EB/OL].(2017-08-04)[2021-12-31].http://news.sina.com.cn/c/2017-08-04/doc-ifyiswpt5354892.shtml.)

**案例思考:**

1.结合案例,试论述共享单车的出现有哪些积极的社会影响。

2.请根据政府微观规制的理论基础,结合案例分析我国当前共享单车的发展存在哪些问题。

3.结合案例,试论述在共享单车的治理体系中,政府应如何发挥自身作用。

## 三、案例分析与思考

**1.结合案例,试论述共享单车的出现有哪些积极的社会影响。**

(1)为人们带来便捷的出行体验

案例提及的共享单车十分便捷,无须为共享单车申请磁卡,所有过程都可以在手机上完成。当然用车结束后也可以将车退回任何地方,如果想在路边停车只需要停在指定区域,还可以在应用程序中查看骑行信息,从而使短途旅行更加方便。

(2)有利于低碳环保

案例提及的共享单车有利于减少汽车的使用,使生活越来越绿色环保。在雾霾天气的影响下,低碳环保变得越来越重要。要加强生态环境保护,就需要改善生态环境,特别是提升空气质量。应对雾霾的关键点之一是减少尾气排放,车辆废气排放是造成雾霾的重要原因之一,共享单车可以通过替代汽车这一出行方式来减少废气排放。

(3)价格低廉亲民,普惠出行

案例提及的共享单车的收费标准很低,是公众可以接受的。共享单车的出现有利于降低购车需求,而购车费用高昂,出租车费用也很昂贵,因此对于某些短途旅行,共享单车是最佳选择。

(4)有利于带动实体经济

案例提及的共享单车是实体经济与互联网的有机结合,近年来,国家大力提倡传统产业转型升级,并出台了许多扶持传统产业的政策。共享单车作为"互联网+运输工具"的综合体,其基础是自行车,具有实体经济的支持,而实体经济也必须以服务业改革为动力。因而共享单车使自行车制造业发展良好,并带来了难得的市场机会。

**2.请根据政府微观规制的理论基础,结合案例分析我国当前共享单车的发展存在哪些问题。**

(1)从"外部效应"理论视角出发:共享单车发展存在负外部效应问题

案例材料提到共享单车的随意停放给行人造成了不便,是负外部性的典型表现。共享单车属于一种特殊的共享经济。理论上的共享经济是利用社会上闲散资源,通过将产品使用权暂时转移来促进资源的流动,使人们更加方便、更加公平地获得资源,降低个人的资源使用成本,使资源利用呈现最大化,实现帕累托最优状态。而共享单车却不符合传统理论上的共享经济模式。它不是盘活现有社会资源的存量,而是通过在市场上大量投放自行车来扩大增量,并没有提高现有资源的利用效率。一方面,由于企业向市场投放大量自行车,在到达临界点以后,共享单车的发展挤占了现有的公共资源,损害了公共利益。另一方面,消费者在使用共享单车时,必须缴纳具有担保性质的押金。押金本应该规范使用,但在缺乏有效监管的情况下,往往会被共享单车公司用于风险投资和日常运营周转,一旦企业破产倒闭,用户的押金很难得到退回。

(2)从"过度竞争与垄断理论"的视角出发:存在资本推动下的扭曲性供给问题

案例材料提到共享单车行业因为过度竞争而导致单车投放量剧增,进而导致一些公共空间被挤占。共享单车属于"互联网+交通"的新兴产业,发展前景较好,资本大量涌入。为迅速地提高市场占有率,共享单车企业在发展中认为最好的方法就是让用户更快、更方便地找到自行车,因此企业需要向市场投放大量单车。如果仅仅靠企业自身资金是难以快速实现这一目标的,但在资本的推动下这一状况改变了。共享单车企业通过融资获得了大量资金,为了争夺市场份额,可以暂时不考虑成本,先购买海量的共享单车投放以占领市场。为了尽快获取更大的市场份额和规模效益,共享单车企业的供给量越来越大,形成了扭曲性供给循环:企业大量投放单车在抢占市场份额的同时,会增加竞争对手的竞争成本,逼迫竞争对手也大量往市场投放单车,否则其就会失去市场份额,最终被迫出局,在占领了市场份额后,共享单车企业的估值会升高,吸引更多的资本投资,然后进一步投放车子,市场上共享单车数量越来越多,有限的社会资源和市场份额也与共享单车行业的发展速度产生矛盾。

(3)从"信息不对称理论"的视角出发:存在信息不对称下的交易问题

案例材料提到一些共享单车企业利用信息优势,将用户缴纳的共享单车押金用于非正当用途。共享单车的使用是在信息不对称情况下进行的交易。这种交易模式有两大缺点:一是企业无法了解用户的确切需求;二是双方之间缺乏可靠的信任,导致的结果就是出现资源错配问题和道德风险问题。

此外,共享单车发展还存在边际成本无法估计问题。共享单车的边际成本主要体现在两个方面:一是供应链上的车辆购买边际成本;二是运营维护的边际成本。在车辆购买上,不论是摩拜通过富士康的专业生产线自造单车,还是ofo让飞鸽、凤凰等老牌自行车企业加工生产,两者所付出的车辆购买边际成本都随着其生产量的增加而降低,这对现阶段大量投放共享单车的企业来说是有利的。但是,共享单车的后期运营与维护也是其成本的一部分。随着车辆投放量的不断增加,该成本是不断上升的:一方面,是边际运营成本增加;另一方面,是边际维护成本增加。由于共享单车的所有权不属于用户,因此用户往往对其缺乏爱护。随着共享单车投放量的逐渐增大,车辆的损耗率与破坏率也随之增加,导致更多的单车需要进行维护、修理和保养,增加其线下边际维护成本。

**3.结合案例,试论述在共享单车的治理体系中,政府应如何发挥自身作用。**

首先,加快公共服务体系建设。案例材料提到政府对于共享单车这一新鲜事物相继出台了相关的公共政策进行规范,政策体系逐步完善。政府要积极鼓励和规范互联网租赁自行车的发展,坚持绿色发展、服务为本、改革创新、规范有序、属地管理、多方共治的基本原则,不断完善和改进现有的法规政策;建立共享单车专项扶持资金池,降低企业运营成本;加大绿色出行法制宣传力度,在地铁站、公交站等人群密集地点投放公益广告牌,制定并发布绿色出行倡议书,提高民众法治意识和环保意识。

其次,完善信用监督体系,以鼓励创新、包容审慎为原则,制定新兴产业信用监管规则。案例材料提到的一些共享单车企业违规使用用户押金的现象,便涉及了企业信用问题。区块链作为分布式数据存储、点对点传输、共识机制、加密算法等计算机技术的新型应用模式,其开放性和去中心化特征可以理解为共享单车利益相关者之间信息高度透明,在治理问题上应建立共识机制,协同共治。通过运用区块链技术,公开企业和消费者的信用信息,强化共享单车企业与征信机构的信用信息传递,采取守信联合激励与失信联合惩戒等措施,通过互联网平台曝光企业和消费者的失信违法行为,并对其进行信用扣分和罚款,低于一定信用值的企业和消费者,建议取消其共享单车运营权和租赁权。构建以信用为核心的共享单车问题治理体系,可以保障新兴业态的持续健康发展。

最后,优化资源配置。案例材料提到共享单车的投放量过大便属于资源配置不够优化的问题。政府要重视共享单车在城市中的发展,把共享单车纳入城市交通体系,促使共享单车逐步取代城市有桩的公共自行车,把每年城市有桩自行车建设与维护的资金用在对共享单车的投资管理上。协同共享单车企业、消费者合理规划停放区域,设立电子围栏,划定城市道路上的自行车专用车道,划分"禁投、疏导、投放"三大区域,规范公共自行车出行路线,倡导绿色文明骑行,让共享单车成为城市一道靓丽的风景线。

**参考文献:**
[1]刘永贤,牛占文.共享单车造成的城市治理问题研究[J].城市发展研究,2021,28(5):135-140.

[2]黄玖菊,林雄斌,杨家文,等.城市公共空间"公地悲剧"治理:以共享单车为例[J].城市发展研究,2021,28(5):93-101.

[3]黄婷,吕晨.中国共享单车多元治理模式探究:基于福州、深圳、成都的比较[J].科技促进发展,2020,16(12):1528-1534.

[4]田和璧.共享单车市场中的地方政府监管效果与优化[J].长白学刊,2020(05):76-84.

[5]陈若英."公害"风险治理系统的建构:以共享单车运营商为核心[J].中南民族大学学报(人文社会科学版),2020,40(2):157-162.

# 案例11　"监管疫苗"还得好好打

## 一、案例导读

药品安全是最基本的公共安全,既是民生问题、经济问题,也是政治问题,承载着人民群众对美好生活的向往。药品安全关乎公众的生命健康,关系到政府形象和社会稳定,维护药品安全是重要的民生工程和民心工程。《"十三五"国家药品安全规划》指出,"保障药品安全是建设健康中国、增进人民福祉的重要内容,是以人民为中心发展思想的具体体现"。但近年发生的药品安全事件(如毒胶囊药品事件、长生生物疫苗事件、海南博鳌假疫苗事件),引发了公众对药品质量安全的担忧,降低了信任度,公众甚至出现抵制购买相关药品、拒绝疫苗接种等行为。假疫苗事件频发,影响恶劣、后果严重,国家也频频出手,在民事赔偿、刑事追责中"利剑出鞘"。2019 年 4 月,全国人大常委会对疫苗管理法草案二审稿进行了分组审议,提出进一步加强预防接种管理,规范预防接种行为,明确将"三查七对"要求和接种信息可追溯、可查询写入法律草案,并增加国家实行预防接种异常反应补偿制度规定,"生产销售假劣疫苗最高可罚 3000 万"。这说明,一些严厉的处罚将在立法层面予以确定。本案例聚焦疫苗监管,从中对政府经济管理的相关问题展开讨论。

## 二、案例材料

**材料一:假宫颈癌疫苗案:"监管疫苗"还得好好打**

据央视报道,4 月 29 日,海南省卫生健康委、市场监管局、药品监管局、公安厅等四部门开会通报博鳌银丰康养国际医院涉嫌非法接种九价宫颈癌疫苗查处进展情况,明确该院存在违法进行九价宫颈癌疫苗接种行为,对其做出吊销《医疗机构执业许可证》的行政处罚,没收 201496.8 元违法所得并处以 8000 元的罚款。药监部门调查发现,银丰康养医院使用的疫苗来源渠道不规范,可能涉嫌使用假疫苗的情况,现正在进行调查。

长生生物疫苗事件引发的公众焦虑尚未消退,发生在海南的这起问题疫苗事件,再次撩拨公众敏感的神经,令人感到愤怒无比。据海南卫健委的调查,银丰康养医院 2018 年 1 月涉嫌非法开展九价宫颈癌疫苗接种业务,总共接种 38 人,除 1 人为公司内部福利,其余 37 人皆为收费客户,每人收费 9000 元。而内地首批九价宫颈癌疫苗 2018 年 5 月 25 日才运抵海南,换言之,未取得"预防接种"门诊许可的银丰康养医院接种的九价宫颈癌疫苗,比内地首批早了近 5 个月。

这些非法疫苗已全部对外销售,接种进了人的身体,它们究竟从何而来,又究竟是些什么东西,是走私的国外疫苗,还是如爆料所称,乃东北某工厂生产的未知药水,尚有待相关部门调查。但可以肯定的是,无论走私抑或其他,都属法律层面的"假疫苗"。

宫颈癌疫苗是全球首个把癌症作为适应症列入说明书的疫苗,在引入内地之前,想要接种的女性,需数次往返香港等境外地区。李克强总理曾为此专门提出要求,加快审批保障供应,九价宫颈癌疫苗随后被快速引入内地。人们需要宫颈癌疫苗,是为了防癌,首先必须正规,然后才会有效。疫苗安全无小事,任何一个环节的问题,轻则导致疫苗无效打了白打,重则造成药品安全事件伤天害理,但面对庞大的市场需求,某些不法分子全然不顾这些。

银丰康养医院提前近 5 个月销售"假疫苗",既无预防接种资格,疫苗来源更不合法,这绝不只是区区一个行政处罚所足以评价的恶劣行为。根据《药品管理法》,必须经过批准而未经批准生产、进口的药品,亦属"假药"。医院销售假宫颈癌疫苗事件,哪怕使用的是走私而来的国外疫苗,也已涉嫌生产、销售假药;如果不是走私国外疫苗,而是某种"未知药水",那问题就更大了。故此,行政处罚之外,是否还有更严厉处罚,人们且拭目以待。

疫苗是防病的,可乱打疫苗,绝对是害人。打了来历不明的疫苗,浪费不菲金钱事小,根本没有任何预防效果,甚至直接导致健康危害,那可是名副其实的"要命"。要避免类似事件再次发生,必须坚持零容忍,发现一起查处一起,绝不能高高举起轻轻落下。根据案件调查结果,该重罚的要重罚,该追究刑责的要追究刑责,该终身禁入药品市场的也得终身禁入。

在"疫苗之殇"已成公众不能承受之痛的背景下,构筑疫苗安全管理长效机制,需要完善从研发生产到流通使用的全流程监管机制。无论是生产环节的疫苗质量,还是流通环节的冷链保存,以及接种环节的正规操作,都需要有严格的规范和严密的监管。屡出问题的疫苗行业,本身同样需要"打疫苗",只要还达不到让违法者不想、不能、不敢违法的程度,疫苗行业该打的"监管疫苗",就还得好好打。

作为与老百姓生命和健康安全紧密相关的领域,疫苗行业在生产、运输、储存、使用等任何一个环节都容不得半点瑕疵。同时,也对构建更完善的监管制度、更严格的惩戒体系、更畅通的信息发布机制提出更高的要求。

我国是世界上最大的疫苗生产国,年产能超过 10 亿剂次,是世界上为数不多的能够依靠自身能力解决全部计划免疫疫苗的国家之一,国产疫苗约占全国实际接种量的 95% 以上。近年来,我国逐步构建起日益严格的疫苗安全标准和生产监管体系,并且于 2011 年、2014 年两次通过世界卫生组织(WHO)的疫苗国家监管体系评估。已有国产疫苗通过 WHO 产品预认证,联合国儿童基金会、全球疫苗免疫联盟陆续采购这些疫苗用于其他国家的疾病预防控制。但仍有疫苗安全事件发生,更有甚者存在故意造假行为,这对行业监管提出了严峻挑战。

对疫苗企业的任何违规行为,不论大小轻重,监管部门都必须从严从快惩处,并做到举一反三,针对发现的问题,认真查找和弥补存在的风险漏洞,进一步加强制度和体系建设,完善监管于生产、销售、运输、仓储、注射等每一个环节,尤其要从源头上防止企业违规行为的发生。

疫苗生产企业承担疫苗质量安全主体责任。针对企业故意造假的恶劣行为,要建立严格的惩戒体系,让企业为失信和违法违规行为付出沉重代价。涉事企业长生生物并非第一次出现问题。对疫苗这类全社会高度关注的行业,务必要建立行刑衔接制度,对违法违规企业"零容忍",决不姑息纵容,建立带电的"高压线"。这就要求有关部门及时完善相关法律法规制度,加大处罚力度,例如建立一次违法终生禁入行业等制度,让违法者倾家荡产,真正让制度发挥强大的震慑作用。

(案例来源:斯传.假宫颈癌疫苗案:"监管疫苗"还得好好打[N].北京青年报,2019-04-30.)

**材料二:"假宫颈癌疫苗事件"启动问责机制**

(一)注射走私疫苗遭投诉

2019 年 3 月 24 日,有网友在人民网地方领导留言板发帖投诉称,海南博鳌银丰康养医院注射走私而来的九价宫颈癌疫苗。4 月 23 日,有网友发帖称,自己曾在博鳌银丰康养国际医院接种了价格 9000 元的韩版九价宫颈癌疫苗,并表示该疫苗为假疫苗。

4 月 28 日,海南省卫生健康委员会通报博鳌银丰康养国际医院涉嫌非法接种九价宫颈癌疫苗的调查结果,明确该院存在违法进行九价宫颈癌疫苗接种行为。

根据海南省卫健委发布的情况通报,博鳌银丰康养国际医院 2016 年 2 月 1 日取得执业许可证,2018 年 3 月 21 日开业。经调查,博鳌银丰康养国际医院与青岛美泊门美容医院合作,违反相关规定,把整形美容科出租给美泊门美容医院经营。2018 年 1 月,该院涉嫌非法开展九价宫颈癌疫苗接种业务,总共接种人数为 38 人,其中有 37 人为收费客户,每人收取 9000 元,另外一名王某为公司内部福利,不收费。

### (二)查封药品彻查来源

当地卫生健康部门已经在 4 月 18 日依据《医疗机构管理条例》《疫苗流通和预防接种管理条例》等相关法律法规,着重对博鳌银丰康养国际医院作出吊销《医疗机构执业许可证》的行政处罚,没收 201496.8 元违法所得,并处以 8000 元的罚款。同时,责令该院立即停止违法行为。

4 月 29 日,海南省卫生健康委员会、海南省市场监督管理局、海南省药品监督管理局、海南省公安厅等四部门联合发布博鳌银丰康养国际医院涉嫌非法接种九价宫颈癌疫苗调查处理进展情况最新通报。成立由省卫生健康委、省市场监督管理局、省药品监督管理局、省公安厅等部门组成的专项小组,督导依法查处。由药品监管部门组织查封银丰康养医院药品,以便彻查疫苗来源情况。

### (三)若查实将给予顶格罚款

对银丰康养医院涉嫌使用的假疫苗,药品监管部门将进一步查清违法事实,查实后依照《药品管理法》给予顶格罚款。对构成犯罪的,将移交公安部门追究刑事责任。与在银丰康养医院接种疫苗的人员取得联系,听取他们的意见,维护他们的合法权益。加大日常监管力度,由省卫生健康委和省药品监督管理局增派监督人员进驻乐城先行区,指导、协调、会同琼海市卫生健康委加强对医疗机构的监管。

另据介绍,截至目前,经国家药品监督管理局批准,在博鳌乐城国际医疗旅游先行区具备九价宫颈癌疫苗接种资质的医疗机构,仅有博鳌超级医院和睦家疫苗中心。自 2018 年 4 月 28 日以来,共有 18521 针的接种服务,共有 4348 名客户完成半年三针接种。

(案例来源:董鑫."假宫颈癌疫苗事件"启动问责机制[EB/OL].(2019-05-05)[2021-12-31].https://health.huanqiu.com/article/9CaKrnKkfSt.)

### 材料三:吉林省强化疫苗监管纪实

一条条现代化生产线、一道道严谨的工序流程、一个个严格的检验环节……走进长春百克生物科技股份公司的生产车间,身着防护服的工人们正在高速运转的疫苗生产线旁忙碌着,一切井然有序。该公司负责人介绍说:"我们的产品均需经过多道严格的质检程序后才能出厂,确保每一只疫苗都达到高标准、高质量的生产要求。"

目前吉林省共有 6 家疫苗生产企业,数量居全国第一,生产的水痘减毒活疫苗等多个品种都是国内优势产品,疫苗批签发数量占全国的 60% 以上,产业基础雄厚。

为做好疫苗质量安全"守门员",吉林省以风险防控为主线,多措并举,不断健全监管机制,提升监管能力,全面强化疫苗全生命周期监管,全力保障疫苗质量安全。

**健全机制设立驻厂检查员**

为加快使疫苗药品监管工作迈向专业化、技术化和科学化,省药监局制定《疫苗生产企业驻厂检查员管理制度》,明确驻厂检查员需承担疫苗生产企业的派驻检查、日常检查、飞行检查等工作。自 2019 年 12 月 1 日派驻工作开展以来,驻厂检查员收集各疫苗生产企业药品生产许可证、GMP 证书、品种注册和再注册证等资料,建立了企业基础档案。"驻厂检查员"的设立,为吉林省疫苗监管筑起了一道坚实防线。

"驻厂检查员实时监管疫苗生产企业,对物料购进、生产过程、出厂发放、运输等环节进行完整跟踪。如果发现企业存在质量风险、违法违规的行为将会第一时间上报,主管部门将对上报问题进行调查处理。"省药监局相关负责人介绍。

站上政治高位,扛起如山使命。吉林省先后印发《关于全面加强药品安全监管工作的意见》《关于改革和完善疫苗管理体制的实施意见》,强调药品安全党政同责,全面落实疫苗生产企业主体责任、属地管理责任和部门监管责任,强化疫苗生产、流通和使用全过程监管,确保疫苗安全和供应保障。同时,省药监局修订完善了《药品 GMP 检查会审管理制度》,明确疫苗药品检查实行会审制。建立由省市场监管厅、省卫健委、省药监局等 13 个单位组成的省疫苗管理厅际联席会议制度,进一步提升疫苗管理能力水平,形成权责清晰、运行高效的疫苗管理体系。

在疫苗流通领域,省药监局要求省、市、县三级药监部门对辖区内的疫苗配送企业、疫苗储存企业、疾控机构和疫苗接种单位进行监督检查,每年至少 1 次。在全面排查疫苗流通和使用环节的质量风险和安全隐患的同时,省药监局还在其网站数据查询中,增设疫苗配送企业备案专栏,严格按标准审查备案材料,对已备案企业在网站公示,截至目前,全省已备案并发布信息 1391 条。

**勤练内功探索"严管＋智管"的监管新模式**

打开省疫苗追溯监管系统,流入流出吉林省的疫苗信息以及生产企业信息、省疾控信息、风险预警等疫苗流通和使用数据一一呈现。

"我们把疫苗信息化追溯体系建设作为保障疫苗质量安全的重要手段,于今年 3 月 27 日与国家疫苗追溯协同服务平台顺利对接。"省药监局局长刘宝芳表示,省药监局与省卫健委强化沟通协作,运用物联网、大数据等技术,建好疫苗追溯信息平台,确保实现疫苗最小包装单位的生产、储存、运输、使用等环节的全流程监督、全过程跟踪、全链条追溯,进而形成"严管＋智管"的监管新模式。

为建立健全疫苗质量安全事件应急处理机制,省药监局修订《吉林省疫苗安全事件应急预案》,明确了信息报告要求、分级响应、信息发布、风险沟通、保障措施等事项。在风险预控管理上,督促全省疫苗生产企业建立异常反应报告制度,落实疫苗预防接种异常反应报告责任;建立年度质量报告和信息公示制度、药品(疫苗)风险预警及研判机制,尽早发现问题,采取措施,降低风险,加强疫苗生产过程控制。

同时,指导企业探索建立关键设备理论产能和实际产量的对应关系,为疫苗风险管控打好基础。"《疫苗管理法》实施以来,药监部门在对企业进行更严格监管的同时,也积极帮扶引导企业不断提高工艺制造水平,提高产品执行标准,提升了产品的安全可控性。"长春生物制品研究所有限责任公司总经理邹勇表示。

**抓好宣贯打通普法宣传"最后一公里"**

深入普法是一项长期基础性工作。一年来,省药监局采取集中培训、专题讲解、视频答疑、编写手册等多种形式,开展《药品管理法》和《疫苗管理法》(以下简称"两法")宣贯工作。

去年 9 月,省药监局制定印发了"两法"宣贯活动施行方案,要求各地各部门对标"两法"正式实施时间节点,细化宣贯工作,确保"两法"在全省顺利实施;同年 10 月 24 日,在长春市举办吉林省宣贯"两法"暨"安全用药月"启动大会;同年 11 月 12 日,联合国家药监局高级研修学院举办"两法"宣贯暨药品生产企业主体责任培训班,进一步提高政府责任意识、监管部门法治意识、企业主体意识。同时,药监部门组成宣讲团走进省内60余家企业开展"送法上门、服务到企、助推发展"活动,通过主动上门帮扶,送政策、送服务、送建议,全面打通普法宣传"最后一公里"。

据了解,宣贯工作并没有局限在企业范围,省药监局不断丰富普法宣传教育形式,开展药品安全科普知识进学校、进社区、进企业公益宣传巡讲活动,并充分利用广播、电视、报纸、网站、微信公众号等宣传渠道,面向社会进行全方位、多视角、多角度普法宣传。

一系列内容丰富、形式多样的"两法"宣贯活动,进一步强化了疫苗全过程管理理念,确保了产品质量安全。

对此,长春百克生物科技股份公司质量保证部经理石亮深有感触。他说:"通过省药监局上门宣贯指导,公司深刻理解并准确把握《疫苗管理法》的立法宗旨、总体思路、基本原则、制度创新及实施要求,及时组织相关部门对照新法逐条进行差距分析,在公司原有的3000余份质量管理文件基础上,修订了6份文件,新编制了9份文件,进一步提升了公司的管理水平和产品质量水平。"

(案例来源:张雅静.我省强化疫苗监管纪实[EB/OL].(2020-09-25)[2021-12-31].http://www.jl.gov.cn/zw/yw/zwlb/sz/202009/t20200925_7528133.html.)

**案例思考:**

1.谈谈案例材料反映了政府微观规制的哪些特征,以及当中主要涉及微观规制的什么类型。

2.结合案例分析我国"假疫苗"事件频发的原因。

3.结合案例,试论述政府为避免"假疫苗"事件,实现我国疫苗安全应如何作为。

## 三、案例分析参考

**1.谈谈案例材料反映了政府微观规制的哪些特征,以及当中主要涉及微观规制的什么类型。**

(1)案例材料主要反映了政府微观规制特征中的这两点:

①是一种特殊的公共产品。案例材料提到对疫苗的监管与公众身体健康息息相关,因而政府规制具有公共产品属性。但与此同时,微观规制又主要依托制度建设。因而案例提及需要进一步完善监管的制度体系。此外,政府微观规制具有一定的"地域专用性",不同地区对于疫苗行业的规制政策存在一定的差异性。

②必须依法规制,也即通常所说的依法行政。案例材料提到"要建立严格的惩戒体系,让企业为失信和违法违规行为付出沉重代价",还提到对银丰康养医院涉嫌使用的假疫苗,药品监管部门将进一步查清违法事实,查实后依照《药品管理法》给予顶格罚款,当中便涉及"法"在政府微观规制中的重要性。

(2)案例当中主要涉及微观规制的"社会性规制"这一类型。案例提到假疫苗对人体健康难以起到应有的保障作用,因而需要进行规制,而社会性规制正是以保障劳动者和消费者的安全、健康、卫生,保护环境和防止灾害为目的,案例中政府正是通过《药品管理法》《医疗机构管理条例》《疫苗流通和预防接种管理条例》等相关法律法规对假疫苗进行相应的规制的。

**2.结合案例分析我国"假疫苗"事件频发的原因。**

（1）我国关于疫苗方面的法律法规还不够完善

案例提及的《药品管理法》在假疫苗监管方面具有重要作用，但比较单一，监管主体的体系也不够健全，内容不够丰富。而且我国疫苗立法制度有所欠缺，相关配套的立法还不够完善，疫苗监管的立法等级较低。《疫苗流通和预防接种管理条例》自2005年6月1日起实施，作为我国疫苗监管领域方面的又一部主要法律依据，使得今后的疫苗监管有法可依，有法必依。但是由卫生部门主持制定的，由国务院颁布的这部条例，属于部门规章，并且在疫苗质量和安全方面的监管力度还有所欠缺，因此应该由全国人大常委会统一立法，制定出适合全国范围的疫苗监管法律制度。最后，相关法律法规滞后于社会经济的发展。比如，我国现行《中华人民共和国药品管理法》对药品监管的一般规律进行了较多的规定，相对来说对疫苗及疫苗监管缺乏充分的规定。

（2）疫苗生产企业的经营管理机制存在问题

案例提及的假疫苗事件反映了相关机构追逐利益的冲动，2010—2015年间，国内药品企业掀起了上市潮，力图做大做强。国有生物药品制药企业一旦从国有企业变为股份制上市公司，尤其是大股东还变成了个人，必然要变味。个人在改制和上市的过程中赚了一把，但是公司上市以后，要面临盈利连续增长的考核要求。公司盈利连续增加，公司股价才会上涨，大股东身价才会上涨。但是疫苗市场很特殊，它并不是一个有钱、有生产能力就能够多赚钱的行业。疫苗下游的消费环节是刚性的，也就是每年注射的人群数量是稳定的，如果要扩大公司盈利，无非是做大市场和降低成本。

在做大市场上，一些医药公司准确地抓住了疫苗集中采购的漏洞，以行贿的手段搞定地方卫生部门招标人员，同时以低价中标的办法，将竞争对手挤出市场。这就是医药公司能够劣币驱逐良币，逐渐在疫苗生产行业越大的原因。作为特殊的药品生产企业，疫苗生产企业的市场是固定的，技术专利是稳定的，价格是垄断的，这类企业本不该上市进行资本化运作。而且上市以后有些企业也并没有将获得的资金投入科技研发，研究出更多治病救人的药物，而是靠疫苗准许生产资质吃饭。

（3）疫苗审批工作重视事前审批忽略生产监管

案例中的假疫苗事件也在一定程度上折射出疫苗监管的薄弱环节，我国疫苗审批工作由国家市场监督管理总局负责，疫苗的审批工作是一个漫长的过程，主要由于技术水平相比发达国家仍有差距，相关工作人员与发达国家相比数量上也存在较大差距。我国的疫苗审批程序较为繁杂，包括新疫苗的临床试验审批和新疫苗的生产审批，尽管国家在审批时间上有相应限制，但在实际操作中往往难以实现。我国药监局在编工作人员数量仅为美国的十分之一，但每年药品评审数量确为其六倍。因此造成的情况是，药品从研发到送检再到上市，需要经历一个漫长的等待时间，许多药品过审后就不再被严格监控。

（4）监管部门失职失察

案例材料提及的假疫苗事件也在一定程度上反映了监管部门的失职失察。生产企业违背药品标准和生产质量管理规范，趋利枉法，践踏人类道德底线，需要得到严厉处罚。但作为监管部门，对社会经济个体可以进行直接控制，执法者由法律授权，对社会经济个体的控制通过规章制度、监督检查、行政处罚等具体方式来执行。但是目前我国疫苗安全检查存在以下情况。第一,检查监督流于形式化,过程刻板,呈现出模式化。监督检查标准不能根据生产现状及时更新。而疫苗作为生物制剂,其效益与风险是同时存在的,伴随疫苗的发展,疫苗的安全性也越来越受到人们关注,对于疫苗安全性的把控标准也应更加严格,因此,我国疫苗安全监管需要做到与时俱进。第二,部分地区监管部门滥用行政检查权,造成监管成本上升,同时影响疫苗生产企业的日常工作秩序,损害政府形象。

**3.结合案例,试论述政府为避免"假疫苗"事件,实现我国疫苗安全应如何作为。**

(1)建章立制,完善立法体系

案例材料虽有提到疫苗规制方面已有一些法律法规和规章制度,但仍需要进一步健全。疫苗管理应编织起更严密的法律之网,也需要对疫苗这一类特殊却部分市场化的药物给予更严格的刑法保护建立起疫苗生产、流通、购销、使用等环节的全流程法律法规体系。进一步健全各类疫苗法制化监管体系,卫生及相关药监部门要在自身权限范围内尽快理顺、完善配套制度,出台规范标准,加强执法,建立一整套包括疫苗的生产、经营、储存、运输、接种工作的全方位的管理体系,并组织实施。要严豁疫苗批发企业的市场准入制度,如细化许可证制度,加大对疫苗批发企业的检查处罚力度等。

(2)创造有效的监督机制,完善本国药品监管体制建设

案例材料提到假疫苗事件暴露了监管方面的漏洞,为此需要完善监管的体制机制:

首先,相关监管部门需对医疗药品的制造、流通等环节严格把关,同时与其他司法部门横向联动,掌握实时信息,破除信息壁垒。然后,继续改革完善药品监管模式。食品药品监管部门要转变理念并创新方式,充分发挥市场机制、行业自律和社会监督作用,让生产经营企业成为药品安全第一责任人。

其次,监管队伍规模需要扩大,综合素质需要提高。目前我国药品监管队伍人数与发达国家存在较大差距,从业人员数量少,但日常需要处理的相关工作数量庞大,客观上影响药品监管的质量。而且相较于发达国家药品监管部门的受聘工作人员,我国药品监管队伍从业人员的专业水平与综合素质也有待提高。

再次,强化信息公开意识,引入协同管理模式。国家可以尝试建立基于互联网、大数据、云计算等技术的全方位药品安全信息共享平台,其发布平台可以拓展到除国家药监局政府网站外的其他平台,包括微博、微信等全媒体平台,特殊重大事件信息可以设置专门网页及时发布相关信息。

最后,建立长效监督体系。政府需要针对某些问题企业建立长效监管体制,每家生产企业应当建立独立的企业信用档案。监管部门对检查出问题的生产企业,除责令其整改外,还应将问题信息计入信用档案,实行长效监督模式,定期对其进行复查核验,保证问题得到彻底整改。同时,后续研发生产工作应当更加受到关注,作为有不良信用记录的生产企业,在新药研发与生产中,要经历更为严苛检验监督,在企业维持一定时间的无不良记录表现后,可将其从信用档案中去除。相关问题信息由监管部门做分析汇总,方便针对特殊问题制定检测方案,得出更为合理的监管办法。

(3)政府应加大对医药行业的"惩罚性赔偿"的处罚

所谓的"惩罚性赔偿",指的是对于有不法行为的企业,除了要赔偿其不法行为造成的损失,还要额外支付一大笔远超其造成损失的"罚金",以作为警示。例如,著名跨国日化

企业强生,就因为售卖可能致癌的爽身粉,而被处以41.4亿美元的巨额惩罚性赔偿,其额度远超5.5亿美元的补偿性赔偿。如果我国政府也能对有违规违法行为的企业课以惩罚性质的罚金,震慑效果或许会提升不少。对于非法医药企业生产假疫苗行为应"重拳治乱",如果处罚只是"雨过地皮湿",就形不成教训,也构不成震慑。可见对于药品监管问题的处罚应该增加强度,加大"惩罚性赔偿"的力度,以此避免由于犯罪成本过低造成的企业知法犯法或是屡教不改的现象。

(4)加大对公众的疫苗科普教育,提高公众维权意识和社会责任感

目前,疫苗市场的信息具有高度不对称性。消费者处于弱势地位,难以与居于强势者地位的生产者和经营者相抗衡,获取信息的不对等是造成消费者处于弱势地位的根本原因。如在疫苗接种过程中,疫苗提供方与接种者的信息是不对称的。特别是接种者对自身身体情况、疫苗的来源、预期效果、疫苗副作用、严重疫苗不良反应的发生率以及疫苗的价格变化等信息缺乏专业了解,他们更容易接受微信、微博等社交平台软件上传递的、诸多未经证实的"科普信息",难以全面客观地看到事件的真相,不能做出理性中肯的判断,亟需媒体宣传引导和医学科学界强有力的发声。政府应为公民提供一个疫苗投诉或建议的便捷且安全的渠道,如专门开通疫苗投诉或建议热线或网站,并在规定时间内回复。

**参考文献:**

[1]郁建兴,朱心怡,高翔.政府职能转变与市场监管治理体系构建的共同演进逻辑:基于疫苗监管治理体系及应对危机事件的案例研究[J].管理世界,2020,36(2):7-16,214.

[2]訾春艳,胡银环,程思雨,等.国外疫苗安全监管措施比较及对我国的启示[J].中国公共卫生,2020,36(5):840-844.

[3]鲍静,解亚红,胡颖廉,等.平衡监管和市场:疫苗安全的挑战和对策[J].中国行政管理,2018(10):6-12.

[4]杨华锋.药品安全从行政监管走向协同治理的路径审视:基于"山东疫苗事件"的考察[J].天津行政学院学报,2017,19(3):8-15.

# 案例12 "舌尖上的浪费"需管控

## 一、案例导读

2021年年初,一个22岁的男孩被酮症酸中毒夺走了生命,而酮症酸中毒主要和饥饿以及长期营养不良有关。然而,随处可见的餐馆饭店中,一盘盘几乎没动过的菜,很多都进了泔水桶,鸡腿、牛排、三文鱼、大虾,只吃了几口就扔一边去了;自助餐厅更是浪费大户,客人拿了满满一盘,扔掉的时候还剩下80%;杭州每天餐厨垃圾约有1.2万吨,每三四年就能把一个西湖填满。而上海的食物浪费同样惊人,一天就产生6000吨食物垃圾。党和国家领导人对制止餐饮浪费行为作出了重要指示:餐饮浪费现象,触目惊心、令人痛心!此外,央视还连续推出报道,讨论如何制止餐饮浪费,人民日报更是在头版用了半个版面的篇幅,坚决制止浪费粮食的行为。从中央到权威媒体和社会各界,对于食物浪费现象都空前关注。本案例聚焦食物浪费现象的遏制,从中对政府经济管理的相关问题展开讨论。

## 二、案例材料

**材料一：**习近平作出重要指示 强调坚决制止餐饮浪费行为切实培养节约习惯在全社会营造浪费可耻节约为荣的氛围

中共中央总书记、国家主席、中央军委主席习近平近日对制止餐饮浪费行为作出重要指示。他指出，餐饮浪费现象，触目惊心、令人痛心！"谁知盘中餐，粒粒皆辛苦。"尽管我国粮食生产连年丰收，对粮食安全还是始终要有危机意识，今年全球新冠肺炎疫情所带来的影响更是给我们敲响了警钟。

习近平强调，要加强立法，强化监管，采取有效措施，建立长效机制，坚决制止餐饮浪费行为。要进一步加强宣传教育，切实培养节约习惯，在全社会营造浪费可耻、节约为荣的氛围。

习近平一直高度重视粮食安全和提倡"厉行节约、反对浪费"的社会风尚，多次强调要制止餐饮浪费行为。2013年1月，习近平就作出重要指示，要求厉行节约、反对浪费。此后，习近平又多次作出重要指示，要求以刚性的制度约束、严格的制度执行、强有力的监督检查、严厉的惩戒机制，切实遏制公款消费中的各种违规违纪违法现象，并针对部分学校存在食物浪费和学生节俭意识缺乏的问题，对切实加强引导和管理、培养学生勤俭节约良好美德等提出明确要求。

党的十八大以来，各地区各部门贯彻落实习近平重要指示精神，采取出台相关文件、开展"光盘行动"等措施，大力整治浪费之风，"舌尖上的浪费"现象有所改观，特别是群众反映强烈的公款餐饮浪费行为得到有效遏制。同时，一些地方餐饮浪费现象仍然存在，有关部门正在贯彻落实习近平重要指示精神，制定实施更有力的举措，推动全社会深入推进制止餐饮浪费工作。

（案例来源：习近平作出重要指示强调 坚决制止餐饮浪费行为切实培养节约习惯 在全社会营造浪费可耻节约为荣的氛围[EB/OL].（2020-08-11）[2021-12-31].http://www.qstheory.cn/yaowen/2020-08/11/c_1126353613.htm.）

**材料二：构建反食品浪费长效机制**

粮食问题事关国计民生。新中国成立后，我们党一直把解决人民吃饭问题作为治国安邦的首要任务。虽然目前我国人均粮食占有量已连续多年超过人均400公斤的国际粮食安全标准线，肉、蛋、奶等食品供应充足，但也要看到，我国山地多、平地少，农用地总量多、人均占有量少，宜林地多、宜农地少，粮食中长期供求仍呈紧平衡态势。

节约粮食是保障国家粮食安全的重要内容。习近平总书记高度重视粮食安全问题，倡导形成"厉行节约、反对浪费"的社会风尚，强调要坚决制止餐饮浪费行为。党的十八大以来，"舌尖上的浪费"现象有所改观，但粮食浪费问题仍令人触目惊心。据测算，我国粮食在储藏、运输、加工等环节损失浪费总量每年达700亿斤以上，相当于两亿人1年的口粮。我国餐饮业人均食物浪费量为每人每餐93克，浪费率为11.7%。反食品浪费是有效保障粮食安全、破解土地资源约束瓶颈的重要举措，也是贯彻绿色发展理念、提升全社会生态文明素养的必然要求。

解决食品浪费问题，既涉及经济活动中多种利益关系的调整，也涉及社会生活中消费习惯的改变,还涉及经济社会发展方式对生态环境的影响。反食品浪费需要"减量",但又不仅仅是"减量",既需要采取"光盘行动",也需要促进生产方式向更加绿色转变。同时,还应提倡简约适度的生活理念,采取人人可参与的行动方案,建立严格监管的长效机制。

习近平总书记强调,要加强立法,强化监管,采取有效措施,建立长效机制,坚决制止餐饮浪费行为。十三届全国人大常委会第二十四次会议提出了关于提请审议反食品浪费法草案的议案。加快推进反食品浪费立法,对于保障粮食安全、推动高质量发展具有重大意义。必须加快构建运行顺畅的法律机制,确保各种利益关系协调平衡,进而形成粮食安全有保障、人民生活有质量、生态环境有改善的"多赢"格局。

制定反食品浪费法,充分体现了绿色发展理念。制定反食品浪费法,改革和完善食品管理的制度和规范,推动形成政府各部门相互协调、生产企业积极创新技术、流通企业自觉减少浪费的协同机制,有利于节约土地资源,构建绿色的食品生产、收购、储存、运输、加工、流通管理体制,为形成绿色食品生产方式提供有力法治保障。

制定反食品浪费法,有利于完善避免餐饮浪费的具体行为规则。民法典将绿色原则确立为民法基本原则,在第九条中明确规定:"民事主体从事民事活动,应当有利于节约资源、保护生态环境。"在日常生活中,也应遵循这一绿色原则。特别是在食品消费领域将节约资源、保护环境的要求具体化,推动建立和完善相应标准,明确限制性、禁止性规范,为促进食品消费节约提供有效法律依据。

制定反食品浪费法,能够从规范层面引导全社会参与节约资源、保护生态环境,抑制奢侈浪费和不合理消费,帮助人们形成绿色低碳的生活方式,进而提升全社会的文明素养,形成良好社会文化氛围。目前,社会上一些人还存在对反食品浪费认知度不足、认同度不高的问题。制定反食品浪费法有利于推动反食品浪费宣传教育广泛深入展开,增强广大人民群众反食品浪费的自觉,在全社会推广促进节约资源的生产和消费模式。

(案例来源:吕忠梅.构建反食品浪费长效机制[EB/OL].(2021-01-15)[2021-12-31].https://theory.gmw.cn/2021/01/15/content_34544344.htm.)

### 材料三:为反浪费提供法治保障(人民时评)

好风气的形成是一场持久战,需要向法律要规范、向制度要动力,也需要党政机关和党员干部以身作则、率先垂范。

把体现中华民族勤俭美德和社会主义核心价值观的要求转化为法律规范,发挥法治的引领和规范作用,为全社会确立餐饮消费、食品消费的基本行为准则,有利于更好弘扬新时代厉行节约、反对浪费的社会风尚。

近日,反食品浪费法草案提请十三届全国人大常委会初次审议。这是以法律形式制止餐饮浪费迈出的重要一步。

2020年8月,习近平总书记对制止餐饮浪费行为作出重要指示,强调要加强立法,强化监管,采取有效措施,建立长效机制,坚决制止餐饮浪费行为。制定反食品浪费法,将近年来实践中行之有效的政策措施上升为法律规定,明确各相关主体的责任,有利于建立弘扬厉行节约、反对浪费社会风尚的长效机制。当前,法律草案初立,尚在审议阶段,但相关报道甫一公布,就引来舆论热议,受到广泛支持。这足以说明,浪费可耻、节约为荣的社会氛围日趋浓厚,依法制止"舌尖上的浪费"正在成为全社会的共识。

用法治引领节约粮食新风尚,离不开全社会的参与。从法律草案公布的内容看,对餐饮服务提供者来说,应主动对消费者进行防止食品浪费提示提醒,不得诱导、误导消费者超量点餐;对消费者来说,造成明显浪费的,餐饮服务提供者可以收取处理厨余垃圾的相应费用;对广播电台、电视台、网络音视频服务提供者来说,制作、发布、传播、宣扬量大多吃、暴饮暴食等浪费食品的节目或者音视频信息,会被责令改正、给予警告,甚至被处以罚款。由此不难看出,无论哪个环节,都要坚持适量、适度、适中原则,减少餐桌上的浪费。

"谁知盘中餐,粒粒皆辛苦。"2018年发布的《中国城市餐饮食物浪费报告》显示,中国城市餐饮业人均食物浪费量为每人每餐93克,浪费率为11.7%。从现实生活场景看,宴请点餐时为了面子,只管"多多益善",无视剩下多少;网络直播时为了博取眼球,"大胃王"不惜假吃、催吐……种种助长浪费之风的行为,理应坚决纠治。依法反对食品浪费,就是要促使食品消费回归理性消费的正途;依法监管食品浪费,就是要给肆意浪费行为戴上"金箍"。从长远看,法治将为涵养节俭品质、塑造朴素美德提供助力。

好风气的形成是一场持久战,需要向法律要规范、向制度要动力,也需要党政机关和党员干部以身作则、率先垂范。早在2013年,中共中央、国务院印发《党政机关厉行节约反对浪费条例》,为全社会狠刹奢侈浪费之风树立了标杆。近年来,各地各部门严格公务活动用餐管理,推进单位食堂节俭用餐,"舌尖上的浪费"现象有所改观,特别是以前群众反映强烈的公款餐饮浪费行为得到有效遏制。反食品浪费法草案规定,机关、国有企事业单位应当细化完善公务接待、会议、培训等公务活动用餐规范,加强管理;公务活动用餐应当推行标准化饮食,科学合理安排用餐数量和形式。广大党员干部理应走在前、作表率,贯彻落实好各项制度规定,为推动全社会节约粮食和资源做出应有贡献。

风俗者,天下之大事也。把体现中华民族勤俭美德和社会主义核心价值观的要求转化为法律规范,发挥法治的引领和规范作用,为全社会确立餐饮消费、食品消费的基本行为准则,有利于更好弘扬新时代厉行节约、反对浪费的社会风尚。以此次立法为契机,引领带动全社会构建节约适度、绿色低碳、文明健康的生活方式和消费模式,必能让我国粮食安全更有保障,让经济社会发展更高质量、更可持续。

(案例来源:张向阳.为反浪费提供法治保障(人民时评)[EB/OL].(2020-01-07)[2021-12-31].
http://gongyi.people.com.cn/n1/2021/0107/c151132-31992106.html.)

**案例思考:**

1.结合案例,试论述导致食物浪费严重的原因有哪些。

2.结合案例,试论述我国政府在遏制食物浪费方面主要有哪些举措。

3.结合案例,试论述今后我国政府在遏制食物浪费方面还应注意哪些。

## 三、案例分析参考

**1.结合案例,试论述导致食物浪费严重的原因有哪些。**

从案例来看,目前食物浪费严重的原因主要不是在于食物生产加工过程中所产生的一些食材的浪费,而是在于以下几个方面:

(1)文化与民俗的影响

宴会是中国文化的一个组成部分,中国人喜欢招待客人。盖房子时要招待客人,考上大学、过生日、结婚、生小孩往往也要招待客人。不同的食物有不同的文化含义,食物的消费量大且追求有剩余。宴请的文化习俗初衷是增加交流、增进感情,但随着时间推移,人们淡忘了宴请是为了增进交流和增进感情,反而追求奢华、讲究华丽,"盛宴"的举办带来了巨大浪费。

(2)消费行为的随意性与节约意识的淡薄

不科学的饮食和消费习惯造成了巨大的食物浪费。节假日和家人外出就餐时,食物往往由于吃不完而扔掉。有些居民去餐厅吃新鲜菜色但没有考虑自己能否吃得惯或吃得完,有些居民由于吃饭时间有限而没有吃完。也有的居民好面子、爱比较,不管客人喜不喜欢吃或是能够吃多少而总是点太多,如果吃不完也不去打包就往往会造成大量食物浪费。一些居民认为生活条件好的情况下就应该吃好,所以对吃的十分挑剔,有些菜没吃两口就扔掉。有些居民认为在自费购买所有食物的情况下吃不完就扔掉是合理的而不感到内疚。

(3)法制不够健全,监督处罚不力

我国目前还没有系统的社会约束体系和支持条件来限制食物浪费。例如,农产品加工的原料标准不完备,导致不必要的粮食损失;居民外出就餐菜单标准不统一,无法根据自己的胃口选择食物的分量。浪费行为监管缺失、道德自控力弱、法律制度支持不足。一些民众对餐厨垃圾的危害性不够重视,认为是自己的餐厨垃圾,花多少钱是别人无法控制的,较为排斥监管。

**2.结合案例,试论述我国政府在遏制食物浪费方面主要有哪些举措。**

我国政府所采取的具体举措主要有:

(1)政策与行动协同推进。各地区各部门采取出台相关文件、开展"光盘行动"等措施,大力整治浪费之风,"舌尖上的浪费"现象有所改观,特别是群众反映强烈的公款餐饮浪费行为得到有效遏制。

(2)中央指示确立了遏制餐饮浪费的基调。例如案例提到的,习近平总书记对制止餐饮浪费行为作出的重要指示,为杜绝"舌尖上的浪费"提供了根本遵循,在此情况下通过综合运用法律、行政、经济、宣传教育等手段,推动从观念到行为的重塑,加快形成全民勤俭节约、珍惜粮食的良好社会风气。

(3)在法制监管方面进行了一些探索。采取有效措施,建立长效机制,打造制止餐饮浪费行为的"硬约束"。例如2020年1月,江苏出台《江苏省粮食流通条例》,规定县级以上地方人民政府及其有关部门应当加强爱粮节粮宣传教育;7月,重庆拟立法推行文明用餐,禁止浪费食物。

(4)在宣传教育方面进行了加强。积极打造鼓励勤俭节约的"软环境",通过宣传教育,田间地头有不少城市居民参与农事活动,从中感受到了粒粒粮食的来之不易。

**3.结合案例,试论述今后我国政府在遏制食物浪费方面还应注意哪些。**

(1)进一步提倡"光盘行动"。积极遏制"不光盘"浪费现象,将"光盘行动"持续推进,不搞"一阵风",而是将其作为一个没有休止符的永恒主题进行实践。

(2)在社会上营造节约粮食的浓厚氛围。引导公众认识到餐桌的风气直接折射社会风气,好的餐桌之风也能够成为美德与文明的推进器。推动全社会共同参与和努力,经常抓、抓经常,让勤俭节约成为全民的生活常态。

（3）持续开展系列实践活动。坚持"光盘行动"从娃娃抓起，有计划地组织开展"光盘行动"进校园活动，号召"小手拉大手"，使中小学生人人争做"光盘行动"的示范者和带头者；完善相关的文明公约，引导广大消费者主动树立理性消费的观念，摒弃请客爱面子、讲排场的陋习。尤其是婚丧嫁娶等活动，要根据实际安排餐饮，杜绝盛宴变"剩宴"现象的发生，让勤俭变成一种风尚。

**参考文献：**

［1］杨东霞，韩洁，王俏，等.减少粮食损耗和反对食物浪费的国际经验及对中国的启示［J］.世界农业，2021(6)：62-71.

［2］孙佑海.《反食品浪费法》：统筹推进制止餐饮浪费的制度建设［J］.环境保护，2021，49(10)：29-34.

［3］成升魁，黄锡生，胡德胜，等.科学立法制止餐饮浪费的若干问题："食物节约立法"专家笔谈［J］.自然资源学报，2020，35(12)：2821-2830.

［4］赵伟洪.节约粮食与反对浪费：新中国保障粮食安全政策演变研究［J］.江西社会科学，2020，40(11)：28-38.

［5］李若冰，刘爱军.减少在外就餐食物浪费的国外经验与启示［J］.世界农业，2021(3)：100-107.

# 第五章　政府计划管理

## 第一节　学习目的和要求

　　新华社受权于 2020 年 11 月 3 日发布《中共中央关于制定国民经济和社会发展第十四个五年规划和二〇三五年远景目标的建议》（以下简称《建议》）。党的十九届五中全会审议通过了这一《建议》。《建议》按照党的十九大对实现第二个百年奋斗目标作出的分两个阶段推进的战略安排，综合考虑未来一个时期国内外发展趋势和我国发展条件，紧紧抓住我国社会主要矛盾，深入贯彻新发展理念，对"十四五"时期我国发展作出系统谋划和战略部署。《建议》同时提出了到 2035 年基本实现社会主义现代化远景目标。基于该《建议》所制定的《国民经济和社会发展第十四个五年规划和 2035 年远景目标纲要（草案）》，也已于 2021 年 3 月 6 日由十三届全国人大四次会议各代表团举行全体会议进行审查。"十四五"规划的起草与编制正是我国政府计划管理的典型运用。由此可见，计划管理是市场经济条件下政府宏观调控的一项重要职能。但市场经济条件下的计划管理不等同于计划经济中的计划管理，市场经济条件下的计划管理是宏观性的、中长期的，是着眼于全局的。

　　**本章的学习目的及要求：**

　　把握政府计划管理在市场经济体制中的必要性，并准确理解社会主义市场经济中计划管理的特点；了解政府计划管理的内容，熟悉政府计划的制定及实施，并明晰当前我国计划管理中存在的问题和原因。要求学生能够应用相关知识分析案例，从而进一步加强和完善政府计划管理。

## 第二节　知识要点

### 一、政府计划管理在市场经济体制中的必要性

市场经济体制与计划经济体制最大的区别，就是对经济的调节所运用的手段不同，前

者以市场式的自发调节为主,后者以人为的计划调节为主。但是,这并不等于说市场经济体制不需要计划管理。恰恰相反,政府计划管理为市场经济体制所必需。这是因为:

1.市场机制调节不能解决国民经济发展的战略性、全局性和长远性问题。

2.市场机制不能保证宏观经济的稳定性。

3.市场机制不能保证基础设施和公用事业的发展。

4.市场机制不能保证经济决策的正确性、准确性和及时性。

5.市场机制无法调节关系到国计民生的公共物品的供给。

# 二、社会主义市场经济中计划管理的特点

与计划经济体制中的计划管理不同,社会主义市场经济中的计划管理具有以下主要特点:

1.战略性。所谓战略性,主要是指把宏观计划置于战略的高度,着重解决经济社会发展中的一些重大问题。

2.宏观性。所谓宏观性,主要指社会主义市场经济条件下的计划制定者和管理者是以中央政府为主体的宏观决策者,因此,它不是对微观经济主体规定具体计划任务,而是对全社会经济发展在综合平衡基础上进行总体安排,对国民经济发展的比例、速度、结构、规模、布局及国家重点建设项目等进行总体规划。

3.政策性。所谓政策性,就是将一定时期国家的战略意图、发展目标转化为强有力的政策体系,用可操作的政策体系来引导社会经济活动。

4.指导性。所谓指导性,就是将政府在一定时期的经济和社会发展战略意图,转化为一定的指标和市场信号,传达给各类经济活动的主体,使其预知并规范自身行为。

# 三、政府计划管理的内容

市场经济中政府计划管理的性质、作用及任务,主要体现在其内容上。中国特色社会主义市场经济中的政府计划管理具有丰富的内容。

1.发展战略规划:方向性计划

经济发展战略,是指一个国家或地区在较长时期内,对国民经济发展所做出的全局性总体谋划和总体对策,是方向性的计划。经济发展战略的基本内容包括:战略指导思想;战略目标;战略重点;战略步骤;战略措施。

2.整体框架设计:纲要性计划

整体框架设计体现社会主义的规定性,包含纲要性内容的战略性或方向性计划。纲要性计划的特点是国家主体性、全局性、长期性和战略性。

3.总量规模控制:调控性计划

(1)总量平衡计划

总量平衡计划是关于各种总量指标平衡关系和相互参数协调关系的计划。其总量指标主要是预测性和指导性的,而参数主要是技术性的。

（2）规模计划

规模计划从属于总量平衡计划。对那些具有特殊性的经济总量实行规模计划：一是国民经济总量，包括国民生产总值和货币供应总量等；二是特殊部门或行业的经济总量，主要是粮食、棉花、原油、化肥、钢材和发电量等的总产量或总供给量；三是特殊社会经济活动的总量，主要是基本建设投资总规模和信贷总规模等。

4.公共资源动员安排：介入性计划

为解决市场机制无法消除的自然垄断，产生的外部性和收入分配不公，不能充分提供公共产品等问题，需要实行公共资源的动员和运用计划。公共资源动员计划，是纠正市场失灵的计划，是直接介入市场的政府计划。

5.政策型和指标型的计划

政策型计划，是指把政策作为计划的主要对象、基本内容和表达方式，即确定政策目标，通过对各种主要政策的规划设计，运用各种政策手段来指导和调节经济运行的一种计划形式。

指标型计划是以指标为计划的内容和表达形式。计划指标是计划目标、任务、内容和结构的数量反映和表现。一个完整的计划指标，是由指标名称和指标数值两部分组成。

# 四、政府计划的编制

编制计划是计划管理过程的开始。为了保证计划的科学性，必须做好调查研究，掌握基本情况，正确预测未来；提出计划任务，确定计划期国民经济和社会发展的具体指标。

编制计划的方法很多，概括起来有两大类：

1.基本方法——综合平衡法

所谓综合平衡法，就是根据客观规律的要求，从国家的自然条件和经济、技术现状出发，借助各种平衡表的编制和建立综合平衡数学模型，从数量平衡关系上进行计算、安排、对比、分析，以揭示和确定国民经济各个领域之间的客观联系，从而做到合理安排各项比例关系和协调衔接各项计划指标。

2.辅助方法

运用综合平衡法时，在数据的收集和分析加工、指标的推算和预测等过程中还需要配合使用其他一些辅助方法。这些辅助方法主要有：

（1）因素分析法。这是一种把质的分析和量的计算有机结合起来测算计划期经济总量的方法，即根据影响经济总量的具体因素的变化和相互关系，以及它们同总量的依从关系，建立计算公式来推算经济总量。

（2）定额法。定额是对生产经营活动中有关产品数量、质量以及人力、物力、财力利用和消耗等方面规定的标准。它是编制计划、实行经济核算的重要经济技术依据，是计划管理的一项基础工作。

（3）系数法。系数法是根据反映国民经济相关指标之间联系的相对稳定的比例系数来测算计划期有关指标的方法。常用的系数法有运输系数法和能源弹性系数法。以运输系数法为例，所谓运输系数，是指产品的运输量占生产量的比例。根据运输系数，可以从已知的运输量推算生产量。

除以上方法外,还有比较法、比重法、目标推算法、现代数量分析法等。

# 五、政府计划的实施

编制计划,只是政府计划管理工作的一部分,更重要的是使计划得以贯彻执行。有效地组织国民经济计划的实施,是科学的计划方案产生以后计划管理的关键一环。政府计划的实施内容和方式主要有以下三个方面:执行与调控;协调和修正;检查、监督、评估和转换。

# 六、当前我国计划管理中存在的问题和原因

实践表明,我国各级政府在改革开放的过程中,对经济发展进行宏观调控的自觉性在增强,计划管理的有效性在提高;但实践中,宏观调控并未臻于完善,计划管理还不能适应社会主义市场经济深入发展的需要,同 21 世纪新发展战略的要求尚存在比较明显的差距。具体表现在:(1)微观经济放开搞活的同时,国家计划对其缺乏有效的宏观指导和调控,计划管理的综合平衡职能难以充分发挥,对发展极不平衡的部门和"瓶颈"产业的政策倾斜和直接资源配置往往心有余而力不足;(2)在组织社会范围内资源的合理配置,优化产业结构,使产业结构科学化、高度化、现代化方面还不尽如人意;(3)在宏观调控过程中,计划、财政、金融和产业等相关政策及措施的协调还不够完善;(4)国家计划的制定与执行缺乏科学性和合理性;(5)计划工作的民主化和法制化建设仍有待加强。

出现上述问题的主要原因是:人们在思想上对社会主义市场经济条件下计划管理的特点、地位、作用、任务等缺乏深刻的认识,未能科学领会和把握;政府管理职能改革相经济体制改革而言较为滞后,实践中存在政府管理与市场调节的矛盾,存在部门利益摩擦和行政扯皮、制衡的问题;从开展计划管理实际工作情况来看,一些部门还倾向于指令式的细微管理,而忽视信息、政策、法规、规划等的宏观指导作用,客观上阻滞了计划管理工作新机制的形成。

# 七、加强和完善政府计划管理的对策思考

基于上述分析,在新形势下搞好计划管理要真正实现如下几个转变:

1.切实转变思想认识,不断深化计划管理体制改革。

2.切实转变计划管理职能,重视发挥国家政策和信息手段的导向作用。

3.切实转变计划管理方式,不断提高计划管理的科学性。

4.切实转变工作思路,重视国家规划的引领作用。

5.积极推进政府职能转变,切实提高行政效能。

# 第三节　案例分析

## 案例 13　政府"规划"助力数字经济发展

### 一、案例导读

数字经济是指一个数字化的经济系统,在该系统中数字技术被广泛使用并由此带来整个经济环境和经济活动的根本变化,数字经济也是一个信息和商务活动都数字化的全新的社会政治和经济系统。当今时代,企业、消费者和政府之间通过网络进行的交易迅速增长,数字经济便主要研究生产、销售都依赖数字技术的商品和服务。数字经济的商业模式本身运转良好,因为它创建了一个企业和消费者双赢的环境。数字经济发展前景良好,但其健康发展离不开政府政策的保驾护航,因而我国政府对于数字经济高度关注,并积极采取举措促进其又好又快发展。本案例聚焦数字经济的发展,从中对政府经济管理的相关问题展开讨论。

### 二、案例材料

当前,我国面临抢占新工业革命主导权的机遇期、培育壮大新动能实现高质量发展的攻关期,以及新冠肺炎疫情冲击的恢复期叠加的挑战。如何平衡好新工业革命"推力"和疫情"压力"的关系,促进数字经济与实体经济的深度融合发展,推动消费互联网与工业互联网协同发展,是当前以及未来一段时间经济发展的重点任务。

随着以数字化、网络化、智能化为核心特征的第四次工业革命到来,全球产业结构和发展方式将发生深刻变革。数字经济已成为第四次工业革命的重要基石。数字经济是以数字化的知识和信息作为关键生产要素,通过融合应用各类信息通信技术,推动生产生活数字化转型的全新的经济系统。这一经济形态正深刻影响着人类的生产、生活和消费行为,不断催生出新组织、新业态、新模式。目前我国数字经济规模已占到经济总量的三分之一,而数字基建是新型基建的核心内容,是服务于数字经济发展所进行的基础设施建设。

**有利于释放大规模"数字红利"**

通过完善数字基础设施建设,加快发展数字经济,可以释放大规模"数字红利",为我国谋取未来国际竞争优势。

第一,发展数字经济并实施数字基础设施建设是把握第四次工业革命机遇、参与全球科技竞争的重要抓手。为抢抓新工业革命的重大历史机遇,世界主要国家和地区纷纷加强数字经济的战略布局。打造自主可控、安全可靠、系统完备的数字基建体系,有利于我国在新工业革命中占据制高点,夯实数字经济发展基础。

第二，发展壮大数字经济，推动产业数字化转型和智能化升级，有利于促进新旧动能转换，打造高质量发展的新引擎。数字基建是技术创新的新载体，有助于5G、人工智能、大数据、物联网、云计算和区块链等技术的融合创新和场景化应用，为数字经济发展厚植"数字土壤"。数字基建通过对技术、人才、资本、数据等各类产业资源的泛在连接、弹性互补和高效配置，打通全要素、全产业链、全价值链，促进各行业深度融合、上下游联动，帮助更多企业提质降本增效减存，实现新旧动能转换。

第三，加快发展数字经济有利于更好满足人民对美好生活的需要，是推动消费升级的新动力。依托数字基础设施所形成的智慧城市、智慧医疗、智慧交通、智慧家居等智能服务体系，能够提高公共服务质量，为医疗、教育、交通、餐饮、娱乐等领域深度赋能，催生更多消费新形式，提升消费服务水平，改善民生福利。

第四，以数字基建挖掘数字经济新增长点，可以作为疫情冲击下的逆周期调节措施，是化危为机的新抓手。发展数字经济既能创造数字基建等巨大投资需求，又能撬动庞大的消费市场，乘数效应和带动效应显著，可有效提振市场主体信心，稳定市场预期。与此同时，数字基建能带动传统基础设施的数字化改造和智能化升级，实现基建投资整体结构的优化。

### 数字基建是新型基建的核心

发展数字经济、建设数字中国，要让数字基础设施成为"先行官"，不断提升数字产业化、产业数字化水平，实现高质量发展。

一是构建"政府引导、市场主导、多方参与"的共建共投共享的体制机制，使"有为政府"和"有效市场"协同发力，完善政府顶层设计和规划引领，让市场起决定性作用。

扩大对数字基建和数字经济的有效投资。数字经济的发展和数字基建的推进，关键要厘清政府与市场的关系，兼顾自上而下的供给推动和自下而上的需求拉动，坚持供给侧结构性改革的主线，提高投资建设的有效性与可持续性。要注重发挥"有为政府"和"有效市场"的协同作用，协调好中央政府与地方政府、政府投资与民间投资、国有企业和民营企业的关系。

中央政府要做好数字经济发展的顶层设计和规划引领，通过制定行业规则、设施标准以及规划布局、监督考核等，引导并规范数字基础设施的有效投资和有序建设。地方政府要充分考虑本地发展情况和财力、债务承受情况，循序渐进开展数字基建，提高资源配置效率，避免形成新的地方债风险。

政府可通过完善法律法规和制度标准，保障数据链、资金链、产业链、创新链的有效闭合、互联互通与深度融合。确定数据的资产定位，加快数据资源的产权归属立法，促进数据的确权、流通、交易、保护，解决数据资源分散、体制分割、管理分治的难题。要制定政务数据资源的开放共享政策，明确相应的标准规范，保障数据共享交换和业务协同。推进一体化的公共性大数据中心建设，打造政务综合、政企融合等综合性信息共享和服务的顶层体系架构。完善公共数据安全与隐私保护的相关法律法规，着力构建数字基建运行安全监管体系，提高对数据泄露等潜在风险的感知敏锐度和应对能力。需要注意的是数字基建不能采用"政府包办"和"大水漫灌"的方式，应充分发挥市场在数字基建资源配置中的决定性作用。

二是处理好数字基建与数字经济的关系,实现数字基础设施"建""用"并重,加快关键核心技术创新,强化应用牵引,提升数字基建服务数字经济的能力。

数字基建可以为数字经济发展打下扎实基础,而数字经济为数字基建创造了丰富的产业化应用场景,两者缺一不可。通过聚焦数字基建所需的高端芯片、关键器件、工业软件等关键核心技术攻关,推动信息技术、运营技术等多种技术融合创新,夯实数字经济的技术底座。数字基建对数字经济的价值体现不仅在"建",关键在"用"。

相关数据显示,我国有14亿人口的市场,而且人均GDP已经达到1万美元以上,16亿移动电话用户,4.5亿固定宽带接入用户和8.5亿手机网民。超大市场规模、完备的工业体系和丰富的网络资源,为数字经济的发展、数字基建的落地应用创造了巨大的市场需求和广阔的应用场景。

强化应用牵引,围绕数字经济发展需求,构建数字基础设施"建""用"互促的生态体系。大力推广数字基础设施的建设与应用,利用数字技术模块对传统产业进行改造升级,支持工业企业构建数字化的生产、经营、管理体系,推动智能制造、大规模个性化定制、网络化协同制造和柔性化生产。积极探索5G、人工智能、大数据、物联网、云计算、区块链等新技术在工业互联网中的技术融合和丰富应用,为各垂直行业和领域赋能赋智,促进产业集群数字化发展。优化工业互联网平台资源整合、运营管理、安全保障等服务支撑,加强工业设备的连接、管理以及数据采集、建模分析及开发应用,加快"哑设备"的数字化、网络化和智能化改造,有效挖掘数据价值。积极搭建供应链、产业链、产融对接的数字化平台,帮助企业打通供应链、对接融资链,实现业务、人力及生产资源的精准配置、灵活调度。推进应用牵引,减少网络通信、互联网数据中心(IDC)运维租金等数字基础设施使用成本,降低使用门槛,让更多市场主体分享数字经济红利。

三是以"智慧城市"为抓手,持续推进信息化、工业化与城镇化深度融合,实现公共服务供给与数字化治理能力相结合,不断强化数字经济时代的治理能力。

持续推进智慧城市建设,构建适应数字经济、智能社会发展需求的基础设施体系,提升公共服务水平。搭建数字化城市管理平台,将数字基建与交通、教育、商务、医疗、金融、安防等城市智能场景相结合,改善市民生活质量。围绕优化城市资源统筹协同能力,提升城市应急响应能力和应急保障能力等,促进公共服务智慧化、社会治理精细化、安全监管精准化。

利用5G、人工智能等技术推动我国公共卫生服务体系的数字化转型和智能化升级。建立健全公共卫生事件网络直报、监测预警、应急管理和疾病预防的数字化平台,提高重大公共卫生风险的发现、预警和响应处置能力。探索打造跨域联合共建共享的"医共体"等数字化医疗和健康服务平台,推广"5G+"远程会诊系统。搭建疾病预防控制机构、常规医疗机构和重大疫情救治体系间的数字化协同平台,强化信息共享、资源统筹调配和业务协同配合,打通全链条的防控救治环节。

推进"数字政府"建设,强化数字经济时代的治理能力。建立更多有效的跨部门业务协同模型,促进数字政务系统从部门独立运作向部门间协同治理转变。推动数字基础设施建设向基层社会治理单元深度延伸,强化"后台"的数据分析监测能力,弱化"前台"的人海战术,为基层社会治理赋能。

四是注重区域协调和城乡融合发展,通过完善数字基础设施建设,打造城市群高质量发展新动力,加快弥合区域间"数字鸿沟",提升新一代信息技术的普惠性与可及性,培育全民信息化素质素养,为实施乡村振兴战略和助力脱贫攻坚形成有力支撑。

不同地区对信息和网络技术的掌握水平、应用程度以及创新能力存在差别,数字基建在区域分布上要注意点面结合、协调发展。城市群是区域协调发展战略的重要载体。将城市群、都市圈作为布局数字基建的重点,以京津冀、长江经济带、粤港澳大湾区建设等重大战略为引领,加快构建城市群数字网络,带动人流、物流、资金流、信息流的合理流动和高效集聚,提升资源配置效率和生产效益,开拓区域融合发展新空间。推进城市群内、城市群间基础设施的数字化、智能化改造,打造连接紧密、智慧管理、便捷高效的"1小时都市圈"。数字基建的普惠性需进一步下沉,缩小城乡之间的"数字鸿沟",推动中西部地区、落后地区等数字基础设施建设与改造。

加大农村地区信息和通信基础设施建设力度,完善信息终端和服务供给,加快解决"长尾"区间未能有效覆盖的短板,避免"信息落差""知识分隔"带来新的贫富分化加剧。构建数字经济时代城乡融合发展的数字基础设施体系,畅通以数据为代表的新型生产要素在城乡间的双向流动。在农村电子商务、远程教育培训、自然资源遥感监测和农业物联网平台、智慧农业基础设施等方面重点发力,切实发挥"数字乡村"建设在完善乡村产业体系、实现农业农村现代化中的重要作用。强化数字技术使用的宣教普及,培育全民信息化素质素养。

五是统筹利用国内和国际两个市场,深化数字经济国际合作,推进"一带一路"数字基础设施建设,积极打造开源开放创新平台,参与完善国际标准体系和数据治理机制。

为适应数字经济全球化发展趋势,应以开放的姿态与国际社会接轨。拓展数字经济的国际合作与交流,携手全球更多国家和地区共同探索数字经济创新,完善数字经济对话协商机制。打造专业化国际化的数据智能技术平台,促进全球数据资源的共用共享,为跨境电子商务、跨境智能物流、跨境智慧旅游等提供支撑服务。推进"一带一路"数字基础设施建设,优化跨境通信交流、导航定位以及大数据采集管理、交换共享与挖掘分析水平,改善区域通信状况和互联互通的层次。开源开放平台是数字经济技术开发应用的关键基础设施。强化国际化的开源社区、开源平台等基础设施建设,为企业开放基础框架、基础服务、开发工具、基础算法组件等底层技术,吸引全球开发者团队、行业企业和优秀的开源项目入驻平台,促进技术的协作攻关与迭代升级。

需要强调的是标准化是提升数字经济国际竞争力的战略性支撑。应积极参与数字经济领域的国际标准制定,及时总结推广"中国标准",进一步提高国际话语权。加强国际数据治理规则研究与治理政策储备,健全知识产权保护等法律法规,完善数据跨境交易、流通与监管机制,构建网络空间命运共同体。

(案例来源:政武经.新型基建助力数字经济高质量发展[EB/OL].(2020-05-08)[2021-12-31]. http://www.qstheory.cn/economy/2020-05/08/c_1125957419.htm.)

**案例思考:**

1.结合案例分析政府计划管理有何必要性。

2.结合案例分析当前我国数字经济建设面临的问题和挑战。

3.结合案例,试论述政府如何推动数字经济更好地发展。

## 三、案例分析参考

**1.结合案例分析政府计划管理有何必要性。**

(1)市场机制调节不能解决国民经济发展的战略性、全局性和长远性问题

案例材料提到的数字经济发展是未来经济发展的重要方向,涉及战略部署的长远问题,但市场机制往往只偏重短期、局部和事后的调节,而不能对像数字经济发展这样的长远目标的实现发挥很好的作用,因而需要政府计划管理。

(2)市场机制不能保证宏观经济的稳定性

案例材料提到的数字经济的发展如果单纯依靠市场的逐利行为去驱动,由于市场机制运行的盲目性、短期性、局部性和近利性,有可能会导致短期内资本大量涌入或是资本短缺,而政府计划管理可以通过合理引导从而规避这些问题。

(3)市场机制不能保证基础设施和公用事业的发展

数字经济需要通信基础设施的支持,但基础设施建设由于投资大、周期长、见效慢,完全依靠市场难以做到,这就需要政府通过计划管理手段予以必要的干预和引导。

(4)市场机制不能保证经济决策的正确性、准确性和及时性

案例提及的数字经济的发展是个系统工程,但由于市场调节往往是一种事后调节,因而微观决策带有一定的被动性和盲目性。因此需要政府进行顶层设计,从而确保经济决策的科学合理。

(5)市场机制无法调节关系到国计民生的公共物品的供给

案例提及的数字经济在当前"互联网+"时代越来越突出公共物品的属性,在2019年末爆发的新冠肺炎疫情之下更是凸显其大众必需品的属性。但市场机制对公共物品的供给往往显得苍白无力,因此必须由政府通过计划管理保证社会整体利益。

**2.结合案例分析当前我国数字经济建设面临的问题和挑战。**

(1)数字经济发展不平衡的矛盾仍然突出

案例提及的我国数字经济发展前景广阔,但最大的问题是发展不平衡。一是产业间不均衡。数字经济发展呈现出三二一产业逆向渗透趋势,第三产业数字经济发展较为超前,第一、二产业数字经济发展则相对滞后。二是区域间不均衡,"强者恒强"效应显著。三是消费生产不均衡。资本大量涌入数字经济生活服务领域,但数字经济生产领域技术和资源投入仍然不足,在创新、设计、生产制造等核心环节的实质性变革方面与发达国家相比还有较大差距。

(2)数字经济发展保障机制不充分的问题仍然突出

案例提及的数字经济代表了经济发展的重要趋势,数字经济的背后凸显的是发展理念的创新,是技术的进步,也是治理方式的革新。近年来,我国的创新让世界瞩目,但与此同时,数据的互联互通依然是数字经济发展的瓶颈,行业、地区之间的数据壁垒造成的体制机制障碍,与移动互联时代格格不入。政府数据开放仍显不足,网络和信息安全问题也不断显现。关键技术受制于人,高危漏洞数量有增无减,网络攻击愈演愈烈,关键信息基础设施面临严重威胁。保障数字经济健康发展的法律法规明显滞后,在数据产权归属、数

据隐私保护等方面存在一定的立法缺失。

(3)数字经济领域国际竞争不断加剧

案例提及的数字经济目前已在国际竞争中占据了越来越重要的地位。人类历史上相继经历农业革命、工业革命和信息革命,每一轮革命都给人类生产与生活带来了翻天覆地的变化,并对区域内外的竞争形势产生了剧烈影响。当前以互联网、云计算、大数据、人工智能为代表的新一轮技术竞争加剧,各国在数字经济领域的竞争已经从基础型数字经济拓展到覆盖技术型、资源型、融合型、服务型数字经济等在内的多个领域,各国在数字经济领域的竞争已经不仅仅是跨国企业、单一技术或者单一产业的竞争,更多是融合了基础设施、技术标准、成果转化、跨界融合、智能应用、网络协同等多环节、多领域的综合创新实力的竞争。数字经济已成为新的竞争高地,各国在数字经济各领域的主导权的竞争也变得空前剧烈。

**3.结合案例,试论述政府如何推动数字经济更好地发展。**

(1)强化顶层战略设计

案例中提及的数字经济涵盖广泛,因此需要顶层设计的加持。首先,政府应站在宏观层面认真分析共享时代发展数字经济的基础和条件,从实际出发制定发展战略;制定数字经济产业发展的战略性和纲领性目标和文件,把"数字强国"列入国家长远发展规划;制定具体的实施方案和路径,同时推动建立跨区域、行业、部门的共享数字平台,推动数字经济与共享经济协同发展。其次,把共享时代发展数字经济列为推动经济结构调整、实现新旧动能转换的核心战略,重点发展数字经济相关产业,把大数据、云计算、人工智能等数字产业列为国家未来经济发展重点目标,加大扶持力度。最后,推动科技创新和网络基础设施建设,为共享经济和数字经济发展提供保障。

(2)完善数字经济监管体系

案例中提及的数字经济在发展过程中面临着信息不对称导致的道德风险等问题,因此需要加强共享时代下的信息安全和消费者保护。在共享时代,数字经济的多样性、开放性以及共享性,衍生出许多以前从未出现的问题,尤其是信息安全问题。一方面,要创新监管方式、完善监管体系。政府要把握共享时代数字经济的特点,在不损害新模式、新业态发展积极性的前提下,发挥政府和企业的共同作用,创新监管方式、完善监管体系,促进数字经济健康发展。另一方面,要加强数字经济环境下个人信息安全保护。针对日益严重的个人信息、隐私泄露以及消费者遭到损失的问题,国家要加强综合治理,由政府牵头,把重点数字行业的安全能力整合起来进行共享,实行"社会共治"的模式;推行信息化法治建设,加大对网络犯罪的打击力度,提升犯罪成本;加强行业信息监管,使其妥善管理客户信息,同时构建行业统一的分级保护体系,加强保护重点行业和群体的数据信息。

(3)构建政策扶持平台及新型融资模式

案例中提及的数字经济的良性发展离不开政策的扶持,共享时代数字经济要快速发展,就必须依靠政府和市场的双向手段,为其发展提供充裕的资金。其一,建设国家政策扶持平台,支持共享时代下的数字经济发展。其二,构建新型融资模式,通过市场手段为共享时代数字经济发展提供资金保障。采取由中央或地方政府引导、数字经济相关企业参与以及社会众筹的方式,融合公共财政与社会资本的力量,建立多层次、多方位的投资体系。国家应通过政策激励作用引领风险投资发展方向,使其趋向于数字经济产业。同时国家要鼓励金融机构发放专门的促进数字经济发展的金融产品以及放宽贷款限制,为数字经济产业发展提供资金保障。

(4)加强国际国内合作

案例中提及的数字经济已成为国际竞争的必争之地,但是竞争与合作并存,因此国际国内合作空间巨大。首先,努力开拓国内数字经济市场,实现供需对接。国家应在坚持市场化机制的前提下,以政府需求来推动数字经济市场的发展;同时企业要开展市场调研,积极调整企业的生产方向,根据客户需要,实施定制化服务和柔性生产,做到供需对接;鼓励企业在现有基础上研发新技术、新产品,挖掘新的市场需求,如服务外包市场等,从而拓展数字经济市场。其次,加强国内合作,建立良性合作机制。构建由工信部、科技部、发改委等部委牵头的部省合作机制,通过建设合作平台共同推进数字经济项目建设,探索共享发展模式。最后,加强国际交流合作,积极实现数字经济与共享模式"引进来"与"走出去"。

**参考文献:**

[1]汪玉凯."十四五"时期数字中国发展趋势分析[J].党政研究,2021(4):16-20.

[2]陆岷峰.经济发展新格局背景下数字经济产业的特点、问题与对策[J].兰州学刊,2021(4):54-64.

[3]姜志达,王睿.中国-东盟数字"一带一路"合作的进展及挑战[J].太平洋学报,2020,28(9):80-91.

[4]《学术前沿》编者.数字经济的发展与治理[J].人民论坛·学术前沿,2020(17):4-5.

[5]张景利.宏观经济平稳发展中的新引擎:数字经济作用效应研究:写在"十四五"规划制定前期[J].价格理论与实践,2020(4):60-63.

# 案例14　抢占发展战略制高点,建设人才强国

## 一、案例导读

随着全球一体化进程的推进,世界各国的开放程度逐渐增大,逐步形成相互联系、相互依赖的有机体。但与此同时,综合国力竞争亦日趋激烈。在各国相互竞争和博弈之中,高端技术成为引领竞争的前沿阵地,成为决定核心竞争力的关键因素。而科技人才引进与培育正是有效推动经济社会与科技发展、全面提升国家综合实力与核心竞争力的有力抓手。"人才强则事业强,人才兴则科技兴",在当前国家经历经济由高速增长转向高质量发展的重要阶段,更需要充分发挥高端科技人才优势。虽然当前我国在人才培养和储备工作方面都有很大改进,涌现出了一大批高科技拔尖人才,但我们也应清醒认识到,社会是不断前进的,科技创新永无止境,而且在某些核心技术方面,我国与发达国家相比还存在一定差距,因此仍然需要不断探索核心人才的培养模式。本案例聚焦人才政策领域,从中对政府经济管理的相关问题展开讨论。

## 二、案例材料

**材料一:习近平作出重要指示! 关于"十四五"这五问你知道吗?**

中共中央总书记、国家主席、中央军委主席习近平近日对"十四五"规划编制工作作出重要指示,强调把加强顶层设计和坚持问计于民统一起来,齐心协力把"十四五"规划编制好。

**习近平重要指示**

编制和实施国民经济和社会发展五年规划,是我们党治国理政的重要方式。五年规划编制涉及经济和社会发展方方面面,同人民群众生产生活息息相关,要开门问策、集思广益,把加强顶层设计和坚持问计于民统一起来,鼓励广大人民群众和社会各界以各种方式为"十四五"规划建言献策,切实把社会期盼、群众智慧、专家意见、基层经验充分吸收到"十四五"规划编制中来,齐心协力把"十四五"规划编制好。

**"十四五"时期有何重要意义?**

7 月 30 日召开的中共中央政治局会议强调,"十四五"时期是我国全面建成小康社会、实现第一个百年奋斗目标之后,乘势而上开启全面建设社会主义现代化国家新征程、向第二个百年奋斗目标进军的第一个五年。

**如何认识和把握"十四五"时期国际国内形势?**

当前和今后一个时期,我国发展仍然处于重要战略机遇期,但机遇和挑战都有新的发展变化。当今世界正经历百年未有之大变局,和平与发展仍然是时代主题,同时国际环境日趋复杂,不稳定性不确定性明显增强。我国已进入高质量发展阶段,发展具有多方面优势和条件,同时发展不平衡不充分问题仍然突出。

要深刻认识我国社会主要矛盾发展变化带来的新特征新要求,增强机遇意识和风险意识,把握发展规律,发扬斗争精神,善于在危机中育新机、于变局中开新局,抓住机遇,应对挑战,趋利避害,奋勇前进。

**推动"十四五"时期我国经济社会发展的指导思想是什么?**

推动"十四五"时期我国经济社会发展,必须高举中国特色社会主义伟大旗帜,深入贯彻党的十九大和十九届二中、三中、四中全会精神,坚持以马克思列宁主义、毛泽东思想、邓小平理论、"三个代表"重要思想、科学发展观、习近平新时代中国特色社会主义思想为指导,全面贯彻党的基本理论、基本路线、基本方略,坚定不移贯彻新发展理念,统筹发展和安全,推进国家治理体系和治理能力现代化,实现经济行稳致远、社会安定和谐,为全面建设社会主义现代化国家开好局、起好步。

**推动"十四五"时期经济社会发展要遵循哪些重要要求?**

必须坚持和完善党领导经济社会发展的体制机制,为实现高质量发展提供根本保证。

必须始终做到发展为了人民、发展依靠人民、发展成果由人民共享,不断实现人民对美好生活的向往。

必须把新发展理念贯穿发展全过程和各领域,实现更高质量、更有效率、更加公平、更可持续、更为安全的发展。

必须坚定不移推进改革,继续扩大开放,持续增强发展动力和活力。

必须加强前瞻性思考、全局性谋划、战略性布局、整体性推进,实现发展规模、速度、质量、结构、效益、安全相统一。

**"十四五"规划编制如何进行?**

我国将于2021年开始实施"十四五"规划,目前党中央正在组织制定"十四五"时期经济社会发展规划。根据习近平重要指示精神和规划编制工作安排,有关方面近期将通过多种形式向干部群众、专家学者等征求对"十四五"规划的意见建议。

(案例来源:王子晖.习近平作出重要指示!关于"十四五"这五问你知道吗?[EB/OL].(2020-08-06)[2021-12-31].http://www.qstheory.cn/qshyjx/2020-08/07/c_1126335679.htm.)

**材料二:习近平对"十四五"规划编制工作网上意见征求活动作出重要指示**

中共中央总书记、国家主席、中央军委主席习近平近日对"十四五"规划编制工作网上意见征求活动作出重要指示强调,通过互联网就"十四五"规划编制向全社会征求意见和建议,在我国五年规划编制史上是第一次。这次活动效果很好,社会参与度很高,提出了许多具有建设性的意见和建议。有关部门要及时梳理分析、认真吸收。广大人民群众提出的意见和建议广泛而具体,充分表达了对美好生活的新期盼。人民对美好生活的向往就是我们的奋斗目标,人民的信心和支持就是我们国家奋进的力量。要总结这次活动的经验和做法,在今后工作中更好发挥互联网在倾听人民呼声、汇聚人民智慧方面的作用,更好集思广益、凝心聚力。

为贯彻落实习近平总书记关于"十四五"规划编制工作要开门问策、集思广益,把加强顶层设计和坚持问计于民统一起来,齐心协力把"十四五"规划编制好的重要指示精神,2020年8月16日至29日,"十四五"规划编制工作开展网上意见征求活动,分别在人民日报、新华社、中央广播电视总台所属官网、新闻客户端以及"学习强国"学习平台开设"十四五"规划建言专栏,听取全社会意见建议。活动组织有序,社会反响热烈,累计收到网民建言超过101.8万条,为做好"十四五"规划编制工作提供了有益参考。

(案例来源:李学磊.习近平对"十四五"规划编制工作网上意见征求活动作出重要指示[EB/OL].(2020-09-25)[2021-12-31].http://www.qstheory.cn/yaowen/2020-09/25/c_1126539154.htm.)

**材料三:昆明市将实施优秀人才回引计划**

2020年3月记者从市委组织部获悉,昆明将实施优秀人才回引计划,从"选、育、管、用"四个方面着力,全面抓实村级后备力量建设。

优秀人才回引计划重点将从致富带头人、外出经商和务工人员、高校毕业生、退役军人、农村实用人才、乡村教师、乡村医生、退休干部职工、县乡机关和企事业单位工作人员等优秀人才中,择优选择有回村任职意愿的人员进行回引。

全面选好回引对象。今年3月前,乡镇(街道)青年人才党支部和村(社区)党组织采取个人自荐、党组织推荐和村(居)民代表大会推荐等方式,以村为单位全面摸排本地优秀人才,建立人才信息库和人才清单。今年5月底前,各县(市、区)委书记、开发(度假)区党工委书记带头,县级领导班子成员每人包1~2个乡镇(街道),聚焦2021年村(社区)"两委"换届实现"一肩挑"目标,对现任村(社区)"两委"班子运行情况和村(社区)干部履职胜任情况逐村开展分析研判,开展村(社区)党组织书记调整优化工作,本村(社区)没有合适人选的,列入回引计划,对照人才清单,择优选择回引对象作为村级后备力量。

回引对象既要选好,更要用好。在选好回引对象基础上,精心培养回引对象。2020年7月底前,各县要对回引对象开展不少于3天的集中培训;乡镇(街道)党委开展经常性轮训。实行"导师帮带",安排乡镇(街道)领导班子成员、优秀村干部"一对一"结对联系帮带回引对象,每季度对回引对象开展一次谈心谈话,听取意见建议,帮助解决实际困难,设立"好支书工作室",开展村(社区)干部市内省外异地挂职锻炼,为每个村(社区)持续储备2~3名村级后备干部。

落实安排回引对象担任村党组织书记助理、村委会主任助理,有计划组织回引对象在乡镇(街道)机关站所顶岗锻炼,全面学习掌握政治规矩、工作规矩和工作方法,全面熟悉镇情村情民情,全面参与脱贫攻坚、乡村振兴、基层治理、村务管理等工作,在完成工作任务、解决现实问题中长本事、长才干,报酬待遇可参照当地村"两委"副职标准执行,由财政予以保障。

好干部是选出来的,更是管出来的,要树立"严是爱、宽是害"的理念,坚持抓早抓小,从点滴抓,从具体问题管,县级组织部门和乡镇(街道)要强化跟踪了解、跟踪管理、跟踪问效,加强日常考核和综合分析。

把优秀的青年人才培养成优秀的青年人才党员,再把优秀的青年人才党员培养成优秀的村级后备力量,建立回引对象的动态管理机制,对少数不胜任、不尽责的回引对象,要果断调整,及时补充。

最好的培养就是使用。县级组织部门和乡镇(街道)党(工)委要坚持成熟一个使用一个,使用一个带动一批。对条件成熟的回引对象,推荐成为村(社区)干部人选;对表现优秀的,可直接选拔担任村(社区)党组织副书记甚至书记。对暂不具备担任村(社区)干部条件的回引对象,要采取事业留人、待遇留人和感情留人方式,合理调度安排,持续跟踪培养,打造一支不走的村级后备力量。

(案例来源:李思娴,程权.昆明市将实施优秀人才回引计划[N].昆明日报,2020-03-29.)

### 材料四:展现新时代技能人才风采

技能人才对一个国家、一个民族发展至关重要。习近平总书记在致首届全国职业技能大赛的贺信中指出:"职业技能竞赛为广大技能人才提供了展示精湛技能、相互切磋技艺的平台,对壮大技术工人队伍、推动经济社会发展具有积极作用。希望广大参赛选手奋勇拼搏、争创佳绩,展现新时代技能人才的风采。"广大劳动者特别是青年一代要勤学苦练、精益求精、追求卓越,立志走技能成才、技能报国之路,努力成为大国工匠,展现新时代技能人才的风采。

世界技能组织主席西蒙·巴特利说过,全世界需要技能,一个没有多元化技能的国家,不可能成为一个繁荣的经济体,也不可能在世界市场竞争中脱颖而出。我国从"两弹一星"到神舟飞天、"嫦娥"奔月,都离不开技能人才的智慧与拼搏、担当与奉献。进入新发展阶段,贯彻新发展理念、构建新发展格局、推动高质量发展,朝着实现"两个一百年"奋斗目标和中华民族伟大复兴的中国梦迈进,更需要高素质技能人才队伍提供强有力支撑。

人力资源和社会保障部数据显示,近年来,我国技能劳动者的求人倍率(有效需求人数与有效求职人数之比)一直在1.5以上,高级技工的求人倍率甚至达到2以上。这既为广大技能劳动者施展才华、谋求发展提供了广阔空间,也对其提出了更高要求,迫切需要造就具有专业技能与工匠精神的高素质人才队伍。

培养勤学苦练、锲而不舍的坚强意志。功崇惟志，业广惟勤。广大技能劳动者要志存高远、脚踏实地、苦练本领，干一行、爱一行、精一行。玑镂刻花、数控微雕、蒙眼配钥匙……在首届全国职业技能大赛中，各种绝技绝活精彩纷呈。荣光背后是夜以继日的钻研琢磨，是挥汗如雨的勤学苦练，是屡败屡试的坚守硬拼。肯下"苦功夫"、敢啃"硬骨头"，锲而不舍、久久为功，就能练出好技能，锻造"金刚钻"。

培养精益求精、日进日新的工匠精神。"心心在一艺，其艺必工；心心在一职，其职必举。"工匠精神以匠心为本、品质为重、创新为要，追求精进卓越。秉持心无旁骛、严谨细致的匠心，摒弃"差不多""大概其"心态，才能积累深厚专业知识、练就过硬专业技能、锻造高精尖产品，成为行家里手。"苟日新，日日新，又日新。"创新是源头活水，创新基因深植于工匠精神中。广大技能劳动者应坚持把守正创新贯穿技能实践全过程，既继承优良传统，又勇于创新创造。

培养淡泊名利、甘于奉献的高尚情操。少一分个人得失的计算，就多一分知重负重、攻坚克难的干劲闯劲；少一分名缰利锁的羁绊，就多一分"甘坐冷板凳"的坚守、日积月累的沉淀。以恒心守初心、以行动践使命，方能守得云开见月明，成就不凡事业。广大技能劳动者要以"国计已推肝胆许"的家国情怀、赤子之心，把个人追求与国家发展、社会进步紧密联结在一起，在急难险重面前当尖兵、打头阵，在技能报国的广阔天地担当奉献、砥砺前行。

打造新时代高素质技能人才队伍，展现技能人才的风采，需要政、产、学协同发力，健全技能人才培养、使用、评价、激励制度，为技能人才发挥作用搭建宽广舞台，引导推动更多青年热爱钻研技能、追求提高技能，培养更多高技能人才和大国工匠，为全面建设社会主义现代化国家提供有力人才保障。

（案例来源：黄琦.展现新时代技能人才风采［EB/OL］.（2021-01-14）［2021-12-31］.http://opinion.people.com.cn/n1/2021/0114/c1003-31998969.html.）

**材料五：让人才成为建设新时代的"主力军"**

治国之要，首在用才。《三国演义》中说："卧龙、凤雏，二者得一，可安天下"，人才的重要性可见一斑。在人类社会发展的历史壮剧中，人才是饰演重要角色的演员。其中杰出者，常以经天纬地之才，建镂金铭石之功，彰显重要历史价值。国家发展靠人才，民族振兴靠人才，人才是兴国之本、富民之基、发展之源。

《四川省人才工作领导小组2020年工作要点》近日出台了，勾勒出今年四川省人才工作路线图，将在六个方面持续发力，为打赢"两场硬仗"、推动治蜀兴川再上新台阶提供有力人才支撑。办好发展的事情，关键在党，关键在人，关键在人才。综合国力竞争说到底是人才竞争。要树立强烈的人才意识，真诚关心人才、爱护人才、成就人才，激励广大人才为实现"两个一百年"奋斗目标、实现中华民族伟大复兴的中国梦贡献聪明才智。

党管人才是人才工作的重要原则。中国共产党人的初心和使命，就是为中国人民谋幸福，为中华民族谋复兴。因此，中国共产党人才工作的目的，就是要从广大人民群众之中将党、国家和人民迫切需要的优秀人才选拔出来，将忠诚于党、忠诚于国家、忠诚于人民的优秀人才使用起来，引领人民群众一起推进新时代中国特色社会主义伟大事业。

创新党管人才工作,是引导人才朝着正确的方向不断前进,奋力推动党和国家事业向前发展的必然要求。尤其要注意创新宏观管理,调整工作方向、加强宏观统筹、加强考核监管;创新政策管理,提升政策制定的科学性、针对性和及时性;创新服务管理,提高服务水平、创新服务手段、健全市场服务机制。

全面加快人才发展体制机制改革,向用人主体放权,为人才松绑,推动各职能部门建立人才工作权责清单制度。进一步优化人才政策,抓好统筹规划,明确方向,研究精准对接产业发展需求的人才支持政策,加强对年轻专业技术人才的政策支持。加强人才服务和管理,抓好分类指导,解决好用人单位人才管理主体意识缺失、官本位思想较重等问题。抓好统筹协调,改进工作方法,切实提高党管人才工作水平。加大人才宣传力度,加强政治引领,增强广大人才的政治认同感和向心力。

"尚贤者,政之本也""致天下之治者在人才"……选贤任能、群贤毕至,是国家兴旺发达的重要基础;得人者兴、失人者崩,是一条宝贵的历史经验。尊重知识、尊重人才,将选人用人摆在更加重要的位置,不仅是一种良好的执政理念与政治智慧,更是推动事业发展、促进社会进步的必然选择。

(案例来源:高佳嘉.让人才成为建设新时代的"主力军"[EB/OL].(2020-04-29)[2021-12-31]. http://opinion.people.com.cn/n1/2021/0114/c1003-31998969.html.)

**案例思考:**

1.结合案例谈谈人才建设有何意义。

2.结合案例思考当前我国人才建设面临的问题和挑战。

3.结合案例,试论述政府如何完善人才工作的计划管理。

## 三、案例分析参考

**1.结合案例谈谈人才建设有何意义。**

(1)人才建设是履行党的执政使命与巩固执政地位的客观要求

案例提及的人才建设影响深远,党和国家所取得的各项伟大成就,都离不开不同领域人才的执着追求与合作精神,案例材料当中习近平总书记对"十四五"规划编制工作网上意见征求活动作出重要指示,充分体现了对人才的重视以及对群众智慧的看重。应树立以人才为第一资源的意识,努力将各领域的优秀人才聚集到党和国家各项伟大事业的建设之中。

(2)人才建设是在新技术革命中抓住机遇并获得优势的战略选择

案例当中地方政府实施积极的人才政策,反映了当地政府对人才建设的重视。归根结底,综合国力的竞争就是人才的竞争。如果能够吸引和培育更多的优秀人才,就能在日益激烈的国际竞争中抓住机遇。当前人才争夺战尤其是国际人才争夺战日益激烈,在此新形势下,需要积极吸引和聚集各领域的优秀人才,努力建设社会主义现代化国家。

(3)人才建设是赢得新时期中国特色社会主义伟大胜利的坚实基础

案例提及的人才建设适应了形势发展的需要,需要予以积极推进。未来的经济社会发展将更多地取决于人才素质、技术进步及管理创新,为了实现中国梦,需要对人才体系进行优化。

**2.结合案例思考当前我国人才建设面临的问题和挑战。**

(1)从当前来看,我国人才发展存在区域间的不平衡,高新技术人才扎堆在北上广一线城市,二、三线城市人才存在缺口,人才发展还不能完全适应全国各城市经济社会发展的要求。案例提及的政府所出台的人才政策在不同地方也是存在差异的,发达地区的人才政策的吸引力往往也更强。

(2)人才优先发展战略还没有很好地凸显,个别省市存在认识不到位、思想不解放的现象。案例材料提到有些地方政府抓"人才计划"等微观管理过多,也导致在抓环境和机制建设等方面重视不足,所以在人才工作方面的管理思想仍需进一步解放。

(3)人才队伍结构与产业发展的匹配度不高,人才队伍结构改善较慢,高端创新创业人才与城市产业发展需求相比还有较大缺口。例如案例材料提到高校争抢"帽子"人才成风,加剧人才无序流动,从而导致一个地区当中引进的人才与地区产业发展的人才需求存在不够匹配的情况。

(4)人才发展受体制机制制约比较大,缺乏灵活有序的人才流动机制等。案例提及的地区之间的人才拥有情况存在的差距在一定程度上正是受到体制机制的制约。

**3.结合案例,试论述政府如何完善人才工作的计划管理。**

(1)加强组织领导

案例提及的人才工作关系到地区经济社会及科技发展的好坏,为此需要加强组织领导,努力使计划管理工作具有超前性、预见性和导向性。完善党管人才体制机制,坚持"一把手"抓"第一资源",把人才工作与经济社会发展的总体规划及各级党政部门的任期目标一起部署,优先考虑,推动人才工作与业务工作共同发展。进一步完善人才工作机构设置,市人才工作领导小组成员单位与各县市区要全部设立专门人才机构,做到机构、人员、经费保障到位;将人才工作纳入职能部门"三定"方案,明责赋权,形成上下联动、密切配合、整体推进的人才工作机制。组织部门要切实履行好牵头抓总职责,稳步推进人才工作的"放、调、转、交",充分调动市场、社会组织、有关部门和下级工作的积极性主动性。人才工作相关单位要切实履行好各自职责,创造性地开展工作,形成人才工作的强大合力。

(2)强化考核督查

案例提及的一些地方政府的人才政策的科学性有所缺乏导致人才的无序化流动,因此需要提高计划管理的科学性,要求运用科学的计划管理程序和方法,制定规划落实措施,明确工作责任,切实发挥好规划对今后五年人才工作的指导作用。建立规划实施目标责任制度与实施情况监测、评估机制,有计划、分阶段对规划实施情况进行跟踪检查,研究分析实施过程中出现的新情况、新问题,适时修订调整相关目标任务和政策措施。建立健全人才工作考核体系,进一步加大人才工作在全市科学发展综合考核中的指标权重。通过确定工作要点与年度目标、签订工作责任书及分阶段督导等措施,保障各项任务目标落实到位。完善奖惩机制,对人才工作突出单位,大力表扬奖励;对工作不力、进展缓慢单位,通过一定形式通报,必要时追究相关责任。各县市区、各成员单位要立足工作实际,研究制定本地、本行业、本系统的人才发展规划,完善全市人才发展规划体系。

(3)营造良好氛围

案例提及的地区间现有的人才状况的差距在一定程度上源于体制机制的束缚,为此需要在充分发挥市场对资源配置起基础性作用的前提下,不断加强和完善计划管理在国家宏观调控中的综合作用。进一步完善党委联系专家制度,不断加强人才团结、引领、服务工作。坚持每年举办高层次创新型人才进修班。积极开展专家考察休假、健康查体、走访慰问等关爱活动。充分利用各类媒体平台,大力宣传推介人才政策和发展环境。加强人才文化建设,注重人才精神关怀,在整个地区树立强烈的人才意识,营造尊重劳动、尊重知识、尊重人才、尊重创造的浓厚氛围。

**参考文献:**

[1]孙锐,吴江.构建高质量发展阶段的人才发展治理体系:新需求与新思路[J].理论探讨,2021(4):135-143.

[2]崔建民."十四五"期间深入实施人才强国战略研究[J].青海社会科学,2021(1):50-54.

[3]薄贵利,郝琳.论加快建设世界一流人才强国[J].中国行政管理,2020(12):90-96.

[4]孙锐."十四五"时期人才发展规划的新思维[J].人民论坛,2020(32):44-47.

## 案例 15　谋划"十四五":习近平总书记召开座谈会问计于民

### 一、案例导读

制定和实施国民经济和社会发展五年规划,是我们党治国理政的重要途径。而每一个五年规划的编制都涉及经济社会发展的方方面面,与人民生产生活密切相关,为此,需要开门问策、集思广益,把顶层设计与问计于民有机结合。为编制好《国民经济和社会发展第十四个五年规划和2035年远景目标纲要》,中共中央总书记、国家主席、中央军委主席习近平2020年召开多场座谈会,鼓励广大人民群众和社会各界以各种方式建言献策,推动"十四五"规划的编制顺应人民意愿、符合人民所思所盼。本案例聚焦"十四五"规划编制的问计于民,从中对政府经济管理的相关问题展开讨论。

### 二、案例材料

(一)2020年7月21日,企业家座谈会:激发市场主体活力弘扬企业家精神,推动企业发挥更大作用实现更大发展。

习近平总书记提出:

1.保护和激发市场主体活力。第一,落实好纾困惠企政策。第二,打造市场化、法治化、国际化营商环境。第三,构建亲清政商关系。第四,高度重视支持个体工商户发展。

2.弘扬企业家精神。第一,希望大家增强爱国情怀。第二,希望大家勇于创新。第三,希望大家诚信守法。第四,希望大家承担社会责任。第五,希望大家拓展国际视野。

3.集中力量办好自己的事。

(二)2020年8月20日,扎实推进长三角一体化发展座谈会:紧扣一体化和高质量,抓好重点工作,推动长三角一体化发展不断取得成效。

习近平主席围绕实施长三角一体化发展战略,提出意见:第一,推动长三角区域经济高质量发展。第二,加大科技攻关力度。第三,提升长三角城市发展质量。第四,增强欠发达区域高质量发展动能。第五,推动浦东高水平改革开放。第六,夯实长三角地区绿色发展基础。第七,促进基本公共服务便利共享。

(三)2020 年 8 月 24 日,经济社会领域专家座谈会:着眼长远把握大势,开门问策、集思广益,研究新情况,做出新规划。

习近平主席强调:第一,以辩证的思维看待新发展阶段的新机遇新挑战。第二,以畅通国民经济循环为主构建新发展格局。第三,以科技创新催生新发展动能。第四,以深化改革激发新发展活力。第五,以高水平对外开放打造国际合作和竞争新优势。第六,以共建共治共享拓展社会发展新局面。

(四)2020 年 8 月 25 日,党外人士座谈会:征求对中共中央关于制定国民经济和社会发展第十四个五年规划和二〇三五远景目标的建议的意见。

制定好"十四五"规划建议,习近平强调必须处理好几大关系:一是处理好继承和创新的关系,做好"两个一百年"奋斗目标有机衔接。二是处理好政府和市场的关系,更好发挥我国制度优势。三是处理好开发和自主的关系,更好统筹国内国际两个大局。四是处理好发展和安全的关系。五是处理好战略和战术的关系,制定出一个高瞻远瞩、务实管用的规划建议。

(五)2020 年 9 月 11 日,科学家座谈会:面向世界科技前沿、面向经济主战场、面向国家重大需求、面向人民生命健康,不断向科学技术广度和深度进军。

围绕加快解决制约科技创新发展的一些关键问题,习近平指出:第一,坚持需求导向和问题导向,科研选题是科技工作首先需要解决的问题。第二,整合优化科技资源配置,对科技创新来说,科技资源优化配置至关重要。第三,持之以恒加强基础研究,基础研究是科技创新的源头。第四,加强创新人才教育培养,人才是第一资源,国家科技创新力的根本源泉在于人。第五,依靠改革激发科技创新活力,我国科技队伍蕴藏着巨大创新潜能,关键是要通过深化科技体制改革把这种潜能有效发挥出来。第六,加强国际科技合作,国际科技合作是大趋势。

(六)2020 年 9 月 17 日,基层代表座谈会:把加强顶层设计和坚持问计于民统一起来,推动"十四五"规划编制符合人民所思所盼。

习近平谈到这些意见:第一,珍惜发展好局面,巩固发展好势头。"我们要科学分析形势、把握发展大势,坚持稳中求进工作总基调,坚持新发展理念,统筹发展和安全,加快形成以国内大循环为主体、国内国际双循环相互促进的新发展格局。"第二,坚持贯彻以人民为中心的发展思想。"谋划'十四五'时期发展,要坚持发展为了人民、发展成果由人民共享,努力在推动高质量发展过程中办好各项民生事业、补齐民生领域短板。"第三,加强基层党组织和基层政权建设。"要加强和改进党对农村基层工作的全面领导,提高农村基层组织建设质量,为乡村全面振兴提供坚强政治和组织保证。"第四,基层代表要更好发挥带头作用。"要把广大基层群众组织起来、动员起来、凝聚起来,充分激发人民群众的积极性、主动性、创造性。"

（七）2020年9月22日，教育文化卫生体育领域专家代表座谈会：全面推进教育文化卫生体育事业发展，不断增强人民群众获得感幸福感安全感。

关于教育、文化、卫生、体育工作，习近平提出这些意见：第一，培养担当民族复兴大任的时代新人。教育是国之大计、党之大计。第二，把文化建设摆在更加突出位置。中国特色社会主义是全面发展、全面进步的伟大事业，没有社会主义文化繁荣发展，就没有社会主义现代化。第三，大力发展卫生健康事业。人民健康是社会文明进步的基础，是民族昌盛和国家富强的重要标志，也是广大人民群众的共同追求。第四，加快体育强国建设。体育是提高人民健康水平的重要途径，是满足人民群众对美好生活向往、促进人的全面发展的重要手段，是促进经济社会发展的重要动力，是展示国家文化软实力的重要平台。

（案例来源：谋划"十四五"，习近平召开这些座谈会问计于民［EB/OL］.（2021-01-14）［2021-12-31］.http://www.qstheory.cn/yaowen/2020-09/19/c_1126514757.htm.）

**案例思考：**

1.结合案例，试论述"十四五"规划问计于民有何意义。

2.案例主要体现了政府计划管理中的哪项职能？

3.结合案例，试论述政府如何在"十四五"期间更好地管理经济。

## 三、案例分析参考

**1.结合案例，试论述"十四五"规划问计于民有何意义。**

（1）有利于增强决策的科学性与针对性

决策不是拍脑袋，也不是闭门造车，而是要全面了解各方面情况、掌握各方面信息。材料中"十四五"规划问计于民，通过国家领导人与企业家、党外人士等各个社会主体，以及与社会经济学家、科学家等领域专家分别开展座谈会，充分调动各方面的力量，发挥各方面的作用，广泛听取各方面的意见，防止决策失误，减少经济损失。

（2）有利于增强决策的民主性

民主性越强，越能保证科学决策。越是复杂的局势，越要提高决策的透明度，广泛听取群众意见，让群众一起来判断，一起来出主意、想办法，一起来共同应对困难、共度时艰。如果不把困难告诉群众，不把信息及时传递给群众，不请群众参与决策，不仅科学决策是一句空话，决策的执行更会因缺乏群众认同和理解而难以有效落实。在复杂的局势面前，一定要加强对决策的民主监督，一方面，各项政策措施都要在社会和群众的监督中实施，在阳光下操作，做到公开、透明；另一方面，实施的结果要向社会公开，接受群众的评判，接受社会的考核。

**2.案例主要体现了政府计划管理中的哪项职能？**

案例主要体现了政府计划管理中的编制职能。编制计划是计划管理过程的开始，该职能主要体现为以下工作的开展：

（1）调查研究，掌握基本情况，正确预测未来；

（2）提出计划任务，确定计划期间国民经济和社会发展的具体指标。首先，要了解计划报告期国民经济发展水平、重大比例关系、产业结构以及财政、信贷、外汇平衡等状况，结合计划期国内外政治经济形势、科学技术发展趋势做出正确估量。然后，根据预测的结果展开各种形式的征询、调研活动,广泛听取意见,汇集实际情况,为着手制定计划做好准备工作。

案例提及的"十四五"规划问计于民,通过国家领导人与企业家、党外人士、社会经济学家、科学家等领域专家分别开展座谈会,对目前状况做出总结、对未来计划做出描绘,深刻体现了以上职能。

**3.结合案例,试论述政府如何在"十四五"期间更好地管理经济。**

政府计划管理工作中的计划贯彻执行十分重要。有效组织国民经济计划的实施,是科学的计划方案产生后计划管理的关键一环。政府需要从以下方面入手,在"十四五"期间更好地管理经济:

(1)执行和调控

综合运用间接调控和直接调控,以间接调控为主。通过定期和不定期地向社会发布计划目标和经济政策等,向企业公开展示宏观调控意图和政策环境,为企业决策提供宏观经济信息,以引导其按国家计划的要求行事。按照经济原则,接入市场经济活动,采取经济手段和方法,动员和运用公共资源,组织生产和投资,参与或委托经营,实现计划目标。

(2)协调和修正

在实施时积极协调与市场的关系,引导市场和调整计划。案例提及的"十四五"规划涉及五年的发展周期,由于有一定的时间跨度,在此期间计划不可能完全和准确地反映市场变化,因此在实施计划时要根据对市场状况和态势的新的正确认识,及时地修正计划。

(3)检查、监督、评估和转换

检查计划执行和落实情况,监督计划部门和执行单位的行为,检查计划手段和政策措施的到位情况以及所产生的客观影响,检查计划任务和指标的实现情况。如果经检验和评估,制定和实施的计划远未达到预期目标,那么就必须制定新的计划以替代旧的计划,实现计划的转换。

**参考文献:**

[1]刘爽.为落实"十四五"规划营造良好政治生态和发展环境[J].党建,2021(1):26-28.

[2]厦门大学宏观经济研究中心课题组,卢盛荣,王鹏程.中国经济发展"十三五"回顾与"十四五"展望[J].中国高校社会科学,2020(6):4-12,154.

[3]本刊评论员.汇聚奋斗"十四五"、奋进新征程的强大力量[J].党建,2020(11):10,55.

[4]曲青山.五个坚持:"十四五"时期我国发展必须遵循的重要原则[J].党建,2020(11):15-19.

## 第六章　财政政策与财税调控

## 第一节　学习目的和要求

党的十九大报告强调指出,要"创新和完善宏观调控,发挥国家发展规划的战略导向作用,健全财政、货币、产业、区域等经济政策协调机制"。2020年,尽管受到新冠肺炎疫情、世界经济深度衰退等多重冲击,我国经济依然取得了极不平凡的成就,全年国内生产总值增长2.3%,在全球主要经济体中唯一实现经济正增长,经济发展韧性和活力进一步彰显。这些发展成就的取得离不开财政税收政策的有效配合。近二三十年来,我国财政政策经历了一系列调整,例如1998年为解决国内总需求不足转向扩张性的积极财政政策,2003年为预防出现通胀又逐步转向稳健财政政策。面对经济发展中出现的新问题和新挑战,我国财政政策与财税调控的未来走向引人关注。

**本章的学习目的及要求:**

准确理解财政政策的含义,了解财政收支活动的经济效应及财政政策实施的制约因素,明确财政政策的构成要素及功能,明晰财政政策工具及其各自的功能,掌握财政政策的类型选择及运作。要求学生能够应用相关知识分析案例,从而在政府经济管理中进一步加强和完善我国的财政政策与财税调控。

## 第二节　知识要点

### 一、财政收支活动的经济效应

1.财政收入活动的经济效应

一般来说,财政收入包括税收、国有资产经营收益、国债以及规费和其他收入等四个部分。但从总量比例来看,税收收入占到财政收入总额的90%以上,而且对经济运行的影响越来越大。所以,下面单独就税收的经济效应进行分析。

(1)税收的微观经济效应

税收对微观经济主体的影响可通过其收入效应和替代效应来反映。

收入效应是指征税对纳税人的商品购买行为产生影响,体现为纳税人收入水平下降,进而纳税人支出水平降低。替代效应则是指税收变动影响商品相对价格,从而引起不同商品购买量的变化。

(2)税收的宏观经济效应

政府通过税收政策来影响经济增长或经济稳定的过程就是税收所具有的宏观经济效应,税收的这种效应主要是由税收乘数这一因素引起的,税收乘数是指政府税收变动所引起的国民收入变动的倍数。

2.财政支出活动的经济效应

财政支出的经济效应是指财政支出对国民产出增长及稳定经济方面所产生的作用。财政支出对经济稳定的作用体现在财政支出与财政收入之间的对比进而对国民收入产生的效用。根据西方经济学原理,当一国出现通货膨胀缺口时(总需求的注入量大于漏出量),政府有意识地使财政支出小于财政收入的差额正好等于注入量与漏出量的差额,那么就能达到社会总供给与社会总需求相反的财政支出与财政收入的对比关系。

## 二、财政政策的含义、构成要素及功能

所谓财政政策,是政府为实现总供求的均衡,侧重于总需求的变化,对财政收支关系进行调整的准则和措施的总称。换言之,财政政策是国家运用财政政策工具,调节财政收支规模、收支结构,以实现宏观经济调控目标的一系列方针、措施。财政政策一般由三个要素构成:一是财政政策目标;二是财政政策主体;三是财政政策工具。

财政政策作为宏观调控的重要手段,主要具有四种功能。

1.导向功能。财政政策的导向功能就是通过对物质利益的调整来调节个人和企业的经济行为,进而引导国民经济的运行。

2.协调功能。财政政策的协调功能是指对社会经济发展过程中出现的某些失衡状态的制约和调节能力,它可以协调地区之间、行业之间、部门之间、阶层之间的利益关系。

3.控制功能。财政政策的控制功能是指政府通过调节企业和居民的经济行为,实现对宏观经济的有效控制。

4.稳定功能。财政政策的稳定功能是指国家通过财政政策调节总支出水平,使货币支出水平恒等于产出水平,实现国民经济的稳定发展。

## 三、财政政策工具及其各自的功能

1.国家预算

国家预算是财政政策的主要手段。国家预算的调控功能主要表现在:国家预算收支的规模及其平衡状态可以有效地调节社会总供求的平衡关系;国家预算的支出结构可以

调节国民经济中的各种比例关系和经济结构。

**2.税收**

税收是国家凭借政治权力参与社会产品分配的重要形式。它具有强制性、无偿性、固定性等特征。税收具有广泛的调节功能。就其作为财政政策的一个手段来说,它具有的功能主要有:调节社会总供求的平衡;调节产业结构和产品结构的平衡;调节各种收入分配。

**3.国债**

国债是国家按照有偿的信用原则筹集财政资金的一种形式,同时也是实现宏观调控和财政政策的一个重要手段。国债的调节功能主要表现在:调节国民收入的使用结构;调节产业结构;调节资金供求和货币流通。

**4.财政补贴**

财政补贴是国家为了某种特定需要,提取一部分财政资金无偿补助给企业或居民的一种再分配形式。它是配合价格政策和工资政策发挥调节作用的一种政策手段。财政补贴大都与价格政策有关。我国的财政补贴主要包括:价格补贴、企业亏损补贴、财政贴息、房租补贴、职工生活补贴和外贸补贴等。财政补贴的功能有:配合价格政策以稳定价格;促进外贸收支平衡;调节社会总供求的平衡。

**5.转移支付**

财政的转移支付,是指财政资金的单方面转移,它是财政支出体系的一个重要组成部分。转移支付的功能,主要是调节中央政府与地方政府之间的财政纵向不平衡和地区间的财政横向不平衡。财政的纵向不平衡,是指不同层次政府的收入与它们各自承担的事权所需要的支出不相等;财政的横向不平衡,是指同级政府之间在收入能力和支出规模方面存在差异。

# 四、财政政策的类型选择

财政政策的类型有很多,可以按照不同的标准来进行划分。常见的主要有:

**1.自动稳定财政政策和相机抉择财政政策**

自动稳定的财政政策是指某些能够根据经济波动情况自动发生稳定作用的政策,它无须借助外力就可产生调控效果。这种自动稳定性主要表现在三个方面:一是税收的自动稳定性。税收体系,特别是公司所得税和累进的个人所得税,对经济活动和收入水平变化的反应相当敏锐。二是财政支出的自动稳定性。如果国民经济出现衰退,就会有一大批居民具备申请失业救济金的资格,政府必须对失业者支付救济金,以保障他们必要的生活支出,使国民经济中的总需求不致下降过多;同样,如果经济出现繁荣,失业者可重新获得工作机会,在总需求接近充分就业水平时,政府就可以停止这种救济性支出,使总需求不致过旺。三是农产品价格维持制度。经济萧条时,国民收入下降,农产品价格下跌,政府依照农产品价格维持制度,按扶持价格收购农产品,可使农民收入和消费维持在一定水平上。经济繁荣时,国民收入上升,农产品价格上涨,这时减少对农产品的收购,限制农产品价格上升,也就抑制了农民收入的增长,从而也就减少了总需求的增长。

相机抉择的财政政策是指政府根据一定时期经济社会的情势,主动灵活选择不同类型的反经济周期的财政政策工具,以实现财政政策目标。一般来说,这种政策是政府根据当时的经济形势,相机采取的财政措施,以消除通货膨胀或通货紧缩,是政府利用国家财力有意识干预经济运行的行为。西方学者汉森提出的汲水政策和补偿性政策都是典型的相机抉择财政政策。汲水政策是应对经济萧条的政策,主要是在经济萧条时进行公共投资,以增加社会有效需求,使经济恢复活力。补偿性财政政策,或叫周期性平衡的财政政策,是指政府以繁荣年份的财政盈余补偿萧条年份的财政赤字,使财政收支平衡以年度为目标变为从整个经济周期来考察。

2.扩张性财政政策、紧缩性财政政策和中性财政政策

根据财政政策在调节国民经济总量和总体结构等方面的不同功能,财政政策可区分为扩张性财政政策、紧缩性财政政策和中性财政政策。

扩张性财政政策又称膨胀性财政政策或松的财政政策,是指通过财政分配活动来增加和刺激社会总需求。在总需求不足时,通过扩张性财政政策能使总需求与总供给的差额缩小以致平衡。扩张性财政政策主要通过减税、增支进而扩大赤字的方式实现。采用减少税收、降低税率、扩大减免税范围等措施,可以增加微观经济主体的收入、刺激微观经济主体的投资需求和扩大社会供给的效应;采用扩大财政支出和增加财政赤字的措施,具有扩大社会总需求从而刺激投资和扩大就业的效应;通过公开市场操作、买入国债和投放货币,能够起到扩大流通中的货币量和扩大社会总需求、刺激生产的效应;通过财政补贴使财政支出扩大和财政赤字增多,可以收到扩大社会总需求和刺激供给增加的效应。

紧缩性财政政策又称盈余性财政政策或紧的财政政策,是指通过财政分配活动来减少和抑制总需求。在总需求大于总供给时,通过紧缩性财政政策有助于抑制和消除通货膨胀,达到供求平衡。紧缩性财政政策主要通过增税、减支进而压缩赤字或增加盈余的方式实现。增加税收、提高税率和缩小减免税范围,其效应是减少微观经济主体的收入,抑制其投资需求,从而减少供给;压缩财政支出、减少财政赤字,其效应是缩小社会总需求,抑制经济过热;在公开市场操作中,政府卖出国债、吸收货币,其效应是减少流通中的货币量,压缩社会总需求以降低经济过快过高的发展速度;减少财政补贴,使财政支出得到控制,减少财政赤字,其效应是减少社会总需求,抑制经济的过热增长。

中性财政政策又称均衡性财政政策或平衡性财政政策,是指财政收入等于支出,财政收支平衡的政策。但是,收支平衡的财政政策并不意味着对国民经济的影响呈中性,政府实行中性财政政策时,只要税收增加的数量和财政支出增加的数量相等,仍然可以通过增加税收和财政支出,刺激经济增长。

# 五、财政政策的运作

## 1.短期目标的运作

从短期来说,财政政策的目标是通过调节总需求来实现社会总供求的基本平衡,以达到经济的稳定增长。要实现这个目标,财政政策的运作必须发挥"相机抉择"的作用,即政府根据宏观经济运行状况来选择相应的财政政策。

2.长期目标的运作

财政政策的中长期目标是实现资源的合理配置和收入的公平分配。要实现这一目标,财政政策的运作的主要方式是调整财政支出结构和改革、调整税制。具体有四个方面的做法:一是按照国家产业政策和产业结构调整的要求,在预算中优先安排国家鼓励发展的产业投资;二是运用财政贴息、财政信用支出以及通过国家政策性金融机构提供投资或者担保,支持高新技术产业和农业的发展;三是通过合理确定国债规模,吸纳部分社会资金列入中央预算,转作政府的集中性投资,用于能源、交通的重点建设;四是调整和改革整个税制体系,或者调整部分主要税制,以实现对收入分配的调节。

## 六、财政政策实施的制约因素

实施财政政策是一个复杂的系统工程,在实施的过程中,必然会遇到来自各方面的阻力,制约着财政政策的贯彻执行。这些制约因素大体有以下几种:

1.居民的行为可能偏离宏观经济政策的目标。

2.不同的政策会遇到不同阶层和不同层次人的反对。

3."时滞"会给财政政策的实施带来不利影响。

4.财政政策的实施会受到国内外政治因素的干扰。

# 第三节　案例分析

## 案例16　加力提效:实施积极的财政政策

### 一、案例导读

在国家总需求不足时,通过积极的财政政策能使总需求与总供给的差额缩小以致平衡。扩张性财政政策主要通过减税、增支进而扩大赤字的方式实现。随着中国经济逐渐进入上升通道,积极财政政策的内涵也变得更加丰富,财政政策本身也在进行着结构调整。通过相机抉择与统筹兼顾,财政政策的运用能够更好地适应经济社会发展变化的新形势,同时也能与货币政策的运用之间实现更好的协调,这有利于政府宏观调控有效性的实现。2019年,我国政府采用提振经济的积极财政政策,推出减税降费"大礼包",推行增值税改革、小微企业普惠性减税、个人所得税专项附力加扣除并降低社保缴费,全年减轻企业税收和社保缴费负担近2万亿元,是我国历史上最大规模的减税降费。减税降费是应对经济下行压力的关键之举,也是一项既利当前又利长远的重大改革,对减轻企业负担、激发微观主体活力、推动产业转型升级、优化国民收入分配结构具有重要作用,在刺激消费的同时也加速了流通,取得了较好的效果。本案例聚焦积极的财政政策,从中对政府经济管理的相关问题展开讨论。

## 二、案例材料

2019年,我国实施更大规模的减税,推进更为明显的降费。2019年,在内蒙古、甘肃和新疆三个省区,国家财政支持100个县整县制推进废旧地膜回收利用。地膜用于地面覆盖,可提高土壤温度,保持土壤水分,维持土壤结构,防止害虫侵袭作物和某些微生物引起的病害等,促进农作物生长。2019年我国较大幅度增加地方政府专项债券,安排地方政府专项债券2.15万亿元,比2018年增加8000亿元。

2019年,为支持发展公平优质教育,我国财政教育投入持续稳定增长,中央财政用于教育的支出超过1万亿元。

2018年底召开的中央经济工作会议提出,积极的财政政策要加力提效,实施更大规模的减税降费。与往年相比,2019年财政政策取向依然是积极的,但政策力度和重点有所不同,集中体现为"加力"和"提效"。"加力"主要是加大减税降费力度和支出力度,着重实施更大规模的减税,推进更为明显的降费,以引导企业预期和增强市场信心,更好服务实体经济发展。"提效"主要是提高财政资金配置效率和使用效益,着力盘活存量、用好增量,进一步优化财政支出结构,重点支持三大攻坚战、科技创新、供给侧结构性改革、"三农"工作、保障和改善民生等领域,提高财政支出绩效。

（一）为什么要加力提效实施积极的财政政策?

从国内外形势来看,当今世界正面临着百年未有之大变局,国内外形势发生深刻复杂变化。但从大势上看,我国发展仍处于并将长期处于重要战略机遇期,必须把握好重要战略机遇新内涵,不断提升我国综合实力。近期主要国际机构连续下调世界经济增长预期,主要经济体宏观政策取向也在发生变化,财政政策有所扩张,以应对经济下行压力。我国坚持实施积极的财政政策并加力提效,以政策的稳对冲外部环境的不稳,以政策的确定性对冲外部环境的不确定性,推动我国经济行稳致远,在世界大变局中牢牢把握战略主动。

从破解发展主要难题来看,当前制约我国经济发展的主要矛盾是结构性的,矛盾的主要方面在供给侧。近年来,我们注重发挥财政政策调控结构的优势,坚持以供给侧结构性改革为主线,取得了显著成效。同时也要看到,我国供给体系仍不适应需求结构的变化,经济难以实现良性循环。实施积极的财政政策并加力提效,在稳定总需求的同时,加大对供给侧结构性改革的支持,推动解决经济发展中的深层次结构性问题,有利于增强我国经济的质量优势,不断提升经济的创新力和竞争力,推动实现高质量发展。

从全面建成小康社会来看,巩固我国经济稳中有进良好态势也需要积极的财政政策支持。过去一年,我们认真落实积极的财政政策,加大减税降费、补短板、调结构力度,促进经济运行保持在合理区间。同时也要看到,实体经济面临的困难依然较多,重点领域风险不容忽视,经济下行压力比较大。巩固我国经济总体平稳、稳中有进态势,有必要继续实施积极的财政政策并加力提效,进一步做好稳就业、稳金融、稳外贸、稳外资、稳投资、稳预期相关工作,在决胜全面建成小康社会的征程上更进一步。

（二）减税降费送出了怎么样的"大礼包"?

减税降费是应对经济下行压力的关键之举,也是一项既利当前又利长远的重大改革,对减轻企业负担、激发微观主体活力、推动产业转型升级、优化国民收入分配结构具有重要作用。2019 年,减税降费政策以减税为主,普惠性减税与结构性减税并举,重点降低作为国民经济骨干支撑的制造业和吸纳就业主力军的小微企业税负,主要包括增值税改革、小微企业普惠性减税、个人所得税专项附加扣除、降低社保缴费等,一项项减税降费政策的落地,给人民群众送去了"大礼包"。

增值税改革方面,2019 年 4 月 1 日起,将制造业等行业现行 16％ 的税率降至 13％,将交通运输业、建筑业等行业现行 10％ 的税率降至 9％,确保主要行业税负明显降低;保持 6％ 一档的税率不变,但通过采取对生产、生活性服务业增加税收抵扣等配套措施,确保所有行业税负只减不增。

2019 年全国减税降费"大礼包"见图 6-1。

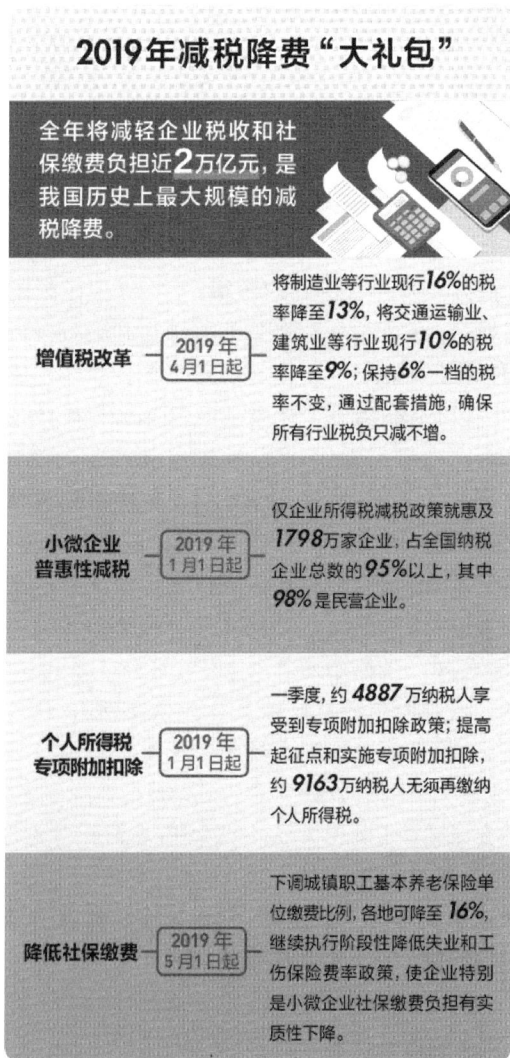

**2019年减税降费"大礼包"**

全年将减轻企业税收和社保缴费负担近**2**万亿元,是我国历史上最大规模的减税降费。

增值税改革 — 2019 年 4 月 1 日起 — 将制造业等行业现行**16%**的税率降至**13%**,将交通运输业、建筑业等行业现行**10%**的税率降至**9%**;保持**6%**一档的税率不变,通过配套措施,确保所有行业税负只减不增。

小微企业普惠性减税 — 2019 年 1 月 1 日起 — 仅企业所得税减税政策就惠及**1798**万家企业,占全国纳税企业总数的**95%**以上,其中**98%**是民营企业。

个人所得税专项附加扣除 — 2019 年 1 月 1 日起 — 一季度,约**4887**万纳税人享受到专项附加扣除政策;提高起征点和实施专项附加扣除,约**9163**万纳税人无须再缴纳个人所得税。

降低社保缴费 — 2019 年 5 月 1 日起 — 下调城镇职工基本养老保险单位缴费比例,各地可降至**16%**,继续执行阶段性降低失业和工伤保险费率政策,使企业特别是小微企业社保缴费负担有实质性下降。

图 6-1　2019 年减税降费"大礼包"示意图

小微企业普惠性减税方面,2019 年 1 月 1 日起,对月销售额不超过 10 万元的增值税小规模纳税人免征增值税、大幅放宽可享受企业所得税优惠的小型微利企业标准并加大优惠力度,仅企业所得税减税政策就惠及 1798 万家企业,占全国纳税企业总数的 95％以上,其中 98％是民营企业。

个人所得税专项附加扣除方面,2019 年 1 月 1 日起,子女教育、继续教育等 6 项专项附加扣除政策开始实施,一季度约 4887 万纳税人享受到该政策;提高起征点和实施专项附加扣除,约 9163 万纳税人无须再缴纳个人所得税。

降低社保缴费方面,2019 年 5 月 1 日起,下调城镇职工基本养老保险单位缴费比例,各地可降至 16％,继续执行阶段性降低失业和工伤保险费率政策,使企业特别是小微企业社保缴费负担有实质性下降。同时,进一步清理规范行政事业性收费。

2019 年将减轻企业税收和社保缴费负担近 2 万亿元,这被称为"史上规模最大的减税降费"。目前,主要减税降费政策和措施都已明确,关键是要以钉钉子精神抓好落实,密切跟踪、及时解决实施过程中的问题,加大督查和监督力度,让企业和群众有实实在在的获得感。

### (三)支持三大攻坚战,财政不缺位

打好三大攻坚战,事关决胜全面建成小康社会。财政部门在支持打好三大攻坚战中,具有特殊重要的作用。通过抓住人民群众最关心最直接最现实的利益问题,突出财政的公共性和公平性,完善财税制度安排,可以有效发挥防范化解重大风险、消除贫困、改善生态环境质量的职能作用,不断增强人民群众的获得感、幸福感、安全感。积极的财政政策将针对三大攻坚战的突出问题,集中力量支持打好重点战役。

支持防范化解重大风险攻坚战,重点是着力防范化解地方政府隐性债务风险。2019年新增地方政府债务限额 3.08 万亿元,既为重点项目建设提供资金保障,也为防范化解地方政府隐性债务风险创造更好条件。严格落实省级党委和政府对本地区隐性债务风险的防控责任,研究采取统筹各类资金资源偿还、市场化金融工具置换、规范政府支出责任管理等措施,引导地方逐步压减隐性债务规模。同时,强化违规举债责任追究、终身问责、倒查责任,坚决遏制隐性债务增量。

支持脱贫攻坚战,重点是贯彻精准方略。我们结合中央脱贫攻坚专项巡视发现的问题,进一步加强投入保障,强化扶贫资金监管。2019 年中央财政专项扶贫资金安排 1261亿元,增长 18.9％,增量资金主要用于深度贫困地区。支持脱贫攻坚战,重点支持解决好实现"两不愁三保障"面临的突出问题,义务教育方面主要做好控辍保学,基本医疗方面主要做好医疗救助,住房安全保障方面基本完成建档立卡贫困户等重点对象存量危房改造,同时支持解决农村饮水安全问题。此外,要继续推进贫困县涉农资金整合试点,对扶贫项目资金实施全过程绩效管理。

支持污染防治攻坚战,重点是支持绿色发展。2019 年中央财政安排大气、水、土壤污染防治方面的资金 600 亿元,增长 35.9％;安排重点生态功能区转移支付 811 亿元,增长12.5％。2019 年将继续支持做好北方地区冬季清洁取暖试点等工作,支持中西部地区城镇污水处理提质增效;强化土壤污染管控,推进重金属污染耕地修复治理;加强长江经济带生态保护修复,实施好长江流域重点水域禁捕补偿政策;推进山水林田湖草生态保护修

复工程试点和大规模国土绿化行动,加大生态系统保护力度。

### (四)做供给侧结构性改革的坚强财政后盾

按照中央经济工作会议要求,必须坚持以供给侧结构性改革为主线不动摇,更多采取改革的办法,更多运用市场化、法治化手段,在"巩固、增强、提升、畅通"上下功夫。财政是国家治理的基础和重要支柱,在供给侧结构性改革中担负的职责、发挥的作用、产生的影响十分重大。

在巩固"三去一降一补"成果方面,将用好工业企业结构调整专项奖补资金,继续处置"僵尸企业",推动更多产能过剩行业加快出清;落实企业改制重组、去产能调结构等方面的税收优惠政策,促进企业优胜劣汰。

在增强微观主体活力方面,将支持若干国家级、省级实体经济开发区打造不同类型的创新创业特色载体,促进"双创"升级;发挥好国家中小企业发展基金、新兴产业创业投资引导基金作用,支持创新型企业发展;落实好创业投资个人所得税优惠政策,开展适当提高居民企业技术转让所得免征企业所得税限额标准试点。

在提升产业链水平方面,将引导资本、资源向战略关键领域聚焦,实现战略关键领域创新突破;推进制造业领域国家重大科技项目,助力关键核心技术攻关;完善支持创新和绿色发展的政府采购政策,充分发挥首台(套)等政策功能,加大对制造业特别是重大装备和关键产品的支持力度。

在畅通国民经济循环方面,将综合运用融资增信、以奖代补、税收优惠等方式,鼓励金融机构加大对民营企业和中小企业的支持;用好普惠金融发展专项资金,推动国家融资担保基金加快与省市融资担保、再担保机构开展业务合作,继续对小微企业融资担保业务降费进行奖补,缓解企业融资难融资贵。

### (五)为促进形成强大国内市场,财政出了哪些实招?

我国拥有巨大的发展韧性、潜力和回旋余地,有14亿多人口的内需市场,这是经济发展的底气所在。在外部形势复杂多变的情况下,积极的财政政策在激发消费潜力、促进有效投资、推动城乡区域协调发展方面出实招,从而稳定和扩大国内有效需求,为经济平稳运行提供有效支撑。

积极的财政政策可以激发居民消费潜力。比如:适应服务消费加快新趋势,完善支持社会力量提供教育、文化、体育、养老、医疗等服务供给的财税政策,培育新的消费增长点;加快重点领域政府购买服务改革,扩大购买范围和规模,提升公共服务质量;重点围绕农产品及相关领域,支持建设现代供应链体系;推进电子商务进农村综合示范,扩大农产品消费。

积极的财政政策可以促进有效投资。地方政府新增债券加快发行,各地将资金及时用于补短板、增后劲的重点项目上,能有效稳定投资。2019年安排中央基建投资5776亿元,将进一步优化投资方向和结构,支持交通、水利、能源、生态环保、农业农村等重点领域和薄弱环节建设,提升信息网络、现代物流等基础设施支撑能力,实施提高自然灾害防治能力若干重点工程,推进川藏铁路规划建设。

积极的财政政策可以推动城乡区域协调发展。乡村振兴战略的实施需要着力构建完善财政政策体系和体制机制,以提升农业综合产能。以农村垃圾污水处理、厕所革命、村容村貌提升、农业生产废弃物资源化利用为重点的农村人居环境整治,需要财政大力支持。对革命老区、民族地区、边疆地区、贫困地区的支持也在不断加大,中央财政安排老少边穷地区转移支付增长14.7%。此外,财政将通过切实举措,促进落实共建"一带一路"、京津冀协同发展、长江经济带发展、粤港澳大湾区建设等国家重大区域战略。

### (六)财政政策着力点在保障和改善民生

财政取之于民,用之于民。保障和改善民生是坚持以人民为中心的发展思想的具体体现,是发展的根本目的,也应成为财政政策的着力点。要坚持尽力而为、量力而行、完善制度、兜住底线,精心做好各项民生工作。2019年,财政将进一步加大民生投入力度,强化民生支出管理,着力保障基本民生,特别是在就业、教育和社会保障方面加力。

在积极促进就业创业方面,较大幅度增加就业补助资金,落实国家普惠性就业创业政策,支持高校毕业生、农民工和退役军人等重点群体就业,推行企业新型学徒制。

在支持发展公平优质教育方面,落实"一个一般不低于、两个只增不减"要求,保持财政教育投入持续稳定增长,2019年中央财政用于教育的支出超过1万亿元;加快改善乡村学校办学条件,重点消除城镇学校"大班额";促进公办民办并举,扩大普惠性学前教育资源;扩大高职院校奖学金覆盖面,提高资助标准,设立中等职业教育国家奖学金。

在提高社会保障水平方面,2019年1月1日起,按平均约5%的幅度提高企业和机关事业单位退休人员基本养老金标准;提高企业职工基本养老保险基金中央调剂比例至3.5%,加快推进养老保险省级统筹,为实现全国统筹创造条件;继续划转部分国有资本充实社保基金;全面建立统一的城乡居民基本医疗保险和大病保险制度,城乡居民医保财政补助标准提高30元,达到每人每年520元,提高的30元中安排一半用于增强大病保险保障能力。此外,还将继续推进城镇棚户区和农村危房改造,保障困难群体基本居住需求;加强社会救助体系建设,支持各地开展低保、特困人员救助供养、临时救助,孤儿基本生活保障等工作。

2019年加力提效实施积极的财政政策,给财政收支平衡带来巨大压力。为弥补因大规模减税降费形成的地方财力缺口,中央财政大力压减一般性支出,安排对地方转移支付超过7.5万亿元,力度是近几年最大的。同时,根据当前经济形势和各方面支出需求,扩大财政支出规模。2019年全国一般公共预算支出安排超过23万亿元,增长6.5%;赤字2.76万亿元,赤字率由2.6%提高到2.8%。此外,较大幅度增加地方政府专项债券规模,安排地方政府专项债券2.15万亿元,比2018年增加8000亿元。

特别重要的是,面对实施更大规模减税降费带来的财政减收,为保障财政政策更好发挥作用、确保年度预算平衡和既定财政政策落实,各级政府必须带头过紧日子,始终坚持艰苦奋斗、勤俭节约。要把过紧日子作为财政工作长期坚持的方针,切实贯彻和体现到财政工作的全过程和各方面。

(案例来源:刘昆.加力提效实施积极的财政政策[J].求是,2019-05-16.)

**案例思考:**

1.案例中所涉及的财政政策工具有哪些?

2.案例主要体现了财政政策的哪些功能?

3.结合案例及我国实际,谈谈如何促进财政改革。

### 三、案例分析参考

**1.案例中所涉及的财政政策工具有哪些？**

案例中所涉及的财政政策工具主要包括税收、财政补贴、转移支付以及公债。首先是税收,例如案例提及2019年我国实施更大规模的减税,便涉及对税收这一政策工具的运用。税收是国家凭借政治权力参与社会产品分配的重要形式。它具有强制性、无偿性、固定性等特征。它具有调节社会总供求的平衡、调节产业结构和产品结构的平衡、调节各种收入分配的功能。

其次是财政补贴,例如案例提到继续对小微企业融资担保业务降费进行奖补。财政补贴是国家为了某种特定需要,提取一部分财政资金无偿补助给企业或居民的一种再分配形式。它是配合价格政策和工资政策发挥调节作用的一种政策手段。财政补贴大都与价格政策有关。我国的财政补贴主要包括:价格补贴、企业亏损补贴、财政贴息、房租补贴、职工生活补贴和外贸补贴等。财政补贴的功能有:配合价格政策以稳定价格、促进外贸收支平衡、调节社会总供求的平衡。

再次是转移支付,是指财政资金的单方面转移,它是财政支出体系的一个重要组成部分。例如案例提到安排重点生态功能区转移支付811亿元,便涉及转移支付这一财政政策工具。从世界各国情况来看,转移支付主要包括中央政府对地方政府拨付的各项补助、政府对企业的补贴以及政府向个人提供的社会保障方面的资金。转移支付的功能,主要是调节中央政府与地方政府之间的财政纵向不平衡和地区间的财政横向不平衡。财政的纵向不平衡,是指不同层次政府的收入与它们各自承担的事权所需要的支出不相等;财政的横向不平衡,是指同级政府之间在收入能力和支出规模方面存在差异。

最后是公债。例如案例提到2019年我国安排地方政府专项债券2.15万亿元,比2018年增加8000亿元。公债能够有效地调动社会力量,实现资金资源的有效供给,当然公债需要讲究适度,适度的公债不会给政府带来过大的偿债负担;而一旦公债数额过量,则有可能给政府带来过大的偿债压力。

**2.案例主要体现了财政政策的哪些功能？**

案例主要体现了财政政策的这些功能:

(1)导向功能

财政政策的导向功能就是通过对物质利益的调整来调节个人和企业的经济行为,进而引导国民经济的运行。例如案例提到落实企业改制重组、去产能调结构等方面的税收优惠政策,便能引导企业走上绿色发展之路。

(2)协调功能

财政政策的协调功能是指对社会经济发展过程中出现的某些失衡状态的制约和调节能力,它可以协调地区之间、行业之间、部门之间、阶层之间的利益关系。例如案例提及发挥好国家中小企业发展基金、新兴产业创业投资引导基金作用,就是为了改善中小企业发展薄弱的现象,促进产业结构的协调化演变。

(3)稳定功能

财政政策的稳定功能是指国家通过财政政策调节总支出水平,使货币支出水平恒等于产出水平,实现国民经济的稳定发展。案例提到在面临经济下行压力的情况下通过积极的财政政策的实施,有效防止了经济萧条,确保 2019 年国家经济发展的稳定。

**3.结合案例及我国实际,谈谈如何促进财政改革。**

(1)建设稳固强大的国家财政,提供强大的宏观调控财力进而增强国家宏观调控能力。案例提及的积极的财政政策的实施正是得益于我国较为稳健的国家财政。我国自实行分税制以来,国家宏观调控能力不断增强,但与宏观调控的实际需求还有很大差距,中央宏观调控能力需要进一步增强。深入推进地方税体系构建。构建地方税体系是党的十八大明确提出的新要求,在实行"营改增"税制改革的同时,应着手构建地方税体系,建立健全中央和地方财力与事权相匹配的财政体制。

(2)完善宏观经济预警机制,科学实施财政政策调控。案例提及的积极的财政政策的实施基于经济下行压力这一预期,也就是以对经济萧条的预警为前提。加强和完善国民经济监测预警机制的根本目的,就在于通过对国际国内经济形势的适时跟踪分析,时刻监控宏观经济动态,科学正确地把握经济周期,对宏观经济发展趋势作出正确的预测和准确的判断,及时正确地确定宏观调控方向,果断、不失时机地实施相应的财政政策与货币政策,变被动应对为主动调控,从而增强宏观调控的预见性、及时性和有效性。

(3)强化财政政策宏观导向,避免过度干预微观经济,建立政府财政补贴引导机制。例如案例提及的以奖代补的措施,便是以经济利益间接引导经济主体的行为而非采取微观的直接干预的方式。我国现阶段农业生产效益较低的主要原因是以农户为单位进行小规模分散经营。提高农业生产效益的根本出路在于农业生产的规模化、集约化、现代化。

**参考文献：**

[1]温桂荣,黄纪强,李艳丰.积极财政政策对中国宏观经济的动态时变影响:以重大突发公共卫生事件为视角[J].财经理论与实践,2021,42(3):101-109.

[2]谭珩.积极财政政策背景下的税收政策评析[J].财政科学,2021(3):10-14.

[3]冯俏彬.财政改革要与经济发展同步:"十四五"时期中国财政前瞻与 2021 积极财政政策解读[J].财政科学,2021(3):21-26.

[4]潘敏,张新平.供给侧结构性改革下的积极财政政策效果:兼论货币政策锚的选择[J].经济学动态,2021(3):58-73.

[5]李戎,田晓晖.财政支出类型、结构性财政政策与积极财政政策提质增效[J].中国工业经济,2021(2):42-60.

# 案例 17　财政政策助力高新技术产业蓬勃发展

## 一、案例导读

财政政策具有导向功能,国家可以通过对物质利益的调整来调节个人与企业的经济行为,有效引导国民经济的运行,促进资源的优化配置并推动本国经济的健康发展。通过财政政策,国家不仅规定了可以做什么不可以做什么,而且也通过利益机制,引导市场经济中各个经济主体的经济行为。当前,经济全球化已经成为世界经济的重要发展趋势,不同国家之间在经济领域的互动空前频繁,相互合作而又相互竞争,其中技术进步已经成为各国经济增长的决定因素,而且深刻影响到各国在经济领域的国际竞争力。在这样的形势下,我国需要大力发展高新技术产业,充分利用税收手段,营造一个激励企业技术创新、有利于发展高科技和助推高新技术成果产业化的政策环境。这也成为我国当前税制改革的重要任务。2019年我国便对高新技术企业给予了一系列的税收优惠政策,对于促进科技进步进而助推经济发展起到了十分重要的作用。本案例聚焦财政政策对高新技术产业的影响,从中对政府经济管理的相关问题展开讨论。

## 二、案例材料

### (一)高新技术产业的发展离不开政府的宏观调控

发展高科技及其产业已经成为世界各国促进经济增长的有效途径,作为增强综合国力、参与国际竞争的有效手段,高科技及其产业得到了中国政府的高度重视,现行的税收优惠政策对高新技术企业的发展起到了积极的促进作用,提高了高新技术企业抵御风险的能力,增强了研发能力,为中国企业核心竞争力的培养提供了有力的支持。为了鼓励企业技术创新,税收法规从多个角度给予企业税收优惠,从企业的设立、研发项目的投入到科研成果的转让,对企业技术创新及高新技术企业的快速发展均提供了较好的税收支持。国家采用财政政策手段宏观调控高新技术产业发展,有以下几个原因:

首先,高新技术产品存在外部性并需要政府介入。按照成本-收益理论,具有正外部性的产品,其私人收益会小于社会收益,二者的差额就是外部收益。高新技术产品存在大量的外部收益。一方面,高新技术产品一旦被应用和推广,就会在全社会范围内产生极为可观的经济效益和社会效益,并为其他企业和行业所共同分享。另一方面,高新技术产品往往要以大量的、长时间的前期应用及开发性研究,甚至基础性研究为前提,而其开发者得到的收益只是所有收益中的极小一部分。社会收益率远远高于开发者的私人收益率,成本与收益不对称,从而会影响市场资源配置的效率。因此,在外部收益得不到补偿的情况下,开发者就没有积极性来投资于代价高昂的研究与开发活动,甚至会摒弃从事这类活动,这就是市场失灵的一种表现。因此,必须有政府部门的介入和干预。

其次,高新技术产业的高风险性和不确定性与政府介入高风险性是高新技术产业固有的特点之一,而市场本身不能提供分担风险的有效机制。高新技术产业的高风险是由多个因素引起的。从内部因素来看,高新技术产业的技术创新是没有先例可行,也无经验可循的探索性开创活动。研究与开发能否成功,新产品能否被消费者所接受,以及潜在的市场容量是否能弥补前期所投入的研究与开发成本并获得赢利都具有很大的不确定性。有调查表明,世界上产生收益的技术创新占全部技术创新的比例不到10%。资料显示在1997年,美国每10000个得到风险投资支持的技术创新项目中,只有1个可以成功占有1%的市场。只有那些实力雄厚的大企业才敢于开展技术创新活动。从外部因素来看,高新技术产业的科研开发和技术创新的投资不仅数额巨大,而且一般得不到担保,也难以获得抵押,因而很难得到银行贷款的支持,而股权融资的资金成本要大大高于债务融资。市场体制下的投资决策都是企业基于对收益和风险的权衡而作出的,以上因素的存在都在很大程度上限制了对高新技术企业的投资。在我国目前风险投资体制尚不健全的情况下，政府如不介入，势必导致高新技术风险投资的不足。

最后，高新技术产业具有高投入性。一项成熟的高新技术成果要经过实验室成果、中间放大试验和产业化三个阶段，这三个阶段的资金投入比例为1：10：100，并且R&D及生产投资规模越来越大。据美国TI公司推算，20世纪90年代建造一条64 MRAM自动化生产线需要约10亿美元的投资，并且由于不断变化的技术创新和全球化的市场竞争，及其所需要的快速反应，需要不断进行适应性投资，否则将很快失去优势。高新技术产业的高投入性，一方面使得实力有限的企业无法承担，另一方面会导致该行业的平均成本曲线在相对较大的产量范围内向下倾斜，这就使一些小企业的平均成本高于大企业的平均成本，从而失去竞争优势。因此，高新技术产业的高投入性会导致生产中一定程度上存在自然垄断性，如政府不介入，将会出现高新技术产品供给不足的现象，进而会造成社会资源配置的低效率和资源浪费。

高新技术产业所具有的上述特点，促使各国政府为了在世界经济中处于领先地位，都将高新技术产业的发展作为国家经济发展的战略重点。高新技术产业的发展，只有同国家的宏观经济战略结合起来，才具有生命力和发展前途，才能真正在协调中获得实际利益。而政府作为国家的宏观经济调控部门，不仅能够促进高新技术企业的发展，而且还能够从整个社会经济发展的大局出发，制定高新技术产业发展的战略目标，具有将高新技术产业的发展与国家的宏观经济战略相结合的能力。因而，高新技术产业的发展离不开政府的宏观调控。

### (二)财税政策对促进高新技术产业的发展意义重大

财税政策作为市场经济下政府调控经济运行的最直接手段，对促进高新技术产业的发展起着非常重要的作用。

#### 1.财税政策可以为高新技术产业的发展提供动力机制

从高新技术产业发展的动力机制来看，在自由竞争的市场经济条件下，企业作为技术进步和技术创新的载体，其发展的最主要动力源于科技发展牵引下的"技术推动"，也在于不断变化的市场给予的"需求拉动"。政府的"政策推动"只是起着一种补充的作用，并不居于主导地位。然而在市场机制内在缺陷日益显露的情况下，政府开始重视"政策推动"在高新技术产业发展中的作用。政府在政策取向上，偏重于对高新技术企业的技术创新给予大量的直接或间接的政策扶持，加大了"政策推动"在高新技术产业发展中的作用力度。但从目前我国市场经济发展的客观实际来看，企业还没有真正成为市场竞争中的利益主体，还缺乏有效地激发企业进行技术创新的动力。同时各类市场的发育程度也不平衡，市场体系尚不健全，市场竞争秩序较为混乱，这些都严重制约了高新技术企业技术创新动力机制的形成和运作。另外，各种不规范的竞争行为又进一步扭曲或误导了本不符合"理性"的企业行为，使不少企业把生存与发展的希望寄托于谋求更多的特权，包括"寻租行为"和"人为夸大"的广告宣传等方面。为此，首先必须加速构造高新技术企业进行技术创新的动力机制，按照现代市场经济的要求使企业真正成为自主经营、自负盈亏、自我发展、自我约束的责任主体。其次，政府的财税政策也必须进行相应的调整和转换，理顺一切阻碍或制约企业改革的财税规则，为高新技术产业技术创新动力机制的形成创造条件。

2.财税政策能够促进高新技术产业良性运行机制的形成

从高新技术产业的运行机制来看,企业的技术创新要经过"发明—开发—设计—试制—产品化—商品化"这样一个持续发展的系统过程。在这一技术创新的每一个环节上,政府的财税政策都会对其产生影响。对发明人所取得的特许权所得、转让所得提供的税收优惠待遇;对开发、设计等的风险准备金实行的税后扣除;对未正式投产前的中间试制阶段免征中试产品税;当企业采用先进技术将新产品投入大规模生产阶段,政府采取加速设备折旧或建立技术准备金的方式在计税前予以扣除;对企业开发的新产品予以税收减免等,所有这一系列的政策导向,都从利益机制上激励企业进行技术进步和技术创新。同时这些政策措施又会为企业技术创新运行机制的良性运转创造一个极为宽松和更加有利的发展局面。另外,从各国政府对科学研究的一般做法来看,基础研究的大部分和应用研究的一部分,都是通过政府直接投资或联合投资等形式来完成的。如果把企业的技术创新与前期的基础研究、应用研究结合起来看,政府财税政策的积极促进作用就会更为明显。

3.财税政策能够缓解高新技术产业发展中的约束机制

从高新技术产业发展的约束机制来看,对企业来说,最主要的约束就是资金的约束。资金短缺是制约企业经营发展和技术创新的最主要障碍。政府财税部门作为调控社会资金运行和引导资金流向的重要职能部门,对企业技术创新资金的配置具有重大的影响。在市场经济体制下,政府对企业的直接拨款或投资越来越少,企业技术创新、技术进步乃至正常的生产经营所需的资金主要依赖于自身的积累和银行贷款。但这并不排除政府通过恰当的财税政策对企业资金的积累起间接作用,如通过税收的让渡、贴息政策增强企业内在的资金累积能力;为企业技术创新资金的融通创造良好的环境,培育完善的市场体系,建立健全资金市场、劳动市场、技术市场等。

### (三)2019 年深圳市高新技术企业税收优惠政策

财政投入政策是以政府财政收入为基础,对高新技术产业提供直接拨款或补贴,借以推动高新技术产业更快发展的财政政策。2019 年国家高新技术企业税收优惠政策主要有:

1.所得税率优惠。高新企业享受 15% 的优惠所得税率,相当于在原来 25% 的基础上降低了 40%。

2."两免三减半"(取消)。原深圳特区以内,2008 年 1 月 1 日以后成立的企业自取得首笔生产经营收入所属纳税年度起,第一年至第二年免征企业所得税,第三年至第五年按照 25% 的法定税率减半征收企业所得税。

3.人才安居购房补贴。高新技术企业可以推荐一位本公司的深圳高层次人才申请奖励补贴,补贴标准为:按上年度深圳商品房均价补助不分面积大小,龙华新区 320 万元(百分之百配套),宝安区 320 万元(百分之百配套),其他区域均 160 万元。

4.高新技术企业符合条件的技术转让所得免征、减征企业所得税。一个纳税年度内,居民企业技术转让所得不超过 500 万元的部分,免征企业所得税;超过 500 万元的部分,减半征收企业所得税。

5.高新技术企业固定资产加速折旧。允许加速折旧的固定资产包括：

(1)由于技术进步,产品更新换代较快的固定资产。

(2)常年处于强震动、高腐蚀状态的固定资产。采取缩短折旧年限方法的,折旧年限不得低于本条例第六十条规定折旧年限的60%;采取加速折旧方法的,可以采取双倍余额递减法或者年数总和法。

6.研发费用加计扣除。企业开展研发活动中实际发生的研发费用,未形成无形资产计入当期损益的,在按规定据实扣除的基础上,在2018年1月1日至2020年12月31日期间,再按照实际发生额的75%在税前加计扣除;形成无形资产的,在上述期间按照无形资产成本的175%在税前摊销。

7.取得国家高新技术企业证书后可享受各区相应认定补贴。

8.进入高新区股份代办系统进行股份报价转让的高新技术企业,予以180万元资助。

9.高新企业认定是新三板上市的必要条件,优先批准符合上市条件的股份制高新技术企业股票上市。

10.高新企业认定是申请各级相关政府资金的必要条件之一。

11.高新企业可优先获批办公及工业用地。

12.深圳市每年从债券发行总额中拨出20%的额度给符合发行条件的高新技术企业。

13.在2008—2020年,深圳将建成500万～600万平方米创新型产业用房,支持高新技术产业发展。

14.高新技术企业认定将有效地提高企业的科技研发管理水平。重视科技研发,提高企业核心竞争力,能为企业在市场竞争中提供有力的资质,极大地提升企业品牌形象,无论是广告宣传还是产品招投标工程,都将有非常大的帮助。

15.高新技术企业对于任何企业都是一个难得的国家级的资质认证,对依靠科技立身的企业更是不可或缺的硬招牌,其品牌影响力仅次于中国名牌产品、中国驰名商标、国家免检产品。

16.高新技术企业认定是申请国家规划部局内重点软件企业(或系统集成企业)必要条件之一,且认定为国家规划部局内重点软件企业(或系统集成企业)享受减按百分之十企业所得税税率缴纳所得税。

(案例来源:佚名.2020年国家高新技术企业税收优惠政策,高新企业奖励补贴[EB/OL].(2020-7-9)[2021-12-31].https://www.sohu.com/a/406595491_120170085;张婷婷.我国高新技术产业发展现状[J].合作经济与科技,2009,000(001):6-7.)

**案例思考:**

1.案例中涉及的2019年针对高新技术企业的财政政策工具有哪些? 这些政策工具分别具有什么样的功能?

2.结合案例及我国实际,谈谈我国在高科技企业税收方面存在哪些问题。

3.结合该案例反映出的实际问题,试提出我国财政税收政策改革和完善的对策建议。

### 三、案例分析参考

**1.案例中涉及的 2019 年针对高新技术企业的财政政策工具有哪些？这些政策工具分别具有什么样的功能？**

案例中涉及的财政政策工具主要包括：税收、财政补贴。

（1）税收

案例材料提到 2019 年深圳市高新企业享受 15％的优惠所得税率，相当于在原来 25％的基础上降低了 40％，便涉及对税收这一财政政策工具的运用。税收是国家凭借政治权力参与社会产品分配的重要形式，它具有强制性、无偿性、固定性等特征。税收具有调节社会总供求的平衡、调节产业结构和产品结构的平衡、调节各种收入分配的功能。案例材料中政府通过减税能够减轻企业进行高新技术开发的成本压力，进而有利于促使企业更加积极地投入到高新技术的研发当中。

（2）财政补贴

案例材料提到深圳市高新技术企业可以推荐一位本公司的深圳高层次人才申请人才安居购房补贴，便涉及财政补贴这一财政政策工具。财政补贴是国家为了某种特定需要，提取一部分财政资金无偿补助给企业或居民的一种再分配形式。它是配合价格政策和工资政策发挥调节作用的一种政策手段。财政补贴大都与价格政策有关。我国的财政补贴主要包括：价格补贴、企业亏损补贴、财政贴息、房租补贴、职工生活补贴和外贸补贴等。案例材料提及的人才安居购房补贴便涉及对人才生活的保障。财政补贴的功能有：配合价格政策以稳定价格、促进外贸收支平衡、调节社会总供求的平衡。

**2.结合案例及我国实际，谈谈我国在高科技企业税收方面存在哪些问题。**

（1）税收优惠方式较为单一

目前我国对高科技产业的税收优惠方式主要为直接优惠，即减免税，例如案例提及的 2019 年深圳市高新企业享受 15％的优惠所得税率，便是对税收进行直接减免的方式。这种方式只是奖励性优惠，是一种事后奖励。在我国经济发展到一定水平的情况下，这种奖励性税收优惠的负面作用越来越大，影响了企业之间的非市场竞争，干扰了正常的市场活动。

（2）税收优惠重点较为片面

这种片面体现在两点上：第一，我国税收优惠侧重点在高科技新办企业的投资优惠上，对原有传统产业的高新技术改造扶持的广度和力度都不够。第二，只注重所得税方面的税收优惠，例如案例提及的 2019 年深圳市高新企业享受 15％的优惠所得税率，便是对所得税给予的相应的优惠；而在流转税中未采取相应的科技税收优惠措施，只看重结果，而对其投资活动，没有给予高科技企业相应的税收优惠政策。

（3）科技税收优惠存在歧视现象

我国仅对高新技术产业开发区内的高新技术产业实行优惠，而对开发区外的企业无此优待，造成高新技术企业纷纷挤往开发区，甚至在开发区内假注册，这样违背了税收优惠原则，也不利于公平竞争。税收优惠政策内外有别，企业的税收优惠着重体现在外资企业所得税中，以利于引进外资，引进国外先进技术。

（4）科技税收优惠对象是企业而非具体科技项目

案例材料提及的是 2019 年深圳市对于高新技术企业的税收优惠政策,一旦被确认为高科技企业,其非科技收益也会享受税收优惠待遇,这样就造成了优惠的泛滥。而某些企业有利于科技进步的项目或行为,因为其未被确认为高科技企业,难以享受到优惠,最终降低了政策效率。

（5）税收优惠政策缺乏系统性和规范性

我国现有的科技税收优惠政策,基本上是通过对一些基本税收法规的某些条款进行修订、补充而形成的,散见于各类税收单行法规或税收文件中,使人们对政策难以全面把握,执行起来容易出偏差,缺乏应有的严肃性和刚性。

**3.结合该案例反映出的实际问题,试提出我国财政税收政策改革和完善的对策建议。**

我国财政税收政策可从以下五大方面进行改革和完善,由于案例聚焦高新技术产业,因而便以高新技术产业的财政税收政策为例进行说明:

（1）促进税收优惠方式多元化。对高科技产业的税收优惠方式在直接优惠即减免税之外,积极运用间接降低税收的方式,如成本加计扣除、加速折旧、递延纳税等方式。积极实施税收改革,加快出台相关配套政策措施,探索一些新的税收优惠方式。

（2）强化税收扶持的薄弱面。对原有传统产业的高新技术改造强化税收扶持,在流转税中积极采取相应的科技税收优惠措施,并提升对投资活动的支持政策。促进税收结构优化,确保税收可持续增长。

（3）提升科技税收优惠的公平性。进一步坚持依法征税,积极维护企业权益,根据具体情况给予合理的税收优惠,对高新技术产业开发区外的企业也要给予必要的税收优惠。

（4）促进税收优惠对象的科学化。将科技税收优惠对象调整为具体科技项目,确保科技税收优惠的精准性,进一步提高专项资金投资中各级财政投入的精要性、准确性和实效性,防止滥竽充数现象的发生。

（5）增强税收优惠政策的系统性和规范性。将科技税收优惠政策进行整合并进行专门规定,使人们对政策能够有全面把握,防止执行偏差,增强系统性和规范性,进一步协调经济发展新常态与税收目标安排之间的关系。

**参考文献:**

[1]陈少强,李美玲,马婉宁.地方财政如何促进新旧动能转换:基于山东省某高新区案例分析[J].地方财政研究,2019(9):28-33.

[2]李紫薇.战略性新兴产业自主研发激励机制研究:以新通信网络业税收政策为例[J].宏观经济研究,2018(8):94-100.

[3]肖建华,熊娟娟.财政引导创新资源配置效率及其影响因素:来自 18 个高新区与新区的经验分析[J].财经理论与实践,2018,39(3):105-111.

[4]黄海滨,罗军,常菁,等.高新技术企业培育发展财税政策激励机制探析[J].科技管理研究,2017,37(16):68-72.

# 案例18　财政政策的继往开来

## 一、案例导读

"十三五"期间,我国经济社会发展取得新的历史成就。经济运行整体平稳,经济结构不断优化。创新型国家建设取得丰硕成果,重大科技攻关取得新进展。脱贫攻坚战取得了全面胜利,成果举世瞩目,消除绝对贫困的艰巨任务顺利完成。农业现代化稳步增强,粮食产量不断提升。区域重大战略与供给侧结构性改革持续推进,"放管服"改革不断深化,营商环境稳步改善。人民生活水平明显提高,建成了世界最大的社会保障体系。"十三五"期间的主要目标任务圆满完成,但也面临一些新的挑战。2021年作为"十四五"时期的开局之年,需要在做好疫情防控的基础上继续用好财政政策,推进经济持续健康发展。本案例聚焦财政政策的运用与抉择,从中对政府经济管理的相关问题展开讨论。

## 二、案例材料

**材料一:积极财政政策提质增效**

受国务院委托,财政部3月5日提请十三届全国人大四次会议审议《关于2020年中央和地方预算执行情况与2021年中央和地方预算草案的报告》。财政资金怎么花,重点领域和基本民生投入如何保障,代表委员就这些问题进行了热议。

**保持宏观政策连续性、稳定性、可持续性**

2020年,面对严峻复杂的国内外形势,特别是新冠肺炎疫情的严重冲击,财政政策精准发力:把赤字率提高到3.6%以上,发行1万亿元抗疫特别国债,安排地方新增专项债券3.75万亿元……"一系列有力举措,有效对冲疫情造成的财政减收增支影响,为稳住经济基本盘、兜牢民生底线提供重要财力支撑。"中国税务学会副会长张连起委员表示。

今年赤字率拟按3.2%左右安排,比去年有所下调,新增专项债3.65万亿元,不再发行抗疫特别国债。这样的调整意义何在?

"2021年积极的财政政策要提质增效、更可持续,财政工具力度的调整体现了'积极'取向,兼顾了'更可持续'要求。"张连起委员表示,3.2%左右的赤字率与今年国内生产总值增长6%以上的目标相匹配;已发专项债政策效应还在释放,减少新增规模有利于防范法定债务风险;目前地方公共卫生、基本民生支出等可通过正常渠道得到财力保障,不再需要发行特别国债进行特殊转移支付。

"财政政策的调整要权衡财政风险与公共风险。"中国财政科学研究院院长刘尚希委员表示,当前国内经济恢复基础尚不牢固,仍需保持一定支出强度,稳定各方预期,因此赤字水平、专项债新增额度仍高于2019年水平。

"2021年财政政策体现了宏观政策连续性、稳定性、可持续性要求。比如,充分运用财税手段落实巩固拓展脱贫攻坚成果要求,再如,继续加大污染防治、优化能源结构等方面财力投入。这些举措立足当前、着眼长远,着重解决经济社会发展不平衡问题,不断巩固经济基本盘,为'十四五'开好局起好步提供财税政策和资金保障。"张连起委员表示。

### 保障国家重大战略资金需求,基本民生支出只增不减

2021 年,全国一般公共预算支出安排超过 25 万亿元,增长 1.8%。财政支出结构进一步优化,加大对保就业保民生保市场主体的支持力度,着力保障国家重大战略任务资金需求,促进经济运行在合理区间。

"财政政策提质增效指向明显,不仅真金白银、实打实地投入,用总量调控发挥'逆周期'调节功能,更注重通过财税手段促进各领域加快结构性改革,激发市场主体活力,为高质量发展注入新动能。"刘尚希委员说。

——推动科技创新发展和产业升级。坚持把科技作为财政支出重点领域,中央本级基础研究支出增长 10.6%。

——支持实施扩大内需战略。中央预算内投资安排 6100 亿元,用于促进区域协调发展的重大工程,推进"两新一重"建设,支持加快补齐农村物流体系短板。

——支持推进区域协调发展和新型城镇化。中央财政均衡性转移支付增长 11%,县级基本财力保障机制奖补资金增长 13.4%;中央财政安排 350 亿元奖励资金用于农业人口市民化。

——支持全面实施乡村振兴战略。中央财政增加保障国家粮食安全、支持提高农业质量效益方面的投入。中央财政衔接推进乡村振兴的补助资金,将在去年原财政专项扶贫资金标准的基础上增加 100 亿元,达到 1561 亿元。

"基本民生支出只增不减。今年的财政政策更加注重促进公平正义、推动共同富裕,更加注重民生领域各方面政策的统筹衔接和协同推进,让人民群众更好共享改革发展成果。"山东省财政厅厅长刘兴云代表说,今年将继续提高退休人员基本养老金;企业职工基本养老保险基金中央调剂比例提高至 4.5%,加快全国统筹;就业补助资金增加 20 亿元,助力更加充分、更高质量就业。

"民生改善没有终点。今年的预算报告提出,要进一步增强民生政策的可持续性,突出'保基本、兜底线',确保民生支出与经济发展相协调,体现了以人民为中心的发展思想。"刘尚希委员表示。

### 提升政策效能和资金效益,增强市场主体活力

2020 年,我国实施阶段性大规模减税降费,全年为市场主体减负超过 2.6 万亿元。2021 年,将继续优化和落实减税降费政策,对小微企业和个体工商户年应纳税所得额不到 100 万元的部分,在现行优惠基础上,再减半征收所得税等。

重庆小康工业集团股份有限公司创始人张兴海代表说,今年的减税降费政策,综合考虑了财政承受能力和助企纾困的需要,对小微企业出台优惠政策,充分体现了宏观政策精准滴灌的特点。

2021 年将建立常态化的财政资金直达机制。"建立特殊转移支付机制,使财政直达资金直抵市县基层,惠企利民,是宏观调控政策的创新。"安徽省财政厅厅长罗建国代表说,各级财政部门要增强绩效意识,使直达资金下得快、管得严、用得准,让市场主体和群众切实受益。

(案例来源:曲哲涵.积极财政政策提质增效[EB/OL].(2021-03-06)[2021-12-31].http://baijiahao.baidu.com/s? id=1693435462195542497&wfr=spider&for=pc.)

### 材料二:优化积极财政政策的着力点

构建新发展格局,是中央基于国内发展形势、把握国际发展大势作出的重大科学判断和重要战略选择。这是一项系统工程,既涉及国内也涉及国际,既包括供给侧也包括需求侧,需做好整体谋划和统筹安排,充分发挥积极财政政策的重要作用。

首先,充分发挥积极财政政策在常态化疫情防控和经济社会重振中的双保障作用。面对突如其来的疫情,我国加大宏观政策应对力度,发挥积极财政政策的主动作用,二季度国内生产总值同比增长3.2%,经济运行基本恢复。下半年,面对依然复杂严峻的形势和不稳定性不确定性,要毫不放松抓好常态化疫情防控,健全常态化疫情防控机制,强化医疗卫生物资储备,加强疫情防控国际合作,以实际行动推动构建人类卫生健康共同体。积极支持巩固扩大疫情防控和经济恢复成果,努力完成全年经济社会发展目标任务。

其次,充分发挥积极有为的财政政策,继续实施减税降费政策,完善国内大循环体系的保障作用。保企业就是保就业,保就业就是保民生。面对前所未有的挑战,2020年积极的财政政策要围绕做好"六稳"工作、落实"六保"任务,以更大的政策力度对冲疫情影响,真正发挥稳定经济的关键作用。要实施好更加积极有为的财政政策、更加稳健灵活的货币政策,增强宏观政策的针对性和时效性,继续减税降费、减租降息,确保各项纾困措施直达基层、直接惠及市场主体。要加大减税降费力度,强化阶段性政策与制度性安排相结合,重点减轻中小微企业、个体工商户和困难行业企业税费负担。

再次,充分发挥积极有为的财政政策在扩大国内消费和投资中的双拉动作用,为居民消费升级创造条件。要积极扩大有效投资,鼓励社会资本参与,为构建新发展格局提供支撑。今年的《政府工作报告》明确提出:积极的财政政策要更加积极有为,一定要把每一笔钱都用在刀刃上、紧要处,一定要让市场主体和人民群众有真真切切的感受;稳健的货币政策要更加灵活适度,创新直达实体经济的货币政策工具,务必推动企业便利获得贷款,推动利率持续下行。在诸多利好政策中,1万亿元的财政赤字和1万亿元的抗疫特别国债尤为引人关注,这些钱怎么用?这2万亿元要全部转给地方,资金要直达市县基层、直接惠企利民,决不允许截留挪用。因此,各级财政要强化直达资金管理,把准直达资金范围和分配、拨付、使用等要求,严格遵循资金管理规定,分类有序做好资金下达管理工作;尽快会同相关部门准确摸排需要帮扶的困难企业和人员,建立实名台账,加快指标分配下达和资金支出进度;依托资金监控系统,实行全链条、闭环式管理,确保资金用于最急需人群和市场主体。

一方面,要着力提高城乡居民的收入水平,特别是加大对中低收入群体的就业支持和收入补贴力度,完善高水平的社会保障体系,稳定居民和企业预期,打通制约居民消费和企业投资的痛点堵点,推动消费尽快恢复和有效投资加快释放。

另一方面,要积极扩大优质商品和服务进口,满足国民不断升级的消费需求,并通过发挥超大规模市场作用为遭受重创的世界经济创造有效需求,形成国际循环。与此同时,财政要加大新型基础设施建设,加大公共卫生服务、应急物资保障领域投入,加快5G网络、数据中心等新型基础设施建设进度。

最后,充分发挥积极有为财政政策促改革、促开放的作用,为构建新发展格局创造良好环境。

(案例来源:傅光明.优化积极财政政策的着力点[N].经济日报,2020-09-25(011).)

**案例思考：**

1.结合案例，试分析 2020 年我国财政政策的主要功能。

2.结合案例，试分析 2021 年我国宏观经济发展面临哪些挑战。

3.结合案例，试分析 2021 年我国财政政策运用的注意事项。

## 三、案例分析参考

**1.结合案例，试分析 2020 年我国财政政策的主要功能。**

一是在疫情防控常态化和经济社会振兴中的保障功能。案例提及的 2020 年我国财政政策注重加强政策的宏观应对，面临复杂严峻的形势和不确定因素，始终做好疫情防控常态化和疫情防控机制常态化，加强医疗卫生物资储备，支持巩固扩大疫情防控和经济复苏成果。

二是对国内流通体系的保护功能。2020 年的财政政策履行"六稳""六保"使命，政策对经济稳定发挥关键作用，凸显宏观政策的针对性和时效性。通过持续减税降费，让市场参与者直接受益。

三是扩大内需的功能。资金直接到达市县基层，直接惠及企业和群众。各级财政加强直达资金管理，严格遵守资金管理规定，做好资金分配管理，确保资金到位。案例提到的 2020 年我国实施的财政政策，对于我国经济在新冠肺炎疫情下的复苏具有极为重要的意义。

**2.结合案例，试分析 2021 年我国宏观经济发展面临哪些挑战。**

2021 年我国宏观经济发展主要面临这些挑战：

(1)国际方面：新冠肺炎疫情仍在全球蔓延，在有些国家和地区疫情还极为严重，国际形势不稳定不确定因素增多，国际经济环境受疫情影响而更加复杂严峻。案例提到 2020 年新冠肺炎疫情对经济影响较大，因而 2021 年的新冠肺炎疫情防控同样不可松懈。

(2)国内方面：疫情防控的有些环节仍然薄弱，经济复苏不够稳固，居民消费仍然有限，投资增速不够，中小微企业和个体工商户面临的困难和问题较多，重点领域创新能力不强。部分地区财政收支矛盾突出，防范和化解金融等领域风险仍面临较大挑战。环境保护仍待加强，人民生活水平有待进一步提升。

**3.结合案例，试分析 2021 年我国财政政策运用的注意事项。**

2021 年我国财政政策运用需注意以下几点：

(1)积极财政政策精准到位

加强财力统筹，保持适度的支出强度。全面落实过紧日子的要求，对新增支出严格管控。扩大中央财政直达资金范围，并完善资金管理。继续推进减税降费，保持政策的连续性。提高地方政府专项债券的使用绩效。

(2)继续坚持扩大内需战略

积极拓展投资空间并优化结构，针对农业农村、生态环境保护等短板，推进重大项目建设。充分发挥政府投资的拉动作用，形成市场驱动的内生投资增长机制。加强税收、社会保障等的调节功能，着力增加低收入阶层收入，壮大中等收入阶层，补齐农村流通短板，推进以人为本的新型城镇化。

（3）促进创新发展与产业升级

继续将科技作为财政支出的重点领域，支持加快科技自主步伐。深入实施产业基础设施再造工程，推动产业链供应链持续优化。推动普惠金融发展，有效缓解小微企业等融资难、融资贵的问题，提升企业创新活力。

（4）强化基本民生保障

加大重点群体就业帮扶力度，促进稳定就业。推动优质教育发展，增加普惠性学前教育资源供给，进一步改善中西部欠发达地区学校的办学条件，支持高等学校拓展职业培训。不断提高社会保障水平。深化社保基金的管理体制和投资运营机制改革。健全公共文化服务资金保障机制，提升文化惠民工程覆盖面和效益。

**参考文献：**

［1］温桂荣，黄纪强，李艳丰.积极财政政策对中国宏观经济的动态时变影响：以重大突发公共卫生事件为视角［J］.财经理论与实践，2021，42（3）：101-109.

［2］胡鞍钢.2020年全面建成小康社会之年：对我国经济社会发展的评价［J］.北京工业大学学报（社会科学版），2021，21（5）：1-20.

［3］冯俏彬.财政改革要与经济发展同步："十四五"时期中国财政前瞻与2021积极财政政策解读［J］.财政科学，2021（3）：21-26.

［4］宏观经济形势分析报告课题组.经济持续回暖，下行压力依然存在：2020年经济运行分析及2021年经济形势展望［J］.财政科学，2021（2）：109-126.

# 第七章 货币政策与金融调控

## 第一节 学习目的和要求

　　党的十九大报告明确提出,健全货币政策和宏观审慎政策双支柱调控框架,健全金融监管体系,守住不发生系统性金融风险的底线。而关于货币政策和宏观审慎政策这两个支柱之间的关系,中国人民银行长春中心支行的张露文、连飞 2019 年发表在《中国金融》上的一篇题为《双支柱金融调控政策框架思考》的论文分析指出:"货币政策和宏观审慎政策两个支柱在职能上有所差异,但并非彼此独立,而是相互影响。货币政策主要调控宏观经济,宏观审慎政策主要维护金融稳定,而宏观经济与金融稳定是相互作用的,这就需要增强货币政策和宏观审慎政策之间的协调配合","利用宏观审慎政策规范金融机构行为,可以有效避免非理性的、无序的金融市场行为导致货币政策的实施大打折扣,甚至失效"。可见,充分把握货币政策和金融调控对国民经济的发展具有重要的作用。

　　**本章的学习目的及要求:**

　　准确理解货币政策的含义及其调控作用,熟悉货币政策的目标体系;了解货币政策的种类及其效应,明晰财政政策与货币政策各自有哪些优势,又分别具有哪些局限性。要求学生能够应用相关知识分析案例,从而进一步用好我国的货币政策工具,将货币政策与财政政策有效配合,从而在宏观调控方面形成合力。

## 第二节 知识要点

### 一、货币政策的含义及其调控作用

　　货币政策的含义有狭义和广义之分。狭义的货币政策是指中央银行根据一定时期经济和金融形势,对货币、信贷总量与结构进行控制与调节的行为准则。广义的货币政策,不仅包括中央银行在短期内对货币、信贷进行调控的行为准则,还包括中央银行对货币、信贷控制与调节的一般行为过程。

货币政策对经济的调控是总体上和全方位的,货币政策的调控作用突出表现在以下几个方面:

1.通过调控货币供应总量以保持社会总供给与总需求的平衡。

2.通过调控货币总量和利率来控制通货膨胀,以保持物价总水平的稳定。

3.引导储蓄向投资的转化并实现资源的合理配置。

4.调节国民收入中消费与储蓄的比重。

## 二、货币政策的目标体系

一般而言,货币政策的目标体系由最终目标、中介目标和操作目标三个层次有机组成。其中最终目标是中央银行通过货币政策操作所最终要想实现的宏观经济目标,如币值稳定、经济增长、充分就业以及国际收支平衡等。中介目标是介乎最终目标与操作目标之间的目标,它既与最终目标有较强的联系,同时又与货币政策操作有着较短的时滞,有利于货币政策的灵活运用。一般而言,中介目标主要有货币供给量、利率、汇率等。而操作目标是与货币政策操作密切相关的变量。它是中央银行通过货币政策工具能直接准确控制的一组指标,如准备金、基础货币等。最终目标、中介目标和操作目标的宏观性由强到弱,而可控性则由弱到强。货币当局运用货币政策调节经济实际上就是通过货币政策,来直接影响操作目标,进而间接影响中介目标,从而实现最终目标的过程。

## 三、货币政策的种类及其效应

货币政策一般分为三类,即扩张性货币政策、紧缩性货币政策和均衡性货币政策。三种货币政策在不同的经济环境下,会有不同的效应。

1.扩张性货币政策

所谓扩张性货币政策,是指货币供应量较大地超过了货币需要量,使货币供应量与货币需要量之间形成了前者在较大程度上大于后者对比关系的政策。扩张性货币政策对于不同的经济状况具有不同的调节效应:

(1)在有效需求不足,社会总需求严重地落后于社会总供给的状况下,扩张性货币政策会刺激有效需求的增加,促使社会总需求与总供给趋于平衡。

(2)在有效需求开始出现过快的增长趋势,社会总需求已明显超过社会总供给,但社会生产能力还没有充分发挥出来的状况下,扩张性货币政策会刺激有效需求进一步增加。

(3)在供不应求与过剩积压并存,超负荷运转与生产开工不足并存,即结构性总需求膨胀存在的状况下,扩张性货币政策会在一定程度上减弱总需求膨胀的压力,有利于促进供求趋于平衡。因为,扩张性货币政策会使单位货币在供不应求的市场上和供过于求的市场上的购买收益差距拉大,从而使人们选择供过于求的收益较大的市场购买,最终促使整个供求的平衡。

（4）在社会总需求与总供给大体上平衡的状况下，扩张性货币政策会刺激总需求增加，打破现有的平衡。如果现有的总需求与总供给的平衡，是在生产潜力还未能充分发挥的条件下形成的，即在平衡条件下还存在着部分剩余生产能力，那么扩张性货币政策就会通过刺激有效需求来促进总供给的增加，使剩余生产能力充分发挥出来，从而形成更高层次的平衡。如果现有的平衡是建立在生产能力已经充分发挥的基础上，那么扩张性货币政策就会带来总需求膨胀，最终引起通货膨胀，打乱整个国民经济的正常运转，造成社会秩序的混乱。

（5）在国民经济遭到破坏，总需求膨胀已非常严重，并且生产能力已超负荷发挥的状况下，扩张性货币政策会进一步加剧总需求膨胀，给整个国民经济带来一系列的严重恶果。

2.紧缩性货币政策

所谓紧缩性货币政策，是指货币供应量过分小于货币需要量，即要缩小货币供应量的政策。在不同的经济条件下，主要有以下几种效应：

（1）在货币发行过量，形成总需求膨胀，社会总需求严重超过总供给的情况下，紧缩性货币政策会使货币供应量小于货币需要量，从而使货币供应量所代表的总需求减少，最终有效地抑制总需求的过快增长，使社会总需求与总供给趋于平衡。

（2）在货币发行适度，社会总需求与总供给大体上平衡的条件下，紧缩性货币政策会使货币供应量小于货币需要量，这就使总需求的正常增长被抑制，进而会打破原有的平衡，使社会总需求的增长低于总供给的增长，其结果必然是使有些产品的实现发生困难，最终造成经济停滞和资源的严重浪费，给国民经济带来损失。

（3）在货币供应量小，有效需求不足，社会总需求过分小于总供给的条件下，紧缩性货币政策会使货币供应量相对于货币需要量显得更小，这就使总需求更小，会进一步抑制总需求的增加，造成有效需求的极度疲软，使产品实现的困难更为严重，其结果使生产受到需求的强烈约束，最终会造成生产能力的大量闲置和资源的极大浪费，国民收入增长当然也不会达到应有的水平。由此可见，紧缩性货币政策，只有在总需求严重膨胀时使用才有利于经济的运行，而在社会总需求与总供给大体平衡和有效需求不足的条件下，一般不宜使用。

3.均衡性货币政策

所谓均衡性货币政策，是指货币供应量大体上等于货币需要量，货币供应量与货币需要量之间形成了一种对等的政策。均衡性货币政策的主要调节功能是促进或保持社会总需求与总供给的平衡。

（1）在社会总需求膨胀，总供给严重落后于社会总需求的条件下，中央银行依据均衡性货币政策，按照社会总产值或国民收入增长率控制货币供应量，对于过度的市场需求可以起到两个方面的抑制作用，从而能够有效地促使社会总需求与总供给趋于平衡。

（2）在有效需求不足，社会总供给严重超过总需求的条件下，中央银行依据均衡性货币政策，按照社会总产值或国民收入增长率供应货币，可以扩张资产业务规模，增加货币供应量，并可借助于倍数放大效应机制的媒介，通过专业银行资产业务规模调整的传递，多倍地增加货币供应量。这样，就可以使流通中保持足够的货币量，改变货币供应量不足而使需求萎缩的状况，使得与社会总产值或国民收入增长相适应的货币供应形成有效的社会总需求,促使社会总需求与总供给达到平衡。

(3)在社会总需求与总供给大体平衡的条件下,中央银行依据均衡性货币政策,按照社会总产值或国民收入增长率控制货币供应,会起到继续维持社会总需求与总供给平衡的作用。当然,也应该看到,如果社会总产值或国民收入增长率是在社会生产能力还没有充分发挥出来的条件下提供的,那么均衡性的货币政策把社会总产值或国民收入增长率作为货币供应尺度,就不可能形成需求的强大拉动力,从而也就无法通过需求拉动而使那部分还没有充分发挥的生产潜力释放出来。相反,如果社会总产值或国民收入增长率是在社会生产超负荷的条件下提供出来的,那么均衡性货币政策把社会总产值或国民收入增长率作为货币供应量的尺度,就会促使这种超负荷的状况加剧,最终将破坏总供给的有效增加,导致总需求膨胀的发生。因此,对于均衡性的货币政策的效应,应该结合具体情况进行分析,不能盲目地进行判断。

# 四、货币政策工具

货币当局有三个重要的货币政策工具:公开市场业务、再贴现政策和存款准备金政策,除此以外还有直接信用控制和间接信用控制等工具。

1.公开市场业务

所谓公开市场业务就是中央银行在金融市场上买卖各种有价证券,从而扩大或缩小商业银行的准备金,进而扩大或缩小货币供应量的一种行为。这种工具是中央银行控制信贷和货币最常用的手段,主要是依靠市场力量来进行调节。

2.再贴现率

再贴现是指商业银行将贴现收进的合格票据,如国库券、短期公债、短期商业票据,再向中央银行贴现。商业银行向中央银行再贴现时所支付的利率称为再贴现率。再贴现率或中央银行贷款利率的高低直接影响商业银行的资金成本。

3.存款准备金率

法定存款准备金率作为货币政策手段,是建立在实行法定存款准备金制度的基础上的。将商业银行等金融机构的存款准备金集中于中央银行,最初始于英国,但以法律形式将此种做法确定为制度,则始于1913年美国的《联邦储备法》。

4.其他工具

以上三种工具主要是对国民经济总量进行调节,即对货币供应总量和利率总水平发生直接影响。至于对经济结构的调节,则主要依靠以下几种货币政策工具来实现:道义上的劝告;间接信用控制工具;直接信用控制手段;直接管制。

# 五、财政政策的优势和局限性

1.财政政策的优势

与货币政策相比,财政政策的优势主要表现在:(1)在调节国民收入和财富分配,特别是在调节级差收入、调节贫富差距、避免两极分化、实现社会公平和共同富裕等方面作用更明显;(2)弥补市场缺陷,对私人不愿投资(如各类公益事业)和私人不适合投资(如一些自然垄断行业)的领域能更有效发挥资源配置的功能;(3)通过税收优惠、转移支付等手段,能更有效调整和优化经济结构,促进区域经济协调发展;(4)通过财政收支的变动,直接影响社会总需求;(5)通过运用国家储备、财政补贴等措施,可以实现在特殊情况下的特殊调控;(6)财政支出直接刺激消费和投资,见效快,时滞短。

2.财政政策的局限性

与货币政策相比,财政政策的局限性主要表现在:(1)财政政策对社会总需求的调节不如货币政策直接,前者一般只是改变总量中的比例和分布,后者则直接作用于总量。同样,财政政策对物价的调控效果一般也不如货币政策明显;(2)财政政策对经济的调节作用力度较大,但容易对市场机制形成冲击,引起较大的震动,不容易形成"微调"的效果;(3)财政政策对提高资金的使用效率缺少刺激力,因为它的作用过程主要不是靠经济行为主体的竞争,也不是靠市场的供求关系和市场机制;(4)财政政策制定既是一个经济决策过程,也是一个政策决策过程,需要经过一定的法定程序,实行起来灵活性较小。

# 六、货币政策的优势和局限性

1.货币政策的优势

与财政政策相比,货币政策的优势主要表现在:(1)能够通过货币供求总量,保持社会总供给与总需求基本平衡;(2)对调节物价总水平的作用突出;(3)通过调整利率,可以调节国民收入中消费与储蓄的比重,从而引导储蓄倾向和投资倾向的相互转化。一般是通过高利率鼓励储蓄,低利率刺激消费和投资;(4)货币政策的操作是一种经济行为,对经济的调节作用比较平缓,有利于市场机制发挥作用,而且具有较大的灵活性。

2.货币政策的局限性

与财政政策相比,货币政策的局限性主要表现在:(1)货币政策对于弥补市场机制的缺陷,推动各部门经济的协调发展,不如财政政策来得直接和有效。如货币政策对推动那些私人不愿投资(如各类公益事业)和私人不适合投资(如一些自然垄断行业)的事业发展的作用不如财政政策明显;(2)货币政策在调整经济结构和促进区域经济协调发展方面难以直接有效地发挥作用,因为货币政策传导的环节多,时间长,容易受各种因素的干扰。特别是在国民经济结构严重失调的情况下,单靠货币政策难以有效解决问题;(3)货币政策难以解决国民收入分配不公问题。

# 第三节　案例分析

## 案例19　货币政策护航中国经济再平衡

### 一、案例导读

货币政策作为宏观调控的重要工具之一,在我国的经济调控中发挥了重要作用,确保国民经济顺利地度过经济周期中的经济萧条阶段与经济过热阶段。根据中国人民银行的判断,透过产出缺口以及汇率指标可以看出,我国经济接近于内部和外部双重均衡。在此背景下,"不松不紧"的货币政策将对偏离这一状态的经济发展进行预调微调。2019年一季度的经济运行数据预测2019年下半年的经济走势,经济发展面临的较大风险不在于通胀,如果发生通胀也可以积极运用货币政策进行抑制;也不在于GDP增速下行,从2019年一季度的经济数据来看,GDP增速还处在6%～6.5%的目标区间的中上水平,而距离潜在增速稍有距离是可以接受的;较大的风险则要数就业,因为仅靠大型基础设施建设来刺激就业的难度有所增大。因此,2019年下半年宏观调控的重点也逐步从阶段性的控物价转向更强调稳就业,助力我国经济实现新的均衡。本案例聚焦货币政策对经济均衡的影响,从中对政府经济管理的相关问题展开讨论。

### 二、案例材料

2019年5月17日人民银行公布2019年一季度《货币政策执行报告》。在报告中,人民银行对到目前为止中国经济发展情况的判断并不悲观,但也指出了外部面临的风险以及未来的不确定性。

经济数据仍在下行,不悲观何以见得?人民银行研究认为,目前中国经济实际增速接近于潜在增速,产出缺口接近于零。因此,尽管中国经济增长继续在减速,但是到目前为止,这是合理的减速,是经济运行更加健康的表现。换言之,如果不减速的话,那么超出了潜在增速,就是过热了,因为潜在增速的下行趋势相对于实际增速的下行趋势是更为缓慢的。

但与此同时,人民银行也指出物价未来存在一些不确定性,特别是通胀。不过,结合国家发改委2019年5月17日新闻发布会的解读,目前物价,特别是猪肉价格上涨是从低位向合理水平的回归,供给因素会在未来有多大的影响尚难以确定,但消费者仍有充足的替代品可选,在中长期也会扩大养殖业的供给。

对于宏观调控部门来说,展望未来,可能更大的风险并不在于通胀,因为货币政策要抑制总需求过热办法总归是很多的;也不在于GDP增速下行,因为GDP增速2019年一季度还处在6%～6.5%的目标区间的中上水平,通常来说,一个国家距离潜在增速稍微有一点距离还是可以接受的；更大的风险在于就业，因为单靠大规模基建拉动就业的空间已不如以前。

国务院总理李克强近期指出，要守住不发生大规模失业的底线，防止出现返乡潮，就是在以"底线思维"来看待未来可能出现的风险。随后在 2019 年 5 月 22 日，国务院甚至成立了就业工作领导小组，胡春华副总理任组长，办公室设在人社部，多个部委参加。由此可见，中美贸易冲突对总需求的负面冲击会在未来逐步显现，考虑到当前通胀水平仍在上行，但总需求下行对后期的通胀会有抑制作用，因此目前货币政策或将以静制动，不会大收大放，如果失业率的小幅上升程度不触及政府的底线，那么或许是政策可以容忍的。

对于投资者来说，考虑到流动性因子的重要性，而且目前货币政策尚在采用相机抉择的策略，因此紧盯通胀指标，特别是食品价格高频数据就显得尤其重要，物价高峰过后货币政策进一步放松的约束可能才会解除。再从盈利因子的角度看，根据历史的经验，在经济增速触底一个季度左右，工业企业盈利也会触底，这里的逻辑是稳增长措施扩大了企业开工生产的积极性，降低工业品价格，政策同时提升终端需求，因此中下游企业将受益。因而，以 2019 年为期限来看的话，如果二季度经济触底，三季度将是更多企业业绩的底部，在上市公司盈利下滑的风险充分释放之后，资本市场也将出现机会。

### 底线思维应对失业和通胀风险

人民银行在 2019 年一季度《货币政策执行报告》中用专栏的形式讨论了中国经济潜在增速。值得注意的是，人民银行判断目前中国经济的实际增速非常接近潜在增速，产出缺口接近于零。这意味着如果没有较大的冲击，那么货币政策作为逆周期调节工具缺少进一步宽松的必要性。

通常来说，潜在增速是在资源充分配置情况下经济可持续发展所能达到的最大增速水平，其观测指标一是没有通胀；二是充分就业，也就是达到自然失业率。但在《货币政策执行报告》中，人民银行将其定义为"不引起通货膨胀的情况下，经济增长所能取得的可持续的最大增速"。由此来看，在控制通胀和促进就业两个目标当中，人民银行更倾向于前者。

而且，人民银行也指出，"非洲猪瘟疫情"导致生猪存栏量减少，对猪肉价格影响较大；国际原油价格逐步走高，国内成品油、钢材等工业品价格也有所回升，此外，减税还会对不同部门的物价产生不同的影响，这些因素导致未来通胀面临较大的不确定性。

不过，就食品价格上涨引起的通胀而言，似乎价格大幅上涨的概率不大。国家发改委新闻发言人 2019 年 5 月 17 日表示，由于中国畜禽、水产、禽蛋等商品生产供应较为充足，居民消费不会受到大的影响；同时，不必高估生猪和猪肉价格对 CPI 的影响。国家发改委预计，2019 年后期 CPI 将相对平稳运行，全年涨幅将保持在预期目标范围内。后续，国家发改委将会同有关部门做好调控工作准备，必要时将采取相关措施稳定供应和价格，以保障人民群众基本生活。

因此，如果事实最终证明 2019 年食品价格上升引发通胀只是虚惊一场的话，例如下半年养殖业供给扩大缓解 CPI 压力，那么货币政策的警报将在下半年解除。不过，就目前来说，通胀形势决定了货币政策难以在短期内明显放松，人民银行继续维持公开市场利率稳定，保证货币市场利率正常波动。近期货币市场利率波动加大，可能是信贷受到了月度间波动的干扰,在贸易战升级导致内需在未来占到更加重要的地位的情况下,5月利率上涨说明信贷可能重新上冲,这对企业的开工和投资来说是有益的。因此,下半年可能会见到固定资产投资继续小幅回升。

从促内需、稳就业的政策逻辑进一步推演的话,政府能做的是扩大终端需求,这可以从近期的用电数据以及信贷数据略窥一二。一般来说,信贷的回升领先于工业生产的回升,再领先于工业企业营收和利润的回升。具体看,在信贷方面,人民银行公布的数据显示,2017—2019年连续三年1—4月新增人民币贷款额,依次是5.2万亿元、5.9万亿元和7.2万亿元,这显示2019年金融支持实体经济实际上是较为有效的。此外,中长期贷款占新增人民币贷款比例已经触底回升,通常来说,这标志着企业固定资产投资以及居民购房贷款的需求逐步上升。在用电方面,国家能源局公布的最新数据显示,2019年4月份,全社会用电量4415亿千瓦时,同比增长1.3%;2019年1—4月,全社会用电量累计17316亿千瓦时,同比增长0.9%,4月用电量增速加快。

在不利的方面,人民银行指出,中国经济内生增长动力有待进一步增强,这意味着如果撤去了逆周期调控措施的话经济将滑落至潜在增速下方。此外,众所周知,中国目前面临着中美贸易战升级的不确定性,加征关税具体会对经济产生多大的影响以及出口部门向其他部门传导产生的二次冲击,也具有较大的不确定性,这意味着未来货币政策需要随时应对。

**汇市再提逆周期调节**

二季度经济虽然减速,但也还是在目标区间之内。与此同时,人民币相对于美元虽然出现了一轮快速的贬值,但也还是在各界认可和可容忍的区间内,因此到目前为止并没有出现恐慌情绪。

从贬值的原因来看,在经常项下,贸易战引起市场关于外需下滑的担忧,进而产生人民币贬值的压力。同时,外需下滑产生经济增长放缓的压力也将引起市场关于人民币贬值的预期。外贸方面,近期一个新的变化是,面对国内农产品价格上升,政府以及企业可能采取的措施是加大农产品进口,在国内企业供给难以很快扩大的情况下补充供应。这一举措一方面会平抑国内农产品涨价的动力,但同时会缩窄贸易差额,可能会导致汇率受到阶段性的贬值压力。在资本金融项下,股票市场方面,陆港通资金持续净流出,在香港上市的内地公司进入分红派息季,也将引起资金换汇出境,给人民币带来一些贬值的压力,上述因素有可能会持续至8月份。

面对多方面贬值的压力,人民银行副行长潘功胜2019年5月19日通过《金融时报》对外表示,中国经济金融的稳健运行,为外汇市场和人民币汇率保持合理稳定提供了有力的基本面支撑,中国也将坚定不移扩大金融开放,保持金融改革开放政策的连续性稳定性。潘功胜还表示,在应对外汇市场波动方面,中国积累了丰富的经验和充足的政策工具,根据形势变化将采取必要的逆周期调节措施,加强宏观审慎管理,打击外汇市场的违法违规行为,维护外汇市场的良性秩序。

特别值得一提的是,这次潘功胜再次强调,人民银行将保持人民币汇率在合理均衡水平上的基本稳定。结合前述人民银行在《货币政策执行报告》当中对中国经济内部均衡的判断,目前中国经济处在接近内部和外部双重均衡的水平。因此,实际GDP在6%~

6.5％的区间,汇率依据近两年的经验在 6.3～7 的区间,可能是较为合意的经济增长和汇率水平。如果实际情况偏离这一水平,那么货币政策将会予以调节。

这或许是理解人民银行货币政策"不松不紧"的一个视角,也就是中国经济从失衡逐渐过渡至合意的均衡区间,在这个过程当中,货币政策护航经济平稳着陆,当接近区间上下限时采取稳健偏紧或是稳健偏松的前瞻性调控。不过,投资者仍应认识到,经济的潜在增速虽然变化缓慢,但也不是长期不变的,受到人口、技术、制度等长期因素的影响,中国经济的潜在增速已经较前几年下行,因此或许一两年内中国经济不会有大幅的减速。但是如果这些长期因素继续明显恶化的话,新一轮的大幅减速将再度到来。

**工业数据预示投资加快?**

2019 年 4 月份,规模以上工业增加值同比实际增长 5.4％。从工业数据来看,部分行业生产加快,主要是上游的钢铁和电力以及部分和经济周期相关性较弱的行业。出口交货值 4 月同比增长 7.6％,1—4 月同比增长 5.6％,4 月增速提升或因为贸易战阴影下出口企业抢在加征关税之前先行出口,并非外需有明显的好转。

一般来说,工业增加值增速在 4 月同比增加快于一季度的行业,且本身处在相对高的增速水平,意味着该行业较少受到经济下行周期的影响。具体来看,医药制造业 4 月增加值同比增长 9.1％,1—4 月增加值同比增长 7.2％;黑色金属冶炼和压延加工业 4 月增加值同比增长 11.5％,1—4 月增加值同比增长 8.9％;计算机、通信和其他电子设备制造业 4月增加值同比增长 12.4％,1—4 月增加值同比增长 9％;电力、热力生产和供应业 4 月增加值同比增长 9.5％,1—4 月增加值同比增长 7.7％。

与此同时,也有部分行业 4 月工业增加值明显减速。其中,纺织业增加值增速 4 月同比增长 −1.8％,化学原料和化学制品制造业 4 月增加值同比增长 3.4％,橡胶和塑料制品业增加值同比增长 −0.2％,金属制品业 4 月增加值同比增长 3.3％,通用设备制造业 4 月增加值同比增长 2％,专用设备制造业 4 月增加值同比增长 2.8％。这些行业增加值增速均比上月明显回落,且低于 4 月整体工业增加值增速。此外,铁路、船舶、航空航天和其他运输设备制造业 4 月增加值同比增长 5.8％,电气机械和器材制造业 4 月增加值同比增长 7.1％,这两个行业增加值增速虽然也有明显的回落,但暂时还高于 4 月整体工业增加值增速。

从主要工业产品的产量来看,乙烯、粗钢、微型计算机设备、智能手机等产品的产量在 4 月有所增加;硫酸、水泥、金属切削机床、汽车、焦炭等产品产量的同比增速在 4 月均出现了明显下滑。

再从价格方面来看。先来看购进者价格,燃料、动力类 4 月价格同比上涨 1.6％,1—4月同比上涨 0.5％;黑色金属 4 月价格同比上涨 3.1％,1—4 月同比上涨 1.8％。两大购进者价格上涨与 4 月用电量以及黑色金属两个行业的生产加快遥相呼应。

从出厂价格来看,石油和天然气开采业出厂价格 4 月同比上涨 10.1％,1—4 月同比上涨 3.5％;黑色金属矿采选业出厂价格 4 月同比上涨 10.6％,1—4 月同比上涨 6.4％;烟草制品业出厂价格 4 月同比上涨 3％,1—4 月同比上涨 1.3％;石油、煤炭及其他燃料加工业出厂价格 4 月同比上涨 4.2％,1—4 月出厂价格同比上涨 1.3％;黑色金属冶炼和压延加工业出厂价格 4 月同比上涨 2.3％,1—4 月出厂价格同比增长 −1％;燃气生产和供应业出厂价格 4 月同比上涨 6.5％,1—4 月出厂价格同比上涨 5.9％。

结合产量和价格,黑色金属和能源行业是为数不多的两个在 4 月份继续保持量价齐升的行业。如果再结合前述信贷数据,这或许意味着接下来房地产、基建等投资有可能有所加快,成为应对经济下行、失业增加等突如其来宏观风险的逆周期调控工具。相关的企业已经开始准备加快开工作业的材料。电力行业作为周期属性较弱的行业,尽管近期面临着调降水力发电电费给用电企业让利的压力,但是整体行业景气度实际上是不错的。此外,石油天然气行业跟随国际地缘政治以及原有价格上涨也延续了涨价的趋势。在 3 月份量价齐升的非金属矿采选行业 4 月份价格增速持平于高位 5.3％,工业增加值增速则从 11％下降至 9.8％,但还是属于较高的水平。

截至目前,统计局公布的 2019 年 1—4 月份第三产业固定资产投资数据当中,基础设施投资(不含电力、热力、燃气及水生产和供应业)同比增长 4.4％,增速与 1—3 月份持平。其中,水利管理业投资下降 4.9％,降幅收窄 0.6 个百分点;公共设施管理业投资下降 0.4％,降幅收窄 0.2 个百分点;道路运输业投资增长 7％,增速回落 3.5 个百分点;铁路运输业投资增长 12.3％,增速提高 1.3 个百分点。此外,1—4 月份,全国房地产开发投资 34217 亿元,同比增长 11.9％,增速比 1—3 月份提高 0.1 个百分点。

(案例来源:魏枫凌.货币政策护航中国经济再平衡[J].证券市场周刊,2019-05-27.)

**案例思考:**

1.结合案例,试分析央行具有哪些职能。

2.试结合案例及所学货币政策的相关知识,分析一下央行针对我国 2019 年上半年的经济运行状况所推出的货币政策属于货币政策的什么类型,并论述该类政策具有什么样的效应。

3.当前世界经济形势错综复杂,外部经济环境充满着不确定性,请结合案例材料和我国实际,从货币政策角度出发,试论述我国政府应如何应对。

## 三、案例分析参考

**1.结合案例,试分析央行具有哪些职能。**

中央银行具有如下职能:

(1)中央银行是"发行银行"

指中央银行享有集中和垄断货币发行的特权,它是一个国家的唯一的货币发行机构。案例提及的货币政策的运作离不开货币的发行工作,中央银行对货币发行权的集中和垄断,是中央银行最基本也最重要的标志,同时也是中央银行履行其所有职能的基础。

(2)中央银行是"银行的银行"

"银行的银行"意味着中央银行的业务对象不是工商企业和个人,而是商业银行等金融机构以及特定的政府部门;中央银行与其业务对象之间的业务工作仍然具有"存、放、汇结"业务的内在特征。案例提及的货币政策的实施离不开中央银行对金融机构的影响力的发挥,正是在不断互动中实现有效的金融调节。中央银行为其他金融机构提供支持和服务,同时还承担对其他金融机构进行管理的职责。

（3）中央银行是"政府的银行"

"政府的银行"就是中央银行基于法律授权,制定并执行货币政策,监督和管理金融业,负责维护货币价值的稳定,确保金融业的稳定运行;中央银行参加国际金融组织并代表国家政府签署国际金融协议;中央银行参加国际金融事务和活动,还承担国库的代理工作,处理政府所需的银行业务,并提供各种金融服务。案例提及的货币政策的实施当中,中央银行便发挥了十分核心的作用,确保货币政策能够有效地发挥出其应有的效果,将政府宏观调控的方向和精神有力地体现出来。

**2.试结合案例及所学货币政策的相关知识,分析一下央行针对我国2019年上半年的经济运行状况所推出的货币政策属于货币政策的什么类型,并论述该类政策具有什么样的效应。**

根据案例材料可知,总体来看,我国2019年上半年经济增长形势是符合预期的,但也面临着通货膨胀、产能过剩等困难。所以,根据2019年上半年的经济运行情况所作的对下半年经济发展的预测,是我国2019年下半年经济总体上趋于平稳,但仍面临不小的困难。因此,我国2019年下半年实施的是均衡性货币政策,保持灵活适度,适时预调微调,增强政策的针对性和有效性。

均衡性货币政策的主要调节功能是促进或保持社会总需求与总供给的平衡,在不同经济运行环境下具有不同的效应,详述如下:

（1）在社会总需求膨胀,总供给严重落后于社会总需求的条件下,中央银行依据均衡性货币政策,按照社会总产值或国民收入增长率控制货币供应量,对于过度的市场需求可以起到两个方面的抑制作用,从而能够有效地促使社会总需求与总供给趋于平衡。案例材料提到2019年上半年的通货膨胀水平仍在上升,但这种社会总需求的膨胀可以预期到在2019年下半年会因为中美贸易摩擦等因素而降低,而总需求的下降将在后期对通货膨胀产生抑制作用,因此货币政策相对不变,起到以静制动的作用。

（2）在有效需求不足,社会总供给严重超过总需求的条件下,中央银行依据均衡性货币政策,按照社会总产值或国民收入增长率供应货币,可以扩张资产业务规模,增加货币供应量,并可借助于倍数放大效应机制的媒介,通过专业银行资产业务规模调整的传递,多倍地增加货币供应量。案例材料提到2019年下半年经济发展面临的较大风险不在于GDP增速下行,因此这没有构成2019年下半年货币政策的调控重点。

（3）在社会总需求与总供给大体平衡的条件下,中央银行依据均衡性货币政策,按照社会总产值或国民收入增长率控制货币供应,会起到继续维持社会总需求与总供给平衡的作用。案例材料提到,中国人民银行认为,当前中国经济的实际增长率与潜在增长率十分接近,这意味着,如果没有重大冲击,那么作为反周期调整工具的货币政策就无须进一步宽松,维持均衡状态即可。

**3.当前世界经济形势错综复杂,外部经济环境充满着不确定性,请结合案例材料和我国实际,从货币政策角度出发,试论述我国政府应如何应对。**

为了实现货币政策的有效性,选择合适的货币政策工具具有十分重要的意义。例如案例材料提到2019年我国就根据一季度国民经济运行走势,有针对性地实施均衡性货币政策。理论和政策实践表明,货币政策工具是中央银行为了实现货币政策目标、调控中介目标而运用的操作手段。中央银行可以通过三大类货币政策工具实现货币政策目标。第一类是一般性货币政策工具,包括存款准备金政策、再贴现、公开市场操作、再贷款等,这类货币政策工具通过影响货币供给总量影响经济运行,但无法引导货币流向。第二类是其他货币政策工具,如"窗口指导"、道义劝告等,这种货币政策通过影响商业银行等金融机构的行为,影响货币流向和货币供给总量。第三类是选择货币政策工具,是中央银行针对某些特殊的信贷或某些特殊的经济领域而采用的工具。

世界经济形势错综复杂,外部经济环境有不确定性。从国内来看,随着供给侧结构性改革不断深化,经济运行总体平稳,韧性持续增强,新旧动能转换加快实施,宏观杠杆率保持稳定,金融风险趋于收敛。但也存在一些结构性、体制性的问题,经济内生增长动力还有待进一步增强。面对这些内外部挑战,应继续实施好均衡性货币政策,有针对性地用好三大类货币政策工具,根据经济增长和价格形势变化及时预调微调,保持流动性合理充裕。用好和创新有中国特色的货币政策工具箱,疏通政策传导机制,强化落实支持实体经济和保持经济平稳运行的要求,不断深化金融供给侧结构性改革,切实增强金融服务实体经济的能力。推动均衡性货币政策、增强微观主体活力和发挥资本市场功能之间形成三角良性循环,促进国民经济健康发展。

**参考文献:**

[1]杨兵,杨杨,杜剑.财政支出类型和货币政策规则的组合效应及稳定性研究[J].国际金融研究,2021(8):22-33.

[2]徐亚平,庄林.中国特色稳健货币政策的实践探索及理论贡献[J].上海经济研究,2021(7):105-114,128.

[3]崔治文,肖智文.需求侧改革下的货币政策时变效应及搭配:基于构建"双循环"格局视角[J].哈尔滨商业大学学报(社会科学版),2021(4):17-32.

[4]李小林,常诗杰,司登奎.货币政策、经济不确定性与企业投资效率[J].国际金融研究,2021(7):86-96.

[5]于海峰,葛立宇.积极财政政策下的财政风险研究:基于新冠肺炎疫情背景的分析[J].广东财经大学学报,2021,36(1):4-14.

## 案例20　发挥政府作用,推进金融治理体系和能力现代化

### 一、案例导读

习近平总书记在中共中央政治局第十三次集体学习时指出,金融是国家重要的核心竞争力,金融安全是国家安全的重要组成部分,金融制度是经济社会发展中重要的基础性制度。金融已经成为现代经济的核心,金融治理是重要而特殊的经济治理。发展和完善金融制度,改革完善金融治理体系,是坚持和完善中国特色社会主义制度,推进国家治理体系和治理能力现代化的必然要求。2019年,党的十九届四中全会通过的《中共中央关于坚持和完善中国特色社会主义制度 推进国家治理体系和治理能力现代化若干重大问题的决定》对国家金融治理进行了重要部署,从政府作用发挥的角度看,主要有两大方面:

一是健全调控制度体系建设;二是强化中央银行制度建设。新时代下需要把对十九届四中全会精神的学习贯彻与对十八届三中、四中、五中全会以及党的十九大的相关精神的学习贯彻相结合,充分发挥金融功能,有效引导资源配置,全面深化金融领域改革。不仅要充分发挥市场在金融资源配置中的决定性作用,还要更好地发挥政府在经济调节、市场监督和公共服务中的作用,促进我国金融治理体系的发展,推进金融治理能力的现代化进程。本案例聚焦金融治理体系和治理能力现代化,从中对政府经济管理的相关问题展开讨论。

## 二、案例材料

2019年10月31日,党的十九届四中全会审议通过了《中共中央关于坚持和完善中国特色社会主义制度、推进国家治理体系和治理能力现代化若干重大问题的决定》(以下简称《决定》),为当前和今后一个时期党和国家各项工作指明了方向,也为深入推进我国金融领域的治理体系和治理能力现代化提供了根本遵循。日前,记者就此采访了中国社会科学院金融研究所副研究员、国家金融与发展实验室国际政治经济学研究中心主任董昀博士。

(一)推进金融治理体系和治理能力现代化的战略意义

董昀:习近平总书记在中共中央政治局第十三次集体学习时指出,金融是国家重要的核心竞争力,金融安全是国家安全的重要组成部分,金融制度是经济社会发展中重要的基础性制度。这一重要论断表明,金融是支撑经济社会正常运行的"四梁八柱"之一,关乎中国在国际竞争格局和全球治理体系中的地位和作用,构成国家安全体系的核心要素和各项社会经济制度的基础。因此,我们必须从国家战略高度来理解金融治理体系和治理能力现代化的重大意义,深入分析当前我国金融领域存在的突出矛盾和重大问题,把十九届四中全会《决定》中的各项工作部署落到实处。

习近平总书记强调,经济是肌体,金融是血脉,两者共生共荣。我们推进金融治理体系和治理能力现代化,就是要增强金融服务实体经济能力,促进血脉畅通,激发肌体活力,既为经济高质量发展提供有力支撑,也为国家治理体系和治理能力现代化做出贡献。改革开放40余年来,我国金融业发展取得了历史性成就。同时也要看到,迄今为止,我国在金融治理体系和治理能力方面仍然存在一些缺陷,使得货币金融体系还难以完全适应经济高质量发展的需要,在履行配置金融资源、防范化解风险、稳定经济运行等基础性功能方面尚有不少难题亟待破解。与此同时,全球正面临百年未有之大变局,各国在金融业发展和全球金融治理等方面的竞争更加激烈,来自外部的金融风险和冲击对我国的经济金融稳定也构成新的挑战。在新形势下,优化金融治理体系和提升金融治理能力理应成为我们不容忽视、不可低估的重大战略任务。

(二)十九届四中全会《决定》有关金融治理的战略部署

董昀:从发挥市场在资源配置中的决定性作用角度看,《决定》把完善金融治理体系和提高金融治理能力作为加快完善社会主义市场经济体制的重要组成部分,提出了三项重点任务:一是加强资本市场基础制度建设。以科创板为试验田,在改革完善资本市场的上市、发行、交易、监管等各个环节的基础性制度方面先行先试,当可为我国金融结构的优化和多层次资本市场的完善积累宝贵经验,对我国直接融资的发展具有深远影响。二是健全具有高度适应性、竞争力、普惠性的现代金融体系。持续增强金融适应经济新常态以及服务实体经济的能力,提升金融业国际竞争力,扩大金融服务的覆盖面与可得性,是我国金融供给侧结构性改革的主攻方向。我们要把发挥市场在资源配置中的决定性作用作为健全现代金融体系的指导思想,通过金融结构的调整优化、金融产品的创新、金融服务包容性的增强和金融竞争力的提升,来提高土地、资本、劳动、知识、技术、管理、数据等各类要素的配置效率,推动我国经济高质量发展。三是有效防范化解金融风险。有效防范化解金融风险,是金融工作的根本性任务,要牢牢守住不发生系统性风险这一底线。我国经济运行经过一轮扩张期之后,当前正处于周期的下行阶段。逆全球化浪潮的蔓延和中美贸易摩擦的长期化,使得我国对外开放面临的环境更加复杂多变,管理金融风险显得愈发重要。因此,防范和化解金融风险必将成为一项长期工作任务。

从更好发挥政府作用的角度看,十九届四中全会《决定》对完善金融治理体系和提高金融治理能力做出了两项重要部署:一是健全宏观调控制度体系建设;二是健全中央银行制度建设。

面对问题与挑战,我们需要把学习贯彻党的十九届四中全会精神与学习贯彻党的十八届三中、四中、五中全会精神和党的十九大精神结合起来,不忘发挥金融有效引导资源配置功能的初心,在金融领域全面深化改革。我们既要切实发挥市场在金融资源配置当中的决定性作用,又要在经济调节、市场监管、公共服务等方面更好发挥政府作用,推动我国金融治理体系和治理能力朝着现代化目标不断迈进。

### (三)健全宏观调控制度体系 加强宏观调控协调机制建设

董昀:根据《决定》精神,我认为当前我国的宏观调控制度体系建设有三项重要任务:

第一,包括货币政策在内的各项宏观调控政策都要以国家战略规划为战略导向。20世纪90年代以来,我国逐步形成了计划(发展规划)、货币和财政三大部门分工明确、协调配合的三位一体宏观调控体系。这一体系中既有常规的财政与货币政策,还包括主攻中长期发展的战略规划,体现出鲜明的中国特色。究其根本,五年规划等中国特色的中长期规划本质上是一种有效的预期管理方法。西方宏观政策当中的预期管理集中于短期的货币政策领域;而中国的预期管理战略视野更广,覆盖领域更宽,采取目标导向与问题导向相结合的方式谋划长远发展,有利于凝聚社会共识,稳定各方预期,调动微观主体的积极性,为实现中长期发展目标而努力。货币等各类宏观政策当局与发展规划部门之间需要进行更为充分的沟通和有效的配合,在发挥好逆周期调节作用的同时,尽可能使宏观政策更具前瞻性、有效性,从而使调控效果符合国家中长期战略规划的要求或预期。

第二,我国宏观调控体系要以财政政策和货币政策为主要手段。主要依靠财政政策和货币政策来保持总量平衡,从而实现宏观稳定已成为新时代中国宏观调控的基本取向。在这一点上,中国宏观调控与西方现代宏观管理理念是一致的。要发挥好财政政策和货币政策的作用,一个至关重要的方面是加强财政与货币金融两大调控部门的协调配合。既然这两大部门都是宏观调控体系不可或缺的组成部分,既然它们运筹和调控的对象都是全社会的货币资金,那么,两大政策体系之间应当合理分工、相互协调、彼此配合。"十四五"时期,全球经济仍将在"长期停滞"的泥潭中挣扎,国内外经济形势复杂多变,对宏观调控提出了新挑战。我们要在宏观调控中加强货币政策与财政政策的协调配合,以期形成合力而非相互掣肘,从而清晰、准确地确定宏观政策的真正指向,并标示出其调控力度,努力在经济社会中形成决策当局所希望形成的市场预期。

第三,就业、产业、投资、消费、区域等政策协同发力。作为一个发展中大国,中国同时面临着发展、转型与稳定等多重任务,因此,中国宏观调控的目标比西方经济学语境中的宏观政策更为宽广,总供求均衡、经济增长、结构优化、体制变迁和民生改善等方面都涵盖在内。根据丁伯根法则,一项政策工具只能解决一个问题;目标增加,就意味着政策工具箱里要储备更多的工具。因此,目标多元化必然导致宏观调控工具多样化。工具箱里多一些工具总是好事,可以使政府在面临各种不同类型的问题时都有适用的“武器”。因此,除了财政政策和货币政策之外,强调就业、产业、投资、消费、区域等政策协同发力是符合国情的正确选择。需要注意的是,各项政策工具要真正实现协同发力,一个重要前提是实现宏观调控决策与实施的机制化;如此才能做到以不变应万变,才能保持定力,谋定而后动。如果调控缺乏稳定可靠的机制,就会导致眉毛胡子一把抓,各种政策频频出台,多个部门一起来,多种工具一起上,甚至会以情况特殊为借口,突破一些常规限制,这就可能造成调控效果不合意、调控过程随意性较强、调控代价较大等一系列问题。

由此可见,上述三项任务都蕴含着加强与改善宏观调控协调机制的政策含义。我国宏观调控的决策与实施涉及多个部门,各部门之间政策协调的机制化安排有待强化,协调的力度、效率与效果有待提升。当前需要探索建立多层面的政策沟通协调机制,统筹进行重大政策调整的综合评估和协调,避免单项政策各自为政,政策之间效力相互抵消或过度叠加。同时,为防止协调过程中出现某些部门不配合以及延误政策出台的情况,应由权威性很强的机构来负责协调沟通,提高决策的效率。

党的十九大之后,为加强党中央对经济工作的集中统一领导,强化决策和统筹协调职责,党中央将中央财经领导小组改为中央财经委员会,负责经济领域重大工作的顶层设计、总体布局、统筹协调、整体推进、督促落实。中央财经委员会的设立体现了党管经济原则,坚持这一原则增强了宏观决策的权威性和穿透力,也为建立高效的宏观调控协调机制提供了有力的制度保障。可考虑将宏观调控政策协调作为中央财经委员会协调的重要议题,在中央财经委员会层面研究和解决宏观调控政策出台和执行过程中的重大问题。

与此同时,要充分发挥国务院金融稳定发展委员会在金融领域的决策与协调作用,统筹协调货币政策与金融政策领域的重大事项,以及货币金融政策与财政政策、产业政策、就业政策等其他宏观政策协调配合事宜。

还可考虑建立发挥基础性作用的宏观调控协调部际联席会议机制,主要负责发展战略、财政政策、货币政策以及就业、产业、投资、消费、区域等各类宏观政策之间的协调沟通。其重点工作是研究分析国内外经济形势,评估宏观调控政策效应,提出宏观调控政策建议,加强宏观调控政策出台前和执行中的协调配合。

## (四)建设现代中央银行制度　深入推进基础性制度改革

董昀:现代中央银行是现代金融体系中至关重要的核心组成部分,也是现代宏观调控体系中的枢纽。因此,建设现代中央银行制度是推进我国金融治理体系和治理能力现代化的题中应有之义。自 20 世纪 90 年代《中国人民银行法》颁布实施以来,我国的现代中央银行制度体系逐渐发展完善,并初步形成适合我国国情的基本框架。十九届四中全会《决定》将建设中央银行制度提升到新的战略高度,提出要"建设现代中央银行制度,完善基础货币投放机制,健全基准利率和市场化利率体系",为进一步推进现代中央银行制度建设指明了方向。

现代中央银行制度由许多"零部件"构成,包括法治体系、基础货币投放机制、货币政策传导机制、宏观审慎的金融监管体系,以及金融救助体系,等等。根据《决定》的提法,有两项基础性制度改革亟待推进:一是完善基础货币投放机制;二是以健全基准利率和市场化利率体系为抓手,优化货币政策传导机制。

从 2004 年到 2014 年,在出口导向型经济发展方式的驱动下,我国外贸顺差过大,外汇流入量持续增加。因此,我国基础货币的主要投放渠道是外汇占款。这导致我国货币政策处于被动地位,央行独立性受到外汇储备变化、国际资本流动、他国宏观政策等外部因素的制约。近年来,外汇储备规模渐趋平稳,中国人民银行更多地通过再贷款、流动性借贷便利等新型政策工具来投放基础货币。目前,在人民银行的资产负债表当中,对商业银行贷款的比重持续增加,使得我国货币供给容易受到银行和若干具体经济部门的影响,并不利于央行实施独立的货币政策。因此,央行需要为货币发行重新寻找准备资产,用国债来支持货币发行是其中的重要选择之一,这又涉及财政与货币两大部门的协调配合问题了。用国债来支持货币发行需要推进若干制度变革,包括国债规模不能受限于财政赤字,必须有为支持金融市场运行而发行的国债;国债期限应多样化,尤其需要短期债券;国债的收益率曲线应充分反映市场资金供求关系;国债的持有者应广泛且多样化等。

货币政策传导机制优化,关键在健全基准利率和市场化利率体系。利率的市场化程度决定着金融体系能否有效地将资源配置到最有效率的产业、地区和企业当中去。当前首先要以贷款市场报价利率(LPR)改革为突破口,健全由市场供求决定利率的机制,使得利率的水平、风险结构和期限结构由资金供求双方在市场上通过反复交易的竞争来决定。在此基础上,应进一步打破市场分割,构建完善的市场利率体系,建立有效的利率传导机制。同时,央行也应适应新变化,建立一整套市场化的调控利率手段。

(案例来源:柳立.充分发挥政府作用推进金融治理体系和治理能力现代化[N].金融时报,2020-02-10.)

**案例思考:**

1.案例材料主要涉及哪些货币政策工具?试展开分析。

2.结合案例分析为什么要推进我国金融治理体系和治理能力现代化。

3.结合案例分析怎样推进我国金融治理体系和治理能力现代化。

## 三、案例分析参考

**1.案例材料主要涉及哪些货币政策工具?试展开分析。**

案例材料主要涉及这些货币政策工具:

(1)公开市场业务

所谓公开市场业务就是中央银行在金融市场上买卖各种有价证券,从而扩大或缩小商业银行的准备金,进而扩大或缩小货币供应量的一种行为。这种工具是中央银行控制信贷和货币最常用的手段,主要是依靠市场力量来进行调节。案例材料提及的对于国债的相关操作便涉及公开市场业务,通过国债的买入或卖出能够实现市场上货币供应量大小的调整。

(2)间接信用控制工具

这类工具的主要特点是:作用过程是间接的,要通过市场供求关系或资产组合的调整途径才能实现。这类工具主要有以下几种:优惠利率、证券保证金比率和房地产信贷管制等。案例材料提到央行应适应新变化,建立一整套市场化的调控利率手段,当中便可能涉及间接信用控制工具的运用。

**2.结合案例分析为什么要推进我国金融治理体系和治理能力现代化。**

(1)加快推进金融治理体系和治理能力现代化,是我国国家治理体系和治理能力现代化建设的必然要求。例如案例材料当中提到,习近平总书记强调金融是现代经济的核心,是国家重要的核心竞争力,金融制度是重要的国家基础性经济制度。金融治理是国家治理的重要组成部分。从全球金融发展历史来看,一些国家曾因出现较大的金融风险事件,导致社会动荡不安。金融治理体系和治理能力建设是国家治理体系和治理能力建设的重要组成部分。

(2)加快推进金融治理体系和治理能力现代化,是破解金融发展难题、满足人民群众对多样化金融需求的必由之路。案例材料提到我国的货币金融体系还难以完全适应经济高质量发展的需要,在履行配置金融资源、防范化解风险、稳定经济运行等基础性功能方面尚有不少难题亟待破解。金融与实体经济共生共荣,服务实体经济是金融的天职。金融业的产生与发展,是一个从实践中提出问题、解决问题的过程,目的就是要为实体经济服务。但在市场经济条件中,金融资本和金融企业普遍坚持利润至上的原则,具有逐利性的商业金融趋利避害,极易造成金融自我循环,投机过度,最终损害实体经济。

(3)加快推进金融治理体系和治理能力现代化,是提高我国金融竞争能力、适应国际金融发展趋势需要的必要条件。案例材料提到各国在金融业发展和全球金融治理等方面的竞争更加激烈,来自外部的金融风险和冲击对我国的经济金融稳定也构成新的挑战。新中国成立70周年以来,中国金融业走了不少弯路,但也收获了很多的经验和很大的成就,尤其党的十八大以来,从体系结构、发展速度、实力规模上来看,我国金融业更是取得了显著进步。但与发达国家相比,我国金融业仍面临"大而不强"的现实,金融结构还不够优化、金融市场还不够发达、金融监管还存在一定短板、金融国际竞争力还不够强。

**3.结合案例分析怎样推进我国金融治理体系和治理能力现代化。**

(1)加强和改进党对金融工作的集中统一领导,确保金融改革发展的正确方向

习近平总书记指出,"坚持党的领导,必须不断改善党的领导,让党的领导更加适应实践、时代、人民的要求"。案例材料提到党的十九大之后,中央财经委员会的设立便体现了党管经济的原则,而金融正是经济的重要组成部分。金融调控作为政治性极强的工作,在当前复杂多变的国内外经济金融形势下,更需要发挥党对金融工作把方向、谋大局、保落实的作用。加强和改进党对金融工作的领导,要在思想上政治上行动上同以习近平同志为核心的党中央保持高度一致,推动党中央各项决策部署在金融业得到贯彻落实。要正

确处理好政府和市场的关系,在总结和运用金融发展规律,充分发挥市场在资源配置中决定性作用的同时,更好地发挥党对金融工作统揽全局的作用。把加强党的领导与国有金融机构内部治理统一起来,创新党建与业务工作互促互融方式,更好发挥党对金融工作的领导作用。

(2)深入推动金融供给侧结构性改革,助力高质量发展

认真贯彻落实"创新、协调、绿色、开放、共享"新发展理念,优化金融结构和金融服务质量,引导金融资源回归服务实体经济本源。切实发挥好市场在金融资源配置中的作用,推动金融要素价格市场化改革,推动利率体系逐步"两轨并一轨",为实体经济发展提供高质量且更有效率的金融服务。正如案例材料所提到的,央行应适应新变化,建立一整套市场化的调控利率手段。坚持以市场化、法治化原则应对金融风险,完善金融机构市场化、法治化退出路径,增强金融市场活力。

(3)深化金融对外开放,扩大国际金融参与度和影响力

案例材料提到全球正面临百年未有之大变局,因此金融的对外开放势在必行。加大金融对外开放力度,加强金融开放合作,实施负面清单管理制度,继续放宽银行业、证券业和保险业市场准入。稳步推动人民币资本项目开放,扩大境外机构投资者投资范围,研究取消额度管理限制,着力引进长期稳定资本。积极推动人民币国际化,坚持"本币优先"理念,扩大人民币在周边国家和"一带一路"沿线等领域的使用,不断增强人民币在国际货币中的影响力。

(4)加强金融基础设施和金融制度建设,提高金融服务质效

案例材料提到我国在金融领域需要推进若干制度变革,因而制度建设需要进一步加强。更好发挥金融基础设施在连接金融机构、保障市场运行、服务实体经济、防范金融风险的基础作用。完善金融基础设施硬件架构,确保金融系统信息稳定安全。加大金融信息共享、交流力度,推动共建综合性金融数据统计平台。在风险可控的基础上鼓励金融科技创新,充分利用大数据、云计算、区块链、人工智能等新兴技术手段,创新金融服务模式,全面提升金融服务质效。加强对数字货币的研究和交流合作,密切跟踪国际数字货币发展趋势,努力在国际数字货币领域赢得主动权。完善金融监管法律体系,健全金融监管、金融组织、互联网金融、普惠金融、问题金融机构处置、金融消费权益保护等制度规范,尽快补齐制度短板。

**参考文献:**

[1]靳文辉.金融风险的协同治理及法治实现[J].法学家,2021(4):31-43,191.

[2]向静林,艾云.政府治理创新的层级差异及其组织根源:以互联网金融治理为例[J].学海,2021(3):111-119.

[3]陆岷峰,周军煜.金融治理体系和治理能力现代化中的治理科技研究[J].广西社会科学,2021(2):121-127.

[4]徐凡,陈晶.新型大国协调模式下提升中国全球金融治理能力的思考:基于G20与G7的比较视角[J].国际贸易,2021(2):89-96.

## 案例 21　新冠肺炎疫情来势汹汹:货币政策逆周期调节

### 一、案例导读

对于人类来说,2020 年可能是步入 21 世纪之后的最困难的一年。一种病毒从 2019 年的未命名,到 2020 年的广为人知并让人闻之色变,便是"新冠"。到 2020 年底的时候,新冠肺炎在全球的传播已经扩展到很大的范围,每 93 名地球人中就有 1 人感染,177 万人死亡。被感染者当中不乏知名的公众人物,英国首相、美国总统、巴西总统以及法国总统都位列其中。可以说,新冠肺炎在很大程度上定义了 2020 年的世界,而在新冠肺炎疫情的冲击下,世界经济萎缩的程度和许多国家财政支出的力量几乎与刚刚完成一场世界大战不相上下。面对来势汹汹的新冠肺炎疫情,我国政府积极运用货币政策进行逆周期调节,并取得了较好的成效。本案例聚焦新冠肺炎疫情下货币政策的逆周期调节,从中对政府经济管理的相关问题展开讨论。

### 二、案例材料

(一)加大货币政策逆周期调节力度,有力支持稳企业保就业

记者:突如其来的疫情对我国经济社会发展带来前所未有的冲击,人民银行采取了哪些金融政策加以应对?

易纲:面对疫情冲击,人民银行果断加大货币政策逆周期调节力度,创新货币政策工具,主要措施可以概括为 18 个字,就是"扩总量、保供应、促增长,降利率、调结构、保主体"。

我们在春节假期期间紧急出台 3000 亿元专项再贷款,取得了积极的保供成效;坚定支持金融市场在春节后 2 月 3 日如期开市,并超预期投放短期流动性 1.7 万亿元;继今年 1 月 1 日宣布全面下调存款准备金率 0.5 个百分点后,又两次下调存款准备金率,累计投放长期资金 1.75 万亿元。

3000 亿元专项再贷款主要是保医疗物资和生活必需品的供应。2 月 26 日,我们又新增 5000 亿元再贷款和再贴现额度,支持企业复工复产。4 月 20 日,新增 1 万亿元再贷款再贴现额度,支持企业全面复工复产。货币政策工具的数量从 3000 亿元到 5000 亿元再到 1 万亿元,在不同的情形下,政策含义是不同的,数量越来越大,利率越来越市场化。3000 亿元再贷款采取的是企业名单管理,5000 亿元和 1 万亿元再贷款再贴现采取的是市场化运作,商业银行使用央行的这些工具为实体经济提供了较低成本贷款,有力支持了稳企业保就业。

记者:上半年宏观经济数据和往年相比出现了较大波动,但金融数据比较稳健,您如何评价上半年金融运行情况?

易纲:上半年,宏观金融数据亮点确实比较多,这也说明稳健的货币政策得到了有效实施。从宏观总量上看,各项金融指标明显高于去年。6 月末,广义货币 M2 增长11.1%;社会融资规模同比增长 12.8%;上半年新增贷款 12.1 万亿元,同比多增 2.4 万亿元。

从价格上看,今年以来,我们注重引导主要市场利率下行。公开市场 7 天逆回购操作中标利率下行 30 个基点至 2.2%;中期借贷便利中标利率下行 30 个基点至 2.95%;一年期贷款市场报价利率(LPR)下降 30 个基点至 3.85%;再贷款利率下调了 50 个基点。

货币政策的引导使市场整体利率下行,带动企业融资成本明显降低。6 月份,债券回购加权平均利率为 1.89%,比上年末下降 0.21 个百分点;10 年期国债收益率为 2.82%,比上年末下降 0.32 个百分点。普惠金融、小微企业、民营企业、制造业的贷款利率都创下历史新低,特别是普惠金融贷款利率目前在 5% 左右,比去年下降了 0.8 个百分点。

利率的下行有力支持了实体经济,使贷款结构明显优化,普惠小微贷款支持的市场主体明显增加。6 月末,有授信的市场主体近 3000 万户,有贷款余额的超过 2300 万户,这些主要是小微企业和个体工商户。

### (二)政策助力高新产业

国家税务总局最新数据显示,2020 年前三季度,全国新增减税降费累计超过 2 万亿元。随着各项宏观政策的加力提效,我国企业销售收入增速总体呈现逐季回升向好的态势。作为观察经济运行的"一扇窗",税收大数据既能反映经济运行总体情况,也能助力市场主体有效对接资源、提升效率。人民网财经频道特别推出"从税收大数据透视经济活力"系列观察,通过增值税发票等税收大数据,透视我国经济运行发展态势。

汽车产业是长三角区域具有较大优势的产业之一,有着培育世界级产业集群的基础和资源。在浙江,一家经营新能源汽车传动系统、汽车变速器及其他汽车配件的公司车间里,工人们正在不停作业。该公司会计邓丹喜算了这样一笔账:"企业技术研发最缺的就是现金流,今年前三季度仅研发费用加计扣除一项,我们就享受税收优惠 3339 万元,还有增值税留抵退税 3900 多万元。"受益于减税降费政策,该公司 6 项研发技术转化为专利成果,并已顺利投入生产。

国家统计局数据显示,前 10 个月,高技术制造业增加值同比增长 5.9%,明显快于规模以上工业的增长,高技术产业投资同比增长了 9.7%,继续保持较快增长。

高技术产业的发展态势在税收大数据中也有所体现。税收大数据显示,前三季度,全国高技术产业销售收入同比增长 12.6%,高于全部企业销售收入增速 10.8 个百分点,其中三季度同比增长 22.1%,在二季度 21.7% 的高增长基础上又提高 0.4 个百分点,充分体现了新动能行业较强的增长动力。

对于市场主体来说,高新技术企业减按 15% 税率征收企业所得税的优惠政策,实实在在地增强了企业获得感。

近年来,高新技术企业所得税优惠政策的覆盖面逐步扩大,已成为我国高新技术企业受益最大、最重要的税收优惠政策之一,其占相关企业的企业所得税减免额的比重稳步提高,从 2008 年的 50.96% 增至 2015 年的 69.76%,有效减轻了企业税负,激发了创新活力。

在广东,一家从事气体研发与应用的气体行业公司依靠研发创新抵御疫情带来的影响。"疫情发生后,产品供应链受阻,对公司的生产经营尤其是普通工业气体业务产生了一定影响,但今年上半年总体销售额依然超过了 4 亿元,即便是在疫情最严峻的第一季度,我们也实现了同比增长 13.85%。"该公司董事长石平湘表示,预计企业全年的业绩仍会保持增长态势。

好的业绩得益于企业长期以来对产品研发的投入。石平湘介绍,对于企业发展来说,研发费用支出不是小数目,而不断出台的税费优惠政策如"及时雨"一般缓解了企业的压力。

据了解,该公司作为高新技术企业,今年上半年享受企业所得税优惠 150 万元,享受研发费加计扣除 80 万元,针对疫情防控推出的社保费阶段性减免则为企业减少了近 100 万元的社保成本。

值得注意的是,高技术服务业领域发展势头同样强劲,新业态、新模式不断涌现,三季度销售收入同比增长 30.8%。

在青岛,一家提供建筑装饰装修施工、专项设计等建筑全产业链服务的公司,第一季度经营稳健,第二季度开始全面复苏。"在抗击疫情的关键时刻,各项税收优惠政策有力地帮助我们克服了疫情带来的不利影响。接下来,我们会将减下的税款用于研发投入、引入高科技人才。"该公司董事长叶德才告诉记者。

持续提升的创新能力,不断完善的高新技术产业链,增强了中国经济的韧性和抗风险能力,一系列税费优惠政策的落实落地,正助力高新技术产业走上发展的"快车道"。

### (三)财政与货币政策配合

近日,中国金融四十人论坛(CF40)在线上举办季度宏观政策报告论证会,多位嘉宾围绕"应对疫情冲击,保持经济合理增长"议题展开讨论。专家表示,疫情对经济的影响主要是在供给侧,政府在宏观政策的应对上要有所区别。

对于疫情引发的短期经济冲击,专家开出的药方是,防止现金流断裂。疫情刚开始蔓延的时候,由于需要采取严格管控措施防止疫情扩散,因此经济活动基本上处在冻结状态或者是休克状态。这使得很多商业活动特别是服务业受到较大影响。

CF40 学术委员会主席、北京大学国家发展研究院副院长黄益平指出,防止现金流断裂的出路主要有三条:一是增加业务收入,二是减少经营成本,三是获得外部融资。如果按照迫切性排序,越往后的越重要。

从政策工具角度来看,财政政策与货币政策该如何配合才能相得益彰?专家普遍认为,疫情引发的冲击不是需求侧的(虽然也影响需求),而主要是供给侧的;且疫情影响并不表现为技术冲击,也不表现在实物资本,而主要表现在对人力的冲击。这种不同于以往的冲击表现,要求政府在宏观政策应对上也要有所区别。

CF40 高级研究员、中国社会科学院世界经济与政治研究所研究员张斌指出,财政政策的优势在于具有精准定向、暂时性、政策滞后时间短等特征,适用于应对疫情的一次性短期冲击。因此,财政政策应发挥主力军作用,承担最主要的责任。

CF40 成员、财政部金融司司长王毅认为,在财政政策发挥主力军作用的同时,需要特别注意以下问题:一是短期应急政策不能长期化、固定化、扩大化。二是基于交易行为的阶段性税费减免作用有限,应谨慎实施;三是基于固定收入和固定支出的优惠政策是有效的,应该抓紧出台,但也要实时适度,注意政策的有效期。

对于货币政策,CF40 资深研究员、中国人民银行原行长助理、清华大学五道口金融学院院长张晓慧表示,应对短期冲击和长期冲击的宏观政策要有所区别。应对短期冲击不应使用全局性的、长期性的、不可逆性的政策手段,而是应该主要采取结构性的、短期性的、可逆性的政策工具。

与会专家强调，当前货币政策的最主要作用就是为实体经济营造良好的流动性环境，使商业银行可以更好地帮助企业渡过难关，此外还应防范疫情可能带来的对广义信贷的严重负面冲击，以及力争让经济增速重回潜在增速。鉴于货币政策存在时滞，货币政策的调整必须具有前瞻性。

目前来看，央行已在货币信贷支持疫情防控方面开展了多项工作，目的在于保持市场流动性充裕、解决短期信用收缩的压力。但在张晓慧看来，对于当前情形下中小企业的困境，还应首先区分其是长期存在的融资难、融资贵问题，还是短期的、新冠肺炎疫情冲击下的流动性不足。

"即便可以通过结构性货币政策助力对冲当前疫情带来的短期冲击，我们仍然面临着货币政策传导方面的长期阻滞。从总量角度来看，银行间市场从始至终都是不缺流动性的，无风险利率其实并不很高，问题在于如何将流动性传导至中小企业手中。这就涉及货币政策的老问题——货币政策传导机制不够顺畅，"张晓慧指出，"由此看来，尤需抓住当前新冠肺炎疫情这一时机，对经济金融活动当中长期以来形成的一些阻滞进行坚决改革。"

张晓慧表示，要想建立货币政策顺畅传导的有效机制，就要在央行的货币供应、金融机构与金融市场、实体经济这三大环节上做功课，去除其中的阻滞。除了央行要提供充足的流动性，企业经营环境必须保持稳定、有较强的风险定价能力，同时也要为金融机构解决可以支撑和扩大信贷投放的资本约束、流动性约束和价格约束，严厉打击金融套利和资金空转行为，这样方可确保金融资源真正流向实体经济。

针对市场上存在的一些希望通过降低贷款基准利率来实现降低企业融资成本的呼声，张晓慧直言，"不希望利率市场化进程走回头路"。她表示，虽然从当前看存款基准利率仍是整个利率体系的压舱石，但在贷款利率市场化的进程中，还是应该坚持使用下调MLF、DR007等公开市场操作利率的方式带动LPR下调来实现实体经济融资成本的降低，这样可能更有利于"利率的两轨并一轨"。

"当短期冲击遇到了长期改革的问题，还是坚决不能手软，要坚定地沿着改革的方向走下去。"张晓慧强调。

（案例来源：关欣.专家：财政与货币政策相互配合支持企业应对疫情［EB/OL］.（2020-03-03）［2021-12-31］.http://xiaofei.people.com.cn/n1/2020/0303/c425315-31613603.html；张晓慧.应对短长期冲击的宏观政策应有区别［EB/OL］.（2020-04-15）［2021-12-31］.http://www.china-cer.com.cn/guwen/202004153769.html.）

**案例思考：**

1.结合案例，试论述新冠肺炎疫情对于我国的经济发展有哪些影响。

2.结合案例，试论述政府为了应对新冠肺炎疫情，主要运用了什么货币政策工具进行调控。

3.结合案例，试论述政府今后应当如何进一步用好货币政策工具。

### 三、案例分析参考

**1.结合案例,试论述新冠肺炎疫情对于我国的经济发展有哪些影响。**

(1)造成经济运行主要指标的增速回落

案例也提到2020年疫情对我国经济冲击较大。国家统计局公布的统计数据显示,2020年1—2月份,受新冠肺炎疫情影响,我国经济运行主要指标增速回落较大,其中工业增加值、服务业生产指数、固定资产投资、社会消费品零售总额和全国财政一般公共预算收入同比大幅下降,分别为 $-13.5\%$、$-13.0\%$、$-24.5\%$、$-20.5\%$ 和 $-9.9\%$。

(2)对于经济发展的某些领域也带来一定的发展机遇

新冠肺炎疫情是我国乃至全球遭遇的一场危机,而危机中同样也潜藏着一些机遇,主要有三点:

第一,互联网等在线产业迎来了发展的战略机遇期。疫情之下,大数据、云计算、人工智能等数字技术显示出巨大的威力,为政府部署疫情对策提供了强有力的技术支持,在疫情动态的追踪方面发挥了重要作用。

第二,加快了无人化管控的进程。疫情下,为了避免近距离接触导致的感染,各种服务机器人分工合作,特别是在配送、饮食、手术等场合,机器人可以有效地发挥功能,5G清洁消毒机器人等类型的机器人在此次疫情中有着出色的表现。

第三,以新媒体为代表的个人IP时代崛起。刷视频成为疫情之下重要的消遣方式之一,丰富了人类生活也创造了很多新岗位,减轻了社会就业压力,加快了向个人IP时代的转变,其工作的有趣和自由的特点也吸引了很多新人加入该行业。

**2.结合案例,试论述政府为了应对新冠肺炎疫情,主要运用了什么货币政策工具进行调控。**

根据案例材料,政府为了应对新冠肺炎疫情,主要运用了存款准备金率这一货币政策工具进行调控。

法定存款准备金率作为货币政策手段,建立在实行法定存款准备金制度的基础上。在市场经济条件下,商业银行吸收存款后,总要保留一部分存款准备金不再贷出,用于满足正常经营的需要。这些准备金或由商业银行自己持有,或者存入中央银行。中央银行提高或降低法定准备金率,扩大或缩小商业银行级其他金融机构存放中央银行的现金准备数量,相应减少或增加商业银行的可贷资金,影响货币的供应量,从而对国民经济收缩或扩张起调节作用。在经济滑坡时期,中央银行可以降低法定存款准备金率,使商业银行上交中央银行的准备金减少,扩大商业银行信用并增大货币供应量,推动投资增加,促进货币复苏。

正如案例材料中提到的:继1月1日宣布全面下调存款准备金率0.5个百分点后,又两次下调存款准备金率,取得了较好的效果。

**3.结合案例,试论述政府今后应当如何进一步用好货币政策工具。**

第一,完善中央银行调控职能和手段,进一步增强金融宏观调控效能。一是货币政策工具的运用,要由常规性工具的交替运用提升到多样性工具的综合运用,提高货币政策对经济的调节渗透力和控制力。案例提到的疫情引发的冲击不是需求侧的(虽然也影响需求），而主要是供给侧的；且疫情影响并不表现为传统的技术、实物等冲击，而主要表现在对人力的冲击。这种不同于以往的冲击表现，要求政府在宏观政策应对上也要有所区别。二是要下大力气完善货币政策传导机制，努力实现由狭小的机构传导向广阔的市场传导转变。

第二，赋予中央银行更大的自主权，保持货币政策的独立性和权威性。一是加强金融立法，以法律的形式确保央行的独立性和权威性，消除干扰金融宏观调控的外部因素，避免各种不正常的干预，保证中央银行金融宏观调控政策的正确指定、顺利下达和全面贯彻执行。二是货币政策委员会应当提升为决策机构，并通过优化组成人员结构，建立规范的决策机制。

第三，健全市场运行机制，完善金融宏观调控的市场基础。一是继续深化大型商业银行改革，不断推进政策性金融机构改革，全方位调整优化资产、负债、收益结构，严防不良资产反弹，确保稳健经营。二是以加大金融产品创新为重点，进一步加强市场透明度建设，推动金融市场全面协调可持续发展。

第四，完善金融监管，维护金融稳定。首先，强化对宏观经济形势的分析与预测，将监管的力度和银行的承受度、经济发展的需求度等有机结合，以寻找金融调控最佳点，不搞"急刹车""一刀切"，把握好调控的力度和重点。其次，强化银行监管的手段创新，变单一的滞后性监管为超前预警性和综合性并重的监管。

第五，加强和改进外汇管理，建立调节国际收支的市场机制和管理体制，推动贸易投资便利化。首先，促进国际收支趋于基本平衡，增强货币政策的自主性和有效性，保障我国国内供给侧结构性0改革的顺利进行，促进国内国际双循环体系迅速建成。其次，进一步完善人民币汇率形成机制，发挥市场供求在汇率形成中的基础性作用，参考一篮子货币进行调节，增强汇率弹性，保持人民币汇率在合理均衡水平上的基本稳定。

**参考文献：**

[1]吴婷婷,王兰心.非常规货币政策：多重影响、退出策略与政策启示：基于新冠肺炎疫情的冲击[J].武汉金融,2021(7)：10-17.

[2]何青,冯浩铭,余吉双.应对新冠肺炎疫情冲击的货币政策国际协调[J].经济理论与经济管理,2021,41(5)：4-16.

[3]解瑶姝.新冠肺炎疫情冲击下杠杆率调控模式选择：财政政策、货币政策与供给侧结构性改革[J].当代财经,2020(10)：51-61.

[4]杨宁嘉.新冠肺炎疫情下我国货币政策的影响分析：基于江西省新余市案例[J].金融与经济,2020(8)：93-96.

[5]杨敏.新冠肺炎疫情冲击下的全球经济及其我国应对建议[J].价格理论与实践,2020(8)：76-79.

# 第八章　产业政策

## 第一节　学习目的和要求

产业政策是促进产业发展的各项政策的总称,是国家干预社会经济生活、引导经济结构优化和高级化、保证供给结构与需求结构相适应的政策。《国民经济和社会发展第十四个五年规划和 2035 年远景目标纲要(草案)》对"十四五"期间我国产业政策的论述主要有:"坚持创新驱动发展,加快发展现代产业体系……坚持把发展经济着力点放在实体经济上,推进产业基础高级化、产业链现代化,保持制造业比重基本稳定,改造提升传统产业,发展壮大战略性新兴产业,促进服务业繁荣发展。统筹推进传统基础设施和新型基础设施建设。加快数字化发展,打造数字经济新优势,协同推进数字产业化和产业数字化转型。"由此可见,战略性新兴产业与服务业将会成为今后一段时间内我国的社会投资热点与国民经济发展的重要推动力量。

**本章的学习目的及要求:**

准确理解产业政策的概念、特征及内容,明确产业政策的功能与产业政策合理化的方向,把握后发优势理论、结构转换理论、规模经济理论等产业政策的理论依据,掌握产业政策的基本理论。要求学生能够应用相关知识分析案例,从而进一步促进产业政策的选择与运用,加强和完善我国的宏观调控。

## 第二节　知识要点

### 一、产业政策的概念、特征及内容

产业政策是指国家干预或参与经济的一种形式,它是国家(政府)系统设计有关产业发展,特别是产业结构演变的政策目标和政策措施的总和。

产业政策与其他经济政策相比,具有以下明显的特征:具有更深层次的国家干预经济的色彩;具有明确的政策目标;具有引导和诱导的性质。

产业政策覆盖面宽,调整范围大,因而内容也相当广泛。一般认为,产业政策主要由产业结构政策、产业组织政策、产业技术政策和产业布局政策等几部分组成。

1.产业结构政策

产业结构政策的目标是使产业结构高级化。产业结构政策也是一个政策系统,其中包括产业结构长期构想,对战略产业的保护和扶植,对衰退产业的调整和援助政策等。

2.产业组织政策

产业组织是指同一产业内企业的组织形态和企业间的关系。这里所谓的"同一产业"是指具有相同使用功能和替代功能的产品或劳务的集合,实质上就是具有竞争关系的卖方企业的集合。产业组织政策正是调整和处理同一产业内各企业之间关系的政策。其目的在于实现产业组织的合理化。

3.产业技术政策

产业技术政策是产业政策的重要组成部分,它包括两个方面:一是产业技术结构的选择和技术发展政策,主要涉及制定具体的技术标准、规定各产业的技术发展方向、鼓励采用先进技术等方面;二是促进资源向技术开发领域投入的政策,主要包括技术引进政策、促进技术开发政策和基础技术研究的资助与组织政策。

4.产业布局政策

产业布局是产业存在和发展的空间形式。产业布局政策主要解决如何利用生产的相对集中所引起的"积聚效益",尽可能缩小由于各区域间经济活动密度和产业结构不同所引起的各区域间经济发展水平的差距,实现产业布局的合理化。

## 二、产业政策的功能与合理化

产业政策的基本功能可依次递进地表述为以下三个方面:规范企业行为;调整产业结构;促进供求结构平衡。

产业政策合理化方面,需要做到四点:

1.产业政策必须符合产业结构演变的趋势和规律,能够促进产业结构高级化。

2.产业政策必须从国情出发,能够充分发挥本国的资源和经济优势。

3.产业政策必须适应世界经济发展的要求,有利于参与国际分工。

4.产业政策必须遵循市场经济的运行要求,通过市场机制的功能实现对产业结构的调整。

## 三、产业政策的理论依据

1.后发优势理论

李斯特认为,工业化起步较晚的国家,有可能经过国家产业政策的保护与培育,发展起新的优势产业;后起国家只有以这种优势产业参与国际分工,才能打破旧有的国际分工格局,以先进的生产结构占据有利的国际分工地位,在此基础上进一步提出,后起国家由于可以直接吸收和引进先进国家的技术,技术成本要比最初开发的国家低得多;在同样的资金、资源、技术成本的条件下,还具有劳动力成本便宜的优势;只要在国家的保护与扶持下达到规模经济阶段,就可能发展起新的优势产业,与先进国家在其传统的资本或技术领域一争高低。这就是"后发优势理论"。

### 2.结构转换理论

结构转换理论也称"产业结构高级化理论"。它的基本思想是:一个国家的产业结构必须不断实行从低级向高级的适时转换,才能真正实现赶超和保持领先地位。产业结构未能实现及时转换,是历史上一些老牌的发达国家趋向于衰落的基本原因之一。英国的克拉克、德国的霍夫曼和美国的库兹涅茨等人都曾对经济增长与收入提高过程中的产业结构变化规律进行过深入研究,并提出了"配第-克拉克定理""霍夫曼比率""库兹涅茨增长理论"等学说。更重要的是,结构转换是一个重要的利益再分配过程,需要有政府的产业政策干预,才能适时、顺利地完成。

### 3.规模经济理论

规模经济理论在西方经济学中的基本内容是:由于生产费用中固定费用和可变费用的构成受市场开辟的过程性等因素的影响,产业发展客观上存在着生产费用最低的最优经济规模;在达到最优规模以前,单位生产费用处于递减过程,继续扩大规模是有利的。在西方国家中,产业政策研究的注意力主要集中于反垄断,对规模经济理论并未给予很大重视。日本的经济学者则充分利用并进一步发展了这一理论。

### 4.技术开发理论

技术开发理论是产业政策的一个重要依据。它的基本内容是:技术是一种难以按一般市场原则进行交易的知识财富。这种知识财富具有三个特点:一是技术本身常常具有公共物品的特征,二是技术开发伴随着技术与市场的双重风险,三是技术的开发与应用具有学习过程和规模经济的特征。所以技术的开发过程或开发结果经常存在着社会收益率大于企业收益率的可能性,而这种可能性会削弱企业技术投资的积极性。因此,在技术开发过程中,政府的产业政策干预是保证技术不断进步的必要条件。

### 5.国家竞争优势理论

国家竞争优势理论是哈佛大学的迈克尔·波特教授 20 世纪 80 年代在《国家竞争优势理论》一书中提出的。"国家与产业竞争力的关系,也正是国家如何刺激产业改善和创新的关系,要建立竞争优势,单凭察觉一个新的市场需要或新科技是不够的。"一国产业的竞争优势,不是固有的,而是创造出来的,取决于国家能否创造一个适宜创新的环境。可以用四类要素(要素条件、需求条件、相关产业和支持产业、企业战略)和两个辅助要素(机遇和政府)组成的钻石结构来形象地描绘竞争环境的组成,这就是"钻石理论"。波特认为这六个因素共同构成一个动态的、激励创新的竞争环境,并构成一国产业国际竞争力的来源。

### 6.企业能力理论

企业能力理论是目前产业经济学和战略管理理论研究的热点和前沿。它是随着企业战略管理理论关于企业竞争优势根源的探讨而发展起来的。由于企业能力理论尚未形成统一的理论体系,所以不同的流派在称谓上也各不相同,主要有基于资源的企业理论、基于核心能力的企业理论、基于动态能力的企业理论、基于知识的企业理论等几种理论,但是,这些理论总体上都是一致的,即认为企业的竞争优势主要来源于企业内部。

# 四、产业政策的基本理论

1.产业结构演进趋势理论

可以对产业结构演变和成长的规律作以下概括:

(1)产业结构的演变是个动态过程,产业结构演变的实质是一个不断趋于高级化的进程,具有明显的阶段性和较强的有序性。

(2)从三次产业结构演变的历史进程来看,随着经济的发展(即人均国民生产总值的逐步提高),对应于不同的经济发展阶段,各国都大致经历了由"一、二、三"到"二、一、三"再到"三、二、一"的转变。

(3)产业结构演变发展可以分为三个阶段:农业化、工业化、信息化(即后工业化)。其中工业化作为经济发展中极为关键的一个阶段,又可分为重工业阶段,高度加工阶段和集约化阶段。

(4)生产要素方面,从劳动密集型向资本密集型再向技术知识密集型产业转变;在产品的加工程度方面,由采掘产业向原材料产业、初加工工业再向深加工工业转变;在产业的技术含量方面,由传统产业向新兴产业、高新技术产业转变;在产业的附加值方面,由低附加值向高附加值再向更高附加值方向发展。

2.主导产业的选择理论

经济学家在研究产业结构演变规律时还发现,一个国家或地区,在不同的发展阶段上往往存在一个或几个"主导产业"或"主导部门"。这些主导产业或主导部门对其他产业的发展具有较强的带动作用,因而在很大程度上决定着这一时期产业结构特征及其发展演变的趋势。因此,主导产业或部门的选择便成为产业结构政策的重要内容。

3.产业生命周期理论

经济学家经过研究发现,产业的发展和人的生长过程相似,也有一个从幼稚到成熟,从成熟到衰老的过程。有的学者把产业发展的这一过程形象地比喻为"产业生命周期",并把产业生命周期划分为五个阶段:新兴阶段;朝阳阶段;支柱阶段;夕阳阶段;衰落阶段。

# 五、产业政策的选择与运用

产业结构的合理化和高度化即产业结构的优化,需要正确的产业政策支持。我国产业政策的正确选择必须符合国际产业政策的演变趋势和本国经济发展阶段重大变化的客观要求,必须进行综合研究,实行有机的配套运用。

1.不同层次产业政策配套运用的基本原则

(1)共生性原则。产业结构政策、产业组织政策、产业关系政策必须同时产生,一起运用贯彻,不能单独运用其中某一政策。为此,在制定政策时,要全面考虑不同层次的产业政策,把其作为一个完整的政策体系来加以实际运用。

(2)同向性原则。在某一特定时点,不同层次产业政策的目标必须是同向性的,政策侧重点一致。例如,当产业结构向重化工业为主的目标转变时,产业组织政策应偏向于抑制竞争,加速生产集中,追求规模经济,而不应偏向于反垄断,发展过度竞争。

(3)同步性原则。在政策目标同向性前提下,不同层次产业政策的运用要同步进行,有机配合,以形成整体效应。其中任何一项政策的滞后运用,都将削弱其他政策的政策力量。

(4)调和性原则。不同层次产业政策之间的内在矛盾要加以调和,使宏观、中观、微观的关系趋于协调。在一般情况下,这种政策调和以低级层次服从高级层次为准则。

2.产业兴替、资产重组与区位置换三者相联系,促进立体结构优化

产业政策在加强资源配置结构优化的导向上,应先加强系统性,也就是把涉及国民经济的资源配置的各个子系统有机地联系起来,进行系统调控和系统优化。这一点,应成为产业政策工作一个重要的指导原则。国民经济资源配置是由产业结构、区位结构和企业结构这三者构成的三维系统。资源配置结构的战略调整就是把产业结构、产品结构的优化(产业兴替)同企业结构的优化(资产重组),以及区位结构的优化(区位置换)有机地结合起来。产品结构属于产业结构的微观层次。在优化经济结构的过程中,把这三者有效地联系起来才能奏效。

# 第三节　案例分析

## 案例 22　经济新亮点:加速中的人工智能产业

### 一、案例导读

自 2016 年开始,国家出台了多项政策用于指导和支持人工智能产业发展。人工智能产业政策的集中落地,也为我国 AI 技术与应用的发展提供了良好机遇。除国家政策之外,地方政策也已成为推动我国人工智能产业发展的主力军。截至 2018 年底,超过 20 省份发布了 30 余项人工智能专项扶持政策,推动人工智能快速发展。随着各地更为具体的措施的出台,我国人工智能产业政策体系基本成型,并形成了良好的央地联动效应。作为国内最早提出人工智能政策的省市之一,上海自 2017 年以来相继出台了一系列促进人工智能产业发展的政策,2019 年上海财税工作会议提议,将研究建立人工智能发展基金,为核心技术研发、战略性先导产业并购和重组以及产业链整合升级提供长期稳定的资金保障。在人工智能国际竞争逐步加强的情况下,今后我国需要从国家战略高度重视人工智能技术及其产业的发展,更好地激发个人和企业的创新创业精神及创造活力。本案例聚焦人工智能产业政策,从中对政府经济管理的相关问题展开讨论。

## 二、案例材料

**材料一：人工智能正在成为政策聚焦的新兴产业**

《经济参考报》记者通过详细梳理发现，截至2018年7月，已有北京、上海、天津、浙江、安徽、吉林、贵州等20个省市，根据各地实际发展情况出台了人工智能产业政策和措施。业内认为，中央层面对人工智能发展高度重视，已陆续出台一系列人工智能产业发展政策。随着各地更为具体的措施亮相，我国人工智能产业政策体系已基本成型，并正在形成良好的央地联动效应。这不仅有助于中央层面的人工智能产业政策快速落地，还能促进产业加速应用，更快和汽车、医疗、物流、制造业等关键产业融合。

出于对产业的高度重视，我国人工智能产业的政策布局较早。2015年7月，国务院出台《关于积极推动"互联网＋"行动的指导意见》，首次提出培育发展人工智能产业，并将人工智能列为11项重点行动之一；2016年3月，发展人工智能产业被写入"十三五"规划。当年公布的《"互联网＋"人工智能三年行动实施方案》《"十三五"国家科技创新规划》《智能硬件行业创新发展行动(2015—2018)》《"十三五"国家战略性新兴产业发展规划》等多份产业指导文件，均对发展人工智能产业做出详细安排。2017年3月，人工智能被首次写入政府工作报告；2017年10月，人工智能被写入党的十九大报告，人工智能和实体经济融合成为产业发展的重要目标；当年7月和11月，国务院相继公布了《新一代人工智能发展规划》和《促进新一代人工智能产业发展三年行动计划》，在进一步对人工智能产业发展做出规划的同时，提出加快推进人工智能产业和已有各类产业融合。

随着中央层面产业政策不断出炉，各地对人工智能产业的发展也日益重视。各个省市出台的人工智能领域的主要政策见图8-1。

从2016年开始，上海、北京、浙江、广东等地根据各自实际情况，陆续出台了地方性产业政策和措施。截至目前，我国已有北京、上海、天津、浙江、安徽、吉林、贵州等20个省份出台了人工智能产业政策。例如，上海市出台了《上海市人工智能创新发展专项支持实施细则》，天津市出台了《天津市人工智能科技创新专项行动计划》，江西省出台了《江西省关于加快推进人工智能和智能制造发展的若干措施》。此外，天津、上海、贵州等地还提出，要加大对人工智能产业的资金支持和税收优惠，如《贵州省"互联网＋"人工智能专项行动计划》明确提出，2018年前完成投资5亿元以上；《江西省关于加快推进人工智能和智能制造发展的若干措施》则表示，将出台税收优惠政策支持产业发展。

业内认为，我国的人工智能产业政策体系已基本成型，并正在形成良好的央地联动效应。中国工程院院士邬贺铨向《经济参考报》记者表示，制定和出台具体的产业政策，是我国推进产业发展的有力手段之一。

（案例来源：侯云龙.人工智能产业政策体系成型[N].经济参考报，2018-07-26.）

**材料二：上海研究设立人工智能发展基金**

2019年上海市财税工作会议提出，将研究设立人工智能发展基金，为关键核心技术攻坚克难、战略性先导产业兼并重组、产业链整合提升提供长期稳定的资金来源。

设立人工智能发展基金将是上海在人工智能领域又一重要举措。事实上，自2017年以来，作为国内第一批提出人工智能政策的省市，上海先后推出了一系列政策促进人工智

| 人工智能政策汇总 | |
|---|---|
| 省市 | 政策 |
| 北京 | 《中国制造2025》北京行动纲要 |
| | 关于促进中关村智能机器人产业创新发展的若干措施 |
| | 北京市加快科技创新培育人工智能产业的指导意见 |
| | 中关村国家自主创新示范区人工智能产业培育行动计划 |
| 上海 | 关于本市推动新一代人工智能发展的实施意见 |
| | 上海市绿化市容行业人工智能发展规划纲要 |
| | 上海市人工智能创新发展专项支持实施细则 |
| 广东 | 广东省新一代人工智能发展规划 |
| | 广东省促进大数据发展行动计划（2016—2020年） |
| 浙江 | 浙江省新一代人工智能发展规划 |
| 安徽 | 安徽省新一代人工智能产业发展规划 |
| | 中国（合肥）智能语音及人工智能产业基地（中国声谷）发展规划（2018—2025年） |
| 广西 | 关于贯彻落实新一代人工智能发展规划的实施意见 |
| 黑龙江 | 黑龙江省人工智能产业三年专项行动计划 |
| 辽宁 | 辽宁省新一代人工智能发展规划 |
| | 沈阳市新一代人工智能发展规划 |
| 四川 | 四川省新一代人工智能发展实施方案 |
| 天津 | 天津市新一代人工智能产业发展三年行动计划 |
| | 天津市加快推进智能科技产业发展总体行动计划 |
| | 天津市人工智能"七链"精准创新行动计划 |
| 贵州 | 智能贵州发展规划(2017—2020年) |
| 湖南 | 长沙市关于加快新一代人工智能产业发展推动国家智能制造中心建设的若干政策 |
| 福建 | 关于推动新一代人工智能加快发展的实施意见 |
| 江苏 | 智慧江苏建设行动计划（2018—2020年） |
| | 江苏省新一代人工智能产业发展实施意见 |
| 河北 | 河北省战略性新兴产业发展三年行动计划 |
| 湖北 | 湖北省科技创新"十三五"规划 |
| 河南 | 河南省智能制造和工业互联网发展三年行动计划 |
| 江西 | 关于加快推进人工智能和智能制造发展的若干措施 |

**图 8-1　各个省市的人工智能政策汇总**

能产业发展。2019 年的上海两会透露了上海在人工智能领域的新举措，也有代表委员提出与人工智能相关的提案。澎湃新闻记者特此梳理，盘点上海的人工智能政策。

上海市的人工智能政策关注应用场景，重视产业协同创新，在集聚高端人才和开放公共数据资源方面也出台了不少政策。发展目标上，上海计划到 2030 年，人工智能总体发展水平进入国际先进行列，初步建成具有全球影响力的人工智能发展高地。

**环环相扣，意见、细则和办法相继出台**

2017 年是地方政府推出人工智能政策的大年，为贯彻落实国家《新一代人工智能发展规划》,江西、安徽、上海、浙江、北京、吉林等省份都相继推出了人工智能发展规划或实施意见。

2017年11月,上海市人民政府办公厅印发《关于本市推动新一代人工智能发展的实施意见》(以下简称《实施意见》)。

上海的这份《实施意见》从应用场景、科技创新、重点产业和融合生态四个角度出发,提出了上海市人工智能的发展目标。

《实施意见》计划,到2020年,上海人工智能重点产业规模超过1000亿元,并从场景、创新等四个角度出发,形成60个左右人工智能深度应用场景,计划打造6个左右人工智能创新应用示范区,建设100个以上人工智能应用示范项目,建设10个左右人工智能创新平台,建成5个左右人工智能特色产业集聚区,培育10家左右人工智能创新标杆企业。

同年12月,在《实施意见》的基础上,上海市经济信息化委、市财政局印发了《上海市人工智能创新发展专项支持实施细则》,进一步明确上海在人工智能创新发展中的重点支持领域。

延续了《实施意见》对人工智能应用场景和重点产业的关注,《实施细则》规定,上海人工智能专项支持资金将重点支持拓展融合应用、发展核心产业、加强数据支撑等方向。

具体而言,上海将在远程检测、影像分析、决策辅助等场景聚焦制造业和相关人工智能产业,支持计算机视觉、语音语义识别等人工智能技术的深度融合应用;支持智能网联汽车辅助驾驶、自动驾驶技术产业化;支持建设跨行业跨领域大数据平台,重点实现各方面的数据资源共享融合和流通交换。

2018年9月,在世界人工智能大会上,上海又正式发布《关于加快推进人工智能高质量发展的实施办法》,围绕聚焦人才、数据、产业、资本等重点,推出22条细则。

在集聚高端人才方面,上海将符合条件的人工智能人才和核心团队纳入本市"人才高峰工程",为人工智能人才配置具有国际竞争力的事业发展平台,完善工作体制和社会保障。

在深化数据资源开放和应用方面,上海将依法有序向人工智能企业开放教育、医疗、旅游等重点领域数据信息,形成60个左右人工智能深度应用场景。

在产业协同创新层面,上海承诺,对符合重点支持方向的人工智能领域项目,给予总投资最高30%,总额最高2000万元的支持。

在政府引导和投融资支持力度上,上海鼓励有条件的金融机构设立人工智能信贷专项,引导社会资本设立千亿规模人工智能产业发展基金,支持人工智能企业通过兼并、收购、参股等形式开展国际化投资并购,鼓励各区对人工智能型企业上市等给予重点支持。

在上述《实施意见》、《实施细则》和《实施办法》的基础上,上海还十分关注人工智能的应用场景和落地情况。

2018年12月,上海市经济信息化委发布了《上海市首批10大人工智能试点应用场景需求列表》,面向全球征集安防、工厂、家庭、交通、金融、社区、学校、医院、园区、政务等应用场景的解决方案。

除了市级的政策,徐汇区、杨浦区、闵行区、宝山区等也出台了辖区内的人工智能产业政策。

**关注焦点，两会中的人工智能**

人工智能是今年上海两会关注的焦点。不少人大代表、政协委员提出了与人工智能相关的提案和建议。

上海市政协委员、上海交通大学机械与动力工程学院教授范秀敏提交提案，建议政府在推进上海人工智能专项建设中，增加"AI＋教育"专项支持板块，并鼓励集聚发展 AI 产业的各个区在人工智能展上设立招商宣传。

新鸿基建筑负责人梁洁芹委员建议上海市通过人工智能结合副城市中心建设，来缓解中心城区人口压力过大的问题。

人工智能时代的到来将在一定程度上改变原有的产业结构，并产生相关的人才需求和失业问题。

对此，人大代表张辰建议，增加政府的研究资金，结合上海的就业人口的年龄、学历和技能等现状，提前对行业、岗位进行客观分析，对失业状况、产业调整进行研判，提出 5 年至 15 年的应对计划。他还指出，要加快调整高校教师的知识结构，对现有的课程体系进行重组和优化，尽快提出与人工智能时代相匹配的教育教学和课程教法。

2019 年，上海将推动在上海证券交易所设立科创板并试点注册制。

对此，上海市人大代表、德勤华永会计师事务所（特殊普通合伙）华东区主管合伙人刘明华建议，科创板应重点扶持具有突破国外垄断实现产业升级的应用技术创新企业，比如云计算、人工智能、高端工业软件、隐私计算、生物医药等。

除了代表委员们的提案和建议，两会还透露了上海在人工智能领域的新举措。

据悉，根据 2019 年本市经济社会发展总体要求，上海将全面推进张江综合性国家科学中心建设，积极参与脑科学与类脑研究、人工智能等国家科技创新 2030 重大项目，筹备全脑介观神经联接图谱国际大科学计划发起工作。

上海还将加快建设功能型平台与科技服务平台，在人工智能、高端装备等领域谋划布局新一批功能型平台，探索上海产业技术研究院转型。

（案例来源：张唯.上海人工智能政策盘点：关注场景、产业与人才，将设发展基金［EB/OL］.2019-02-21.）

## 材料三：产业政策助力人工智能发展

在人工智能领域的国际竞争中，一个世界性趋势日渐清晰——为了加快人工智能技术及产业的发展并应对其负面影响，世界各国都竞相采取更为积极的产业政策。

自 2013 年开始，许多国家在经济振兴、科技创新、机器人、互联网等方面的政策中就已引入有关人工智能的内容。当前，世界主要经济体已将发展人工智能上升为国家战略。美国连续发力人工智能，2016 年 5 月成立"人工智能和机器学习政策与监督委员会"，负责协调全美各界在人工智能领域的行动，探讨制定人工智能相关政策和法律；2016 年 10 月又连续发布《为人工智能的未来做好准备》和《国家人工智能研究和发展战略规划》两份报告，将人工智能上升到国家战略层面。欧洲也将人工智能确定为优先发展项目，2016 年 6 月，欧盟委员会提出人工智能立法动议；2018 年 4 月，欧盟委员会提交了《欧洲人工智能》；2018 年 12 月，欧盟委员会及其成员国发布主题为"人工智能欧洲造"的《人工智能协调计划》。日本依托其在智能机器人研究领域的全球领先地位，积极推动人工智能发展人工智能,在 2016 年提出的"社会 5.0"战略中将人作为实现超智能社会的核心,并设立"人工智能战略会议"进行国家层面的综合管理。

值得注意的是,各国对人工智能发展的支持不仅体现在人工智能战略本身,而且在经济、社会、产业等其他领域的法律法规、战略和政策中也多有体现。

人工智能之所以成为世界各国竞争的焦点和产业政策发力的重点,是因为其在经济社会发展全方位都具有巨大价值。一方面,人工智能拥有强大的经济带动性。人工智能是当代通用目的技术,也就是说它是一种能够在国民经济各行业获得广泛应用并持续创新的技术,这意味着经济社会对人工智能的需求巨大,人工智能技术能够发展成规模巨大的产业。另一方面,人工智能可对其他产业产生颠覆性影响,加快产业行业的技术创新、商业模式和业态变革,提高生产效率、改善用户体验。

对于这样一种刚进入产业化初期且快速发展的前沿技术,目前没有哪个国家已经具备绝对优势,更没有哪个国家能够像掌控传统产业那样在这一领域形成垄断地位,因此,如果能及早进入这一领域就可能占据一席之地,甚至获取未来产业发展的主导权,反之则很有可能被其他国家甩在后面。

当前世界主要国家的人工智能战略和相关产业政策主要呈现五大特点:

一是大力支持人工智能科技创新。美国在 2015 年对人工智能相关领域投入的研发资金为 11 亿美元,后续的人工智能发展政策仍强调对人工智能研究进行长期投资,以保持美国在这一领域的世界领先地位;欧盟委员会计划将"地平线 2020"等研究和创新项目中的人工智能投入增加 70%,预计在 2018 年至 2020 年间达到 15 亿欧元,并通过公私合作带动额外 25 亿欧元的投资;法国计划在 2022 年前投入 15 亿欧元用于支持人工智能的技术创新和创业。

二是推动数据扩大开放。由于人工智能的发展是由深度学习算法的突破和海量数据形成所推动的,因此数据的开放对于人工智能的发展至关重要。美国《为人工智能的未来做好准备》报告提出,将实施"人工智能公开数据"计划,实现大量政府数据集的公开;《美国人工智能倡议》也提出增强对高质量和完全可追溯的联邦数据、模型和计算资源的访问。

三是加快标准制定。人工智能技术的发展和实际应用需要机器设备、产品、服务、场景之间的连接和数据交换,因此许多国家的人工智能战略强调建立统一的人工智能技术标准与测试基准,以减少人工智能技术开发和应用进程中的障碍。同时,对标准的掌握也意味着掌控了人工智能发展的国际话语权。

四是加强人才培养。人工智能应用的爆发加剧了人才短缺的问题,一些国家把加强国民教育、在职培训和人才引进作为解决人才缺口的重要手段。包括在高等教育阶段开设人工智能课程,加强继续教育和在职训练课程,使在职人员掌握人工智能技能,同时帮助被人工智能所替代岗位的劳动者掌握新技能等。更为长远的是,通过强化科学、技术、工程、数学课程,增加人们对人工智能的学习机会,培养更多适应人工智能发展的人才。

五是完善法律法规。人工智能的发展将对个人隐私、社会伦理、市场竞争、网络安全、产业安全等各方面产生深远影响。不少国家加紧完善人工智能相关法律法规,这既是为了打破既有规则对人工智能科技和产业发展的束缚,又是未雨绸缪,保障个人基本权利,防范因人工智能技术滥用而造成的负面影响。

总而言之,人工智能国际竞争的大幕已经开启,这个"新赛场"的赛况将直接影响未来国际格局演变的进程。为此,我国需从国家战略高度重视人工智能技术及其产业发展,积极借鉴国际经验,在技术创新、数据开放、标准制定、人才培养和规则制定等方面加以支持和推动,完善产业发展的环境,并以此带动民间投资,更好激发个人和企业的创新创业创造活力。

(案例来源:李晓华.世界主要国家人工智能战略及其产业政策的特点[N].经济日报,2019-04-17.)

**案例思考:**

1.结合案例材料,谈谈对于"产业政策"的认识。

2.人工智能产业的发展离不开产业政策的支持,试结合案例,分析人工智能产业政策的关键理论依据。

3.请结合案例材料及相关知识,分析我国对于人工智能领域,该如何制定合理的产业政策。

## 三、案例分析参考

**1.结合案例材料,谈谈对于"产业政策"的认识。**

产业政策是指国家干预或参与经济的一种形式,它是国家(政府)系统设计有关产业发展,特别是产业结构演变的政策目标和政策措施的总和。基于案例材料,可以从如下方面认识产业政策:

(1)产业政策的对象是产业结构或产业组织。案例提及的产业政策通过促进人工智能产业发展,使得像人工智能产业这样一些具有重大发展前景的新兴产业能够快速成长,带动整个产业结构实现优化。

(2)产业政策的核心是经济结构转换问题,特别是产业结构高级化问题。案例提及的产业政策助推人工智能产业发展,使得产业发展朝着更加高端的方向迈进,推动整个经济结构更好地实现向上和向前发展。

(3)产业政策欲通过国家(政府)介入资源分配,来弥补市场机制的不足,实施某种程度的计划化。案例提及的人工智能产业政策具备一定的计划性,通过提前规划,做好布局,推动产业发展朝着更加科学有序的方向迈进。

(4)产业政策的目标是产业发展的合理化,即产业结构合理化和高级化,以及产业内部组织结构的优化。因而产业政策的效果往往是中长期的。案例提及的人工智能产业政策也不是一蹴而就的,而是通过持续地发挥作用,促进产业的健康发展。

(5)产业政策不是一项或几项经济政策,而是一组具有相互关联的经济政策的总和。案例提及的人工智能产业政策是有机的系统,靠着不同政策的相互协同,将宏观调控的意图体现到对产业发展的引导当中。

**2.人工智能产业的发展离不开产业政策的支持,试结合案例,分析人工智能产业政策的关键理论依据。**

产业政策的理论依据主要包括:后发优势理论、结构转换理论、规模经济理论、技术开发理论、国家竞争优势理论以及企业能力理论。而根据案例材料及现实情况可以发现:人工智能产业发展的关键就是技术的开发。因此,技术开发理论是人工智能产业政策的关键理论依据。

该项理论依据的基本内容是:技术是一种难以按一般市场原则进行交易的知识财富,这种知识财富具有三个特点:一是技术本身常常具有公共物品的特征。二是技术开发伴随着技术与市场的双重风险。三是技术的开发与应用具有学习过程和规模经济的特征。所以技术的开发过程或开发结果经常存在着社会收益率大于企业收益率的可能性,而这种可能性会削弱企业技术投资的积极性。

因此,在人工智能产业的发展过程中,政府的产业政策干预是保证技术不断进步的必要条件。正如案例材料所示,国家发布了一系列支持人工智能产业的政策,正是这些产业政策下的技术开发推动我国人工智能产业快速发展,并取得了举世瞩目的成就。

**3.请结合案例材料及相关知识,分析我国对于人工智能领域,该如何制定合理的产业政策。**

(1)产业政策的制定需符合产业结构演变的趋势和规律,能够促进产业结构高级化。正如案例材料所提到的,人工智能产业是我国的新兴产业,发展前景广阔,为此需积极促进人工智能产业政策的合理化,提升产业专业化水平,支撑人工智能产业发展从大到强,实现精细化和高品质。

(2)产业政策要从我国的国情出发,制定产业政策时需充分发挥我国的资源和经济优势。当前,我国人工智能产业在总体保持较快发展的情况下,内外部优势明显。"互联网+"的发展也为人工智能产业的发展提供了更多的可能性和容纳空间,在此情况下人工智能产业政策的制定要从我国经济发展现状与国情出发,制定出适合我国的人工智能产业政策,促进人工智能产业做强做大。

(3)产业政策必须遵循市场经济的运行要求,通过市场机制的功能实现对产业结构的调整。正如案例材料所提到的,人工智能产业发展空间巨大,不断创造和引领新的发展需求也将成为人工智能产业未来的发展方向。从新技术应用看,大数据、物联网、云计算、移动互联网等技术加速与人工智能产业融合,"互联网+服务"将创造出一些新的人工智能业态。为此,人工智能产业政策需要充分重视竞争机制、激励机制的构建,助力人工智能产业又好又快发展。

**参考文献:**

[1]费艳颖,刘彩薇.负责任创新视角下我国人工智能产业政策的解构与重构[J].情报杂志,2021,40(7):45-51,57.

[2]袁野,刘壮,万晓榆,等.我国人工智能产业人才政策的量化分析、前沿动态与"十四五"展望[J].重庆社会科学,2021(4):75-86.

[3]李新娥,何勤,李晓宇,等.基于政策量化的人工智能政策对制造业就业的影响研究[J].科技管理研究,2020,40(23):197-203.

[4]单晓红,何强,刘晓燕,等."政策属性—政策结构"框架下人工智能产业政策区域比较研究[J].情报理论与实践,2021,44(3):194-202.

[5]王兆祥,宋平.我国人工智能产业支持政策体系特征与优化:中央与北上广深的政策文本分析[J].科学管理研究,2020,38(2):64-70.

## 案例 23　强化统筹协调：为新兴产业发展护航

### 一、案例导读

新兴产业代表新一轮科技革命和产业变革方向，发展新兴产业有助于促进产业结构优化升级，推动产业迈向中高端，培育形成经济新动能。当前，新技术不断向各个领域渗透，产业之间加速融合，新兴产业也成为全球产业竞争新高地。各个国家都在加强规划统筹和政策扶持力度，以期能够抓住产业发展机遇。我国新兴产业的法律法规也不断完善，更好地为产业发展保驾护航，不仅可以发挥弥补市场失灵的作用，也有利于维护公平的市场竞争秩序并促进行业有序发展，对于保障我国新兴产业发展具有重要价值。此外，随着创新驱动发展战略的深入实施，新产业、新业态、新模式不断涌现，成为推动经济增长、结构调整的新动力。2020 年在新冠肺炎疫情演变为全球性危机的情况下，新兴产业中的新一代信息技术产业对于抗击疫情和助力经济发展发挥了不可替代的作用，生物医药、新能源汽车等新兴产业亦成为行业热点，各地纷纷出台支持 5G 等"新基建"发展的政策，助力常态化"抗疫"。本案例聚焦新兴产业的产业政策，从中对政府经济管理的相关问题展开讨论。

### 二、案例材料

**材料一：从"中国制造"到"中国智造"：迈向全球价值链中高端**

制造业是国民经济的主体，是科技创新的主战场，是立国之本、兴国之器、强国之基。当前，以新一代信息通信技术与制造业融合发展为主要特征的新一轮科技革命和产业变革正在全球范围内加紧孕育兴起，这与我国制造业转型升级形成历史性交汇。面对制造业大而不强的问题，"中国制造"正加速迈向"中国智造"的新征程。

新中国刚成立时，我国的工业基础几乎一穷二白。纵观新中国成立 70 年来的发展，特别是改革开放以来，一个贫穷落后的农业国成长为世界工业制造大国。

从以"三来一补"为代表的低端制造，向以高端装备制造业为代表的全球价值链中高端转变；从产业链末端的"世界工厂"，向自主创新的"中国智造"转变，在加速转型升级的过程中，中国制造不仅形成了完整的制造业体系，并且制造业增加值持续增长。

世界银行数据显示，按现价美元测算，2010 年我国制造业增加值首次超过美国，成为全球制造业第一大国，自此以后连续多年稳居世界第一，2017 年我国制造业增加值占世界的份额高达 27.0%，成为驱动全球工业增长的重要引擎。

尽管我国是制造大国，但是制造业长期处于产业价值链的中低端，低端产能过剩与高端产品有效供给不足并存。2015 年，我国先进制造业发展规划描绘了建设制造强国的宏伟蓝图。以加快新一代信息技术与制造业深度融合为主线，以推进智能制造为主攻方向，我国开始加速实现制造业由大变强的历史跨越。

"先进制造业发展规划的背景是，许多发达国家纷纷实施'再工业化'战略。随着人工智能、5G、工业互联网等新兴技术的飞速发展，智能制造已成为全球制造业重要发展趋势,对产业发展和分工格局带来深刻影响,推动形成新的生产方式、产业形态、商业模式。加快发展智能制造,是培育我国经济增长新动能、打造制造业竞争新优势的必由之路。"中国科学院科技战略咨询研究院研究员王晓明对中国经济时报记者说。

智能制造极具应用潜力。联想集团董事长杨元庆曾经以联想为例说,制造业智能化将不止运用于制造环节,还包括产品的开发、供应、营销和服务等环节。比如,过去开发产品时,要找用户谈对产品的印象,再进行改进。现在,互联网上的数据成千上万,所有用户的反馈意见都可以通过大数据的应用进行分析,研发就更加智能。

智能制造是中国制造业转型升级的强烈需求。中国工程院"新一代人工智能引领下的智能制造研究"课题组的研究显示,在全国 10 个城市 1815 家企业中,73%的企业有实施智能制造的强烈意愿;又据对智能制造相关项目的调查,2015—2017 年的 308 个项目进行智能化改造后,生产效率平均提高 34%,运营成本平均降低 22%,产品研制周期平均缩短 32.4%;另据统计,广东、江苏、浙江等地的智能改造技术升级资金已占当地工业投资的 70%以上。

我国制造业企业所处发展阶段参差不齐,其数字化转型既包括处于较低发展阶段的企业提高信息化水平,也包括处于较高发展阶段的企业实现数字化、网络化、智能化。近几年,我国制造业数字化转型已经取得了一定成效,数字化、集成互联、智能协同水平持续提高,工业互联网应用规模不断扩大。不过,距制造强国的要求还有很大差距。

国务院发展研究中心创新发展研究部研究员沈恒超最近的研究显示,缺乏权威的数据标准、数据安全问题有待解决、数据开放与共享水平有待提高、技术基础与信息基础设施相对薄弱、对就业将产生严峻挑战等问题仍存在,阻碍着制造业数字化转型进一步深入。建议有关部门完善支持鼓励政策,促进工业数据标准建设与应用,加强数据安全保护,支持核心技术攻关,增强信息基础设施支撑能力,推进国际合作,与再就业培训、社会保障体系实现统筹规划。

"我国的互联网经济、大数据、物联网、5G、人工智能等发展水平和世界发达国家处于同一起跑线上,工业的规模优势给数字化、网络化、智能化的技术应用提供了非常好的条件,制造业的转型升级具有很好的基础。从总体上看,我国智能制造的发展处于起步阶段,在关键技术装备、工业软件和系统解决方案等方面还需要创新突破。未来,我国智能制造的发展应该是开放合作的,在国际竞争中强化自身的优势。"王晓明说。

(案例来源:郭锦辉.从"中国制造"到"中国智造":迈向全球价值链中高端[N].中国经济时报,2020-09-23.)

**材料二:以"新基建"助推经济高质量发展**

前不久,中共中央政治局常务委员会召开会议强调,要加大公共卫生服务、应急物资保障领域投入,加快 5G 网络、数据中心等新型基础设施建设进度。今年的《政府工作报告》再次对加强新型基础设施建设做出重要部署。这些重要要求,是应对经济下行压力的客观需要,更是党中央在深刻洞察和把握世界科技与产业变迁大趋势基础上做出的战略抉择。我们要充分认识"新基建"的重要意义,把握"新基建"涉足的重点领域,关注并推进"新基建"中关键问题的解决,助推我国经济高质量发展。

(一)"新基建"是助推高质量发展的新动能

基础设施是经济社会发展的基石,具有战略性、基础性和先导性作用。经过连续多年大规模投资,我国传统基建领域的存量基数已经很高,而以数字型基础设施为代表的"新基建"还处在起步阶段,拥有广阔发展空间。自2018年底的中央经济工作会议提出"加强人工智能、工业互联网、物联网等新型基础设施建设"以来,中央高度重视新型基础设施建设。特别是这段时间,从中央深改委会议审议通过《关于推动基础设施高质量发展的意见》,到中共中央政治局常委会会议提出"加快5G网络、数据中心等新型基础设施建设进度",顶层设计为新型基础设施建设按下"加速键"。通过"新基建"来促进经济结构调整、实现经济动能转换和促进经济高质量发展,具有重要意义。在此次疫情中,无论是在线办公助力复工复产、云商业云服务便利社会生活,还是智能制造加速发展,都离不开"新基建"的有力支撑。有机构测算,到2025年,我国5G网络建设投资累计将达1.2万亿元。2020年至2025年,5G商用直接带动的经济总产出将达10.6万亿元。一端连着巨大的投资与需求,另一端连着不断升级的消费市场,可以预见,"新基建"将激发经济发展的内生动力和新动能,不仅有利于对冲疫情不利影响,有效应对经济下行压力,而且是企业应对挑战、转型升级的重要机遇,能很好地助力我国经济实现高质量发展。

### (二)"新基建"应重点关注三类投资

"新基建"是与传统的"旧基建"相对应的,其表象是基础设施建设内容的差异,但内核却是技术特征、经济发展阶段等社会历史情境变化所引致的内在差异。"新基建"不仅定位为"发力于科技端的基础设施建设",还包括对传统产业(尤其是制造业)短板、民生(尤其是乡村地区)短板的新投资,包括5G、特高压、城际高速铁路和轨道交通、新能源汽车充电桩、大数据中心、人工智能、工业互联网、智能制造、乡村基础设施等内容。具体来看,根据内容的特征和差异,"新基建"可分为如下三种类型。

一是重点投向关乎未来社会发展具有技术前瞻性的基础设施。比如5G、特高压、城际高速铁路和轨道交通、新能源汽车充电桩、大数据中心、人工智能、工业互联网等。这些基础设施是传统基础设施的信息化、数字化、智能化和绿色化升级,是新一轮科技革命和产业变革催生的基础设施投资的新增长点。加大这些领域的投资不仅可拉动经济增长,更重要的是把握新一轮科技革命和产业变革机遇,实现对发达国家的"换道超车"或者"弯道超车"。当然,与传统基础设施投资相比,"新基建"还有一个显著的差异就是:因为前瞻性技术的不确定性和多技术轨道特征,"新基建"的投资需要向基础研究方面倾斜,尤其是对共性技术平台、大企业、高校、科研机构在基础研究上加大支持力度,并发挥好中小企业数量巨大和边缘创新的优势。

二是重点投向支撑新技术发展的核心制造业领域,主要是智能制造。在加快推进新型基础设施建设中,不仅要关注前沿技术领域的基础设施建设投资,也要加强关键制造业领域的投资,以智能制造为重要抓手,解决我国在关键核心技术、精密制造、精细化工等领域的"卡脖子"问题。

三是重点投向与人民美好生活向往相关联的"短板"领域。我国社会主要矛盾已经转化为人民日益增长的美好生活需要和不平衡不充分的发展之间的矛盾。当前我国发展不平衡不充分的问题在乡村最为突出,特别表现为乡村发展相对滞后、基础设施供给尚不充分。因此,"新基建"还要考虑围绕实现全面建成小康社会目标和实施乡村振兴战略的现实需要,尽快补齐乡村在交通基础设施、文化教育、医疗卫生、环保生态、宽带网络等方面的"短板",为农业农村发展创造良好环境。

### (三)加快推进"新基建"的四个关键点

眼下,加快推进新型基础设施建设、激发新动力正当其时。面对重要发展机遇,为避免"新基建"成为"一窝蜂""一阵风",造成重复建设、产能过剩,需要在推进过程中把握几个关键点。

一是中央统筹和地方推动相结合,平衡好投资规模、速度和结构。总量上应该以中央政府和地方政府的债务承受能力为临界点,切忌超出能力引发风险;速度上要把握好不同技术的演进周期以及本地的产业发展和市场需要,避免不顾现实和发展节奏而"高歌猛进"或"遍地开花";结构上既要控制好投资领域和资金流向,严格防范投资大量流向虚拟经济尤其是房地产领域,又要结合本地的产业优势、区位优势、市场优势等,在投资领域和方向上进行选择和取舍,形成各地在"新基建"领域的独特优势。

二是政府引导和市场竞争相结合,促进"新基建"有序推进。加快新型基础设施建设是抗疫情、稳增长的有力手段,也是经济发展新旧动能转换的现实需要,更是实现经济高质量发展的重要抓手,这需要国家层面的统筹协调。建议在相关规划中明确"新基建"的重点内容,将"新基建"与战略性新兴产业规划有机融合,并在传统基础设施建设的基础上,给予"新基建"更大的发展空间。当然,除了已经明确的"新基建"关键领域之外,还要留有一定的空间,为其他技术轨道和竞争性技术范式的发展创造条件。在具体的投资上,要充分调动市场主体的积极性,围绕企业发展的现实需要推进"新基建"。

三是投资效率和公平发展相结合,助推区域协调发展。对于与新技术关联的"新基建",可考虑重点投向京津冀城市群、长三角城市群、粤港澳大湾区、成渝城市群、长江中游城市群、中原城市群、关中平原城市群等,为进一步提高城镇化水平和提升人们的生活工作质量创造条件;对于基础研究领域方面的投资,可考虑重点投向基础研究实验室、大企业、高校和科研机构,提高基础研发能力,同时要引导企业加大应用研究、精密制造、系统工程等方面的投资;对于关乎人民群众美好生活向往的"新基建",可考虑将投资与乡村振兴战略有机融合,加大生产生活方面的投资,提升人民的生活质量,激发乡村发展的内生动力。

四是深化改革与营造环境相结合,为"新基建"发展保驾护航。进一步优化营商环境,提高电信、金融、电力、铁路等行业的开放水平和竞争性,在取消市场准入限制性门槛的基础上,强化对市场主体的事中事后监管,形成新的市场监管模式;进一步开放政府及相关部门数据,为大数据、5G、人工智能等发展拓展应用空间;进一步推进减税降费,降低中小微企业尤其是制造业中小微企业经营成本;进一步加大知识产权保护,激发创新者、创业者和创造者的积极性。通过各方智慧和力量的共同推进,营造更加有利于创新发展的制度环境,使"新基建"走上健康发展道路。

(案例来源:李先军.以"新基建"助推经济高质量发展[N].经济日报,2020-06-18.)

**案例思考:**

1.试结合案例,对产业政策的功能进行分析。

2.请结合案例,分析目前我国新兴产业发展过程中存在的主要问题。

3.请结合案例材料,阐述怎样促进"新基建"产业的发展。

## 三、案例分析参考

**1.试结合案例,对产业政策的功能进行分析。**

案例材料对于产业政策的功能进行了相应的体现,具体而言产业政策具有如下三项基本功能:

(1)规范企业行为

案例材料提到一些企业开始数字化转型,这在一定程度上得益于产业政策对企业行为的规范,通过有效引导,提升企业的数字化、信息化水平,从而更加符合现代制造业的规范化要求。在社会主义市场经济条件下,产业政策是国家指导性计划与市场机制有机结合的统一体。产业政策连同与其相适应的利益机制,会促使企业基于经济利益的考虑,趋利避害,选择有利于自身发展的生产经营决策,将企业行为纳入产业政策总体目标,从而发挥规范企业行为的功能,可避免由于企业盲目发展而造成的结构失调。

(2)调整产业结构

案例材料提到一些企业积极涉足新一代信息技术等新兴产业、踊跃步入"新基建"行业,促进了产业结构的调整与优化,这在一定程度上得益于产业政策的引导。产业政策从国民经济的全局利益和长远利益出发,对所有产业部门进行调查研究和综合分析,确定影响经济发展全局的主导产业、瓶颈产业和支柱产业。在上述战略产业确定之后,就可以对整个产业结构有一个总体调整方针。这样的产业政策只要认真组织实施,注意充分发挥市场机制的作用,就能促使产业结构的优化和协调。

(3)促进供求结构平衡

案例材料提到,长期以来我国低端产能过剩与高端产品有效供给不足并存,这涉及了供求结构不平衡的问题。这就需要通过调整供给结构的办法,促使供给结构与需求结构达到平衡,最终需要通过调整产业结构来实现供求平衡。产业政策通过协调供给结构从而达到实现总供给与总需求平衡的功能,因此案例材料提到需要完善支持鼓励政策,促进工业数据标准建设与应用等方面目标的实现。

**2.请结合案例,分析目前我国新兴产业发展过程中存在的主要问题。**

(1)技术创新能力有待进一步提升

案例材料提到,我国在关键技术装备、工业软件和系统解决方案等方面还需要创新突破,这表明技术创新能力需要进一步提升。我国新兴产业领域的技术创新虽然取得了一定的成效,但和发达国家相比仍然存在一定的差距,许多高精尖技术供应不足,部分核心技术对外的依存度较高。我国企业在研发创新活动中的主体地位在加强,但许多企业参与基础开发意愿不强,研发经费投入基础研究、应用研究的比重相对较少。

(2)引领产业发展的"灯塔"企业数量较少

案例材料提到我国需对共性技术平台、大企业、高校、科研机构在基础研究上加大支持力度,这间接反映了我国大企业的缺乏,进而在一定程度上反映出"灯塔"企业也是相对缺乏的。"灯塔"企业可以认为是在大规模采用新技术方面走在世界前沿的领先企业,具有引领发展的作用。美国等主要发达国家新兴产业有一批领军企业,我国虽然在信息技术、新能源汽车、新材料等领域有一些竞争力较强的企业,但是与"灯塔"企业相比差距还很大,像华为这样的企业仍是凤毛麟角。

(3)区域发展存在不均衡现象

案例材料提到当前我国发展不平衡不充分的问题在乡村最为突出,特别表现为乡村发展相对滞后、基础设施供给尚不充分。农村地区、中西部地区基础设施建设的相对薄弱也制约了新兴产业的发展壮大,而城市地区、东部沿海地区则国际化程度高,拥有高技术人才资源和雄厚的资金实力,经济水平一直领先,新兴产业的发展也不例外。

(4)产业可持续发展的制度环境尚待进一步完善

部分鼓励新兴产业的政策,有待加强落实,另外在制度的研究和设计方面存在滞后现象。因而案例材料建议在相关规划中明确"新基建"这一新兴领域的重点内容。以往政府对新业态、新模式变化的关注和研究不足,未能做到未雨绸缪。如电子商务、共享单车、互联网金融等领域往往是在出现了问题才考虑出台监管政策,这就需要政府今后在政策制定的时机把握方面予以改进。

**3.请结合案例材料,阐述怎样促进"新基建"产业的发展。**

(1)加强顶层规划

正如案例材料所建议的,需要在相关规划中明确"新基建"这一新兴领域的重点内容。新基建是强基础、利长远的战略性工程,支撑经济社会数字化转型和新旧动能转换,推进高质量发展,打造集约高效、经济适用、智能绿色、安全可靠的现代化基础设施体系。因此需要做好顶层设计,加强配合协调,强化新型基础设施建设的规划指导,着眼于长远发展。

(2)推进相关领域技术创新

正如案例材料所提到的,我国在关键技术装备、工业软件和系统解决方案等方面还需要创新突破。这就需要强化核心技术能力,不断减少对国外底层技术的依赖,充分发挥相关制造业创新中心的作用,继续加大财政资金支持力度,支持相关领域高校、科研院所与企业联合开展关键共性技术攻关,推动产品创新、模式创新,打造我国新基建的核心技术、核心品牌和核心地位。

(3)完善制度保障

做好新型基础设施建设亟须适应新技术、新需求的制度,案例材料也提到需要营造更加有利于创新发展的制度环境。构建我国新型基础设施,必须结合国情,政府要加强引导,充分发挥市场机制的作用,坚持深化改革,各发展单元分工合作、协同发展。政府还应加强资金、人才等方面的支持,完善配套政策体系。加强对各地区、各部门项目的监管和调控,防止一哄而起、盲目建设,确保供给与需求结构基本适应。加强新型基础设施示范推广和评价考核力度,推动试点示范。调整优化监管方式,创新监管理念,重点加强事中事后监管,保障市场主体公平参与竞争,为新基建创造良好发展环境。

(4)加强应用"新人才"培养

案例材料所提到的产业发展存在一些关键核心技术的缺失,而这在很大程度上是源于适应新基建发展的高水平专业人才缺失。为此,需要针对新基建各领域,加强人才的引进和培育,形成合理的人员结构。重视高技能人才培养,以提升职业素质和职业核心技能为核心。重视继承企业人才队伍建设,不断加强职工在职培训,根据不同岗位进行多元化培训。加强拔尖人才引进,加强创新型科技人才培养。创新人才管理体制,创新人才引进方式,优化人才生活等配套服务,为人才发展营造良好的环境。

参考文献:

[1]诸竹君,宋学印,张胜利,等.产业政策、创新行为与企业加成率:基于战略性新兴产业政策的研究[J].金融研究,2021(6):59-75.

[2]孙阳阳,丁玉莲.产业政策、融资约束与企业全要素生产率:基于战略性新兴产业政策的实证研究[J].工业技术经济,2021,40(1):59-67.

[3]何杰,程进文,韩磊.新兴产业崛起、产业政策与资本市场的关系:基于中国光伏产业发展沉浮的视角[J].证券市场导报,2020(12):2-7,18.

[4]张龙鹏,刘俊杰.粤港澳大湾区战略性新兴产业政策比较研究[J].科技管理研究,2020,40(22):39-47.

[5]史俊,张楠,龚湛雪.如何提高新兴产业政策的决策质量:基于证据决策新视角[J].中国科技论坛,2020(11):38-47.

# 案例 24　绿色低碳循环发展进行时

## 一、案例导读

在全球疫情传播的背景之下,世界各国更加深刻地认识到以牺牲资源、环境作为代价的高速发展是不科学也是不可持续的,科学发展、绿色发展已经成为时代的强音,而这也是我国在新时期的必然选择。当前,我国的绿色产业发展已经取得了较大进展,但依然存在产业基地大而不强、绿色制造技术及装备发展滞后以及产业发展水平及效益较低,人才支撑不足等问题。在此背景下,2021 年 2 月国务院发布《关于加快建立健全绿色低碳循环发展经济体系的指导意见》,提出到 2025 年,绿色产业比重显著提升;到 2035 年,美丽中国建设目标基本实现。本案例聚焦新时代的绿色低碳循环发展,从中对政府经济管理的相关问题展开讨论。

## 二、案例材料

(一)国务院: 到 2025 年显著提升绿色产业比重

2021 年 2 月 22 日,国务院发布《关于加快建立健全绿色低碳循环发展经济体系的指导意见》(以下简称《指导意见》)。《指导意见》明确的主要目标是,到 2025 年,产业结构、能源结构、运输结构明显优化,绿色产业比重显著提升,绿色低碳循环发展的生产体系、流通体系、消费体系初步形成。到 2035 年,广泛形成绿色生产生活方式,美丽中国建设目标基本实现。

生产体系方面,加快实施钢铁、石化、化工、有色、建材、纺织、造纸、皮革等行业绿色化改造。加快农业绿色发展。提高服务业绿色发展水平。加快信息服务业绿色转型,做好大中型数据中心、网络机房绿色建设和改造,建立绿色运营维护体系。建设一批国家绿色产业示范基地。加快培育市场主体,鼓励设立混合所有制公司,打造一批大型绿色产业集团;引导中小企业聚焦主业增强核心竞争力,培育"专精特新"中小企业。提升产业园区和产业集群循环化水平。选择100家左右积极性高、社会影响大、带动作用强的企业开展绿色供应链试点,探索建立绿色供应链制度体系。

流通体系方面,打造绿色物流,积极调整运输结构,推进铁水、公铁、公水等多式联运,加快铁路专用线建设。加强再生资源回收利用,鼓励企业采用现代信息技术实现废物回收线上与线下有机结合,培育新型商业模式,打造龙头企业,提升行业整体竞争力。建立绿色贸易体系,从严控制高污染、高耗能产品出口。深化绿色"一带一路"合作,拓宽节能环保、清洁能源等领域技术装备和服务合作。

消费体系方面,促进绿色产品消费,加大政府绿色采购力度,扩大绿色产品采购范围,逐步将绿色采购制度扩展至国有企业。推进过度包装治理,推动生产经营者遵守限制商品过度包装的强制性标准。提升交通系统智能化水平,积极引导绿色出行。

《指导意见》提出,完善法律法规政策体系,继续利用财政资金和预算内投资支持环境基础设施补短板强弱项、绿色环保产业发展、能源高效利用、资源循环利用等。大力发展绿色金融,发展绿色信贷和绿色直接融资,加大对金融机构绿色金融业绩评价考核力度。统一绿色债券标准,建立绿色债券评级标准。发展绿色保险,发挥保险费率调节机制作用。支持符合条件的绿色产业企业上市融资。支持金融机构和相关企业在国际市场开展绿色融资。推动国际绿色金融标准趋同,有序推进绿色金融市场双向开放。进一步健全排污权、用能权、用水权、碳排放权等交易机制。

(二)绿色赋能发展提质

"推动绿色发展,促进人与自然和谐共生""坚持绿水青山就是金山银山理念""促进生产生活方式绿色转型"……连日来,政府工作报告中提及生态保护、绿色发展的内容,在福建省代表委员的审议、讨论中被频频提及。作为来自全国首个生态文明试验区的代表委员,福建的代表委员们对绿色发展有着更为深刻的理解和更加深切的期盼。

代表委员们说,生态资源是福建最宝贵的资源。福建是习近平生态文明思想的重要孕育地和践行地,我们要牢记习近平总书记嘱托,把"生态美"的"长板"拉得更长,让绿色成为福建高质量发展的亮丽底色。

**发展绿色产业,提质产品全产业链**

"从发展绿色生态产业的角度看,油茶产业是践行绿水青山就是金山银山理念的一项具体实践。"全国人大代表、永泰县希安油茶专业合作社负责人卢玉胜说。

"要加快油茶一二三产业融合发展。"卢玉胜认为,要通过大力发展金融服务、物流配送、电子商务、产业休闲、工业旅游和研学基地等新产业新业态新模式,引导油茶产业跨界融合,逐步实现主体多元化、业态多样化、设施现代化、发展集聚化、服务规范化,拓宽产业融合发展新途径和农民就业增收渠道。

在卢玉胜考虑如何让绿色产业实现"一条龙"融合发展时,全国人大代表、三棵树涂料股份有限公司董事长兼总裁洪杰思考的则是如何让全产业链"绿起来"。

"经济高质量发展离不开高水平的绿色发展。绿色发展不仅要体现在产品上,更要贯穿于生产供应全过程。"洪杰说。近年来,三棵树以用户为中心推进绿色创新,在涂料界走出了一条高质量的发展之路。

作为环保型企业,洪杰认为,应该从工厂选址建设开始就实施最严格的绿色标准。同时要加大绿色创新研发,建立绿色管理体系,按照清洁生产管理要求组织生产运营。

**激活绿色价值,构建市场化激励体系**

政府工作报告提出,要实施金融支持绿色低碳发展专项政策。绿色金融改革,已成为给绿色产业与生态经济"输血"有效之举。

让"林子变票子"的"三明林票"就是其中一个典型产品。持有林票的村民,可随时在农村产权交易中心挂牌交易,价格以市场为准。同时,国有林场承诺按年单利 3‰ 对林票进行兜底,保障村民权益。

"林票制度改变了以往林权流转只能用林权证转移登记的做法,加快了流转进程,有效解决林业难融资、林权难流转、资源难变现、林分质量难提高、各方难共赢等问题。"全国人大代表,将乐县高唐镇常口联村党委书记、常口村党支部书记张林顺告诉记者。

谈及林票的发展前景,张林顺建议,国家有关部门能支持林票突破现行的政策障碍,指导帮助将林票定为标准化金融产品,实现林票市场化交易。可以预见,绿色金融助力生态产品价值实现,其模式和形式也将不断创新。

来自闽江源头南平市的全国政协委员、南平市台湾同胞联谊会会长陈建华对南平近年来在绿色金融方面的探索与实践感触很深。"'生态银行'解决的是资源变资产变资本的问题。"陈建华说,"生态银行"借鉴商业银行"分散化输入、集中式输出"模式,搭建资源变资产变资本的转化平台,通过对分散的资源整合提升,引入社会资本,策划开发项目,促进生态产品增值变现,做到"存入"绿水青山,"取出"金山银山。

陈建华建议,国家有关部门将南平市列入生态产品价值实现机制试点城市,以支持在探索生态产品价值实现过程中贡献原创性的南平经验,推动国家层面的生态产品价值实现制度和政策安排。

**强化绿色理念,健全完善制度体系**

福建省生态文明建设起步早、力度大。如今,生态福建、清新福建已成为响亮品牌。

"福建以绿色发展厚植新优势。当前绿色发展的理念已渗透经济社会方方面面,绿色动能得到进一步的释放。"全国人大代表、福建师范大学经济学院院长、中国(福建)生态文明建设研究院执行院长黄茂兴认为。

理念先行,制度引领。以生态司法为例,福建省率先实现省市县三级生态司法机构全覆盖,并探索"补植令"等生态恢复性司法,创新生态司法与生态审计衔接机制,为建设美丽福建保驾护航。

"推动生态省建设,司法领域仍然大有可为。"全国政协委员、福建省人大常委会法工委主任李明蓉认为,要持续推动司法创新,把司法创新的成果应用到生态文明建设中,发挥生态文明建设的司法保障作用,要在司法办案过程中正确适用关于生态环境保护的法律法规,实现立法目的。

"十四五"期间,福建省将持续实施生态省建设战略,围绕碳达峰、碳中和目标,全面树立绿色发展导向,构建现代环境治理体系,努力使生态环境更优美。

对此,代表委员们认为,既要谋制度创新,也要建长效机制。

"福建要继续筑牢生态文明制度'四梁八柱',积极完善生态文明制度建设,通过环境保护形成对经济结构优化的倒逼机制,从制度层面推动实现绿色发展、循环发展,为经济社会可持续发展奠定重要基石。"黄茂兴说。

(三)福建实施"三个千亿"产业升级行动：绿色产业蓝海涌动

福建以创新驱动生态优势转化为经济优势，重点实施林竹、花卉苗木、森林旅游等"三个千亿"产业升级行动，引领高质量发展新风尚，绿色产业蓝海涌动。

**改革创新赋能绿色发展**

"感谢您对顺昌县'一元碳汇'项目的支持，您认购了项目产生的林业碳汇量 10 千克，认购资金将用于支持顺昌县贫困地区的生态保护工作。"2 月 28 日，顺昌"一元碳汇"平台上线试行。

"我们为每一株树编号，在科学经营的基础上测算其碳汇量，而后通过互联网面向社会销售。"顺昌国有林场场长赵刚源说，公众可按 1 元 10 千克碳汇量的价格，自愿认购林农或村集体的碳汇量，认购成功后可获得相应的积分和碳汇证书，认购的资金则将进入专门设立的公益账户，"通过市场化、多元化的林业碳汇交易模式，助力精准扶贫，支持本土生态保护工作"。

目前，"一元碳汇"项目正在建西镇开展试点，已有超过 6400 亩的林地被作为项目碳汇林，经测算约可产生 2.68 万吨的碳汇量。平台上线 48 小时内，便有来自全国的近 150 位公众自愿认购超过 5000 千克碳汇量。

林业碳汇，是福建推进林业改革创新，赋能林业现代化的生动实践。2017 年，福建省便在全国启动林业碳汇试点工作。如今，全省首创的"一元碳汇"，进一步丰富了林业碳汇的产品形态。

在林业改革创新道路上，福建扮演着弄潮儿的角色。2017 年 5 月，习近平总书记对福建林改作出重要指示，要求继续深化集体林权制度改革。林业现代化的大背景下，林改面临新课题——分山到户后，如何有效解决规模化、集约化经营问题；如何打通资源变资产，资产变资本的通道；如何破解生态保护与产业发展的矛盾。

**改革创新，永无止境**

绿色金融产品不断丰富。在"惠林卡""福林贷"基础上，各地又推出"益林贷""金林贷"等普惠林业金融产品，重点解决生态公益林、天然商品林抵押难、贷款难等问题。目前，全省累计发放林业金融贷款 63.4 亿元，受益林农近 5.7 万户。

顺昌县在全国首创森林生态银行，实现林业资源"零散输入、集中输出"，对林农分散的林权进行集中流转，而后对接资本市场和专业运营商，发展以适度规模化、集约化为特征的现代林业。如今，这一模式在闽北有了更多版本——建瓯、建阳等地推出"竹生态银行"，武夷山、政和等地打造"茶业生态银行"，光泽则推进"山地生态银行"。

**绿色产业成新经济增长点**

随着全省复工复产进度加快，清流县嵩溪镇元山村花农巫土根重现笑容。"物流越来越通畅，消费市场逐渐复苏，鲜切花的市场逐渐热起来了。"他说。

巫土根是村里的建档立卡贫困户，几年前搭上产业扶贫快车，跟着村里的大户种植 5 亩非洲菊，2017 年成功脱贫，每年收入近 5 万元。突如其来的疫情，导致清流鲜切花销售遇阻。巫土根因此急得团团转。很快，一系列产业支持政策，让他吃了定心丸。

省政府办公厅日前印发《关于全面推动农业复工复产扎实抓好春季农业生产二十条

措施的通知》,提出对疫情防控期间鲜切花无法上市交易的花卉生产企业,县(市、区)可视损失情况给予每亩不超过 500 元的补助。"本地政府还减免了租用村集体花卉大棚 3 个月的租金。"巫土根说,清流鲜切花产业基础深厚,相信很快就可以渡过难关。

清流花卉产业由来已久。2003 年前后,当地人"嗅"到鲜切花市场的诱人前景,开始大面积引进非洲菊、洋桔梗、多头小菊等鲜切花品种。很快,"花田喜事"在清流上演。去年,全县花卉种植面积 1.5 万亩,销售收入 6.7 亿元。

福建省通过项目、龙头、品牌带动,强化科技创新,调整优化林业产业结构,推动林业高质量发展,着力把森林资源优势转变为经济优势,当前正大力发展绿色富民产业,重点实施林竹、花卉苗木、森林旅游等"三个千亿"产业升级行动,并把林下经济作为转变林业发展方式、巩固林改成果的重要举措。

**绿色产业,已成为福建省经济的新增长点**

2019 年,全省林竹全产业链产值预计 4200 亿元,笋竹精深加工和三产融合水平显著提高;花卉苗木产业产值预计 860 亿元,力争今年达到千亿元目标;社会资本发力森林旅游康养产业,森林旅游全年收入预计 1100 亿元;全省发展林下经济面积达 2987 万亩、产值达 635 亿元,带动农户 113.7 万户。

为推动绿色产业提质增效,福建持续完善制度供给,政策干货不断。2020 年,省林业和草原局等 5 部门联合下发《关于加快林下经济发展八条措施的通知》,打出政策组合拳,推动以林下种植、林下养殖、林下产品采集加工、森林景观利用等为主题的林下经济规模化、标准化、产业化发展。

**绿色担当决胜脱贫攻坚**

冬去春来,闽西红土地上万物生长,绿意盎然。长汀县四都镇元仕花卉专业合作社的 260 多亩林下兰花基地里,合作社负责人廖炎士正指导贫困户管养兰花。"每亩可给种植户带来近 3 万元收入。"他说,林下经济已成为不少贫困户的致富法宝。

去年是长汀推进水土流失精准治理深层治理的关键一年,全年完成水土流失治理 9.62 万亩,完成马尾松林优化改造 1.1 万亩,森林精准提升 3.23 万亩。依托来之不易的好生态,老区大力发展绿色产业,走出一条"绿利兼得"的脱贫奔小康之路。

当前,长汀正打造竹、木、花、鸟、草"五位一体"的新型林业经济。在油茶地套种黄花菜、在银杏林下栽植百合、在水土流失初步治理区林下栽培名贵中草药黄花远志……目前,全县完成林下经营面积 171.3 万亩,产值超过 28 亿元。当地还利用通过治理恢复的森林景观打造森林人家,导入森林旅游、森林休闲、观光康养等新业态,带动 175 户林农参与,年增收 1345 万元。

脱贫攻坚已进入攻城拔寨的冲刺期。福建充分发挥林业在山区林区脱贫攻坚的主力军作用,大力扶持林下经济以及油茶等木本油料产业发展,积极为贫困户提供就业岗位。去年,全省林业系统帮扶 856 个建档立卡贫困人员从事生态护林等工作,实现户均年增收 7820 元。

纵观八闽,林业产业正为脱贫攻坚提供一个又一个"绿色方案"。洋口国有林场通过推广杉木育种科研成果,让贫困户共享林业科技创新成果。"我们采用'林场+基地+农户'等形式,将杉木育苗基地承包给贫困户,增加其经济收入。"洋口林场副场长练芳松说,为解决林农资金与技术难题,林场提前预支育苗投入费用,并派技术人员现场指导,提供全套技术帮扶。

(案例来源:江聃.国务院:到 2025 年显著提升绿色产业比重[EB/OL].(2021-02-23)[2021-12-31]. http://finance.people.com.cn/n1/2021/0223/c1004-32034627.html;郑昭,郑雨萱. 福建:绿色赋能 发展提质[EB/OL].(2001-12-19)[2021-12-31]. http://fjnews.fjsen.com/2021-03/10/content_30665070_0.htm.)

**案例思考:**

1.结合案例,试分析提升绿色产业比重有何积极意义。

2.试运用产业政策配套运用的相关原则对本案例进行分析。

3.结合该案例,试论述政府在提升绿色产业比重方面,如何进一步优化产业政策的选择与运用。

## 三、案例分析参考

**1.结合案例,试分析提升绿色产业比重有何积极意义。**

第一,提升绿色产业比重,符合可持续发展要求。可持续发展战略是全世界的共同行动,各国也都纷纷作出承诺。我国政府也承诺在中国实施可持续发展战略,而可持续发展涉及经济、社会、生态以及文化等多方面的可持续。

第二,提升绿色产业比重,符合科教兴农的基本要求,体现科学技术是第一生产力。在农业方面积极发展绿色产业,探索优化品种。运用科学的栽培和饲养技术,强化先进的加工及流通设施的使用,提升产品的技术含量。

第三,提升绿色产业比重,符合区域经济结构调整优化的要求。提升绿色产业比重具有长期性而非暂时性,具有全局性而非局部性,具有根本性而非一般性,各个产业区(园)都需要积极提升绿色产业比重。

第四,提升绿色产业比重,有利于国际合作。绿色发展是世界各国的共同利益,提升绿色产业比重,符合 WTO 的相关要求,而且可以促进我国与世界其他国家和地区的绿色合作。

**2.试运用产业政策配套运用的相关原则对本案例进行分析。**

不同层次产业政策需要配套运用不同原则:

第一,共生性原则。产业结构政策、产业组织政策、产业关系政策必须同时产生,一起运用贯彻,不能单独运用其中某一政策。为此,在案例提及的绿色产业的相关政策制定当中,需要全面考虑不同层次的产业政策,把其作为一个完整的政策体系来加以实际运用。

第二,同向性原则。在某一特定时点,不同层次产业政策的目标必须是同向性的,政策侧重点一致。案例提到的绿色产业比重的提升,离不开一些龙头企业的培育,因而处在鼓励龙头企业培育的阶段时,产业组织政策应向加速生产集中,追求规模经济,从而加快绿色企业的龙头培育并起到示范带动作用。

第三,同步性原则。在政策目标同向性前提下,不同层次产业政策的运用要同步进行,有机配合,以形成整体效应。其中任何一项政策的滞后运用,都将削弱其他政策的政策力量。

第四,调和性原则。不同层次产业政策之间的内在矛盾要加以调和,使宏观、中观、微观的关系趋于协调。在一般情况下,这种政策调和以低级层次服从高级层次为准则。以案例提到的绿色产业发展趋势为导向,构建绿色产业政策体系,以期在经济增长的同时实现人与自然和谐相处。

**3.结合该案例,试论述政府在提升绿色产业比重方面,如何进一步优化产业政策的选择与运用。**

生产体系方面,加快实施钢铁、石化、化工、有色、建材、纺织、造纸、皮革等行业绿色化改造。加快农业绿色发展。提高服务业绿色发展水平。加快信息服务业绿色转型,做好大中型数据中心、网络机房绿色建设和改造,建立绿色运营维护体系。建设一批国家绿色产业示范基地。打造一批大型绿色产业集团,并培育"专精特新"中小企业。提升产业园区和产业集群循环化水平。积极开展绿色供应链试点,探索建立绿色供应链制度体系。

流通体系方面,打造绿色物流,积极调整运输结构,推进铁水、公铁、公水等多式联运,加快铁路专用线建设。加强再生资源回收利用,鼓励企业采用现代信息技术实现废物回收线上与线下有机结合,培育新型商业模式,提升行业整体竞争力。建立绿色贸易体系,从严控制高污染、高耗能产品出口。深化绿色"一带一路"合作,拓宽节能环保、清洁能源等领域技术装备和服务合作。

消费体系方面,促进绿色产品消费,加大政府绿色采购力度,扩大绿色产品采购范围,逐步将绿色采购制度扩展至国有企业。推进过度包装治理,推动生产经营者遵守限制商品过度包装的强制性标准。提升交通系统智能化水平,积极引导绿色出行。

完善法律法规政策体系,继续利用财政资金和预算内投资支持环境基础设施补短板强弱项、绿色环保产业发展、能源高效利用、资源循环利用等。大力发展绿色金融,发展绿色信贷和绿色直接融资,加大对金融机构绿色金融业绩评价考核力度。统一绿色债券标准,建立绿色债券评级标准。发展绿色保险,发挥保险费率调节机制作用。支持符合条件的绿色产业企业上市融资。支持金融机构和相关企业在国际市场开展绿色融资。推动国际绿色金融标准趋同,有序推进绿色金融市场双向开放。进一步健全排污权、用能权、用水权、碳排放权等交易机制。

**参考文献:**

[1]梁刚.中国绿色低碳循环发展经济体系建设水平测度[J].统计与决策,2021,37(15):47-51.

[2]罗敏.坚持绿色低碳循环发展　全面开启美丽中国建设新征程:访第十三届全国人大代表、中国工程院院士、生态环境部环境规划院院长王金南[J].环境保护,2021,49(6):9-11.

[3]王植,张慧智,黄宝荣.有效治理视角:现代城市建设绿色低碳循环发展的经济体系:基于深圳实践与政企调查研究[J].当代经济管理,2021,43(3):63-71.

[4]张友国.建设绿色低碳循环发展经济体系[J].红旗文稿,2020(17):30-31.

[5]吕指臣,张涛.绿色低碳循环发展视角下的现代化经济体系研究[J].价格理论与实践,2019(11):45-48.

# 第九章　国民收入分配管理

## 第一节　学习目的和要求

收入分配问题是关乎社会公平与可持续发展的重要民生问题,也是关乎是否能实现和谐社会目标的重要问题,收入分配公平合理是社会公平正义的重要组成部分。习近平总书记强调指出:"抓重点、补短板、强弱项,特别是要坚决打好防范化解重大风险、精准脱贫、污染防治的攻坚战,使全面建成小康社会得到人民认可、经得起历史检验。"近些年开展的打赢脱贫攻坚战、决胜全面建成小康社会的系列举措便涉及国民收入分配的重要内容。同时,对国民收入分配的调整关系到我国经济发展方式的转变,关系到经济发展后劲。合理调整收入分配关系是加强社会建设、实现社会公平正义、促进社会和谐稳定的一项十分重要的工作。因此国民收入分配管理在政府经济管理中的重要性十分显著。

**本章的学习目的及要求:**

准确理解国民收入分配的相关概念,明确国民收入分配管理的目标以及决定和影响国民收入分配的基本要素,了解收入分配不均等的成因、测量指标及理论,以及市场经济体制下的各国政府干预收入分配的基本经验,明晰当前我国收入分配领域存在的突出问题及其原因,从而了解如何制定科学的收入分配政策,以解决我国的收入分配问题。要求学生能够应用相关知识分析案例,掌握收入分配政策相关内容。

## 第二节　知识要点

### 一、国民收入分配的相关概念

国民收入分配,是指按照一定的原则和通过一定的机制,把国民收入分解成不同经济主体收入的过程。它一般包括初次分配和再分配两个环节。

国民收入初次分配,是指通过市场机制的作用把国民收入分解成工资、利息、利润和租金等生产要素报酬的过程。

国民收入再分配,是政府以社会管理者的身份通过税收和财政支出等形式参与国民收入的分配。

国民收入再分配与初次分配的区别主要体现在:

1.国民收入再分配与初次分配具有不同的性质

(1)从分配领域看,初次分配是在直接从事生产经营的经济领域内进行的,再分配则是在全社会范围内进行的;

(2)从参与分配的主体看,国民收入的初次分配是在各生产要素所有者之间进行的分配,再分配则表现为国家和政府以非所有者身份作为分配主体对其他经济主体进行的分配;

(3)初次分配不管是按劳分配或是按生产要素分配,都必须通过市场机制来实现,再分配主要是通过政府行政机制实现的;

(4)初次分配形成的是各类要素所有者的原始收入,再分配形成的是所有经济主体的最终可支配收入。

2.国民收入再分配与初次分配的手段和机制不同

收入分配过程实际就是资源配置过程,既然市场机制是资源配置的基本手段,也就必然是收入分配的基本手段。特别是在初次分配中,必须充分利用市场机制的作用。政府不直接干预国民收入初次分配,而是通过提供强有力的法律保障,维护公平竞争的市场环境,通过优胜劣汰,实现资源的优化配置。

国民收入再分配的基本手段或机制是政府财政。财政收入的主要部分是税收,也包括一些定向征收、专款专用的附加费。财政支出的再分配功能,主要是通过政府在不同地区、不同产业和不同个人之间的转移支付来实现的。

## 二、国民收入分配管理的目标

市场经济本质上是一种自由选择经济,不同经济主体在市场机制的引导下,自发地依据市场供求状况调整自己的供给和需求,但由于市场机制本身的缺陷以及市场竞争规则的影响,容易出现效率问题、社会公平问题以及效率与公平相互冲突问题。所以,在市场经济条件下,国民收入分配管理的总体目标是协调国民收入分配中的公平与效率关系,保证在效率优先的前提下实现社会的公平公正。

## 三、决定和影响国民收入分配的基本要素

1.生产要素的所有制关系

生产要素是形成国民收入的最基本的前提,所以,对生产要素的拥有程度和占有关系状况就决定着国民收入分配的基本问题。

2.生产要素的贡献大小

生产要素的贡献大小是确定各种收入份额的依据。在多种生产要素参与国民收入形

成的过程中,由于特定的生产要素在具体的生产过程中所处的地位和发挥的作用不同,从而决定了国民收入的初次分配只能按各生产要素在财富的创造中所做出的实际贡献来进行。

3.经济体制的影响

经济体制对收入分配的影响主要体现在对效率与公平关系的处置和国家的强制性力量上,其中,市场经济体制下的收入分配通常体现出效率优先的特色,而计划经济体制下的收入分配则通常体现出公平优先的特色。

4.社会政策及其目的影响

不同的社会政策及其实施的目的会对国民收入的分配产生不同的影响,如以共同富裕为目标的社会政策,必然在分配领域强化对国民收入的公平分配,反之则弱化收入的公平分配。

## 四、收入分配不均等的成因、测量指标及理论

不同市场经济国家导致收入分配不平等的原因有其相似的一面,也有其特殊性。其中,生产要素占有的不均等,是导致收入分配不均等的重要原因;公民受教育的机会和参与竞争的机会不均等,是导致收入分配不均等的另一个原因;此外,还有社会政策因素的影响。

在分析和计算个人收入差距方面,不同国家使用不同的方法。例如,我国统计部门主要采用的方法,既有国际上通用的基尼系数、五等分法,又有七等分、十一等分法。但近几十年来国际上通用的指标理论主要是基尼系数、洛伦茨曲线和倒"U"理论。

## 五、市场经济体制下的各国政府干预收入分配的基本经验

针对收入分配差别问题,市场经济体制下的各国政府对收入分配过程的干预包括两个方面,一是在微观层次上对初次分配过程进行干预,称为狭义的政府干预;二是在宏观层次上对收入再分配的调节,称为政府调节。

1.微观层次的政府干预

微观层次的政府干预,主要是指对具体的劳资谈判、工资和福利决定活动等的干预。干预手段多样,包括劝说、舆论诱导、协议性指导、行政性和法定性的硬性规定等。

2.宏观层次的政府调节

政府在微观层次上干预个人收入分配主要是出于社会经济稳定的考虑,政府在宏观层次的调节措施主要是为了维护社会公正,缩小收入差距。调节手段包括财政政策、长期性收入分配政策和个人捐赠。调节的范围和内容,往往通过具体的法律条文体现出来。

## 六、当前我国收入分配领域存在的突出问题及其原因

自改革开放以来,我国的收入分配制度发生了很大的变化,极大地促进了生产力的发

展,同时也调动了人民的积极性和创造性。但也暴露出一些问题,尤其是在体制转轨的过程中,由于配套政策和制度的跟进不够,在收入分配领域出现了一些突出的问题,直接影响到经济的发展和社会的稳定,亟待解决。这些问题主要有:收入差距明显扩大,居民整体收入结构不合理,税收对收入差距的调节力度不足,一些非法活动严重扰乱着分配秩序和环境。

收入分配问题产生的主要原因有:

1.市场趋向的改革必然导致收入差距的扩大

首先,在市场经济规律的作用下,必然会导致收入差距的扩大。市场经济最基本的规律就是价值规律,其他规律还包括竞争规律、供求规律、法制规律等。收入差距的扩大乃至两极分化是市场经济规律作用的结果。其次,生产要素参与分配进一步拉大了收入差距。

2.历史、制度原因

首先,我国的城乡收入差距、区域收入差距、脑体倒挂等问题在历史上就长期存在,在交通、通讯等条件不发达的情况下,要从根本上解决这些问题还需要比较长的时间。从国外来看,无论是发达国家还是发展中国家,城乡差距和区域收入差距等都还不同程度地存在着,脑体倒挂等问题会随着市场经济体制的逐步完善而得到解决。其次,国家长期执行的倾斜政策一定程度地造成了收入分配问题,如工农业"剪刀差"价格政策以及东部优先的发展政策。最后,由于制度不完善形成的管理漏洞:(1)垄断充斥市场,排斥竞争,有些部门和单位凭借行业垄断和某些特殊条件而获得垄断利润,为其职工发放额外收入,基本分配失去控制。(2)劳动报酬尚未完全工资化、货币化,养老、医疗等社会保险项目还没有完全独立于企业之外而实现社会化,因而造成初次分配与再分配的错位。(3)有的行政机关把属于职责范围内的工作"商品化",强行向服务对象收费或摊派;有些行政事业单位凭借行政权力获得创收收入;有些地方和部门把预算内收入转到预算外,造成预算外的分配失去控制。(4)有些部门和单位的分配失去控制,有人侵吞公有财产和利用偷税漏税、权钱交易等非法手段谋取个人私利,造成部分社会成员之间的收入差距过大。

3.区域经济因素

区域经济发展水平的历史差异,是构成地区收入水平差距的重要因素之一。著名发展经济学家 M.P.托达罗特别重视经济发展的初始条件,他说:"各种经济增长理论的阶段及其有关迅速实现工业化的各种模式,对今日发展中国家在经济、社会和政治方面的最初条件强调得太少。事实是,这些国家今日的增长状况同当代发达国家着手现代化经济增长的时代相比,在许多重要方面都有值得注意的差别。"1949 年新中国成立至 1978 年改革开放开始的 30 年,在区域发展上,中国实行了平衡发展战略。尽管如此,内陆地区与沿海地区仍存在着较大的发展差距。在历史基础诸因素中,对地区收入起决定作用的是区域经济结构。区域经济结构是一个与区域产业结构、区域技术结构密切关联的概念。区域经济结构是指区域内人力、物力、财力的空间分布状况。

4.区域文化因素

区域文化对区域经济的发展有着重大影响。一般来说,先进的文化造就高收入的发达经济,落后的文化只能伴随着贫困的经济。目前,长江三角洲的上海及江浙地区是我国最重要的经济增长区域,也是人均收入较高的地区。其经济迅速增长的原因中,历史传统、科技人文等地域文化因素便是重要的一个方面。自宋代以来,该地区便是中国经济最为富庶、文化最为发达的地方。该地区的文化水平高,商品意识浓厚,又有着经营工商业的经验,所有这一切都对该地区改革开放以来的起飞和发展提供了文化资源。

## 七、制定科学的收入分配政策,解决我国的收入分配问题

科学的收入分配政策一般可以从以下方面进行衡量:能否有利于促进生产力的发展,能否使收入差距适度,能否使国家、企业和个人在国民收入中所占的比例适当。

在我国收入分配政策的具体选择中,应做到:

1.发挥市场机制的调节作用

市场机制是现代经济运行过程中合理配置资源的一种有效机制。在市场经济中,市场运行的主体都是具有自身利益的经济主体。市场机制的作用正是通过影响经济活动主体的经济利益而实现的,也就是说,它是通过影响人们的经济利益来实现对资源的有效配置。市场机制调节收入分配的重要作用在于:一方面,通过高效配置生产要素和劳动力资源提高整个社会的经济效益,使生产要素配置的效率最大化,最大限度地增加整个社会的收入分配量;另一方面,使高效配置生产要素和劳动资源的市场主体在提高经济效益的同时,能够获得最大的经济利益,实现收入最大化,并使由效率最大化造成的利益的差距扩大,进一步激励市场经济活动主体更合理高效地配置资源。这两个方面都是在市场供求和竞争条件下通过价值规律的作用而实现的,二者相辅相成。因此,要充分发挥市场机制对于收入分配的调节作用。

2.发挥政府的调节作用

政府在调节居民收入差距中所具有的明显的重要优势就是它可以利用多种手段来调节居民收入差距,因为它作为公共权力机构,享有其他任何机构和个人都不能享有的立法权。它还享有司法权、行政权,享有合法的强制力,其制定的规则具有普遍的适用性,因而具有超出任何机构和个人力量的调节居民收入的能力。

# 第三节　案例分析

## 案例 25　国企开辟收入分配改革新思路

### 一、案例导读

客观公正的薪酬福利制度会增加员工对企业的归属感,也会加强员工之间的公平竞争,这对企业的工作效率提升和长远发展都有非常重要的意义。但是,现实中企业的薪酬福利方面存在各种问题,国企同样如此,因而加大对薪酬福利制度的优化和改革便成了国

企长远发展的客观要求。在此背景下,很有必要分析国企在薪酬福利方面存在的问题并进行有针对性的改进。近年来各地政府出台了一系列有关国企薪酬改革的政策,以便对其薪酬分配格局进行有针对性的调整,其中有些政策很有亮点。本案例聚焦国企收入分配改革,从中对政府经济管理的相关问题展开讨论。

## 二、案例材料

**材料一:多地发布细化方案,国企薪酬改革提速**

**多省市发布细化方案**

2018年以来,北京、福建、陕西、辽宁等多省市纷纷开始制定国企薪酬改革相关细化方案。其中,在深化混合所有制改革、优化国资监管体系的同时,建立"能增能减"的市场化薪酬改革制度将成为重点。此外,发改委、人社部等相关部门正在积极酝酿政策,将继续加大混合所有制改革企业在工资总额管理、薪酬决定分配方面的改革授权力度,同时将进一步推动深化国有企业工资决定机制、国有企业负责人薪酬制度改革,通过扩大试点的方式,逐步增加国企高管的市场化选聘比例。种种迹象表明,下一步以市场化薪酬为主体的改革将提速。记者梳理地方政策文件和公开信息发现,北京、甘肃、江西、广西、福建、陕西、安徽、辽宁等省(区)已发布地方国企薪酬改革相关细化方案。

2018年10月26日,北京市人社局发布北京市2018年企业工资指导线。指导线首次提出对北京国企工资增幅进行严控,明确最高涨薪不超过13%。值得注意的是,北京已连续两年对国企工资提出要求,2018年更是首次提出对国企工资增幅进行严控。

辽宁省委办公厅、省政府办公厅印发《加快推进全省国资国企改革专项工作方案》,提出建立"能增能减"的薪酬分配机制。方案中称,辽宁将选择具备条件的企业开展市场化选聘职业经理人试点,企业经营管理者实现聘任制和任期制,按照业绩考核办法和薪酬管理办法考核定薪,明确聘期、业绩目标及双方的责任和权利。在薪酬制度改革上,推动企业完善差异化薪酬分配办法,薪酬分配向高科技研发、高技能、营销、艰苦岗位以及优秀管理者倾斜。建立各类人才薪酬与行业市场水平接轨、与企业经济效益挂钩的薪酬分配制度和收入能增能减的薪酬分配机制。

福建省政府也在日前出台《关于改革国有企业工资决定机制的实施意见》,自2019年1月1日起实施。《意见》明确,全面实行工资总额预算管理,完善工资与效益联动机制,工资总额实行可升可降,通过改革充分调动国有企业职工的积极性、主动性、创造性,促进收入分配更合理、更有序。

陕西省政府近日印发的《关于改革国有企业工资决定机制的实施意见》中称,将深化省内国有企业工资分配制度改革,建立健全与劳动力市场基本适应、与国有企业经济效益和劳动生产率挂钩的工资决定和正常增长机制,增强陕西省国有企业发展活力。《实施意见》明确,确定国有企业工资总额,要综合考虑工资收入分配政策要求、企业发展战略和薪酬策略、生产经营目标和经济效益、劳动生产率、人工成本投入产出率、职工工资水平等因素。根据企业功能性质定位、行业特点和市场对标,完善工资与效益同向联动机制,即企业经济效益增则工资增,企业经济效益降则工资降。《实施意见》指出,陕西省国有企业全面实行工资总额预算管理,规定了编制范围和程序、备案制和核准制、预算周期和预算执行。同时,对企业内部工资分配管理和制度改革提出了指导性意见,坚持按劳分配原则,优化工资收入结构,实现国有企业职工收入工资化、工资货币化、发放透明化。

### 以薪酬制度改革促企业长期发展

新一轮国资国企改革正在深入推进。本轮改革的重点任务之一,是要加快国有企业薪酬制度改革,完善薪酬确定机制,合理确定薪酬水平,规范福利性待遇,健全薪酬监督管理机制。国有企业职业经理人薪酬制度改革究竟何去何从,如何通过薪酬制度改革,促进企业长期持续发展,充分发挥国民经济的支柱作用,是当前亟待破解的课题。

"可以看出,从5月份国务院印发《关于改革国有企业工资决定机制的意见》(下称16号文)至今的半年内,多地发布了地方版改革意见。"中国企业研究院执行院长李锦告诉记者,在他看来,突出的共同点是,很多地方都确定明年起全面推行改革,工资总额与国企经济效益、劳动生产率等挂钩,同向联动、能增能减,职工工资收入将与其工作业绩和实际贡献紧密挂钩。

中国劳动和社会保障科学研究院企业薪酬研究室主任刘军胜在此前接受记者采访时则表示,收入分配结构中,工资性收入占主要部分。国企工资改革将起到"风向标"示范作用,对我国收入分配改革产生重大影响。

"以前我们强调的是效率,这一轮薪酬改革我认为更强调的是公平。"一位地方国企负责人对记者说。

薪酬应做到"能增能减",已经是薪酬制度改革的共识。在这一轮参与重组、混改等大动作的企业中,不少企业都将改革作为契机,推进激励机制的改革。例如铁塔公司,在成立以后将分配与工作绩效挂钩,定岗定薪、岗变薪变,薪酬水平依据绩效情况能增能减,充分发挥员工活力。今年完成混改的东方航空物流有限公司也在薪酬改革方面提出了"一人一薪,易岗易薪"的原则。据悉,混改后"脱马甲"的员工薪酬不再由层级决定,而是随岗位变动。

(案例来源:杨烨.多地发布细化方案,国企薪酬改革提速[N].经济参考报,2018-11-21.)

### 材料二:北京国企工资改革向高技能人才倾斜

北京国企工资改革打破"大锅饭",提出效益增工资增,效益降工资降。

2019年3月8日,记者从北京市人社局、市国资委、市财政局联合召开的北京市改革国有企业工资决定机制工作部署会上获悉,针对国企工资存在平均主义和吃大锅饭等现象,会议提出,合理确定不同职级、岗位的工资水平,向科技创新人才、高技能人才倾斜,合理拉开工资分配差距。

此次会议提出,北京国企工资决定机制改革根本目的是,增强国有企业活力、提升国有企业效率。核心任务是将国有企业工资总额增长与经济效益单一挂钩,优化为与劳动力市场工资价位对标,与经济效益、劳动生产率、人工成本投入产出率等指标同向联动,做到"效益增工资增、效益降工资降",实现国企工资能增能减。

改革还提出,企业未实现国有资产保值增值的,工资总额不得增长或适度下降。同时,突出国企在工资分配上的主体地位;对工资总额实行分类管理、联动确定;所有工资性收入一律纳入工资总额管理。

**看点 1：收入与业绩挂钩，关键岗位实行年薪制**

北京市人社局相关负责人介绍，近年来北京市国有企业逐步健全壮大，在保证经济持续健康发展、推动技术创新、增加就业机会和维护社会稳定等方面发挥着重要作用。但在工资分配领域，还存在着一些问题。

"突出表现为工资决定机制比较僵化、挂钩指标比较单一、企业功能定位体现不够、工资分配市场化程度不高等问题，一些关键岗位、重要岗位、技术岗位的职工薪酬低于市场价位，存在平均主义和吃大锅饭现象；工资分配秩序不规范，工资增长与业绩考核挂钩不紧密，能增能减的内部分配机制没有完全建立等。"这位负责人说。

按照《关于改革国有企业工资决定机制的实施意见》要求，北京市国企要统筹考虑吸引和留住人才、提高劳动生产率和人工成本投入产出率、提升职工满意度等因素，科学制定与企业发展战略相适应的薪酬策略。加强全员绩效考核，使职工工资收入与其工作业绩和实际贡献紧密挂钩，切实做到考核科学合理、分配公平公正、工资收入能增能减。

同时，建立健全以岗位工资为主的基本工资制度，以岗位价值为依据，以业绩为导向，参照劳动力市场工资价位并结合企业经济效益、发展战略和薪酬策略，通过集体协商等形式合理确定不同职级、岗位的工资水平，向科技创新人才、高技能人才倾斜，合理拉开工资分配差距，调整不合理过高收入。

"企业要建立健全以岗位工资为主的基本工资制度，向科技创新人才、高技能人才倾斜，对关键技术岗位的优秀人才实行年薪制并设立企业年金，从而深化企业内部分配制度改革。"北京市人社局相关负责人表示。

"过去企业职工工资很难按照企业效益的下降而调整。如果员工工资不能减的话企业的成本是很难控制的。"北京市国资委管理的某企业人力资源部负责人说，"近年来我们对二级企业的工资总额进行预算管理，如果利润不增长，工资总额是不能增加的。"

这位负责人表示，工资改革的一个目的就是让企业实现更高质量的发展。"跟效益挂钩，工资能增能减，就放活了企业，我们也有更多的空间为关键岗位的人才设置更高的薪酬，留住人才。"

**看点 2：集团本部工资增幅应低于全部职工平均水平**

本次国企工资制度改革遵循市场规律，突出"竞争越充分，政府越放权。企业越自律，分配越自主"的原则，明确国有企业要全面实行工资总额预算管理，自主编制工资总额预算方案，自主决定内部工资分配。

按照改革要求，国有企业集团要合理确定集团本部工资总额预算，集团本部职工平均工资增长幅度，原则上应低于本企业全部职工平均工资增长幅度。

会议提出，各级履行出资人职责机构要抓紧制定出台所监管企业的具体改革实施办法。市属企业要根据《实施意见》和履行出资人职责机构要求，抓紧制定本企业工资总额预算管理制度，编制 2019 年度工资总额预算方案，及时报履行出资人职责机构审核后实施。

北京市国资委相关负责人介绍，市国资委将制定出台《北京市国资委监管企业工资决定机制改革实施办法》，各企业要根据《实施意见》、《实施办法》制定和完善工资总额预算管理制度，在所属各级子企业中层层落实改革要求，实现工资预算"全覆盖"；对接财务全面预算管理,以提高人工成本投入产出效率为目标,实现人工成本"全预算";挂钩经营业绩考核,将各级企业的经营责任和考核指标,分解落实到工资总额管理中,实现考核分配"全挂钩"。

"工资决定机制改革是中央自上而下推动的一项重要改革,各级各类国有企业均要贯彻落实,没有例外。"这位负责人说,"通过全覆盖、全预算、全挂钩,真正将工资决定机制改革作为推动企业实现高质量发展、落实国有资本经济责任的助推器。"

同时,这次改革还明确提出,企业职工工资收入分配情况作为厂务公开的重要内容,要定期向职工公开,接受监督。履行出资人职责机构、国有企业每年定期将企业工资总额和职工平均工资水平等相关信息向社会披露,接受公众监督。

市人社局相关部门负责人介绍:"这里的工资总额,是企业在一个会计年度内直接支付给予本企业建立劳动关系的全部职工的劳动报酬总额,包括工资、奖金、津贴、补贴、加班加点工资、特殊情况下支付的工资等。"

### 解读1:工资改革将提升国企效率

北京市人社局相关负责人介绍,本次国有企业工资改革是要建立市场化的分配机制,增强国有企业活力,提升国有企业效率。

对于北京市工资决定机制改革的特点,这位负责人介绍,第一个特色就是结合首都功能定位,明确对于按照北京城市总体规划,承担疏解非首都功能、筹办冬奥会和冬残奥会、防范化解重大风险、精准脱贫、污染防治、发展高精尖产业等方面重点任务的企业,可将疏解任务完成率、工期完成率,高精尖企业的创新能力、创新效益和全球影响力等相关指标,作为决定工资总额的联动指标,激励企业提高核心竞争力,履行社会责任。

同时,探索在行业周期性特征明显、经济效益年度间波动较大或存在其他特殊情况的企业,按照周期最长不超过三年进行工资总额预算管理,使预算管理更加切合企业生产特点和管理实际。

按照改革要求,对竞争类国有企业工资总额预算的管理,原则上实行备案制,如果自我约束机制不健全,可以调整为核准制;其他类型国有企业原则上实行核准制,如果自我约束机制健全,可以实行备案制。国有企业工资总额一般按年度管理,对行业周期性特征明显、经济效益年度间波动较大的企业,可探索延长工资总额管理周期,最长不超过三年。

### 解读2:超提、超发工资可追刑责

这次会议提出,今年北京市人社局、市财政局、市国资委等部门将对国有企业执行国家工资收入分配政策情况开展监督检查,及时查处违规发放工资、滥发工资外收入等行为。

北京市人社局相关负责人介绍,按照国务院要求,国有企业应调整优化工资收入结构,逐步实现职工收入工资化、工资货币化、发放透明化。严格清理规范工资外收入,将所有工资性收入一律纳入工资总额管理,不得在工资总额之外以其他形式列支任何工资性支出。

北京市的改革意见也提出,清理规范工资外收入,将所有工资性收入一律纳入工资总额管理,不得在工资总额之外以其他形式列支任何工资性支出,不得违规设立福利性项目。

　　此次改革还明确,对企业存在超提、超发工资总额及其他违规行为的,要扣回违规发放的工资总额,并视违规情形对企业负责人和相关责任人员依照有关规定给予经济处罚和纪律、政务处分;涉嫌违法犯罪的,依法移送监察机关或司法机关处理。

　　(案例来源:吴为.北京国企工资改革向高技能人才倾斜[N].新京报,2019-03-09(A01).)

　　**案例思考:**

　　1.结合案例材料,谈谈收入分配不均等产生的主要原因。

　　2.结合案例材料,谈谈进行国企薪酬改革的意义。

　　3.结合案例及所学知识,谈谈如何推进国企薪酬改革。

## 三、案例分析参考

　　**1.结合案例材料,谈谈收入分配不均等现象产生的主要原因。**

　　(1)生产要素占有的不均等,是导致收入分配不均等的重要原因

　　按生产要素进行初次分配是当代市场经济国家普遍的做法,一般将生产要素分为两大类:劳动要素和其他要素,收入也就分为劳动收入和其他资产性收入。案例提到北京市的改革意见提出,清理规范工资外收入,将所有工资性收入一律纳入工资总额管理,不得在工资总额之外以其他形式列支任何工资性支出,不得违规设立福利性项目,便涉及对不同生产要素的综合考量。而个人收入的多寡,与个人或家庭拥有要素数量的多寡和质量的高低有着直接联系。

　　(2)公民受教育的机会和参与竞争的机会不均等,是导致收入分配不均等的另一个原因

　　案例提到辽宁省将推动企业完善差异化薪酬分配办法,薪酬分配向高科技研发、高技能、营销、艰苦岗位以及优秀管理者倾斜;建立各类人才薪酬与行业市场水平接轨、与企业经济效益挂钩的薪酬分配制度和收入能增能减的薪酬分配机制。这样的政策倾向便体现出对不同类型、不同水平的人才予以差别对待的思路,而高科技研发、高技能人才及优秀管理者的培育离不开较好的受教育机会的保障,而现实当中很难保障每位公民都有均等的受教育的机会,在参与竞争方面机会也不是完全均等的,这就导致不同公民的知识及技能水平存在差异,这也是收入分配不均等现象产生的重要原因之一。

　　(3)社会政策因素的影响

　　我国近几年的收入分配问题比较突出,其中一个重要因素就是我国较长期的经济倾斜政策和体制转轨过程中配套政策跟进不够。另外还涉及一些政策未能得到有效执行,出现违法或违规操作行为的问题。因而案例材料中提到此次改革还明确,对企业存在超提、超发工资总额及其他违规行为的,要扣回违规发放的工资总额,并视违规情形对企业负责人和相关责任人员依照有关规定给予经济处罚和纪律、政务处分;涉嫌违法犯罪的,依法移送监察机关或司法机关处理。

　　**2.结合案例材料,谈谈进行国企薪酬改革的意义。**

　　国企薪酬改革是国民收入分配管理的重要内容,案例中提到,在下一步的国企薪酬改革过程中,国家将对竞争性行业企业实行更加市场化的收入分配机制,使这类企业职工的收入与劳动力的市场价格接轨;与此同时,全面推行公开招聘制度,保证人员招聘公平、公开,构建员工的正常流动机制,确保渠道畅通。这些举措实际上是为了实现效率与公平的

动态平衡。因此,可以从以下几个方面来阐述国企薪酬改革的意义:

首先,薪酬体制改革是提高工作效率的需要。效率正是国民收入分配管理追求的重要目标之一,案例提及的国企薪酬改革正是促进效率提升的重要手段。目前,国有经济初步建立起了现代企业制度;随着市场化改革的逐步深化,国有经济的布局更加合理,经济效益和社会效益更加丰厚。然而,其总体的工作效率较之于国内优秀企业还有一定的差距。合理应用薪酬激励可以有效激励员工的工作热情,促使其发挥主观能动性,积极思考改进工作的措施,在自身岗位上发光发热,进而实现工作效率的提高。

其次,薪酬体制改革是适应国企市场化深度改革的需要。案例提及的国企薪酬改革顺应了市场经济发展的需要,促进市场机制发挥在资源配置中的作用。具体说来,以全面市场化为方向的改革,首先体现在机构人员的变动上,用工形式将更加灵活,薪酬制度的行政性将会相应削弱。若仍延续原有的制度,工资水平直接与职工的行政级别挂钩,就很容易造成国企薪酬水平与社会平均水平的失衡,固化的制度也不利于多种形式聘任工作的开展。

最后,薪酬体制改革是培养员工"主人翁"意识的需要。案例提及的国企薪酬改革有利于促进公平,而公平也是国民收入分配管理的重要目标之一。新形势下,各种思潮也在影响着企业员工的思想,同时开放性的环境也会使员工产生横向的对比,单纯的表扬或奖状已不能满足员工成就感的需要。尤其是年轻职工,要培养其对于企业的归属感,还需要一定的激励作用。薪酬激励的表现形式为物质激励,内涵则还包括精神鼓励和地位激励,是一个全面性的激励体系。

**3.结合案例及所学知识谈谈,如何推进国企薪酬改革。**

结合案例及现实情况来看,国有企业经过多年的发展,积累了大量的资源。因此,国企薪酬改革一定要结合我国的实际情况,扎实推进,稳步进行。所以可以通过以下几个途径来推动国企薪酬制度的改革以实现收入分配公平目标的实现。

一是建立有竞争性的薪酬制度。国有企业在制定薪酬水平时,可以借鉴外部劳动力市场工资的整体水平,随着社会主义市场经济体制总体目标的确立,国有企业转换经营机制,探索建立现代企业制度,实行以劳动评价为基础的基本工资制度。薪酬改革逐步向纵深发展。

二是对于工资水平过高的国有企业,国家可以适当通过产品限价、立法调节税收等方式使企业虚高的利润降低,从而倒逼企业降低生产成本包括人力成本,达到调节收入的目的。必要时通过管理部门制定高管薪酬限薪政策进行强制限薪。鉴于有的国企存在利用垄断地位攫取超额利润的现象,必须降低其收入。

三是对于大型国企或拥有众多分支公司的国企而言,可以先推行薪酬改革试点,再进行推广。工资薪酬是一个很复杂的领域,马克思认为其中包含"历史和道德的因素"。公有制企业应当坚持"按劳分配,多劳多得,少劳少得,不劳不得"的原则,研究新理论、制定新政策,探索出合理的薪酬制度。

四是借鉴发达国家经验,依法加强国企监管,促进国企薪酬制度改革。我国建立社会主义市场经济体制,必须学习借鉴市场经济发达国家的有益经验。企业内部的薪酬分配权是企业的法定权利,由企业依法依规自主决定,完善既有激励又有约束、既讲效率又讲公平、既符合企业一般规律又体现国有企业特点的分配机制。

国企薪酬制度的问题,主要在于薪酬与业绩分离缺乏效率、与市场脱轨难言公平,按劳分配原则一定程度上被扭曲。公平、公正、科学、合理的工资分配制度,会吸引和留住人才,调动和激发广大职工的工作积极性和工作热情,促进企业核心竞争力的提高。因此,建立科学、规范、有弹性、敢晒在阳光下的薪酬评价体系,是当前国企薪酬改革的主要目标。

**参考文献:**

[1]朱富强.国企的改革导向:管理民主化和薪酬公平化[J].浙江工商大学学报,2015(5):84-91.

[2]孙妍,吴江.转型期国有企业收入分配问题及对策探讨[J].现代经济探讨,2014(3):52-56.

[3]田杨群.国有企业高管薪酬设计和管理若干问题再审视:基于完善收入分配制度的视角[J].理论导刊,2014(3):7-9,13.

[4]刘长庚,戴克明,颜长春.创新收入分配制度 促进竞争性国有企业大发展[J].湘潭大学学报(哲学社会科学版),2013,37(6):20-24.

[5]程伟.国企改革必须顶层设计与底层设计并举[J].中国党政干部论坛,2013(10):61-64.

# 案例26　改革挺进深水区:缩小收入分配差距仍是重点

## 一、案例导读

收入分配是保障和改善民生、实现发展成果由人民共享的重要而又直接的方式。习近平主席指出:"'蛋糕'不断做大了,同时还要把'蛋糕'分好。"加快建设体现效率、促进公平的收入分配体系,是推动经济高质量发展的重大理论和实践课题,而收入分配制度是经济社会发展中一项带有根本性、基础性的制度安排,是社会主义市场经济体制的重要基石。党的十九届五中全会提出"十四五"时期要使"城乡区域发展差距和居民生活水平差距显著缩小,公平正义进一步彰显",这对收入分配制度改革提出了新要求。改革开放以来,我国收入分配制度改革不断推进,与基本国情、发展阶段相适应的收入分配制度基本建立。但与此同时,收入分配领域仍存在一些亟待解决的突出问题,例如城乡区域发展差距和居民收入分配差距依然较大,收入分配秩序不规范,隐性收入、非法收入问题比较突出,部分群众生活比较困难,等等。这就需要继续深化收入分配制度改革,优化收入分配结构,必须从我国基本国情和发展阶段出发,立足当前、着眼长远、克难攻坚、有序推进。本案例聚焦收入分配改革,从中对政府经济管理的相关问题展开讨论。

## 二、案例材料

日前,中央财经委员会第十次会议召开,其中一项议题是研究扎实促进共同富裕问题,引发广泛关注。许多文章已经对此论题做出了分析和评论。但是,为什么会在今天提出"共同富裕",强调"三次分配"等,也许可以放到更长时间轴上,看看我国的居民收入、财富格局、分配理念等,在这几十年来,究竟产生了什么样的变化,变化背后的原因和逻辑是怎样的。

### 分配理念的七十年变化

谈到居民收入和财富,必然要先谈到收入分配制度。分配制度本身,对居民收入的影响,几乎是决定性的。

新中国成立后,在1949年至1978年这个阶段,主要实行高度集中的计划经济体制,分配制度非常单一,是由国家统一制定标准的"工资制"和"工分制"。在1956年以前,通过没收官僚资本、土地改革以及社会主义改造等,在城市,基本形成了单以国有经济、集体经济为主体的公有制经济,在农村,主要形成了"三级所有、队为基础"的集体经济。1956年进行了全国性的工资制度改革,统一了工资形式。农村农产品购销由国家统一规定安排。因此,分配的平均主义倾向非常明显和普遍。

1978年,党的十一届三中全会提出把工作重点转移到社会主义现代化建设上来,并且明确指出:"现在我国经济管理体制的一个严重缺点是权力过于集中……"为了更好地激励劳动者,邓小平同志在讲话中明确指出:"在经济政策上,我认为要允许一部分地区、一部分企业、一部分工人农民,由于辛勤努力成绩大而收入先多一些,生活先好起来。"会议第一次正式提出了克服平均主义。党的十三大报告指出:"社会主义初级阶段的分配方式不可能是单一的。我们必须坚持的原则是,以按劳分配为主体,其他分配方式为补充。"

进入新世纪,开始更多注重效率的同时,也强调公平。党的十六大明确提出"既要反对平均主义,又要防止收入悬殊"。党的十七大提出"合理的收入分配制度是社会公平的重要体现",并首次提出了"初次分配和再分配都要处理好效率和公平的关系"。

党的十八大开始,这一阶段的分配制度更加重视分配的公平性。党的十八大报告指出"实现发展成果由人民共享,必须深化收入分配制度改革",提出"两个同步""两个提高"的目标:"努力实现居民收入增长和经济发展同步、劳动报酬增长和劳动生产率提高同步,提高居民收入在国民收入分配中的比重,提高劳动报酬在初次分配中的比重。"

### 不同分配机制下的收入变化

分配理念和制度的变化,给居民收入带来了天翻地覆的变化。

很多人可能不知道,在新中国成立初期,收入差距很大。根据UNU-WIDER的全球收入分配数据,1953年中国收入差距的基尼系数为0.5582。主要原因,或是那时的国民经济格局基本上还是旧中国经济格局的延续,因此,其时的分配格局和收入差距也仍延续着旧中国模式。

随着计划经济制度逐步成型,第一和第二个五年计划实施后,居民收入差距急剧下降。相关研究数据显示,在"文革"前的1965年,全国收入差距的基尼系数降至0.3左右,而且在"文革"期间,居民收入分配差距继续下降,1975年基尼系数大约为0.27。1978年我国城市基尼系数为0.16。按照国际惯例,基尼系数在0.5以上就是收入差距悬殊,而低于0.2就是绝对平均。因此,这一阶段的收入差距变化,可谓是天翻地覆。

改革开放后,居民收入得到提升,最明显的是农民。1978—1984年,农村居民人均实际收入的年均增长率高达16.4%,这是此前三十年和此后三十年都没有的高增长。而且,根据国家统计局住户调查数据的估计结果,1979—1984年农村内部收入差距的基尼系数在0.24~0.26波动。也就是说,收入普遍增长,收入差距并没有增加。这真可谓是收入分配史上的"美好时光"了。

但 20 世纪 80 年代后期开始,农户的收入增幅减小,收入差距也逐渐加大。根据中国收入分配课题组的住户调查(CHIP)数据估算,1988—1995 年农村内部收入差距的基尼系数由 0.34 明显上升为 0.405。

对于城镇居民而言,改革开放之初,其收入增幅则并不十分明显,但随着邓小平南方谈话,非公经济发展进入"快车道",加上当时"价格双轨制"带来的套利机会,1985—1992 年城镇基尼系数提高了约 9 个百分点。

此后,随着居民收入提高,收入差距也在拉大。国际上公认的贫富差距警戒是 0.4,而 2008 年,我国居民收入基尼指数已经达到 0.491,此后呈缓步下降之势。

而且,更加值得注意的是,分化趋势比较明显。无论是城镇还是农村,居民收入差距有进一步扩大的趋势,收入越高的增长越快,俗话称"富者越富,穷者越穷"。

**市场化是不是收入差距拉大的"罪魁祸首"?**

收入差距不断拉大,究竟是什么原因造成的?相关研究很多。但首先,整体而言,有"市场化原因"和"非市场化原因"之说。前者主要认为,市场化改革收入分配中引入市场化机制,必然扩大收入不平等。后者则归因于权力和社会结构等非市场化因素。

从"市场化原因"上看,一些人拿出计划经济时期的居民收入差距更小作为论据,以证明"市场化"才是导致不公平的"罪魁祸首"。

但其实未必。

通常而言,我们对计划经济中"平均主义"的批评,都是在针对"平均"损失了效率,造成了普遍的劳动生产积极性低下和产出低下,因此带来了低效率公平,或者说"共同贫穷"。1978 年我国的国民生产总值为 3650.20 亿元,仅占全世界经济总量的 1.8%,人均国内生产总值仅为 382 元,属于低收入国家。1978 年职工平均工资只有 615 元,低于 1957 年 624 元的水平。

但其实抽丝剥茧地看,即使去除掉效率和产出收入比率的考量,这种分配制度或也并不"公平"。

尽管城镇居民收入低,但城乡之间居民收入差距仍然巨大。1978 年,农民人均纯收入仅为 133.60 元。按照当年标准,全国农村绝对贫困人口约为 2.5 亿人,大约占全部人口的四分之一。这还没有算上城市职工享受的各种社会保障和福利,否则城乡间实际收入差距要大得更多。

这一结果看上去是社会结构归因的,即户籍制度带来的城乡分割的管理体制。其实也是权力归因的,优先发展重工业战略,而重工业重资本禀赋轻劳动力禀赋,因此导致大量劳动力过剩及劳动价格降低,农民成为获得原始资本积累的基础,但却被置于低城镇化的现实之边缘。

而 20 世纪 90 年代后,农民收入差距扩大的一个重要原因,是农民进城务工,工资性收入和家庭非农经营收入在收入中的占比不断增加,而这和城乡二元割裂的户籍制度也密不可分。这种"双轨",不仅使农民收入差距加大,而且加大了城乡收入差距。

更不要说,即使对于城镇居民而言,计划经济时期的工资冻结制度,看似减小了收入差距,其实形成了代际的不公平。

### "不公平"究竟来自哪里？

当然，市场化的种种因素也对收入分配差距拉大带来了各种影响。

通过用收入法中劳动者报酬占国民总收入的比例来计算，一些研究发现，我国劳动收入份额存在着下降趋势，并与资本收入份额的上行趋势呈相反方向变化。这说明利润挤占了劳动者报酬。从政府部门、企业部门、住户部门三者的关系调整和变动看，一个突出问题是，住户部门所获得的收入在国民收入分配中所占比重过小。而劳动者报酬不足会导致消费乏力、内需不足。

这里面的原因是多样化的。

比如，在经济转型过程中，劳动密集型行业转向资本密集型产业，资本深化和劳动技术能力提升，都会导致劳动收入份额的下降。包括产业结构的转变等，这都是经济转型的大势所趋。我国的劳资关系长期处于"资强劳弱"状态。

关于"财产"，多项研究都指出，房产对财富差距拉大的贡献最大。其成因，既有20世纪90年代中后期我国住房商品化改革过程中产生的住房不平等问题，导致国有部门和私营部门家庭财富之间产生很大差距。也有近十几年来因各种原因房价飙升带来的财富分化严重。由于高收入阶层中大部分收入来自财产性收入，中等收入阶层中收入70％来自劳动收入，低收入阶层中收入90％来自劳动收入，而财产性收入比劳动收入分配更加不均衡，因此，从《中国民生发展报告2014》中看到，我国财产不平等程度由财产基尼系数来表示，从1995年的0.45上升到2002年的0.55，至2012年为0.73。人民日报亦就此进行报道。

此外，分部门看，一些研究发现，非金融企业部门和金融机构部门均存在利润侵蚀劳动者报酬现象，但在金融机构部门更加严重。而这和一些企业部门，尤其是金融部门的垄断现象有关。一些研究也指出，政府过度干预经济活动和腐败都会加重分配不公。

社会保障机制的不足也是收入差距拉大的原因之一。除了养老、医疗保障等，教育资源的分配在城乡间、区域间等有很大差别，教育资源不均等不仅会带来现实的收入差距，还会带来代际分化的"传承"。

### 又一次分配思路的转变，有历史背景，有现实背景

收入差距太大、贫富分化严重势必会影响经济发展、社会稳定。这是全球共识。

与此同时，收入差距问题也是一个全球性的问题。经合组织OECD的研究报告《我们处于分裂之中：为什么收入差距持续上升？》(*Divided We Stand：Why Inequality Keeps Rising*)，对15个OECD国家的收入差距变化进行了分析，其结果显示，20世纪80年代中期至90年代中期，14个国家的家庭可支配收入的基尼系数出现了上升，平均上升幅度为14％；从90年代中期至2005年前后15个国家中9个国家的家庭可支配收入的基尼系数出现了上升，只是上升幅度有所减缓。

但不同国家和地区间的状况既有一定的共性，如经济金融化带来的资本利润侵蚀劳动报酬等，也基于各自不同的历史和社会背景有各自的成因。

计划经济的三十年，我们没有"富裕"；改革开放的三十年，中国实现了经济上的"飞跃"和"奇迹"，由于短时间内的高速度发展，我们的着眼点在于初次积累和初次分配的效率性上，比较忽略再次分配的合理性，相对忽视了"共同"。以至于中国从一个几乎绝对平

均的经济社会走向了财富分化,收入差距增加的幅度和速度较大。

因此,党的十九大报告提出了我国新时期的主要矛盾是"人民日益增长的美好生活需要和不平衡不充分的发展之间的矛盾",其中之一就是收入差距过大问题。而且,党的十九大报告对当前的收入分配状况给的基本判断是"城乡区域发展和收入分配差距依然较大"。这一判断意味着,解决收入差距过大的问题仍将是未来党中央的重要任务之一。

这是当前"共同富裕""三次分配"等被提起和强调的历史背景。

从我国分配制度和思路的演变,能够看出,计划经济中的"平均主义"未必公平,而市场经济中的"公平竞争"也常常没有兼顾社会公平。但总体而言,市场化的方向是正确的,只是在市场化的管理方式、监管能力、再分配理念等方面,需要适时作出调整,来保障社会公平在新时代的新内涵。

这是当前"共同富裕""三次分配"等被提起和强调的现实背景。

未来,市场化的步伐不会停,但监管正位、反垄断、加强社会保障、提高企业社会责任感、均等教育资源、提高低收入人群地位等举措,应该都会进一步实施和加强力度。

(案例来源:万喆.Z博士的脑洞|共同富裕,一次分配思路的转变[EB/OL].(2021-08-20)[2021-12-31].https://www.thepaper.cn/newsDetail_forward_14117833.)

**案例思考:**

1.结合案例分析我国政府为何要对收入分配进行调控。

2.结合案例,谈谈我国收入分配差距主要体现在哪些方面。

3.试论述政府应如何进行收入分配政策的选择,从而缩小收入分配差距。

## 三、案例分析参考

**1.结合案例分析我国政府为何要对收入分配进行调控。**

(1)市场在收入分配方面具有一定的局限性

案例提及的收入分配差距的拉大体现了市场机制在收入分配方面难以做到完全的公平:市场供求的变化、市场要素或资产价格的变化一定程度上能对收入差距产生调节作用,但是市场力量的自动调节存在很多方面的局限性。具体表现为以下几方面。首先劳动力的市场供求关系总是在不断变化,就业机会、工资率也因而会发生变化,如果劳动力市场出现供大于求的现象,失业率增加、工资率降低,以劳动收入作为主要来源的居民劳动收入会减少,而那些以非劳动收入作为主要收入来源的居民收入不会受到太大影响。其次劳动力在部门之间的流动会受到各种因素的限制,低工资率部门的劳动力向高工资率部门流动相当困难,这样依靠劳动力从低工资率部门向高工资率部门流动来缩小劳动收入差距会受到很大限制。最后市场也没有能力削减由劳动能力的差异、就业体制所造成的劳动收入差别。

(2)马太效应与市场力量的局限性

案例提及的收入分配差距的拉大正是马太效应在经济领域的典型表现。在收入分配领域任由市场发挥作用会造成收入分配的马太效应,即穷者越穷,富者越富;居民收入水平越高,越有可能获得更高的劳动收入和资产收入。因为收入水平越高,越可购买高质量高水平的教育服务以提高劳动者自身劳动力素质,就业机会越多,越可能在劳动力市场中占有优势,获得更高收入的工作岗位;对于资产收入来讲,居民收入水平越高,投资能力越强,投资途径越多,选择有利投资机会的能力更强,越能够获得更高的资产收入。而收入水平低的居民结果正相反。所以马太效应的存在证明了市场力量在调节居民收入差距中存在一定局限性。

(3)政府履行经济职能需要调节居民收入差距

案例提及的收入分配差距引发了政府的高度重视,政府作为公共权力机构在市场经济中应履行多方面的经济职能,其中主要包括提供具有非竞争性非排他性的产品和服务,如国防、军事、公共基础设施等;促进经济长期稳定增长;维持社会稳定;实现居民权利平等;缩小收入差距。据统计 2018 年我国基尼系数为 0.455,国际惯例认为基尼系数处于 0.4~0.5 之间收入差距较大。显然我国收入差距较大,这会减弱经济发展动力,制约社会消费能力提升,造成生产动力不足,影响中小企业健康发展;影响社会建设的稳定和发展,影响政府的公信力,所以如果居民之间收入差距得不到有效调节,政府就无法履行好经济职责。因此政府要尽其责,就要努力缩小居民差距,完善我国分配制度改革。

(4)政府具有调节收入分配的能力

案例提及的收入分配差距偏大反映了市场机制的失灵,而政府在应对市场失灵方面是能够发挥较好的作用的。政府是公共权力机构,享有其他任何机构和个人都不具有的立法权和司法权。政府能够通过税收政策强制性地向高收入居民征税,也能为低收入者提供财政补贴,即通过税收建立起社会保障制度,向低收入者提供基本生活保障。并且政府对居民收入差距的调节具有强制性、持续性、稳定性,通过运用各种政策工具如税收政策、支出政策、法律工具等对收入进行调整。

**2.结合案例,谈谈我国收入分配差距主要体现在哪些方面。**

主要体现在这些方面:

(1)城乡收入差距。一方面,城乡收入差距过大,将加剧二元经济结构问题,不利于城乡协调发展。另一方面,它将严重制约农业和农村经济的发展以及农民生活水平的提高。因而我国将在着眼于实现城乡居民收入增长与经济增长基本同步的基础上,继续开展城乡居民增收和专项激励计划试点,进一步缩小收入差距。

(2)农村地区的收入差距。除了案例提及的城乡收入差距之外,农村地区之间的收入差距远大于城市地区之间的收入差距。地区间的收入差距反映了地区间经济发展水平的差异,这对我国的经济和社会发展具有重大影响。如果中西部广大地区长期落后于东部地区,我国的经济和社会发展将受到严重制约。

(3)行业收入差距。我国某些行业的收入差距是合理的。例如,信息传输和软件行业的较高收入是由于该行业的技术特征。但是也有一些则是由垄断引起的,包括一些国企的行政性垄断,这是不合理的。因而我国国企薪酬改革也将大提速,将出台实施国有企业工资决定机制改革方案,深化国有企业负责人薪酬制度改革,开展薪酬分配差异化改革试点。

**3.试论述政府应如何进行收入分配政策的选择,从而缩小收入分配差距。**

(1)保持经济稳定增长,实现居民收入增长与经济增长基本同步

案例提及要减小收入分配差距需要增加低收入者的收入,这就需要保持经济稳定增

长，做大"蛋糕"。高质量的经济社会发展是实现社会公平正义的决定性因素，没有经济发展，分配就是无源之水、无本之木。因此，必须紧紧抓住经济建设这个中心，推动经济高质量发展，进一步把"蛋糕"做大，为保障社会公平正义、形成合理有序的收入分配格局奠定更加坚实的物质基础。与此同时多渠道增加居民财产性收入，努力实现居民增收与经济增长基本同步。加快发展多层次资本市场，落实上市公司分红制度，强化监管措施，保护投资者特别是中小投资者合法权益。推进利率市场化改革，适度扩大存贷款利率浮动范围，保护存款人权益。严格规范银行收费行为。丰富债券基金、货币基金等基金产品。支持有条件的企业实施员工持股计划。拓宽居民租金、股息、红利等增收渠道。

（2）改革完善初次分配制度

案例提及的收入分配差距偏大涉及部分行业由于处于垄断地位而攫取超额利润进而导致的畸高收入，这就需要促进机会公平，因而政府应着力创造一个更加公平的市场环境，尽可能促进实现机会均等。要坚持按劳分配原则，鼓励勤劳守法致富，不断增加劳动者特别是一线劳动者劳动报酬，努力实现劳动报酬增长和劳动生产率提高同步；要进一步规范市场秩序，创造更加公平的竞争环境，完善按要素分配的体制机制，着力于创造均等的机会；要拓宽居民劳动收入和财产性收入渠道，明显增加低收入劳动者收入，扩大中等收入者比重，努力缩小城乡、区域、行业收入分配差距，逐步形成橄榄型的分配格局；要实行以增加知识价值为导向的分配政策，完善技术工人激励政策，增加农民收入。

（3）加快健全再分配调节机制

案例提及的收入分配差距偏大的问题需要通过税收等手段进行再分配的优化，加快健全以税收、社会保障、转移支付为主要手段的再分配调节机制。健全公共财政体系，完善转移支付制度，调整财政支出结构，大力推进基本公共服务均等化。加大税收调节力度，改革个人所得税，完善财产税，推进结构性减税，减轻中低收入者和小型微型企业税费负担，形成有利于结构优化、社会公平的税收制度。一方面推进税收制度改革及优化税收政策设计，不断加大税收在促进公平分配方面的调节作用。具体而言，通过建立综合与分类相结合的征税模式、加大税收覆盖面、完善税率设计等一系列举措，加大对高收入群体的调节力度，增强个人所得税对居民收入分配的调节功能。改革完善财产税体系，尽快将对财产全环节特别是财产保有以及赠与继承环节的征税提上议事日程。另一方面建立健全鼓励高收入群体进一步投资的税收激励机制设计，提高税收征管能力，为税收促进收入公平分配提供重要保障。

（4）努力推动国企薪酬体制改革，加强国有企业高管薪酬管理

案例提及的收入分配差距偏大涉及部分行业畸高收入带来的影响，为此需要对部分过高收入行业的国有及国有控股企业，严格实行企业工资总额和工资水平双重调控政策，逐步缩小行业工资收入差距。建立与企业领导人分类管理相适应、选任方式相匹配的企业高管人员差异化薪酬分配制度，综合考虑当期业绩和持续发展，建立健全根据经营管理绩效、风险和责任确定薪酬的制度，对行政任命的国有企业高管人员薪酬水平实行限高，推广薪酬延期支付和追索扣回制度。缩小国有企业内部分配差距，高管人员薪酬增幅应低于企业职工平均工资增幅。对非国有金融企业和上市公司高管薪酬，通过完善公司治理结构，增强董事会、薪酬委员会和股东大会在抑制畸形高薪酬方面的作用。

(5)规范收入分配秩序,完善收入分配调控体制机制和政策体系

案例提及的收入分配差距偏大的问题对于社会安定稳定具有不利影响,需要强化政策调控。要建立个人收入和财产信息系统,健全财产登记制度,完善财产法律保护制度,保障公民合法财产权益;要深化国有企业和公共部门薪酬制度改革,进一步清理规范隐性收入,推进薪酬公开透明;要继续依法强化对腐败和各种非法经济行为的打击力度,遏制以权力、行政垄断等非市场因素获取收入的行为,取缔非法收入。

(6)提高敏锐度,重视收入分配领域出现的新情况新问题

案例提及的收入分配差距问题随着时间推移也会出现一些新的变化,为此需要高度重视一些新情况、新问题对于收入分配问题的影响,并采取有效的应对措施,尽可能避免对低收入群体收入水平产生严重冲击。随着经济社会发展进入新阶段,全球化进程的加快、产业转型升级、技术进步和交易方式改革等对收入分配的模式以及分配结果产生重大影响,一些新问题新矛盾也会不断产生,使得收入分配的格局更为复杂,特别是对于人力资本不足的劳动者而言,就业及收入增长空间受到较大挤压,生活水平就可能出现较大波动。应密切关注评价这些新情况、新问题对收入分配带来的影响,从提升人力资本水平、健全就业服务体系、强化社会保障等多方面,积极研究制定相应的应对举措,避免这些劳动者的收入水平及生活质量受到严重影响,防止收入分配矛盾的进一步加剧。

**参考文献:**

[1]卢倩倩,许光建,许坤,等.中国居民收入分配体系:演变、特征与展望[J].宏观经济研究,2021(7):5-15,160.

[2]卢珊,杜宝贵.中国社会保障支出对收入分配差距与经济增长的动态冲击效应[J].经济与管理研究,2021,42(4):33-45.

[3]石绍宾,张玲欣.我国税收调节收入分配差距的主要障碍及完善[J].税务研究,2021(4):19-24.

# 案例27 东、西部发展的协同推进

## 一、案例导读

我国幅员辽阔,在平衡地域经济发展方面难度较大,地区收入分配差距明显。东、西部地区差距的形成,有自然地理方面的因素,如自然资源分布不均衡,再加上地区综合实力受限、经济社会发展不协调以及产业结构不够合理等因素的共同作用,客观上造成东、西部之间的发展不同步,而这对我国谋求全面协调可持续的发展道路带来阻碍并造成不利影响。促进东西部地区的和谐发展,是党和政府在新时代下的重要工作,对于满足民生需求具有重要意义。本案例聚焦东西部之间在收入分配等方面的差距,从中对政府经济管理的相关问题展开讨论。

## 二、案例材料

(一)加大对西南地区科技投入 缩小东、西部创新能力差距

西南地区含重庆、四川、贵州、云南和西藏五省市,陆地面积234.06万平方公里,约占

全国国土面积的四分之一,生态环境优越,自然资源丰富,少数民族人口众多,是 21 世纪以来我国重要的发展区域之一。囿于自然、历史、社会等因素,这些省市在交通建设、工业发展、信息资源、技术进步等方面受限,经济社会发展与东部沿海地区有较大差距,特别是少数民族聚集区差距尤其明显。

对此,在 2021 年全国两会上,全国人大代表、贵州白山云科技股份有限公司董事长、首席执行官霍涛建议:应加大对西南地区科技投入,促进科技创新能力提升。

霍涛在调研中发现:近年来,西南地区脱贫攻坚、民生工程、基础设施建设等工作任务重,压力大,导致地方财政资金在科技方面的投入相对缺乏。根据调查数据,"十三五"期间,全国财政科技支出占财政支出比重的平均值为 2.44%,但西南五省市的平均值仅为 1.19%,不足全国平均值的 50%,与全国差距较大。

"加之东部经济较发达省市拥有具备较强科技创新能力的主体,顶尖的科研力量聚集,创新平台等资源优势明显,东西部创新能力差距正逐步加大。"霍涛说,正因为此,西南地区实施创新驱动的步伐明显落后于全国步调,导致科技对区域经济社会发展贡献不明显,严重制约了科技创新能力的提升。

当前,国家正强化举措推进西部大开发形成新格局。2020 年 5 月《中共中央 国务院关于新时代推进西部大开发形成新格局的指导意见》提出,要以创新能力建设为核心,加强创新开放合作,打造区域创新高地。要完善国家重大科研基础设施布局,支持西部地区在特色优势领域优先布局建设国家级创新平台和大科学装置。

"加快科技创新是推动西南地区高质量发展的迫切需要和重要支撑,是顺应新时代区域协调发展的新要求。"为了进一步提升西南地区科技创新能力,霍涛建议:要不断完善和加强地方政府财政对科的技投入,加强政策的制定和督促落实,在风险投资、高新技术优惠政策、人才政策方面协同有关方面制定对西南地区的优惠政策;应设立西南地区科技专项基金,解决社会经济发展中的重大科技问题,帮助提升科技创新能力,缩小东西部差距。

与此同时,支持西部地区在特色优势领域优先布局建设国家级创新平台和大科学装置,加强支持西部地区重点实验室和工程技术中心、高新区等建设;借鉴脱贫攻坚东西协作帮扶成功经验,建立东西部科技资源共享和帮扶机制,加速推进西南地区创新驱动战略的实施。

(二)2020 年东、中、西部及东北地区经济数据对比

数据 1:2019 年末全国大陆总人口 140005 万人,比上年末增加 467 万人。东部地区人口集聚,人口共计 54164.5 万人,占全国比重为 38.7%。中部地区、西部地区不相上下,人口分别为 37246.2 万人、38179.8 万人,占全国比重分别为 26.6%、27.3%。东北地区人口较少为 10793.7 万人,占全国比重为 7.7%。东部地区人口规模是东北地区的 5.02 倍。

数据 2:GDP 方面,东部地区贡献了全国一半的 GDP。2019 年全国 GDP 总量 990865 亿元,比上年增长 6.1%。东部地区贡献了全国一半的 GDP,GDP 总量 511161.2 亿元,占全国比重为 51.6%。中部地区、西部地区 GDP 总量超 20 万亿元,中部地区 GDP 总量比西部地区多 13552.6 亿元。东北地区 GDP 总量较小,仅为 50249 亿元,占全国比重 5.1%。东部地区 GDP 总量是东北地区的 10.17 倍。

数据 3:产业结构方面,四大经济区域第三产业占 GDP 比重均超 50%,其中,东部地

区占比最高,达 56.5％,中部地区最低,仅 50.0％。东北地区、西部地区第一产业占 GDP 比重超 10％,分别为 13.2％、11.0％。东部地区第一产业占 GDP 比重最低,仅 4.6％。中部地区第二产业占 GDP 比重最高达 41.8％,东北地区最低仅 34.4％。

数据 4:东部地区消费力强悍

2019 年全国社会消费品零售总额 411649 亿元,比上年增长 8.0％。东部地区占据半壁江山,社会消费品零售总额 206182.2 亿元。中部地区、西部地区社会消费品零售总额占全国比重 24％、20.7％。东北地区最少,仅 19487.4 亿元,占比不足 5％。东部地区 GDP 总量是东北地区的 10.58 倍。

### (三)在新时代西部大开发中闯新路

"在'十四五'的开局时刻,习近平总书记到贵州考察,亲切看望各族干部群众,给了我们极大的关怀和厚爱,给了我们民营企业极大的鼓励和鞭策。我们深感责任重大、使命光荣……"

在 3 月 21 日举行的贵州民营经济代表人士学习贯彻习近平总书记考察贵州重要讲话精神座谈会上,贵州民营企业家代表们畅谈学习贯彻习近平总书记考察贵州重要讲话精神感想和体会,并结合自身行业就如何贯彻落实习近平总书记考察贵州重要讲话精神作交流发言。

贵州省政协副主席、省工商联主席李汉宇出席座谈会并讲话。贵州省委统战部副部长,省工商联党组书记、常务副主席李岳德主持会议。

会议深入学习贯彻习近平总书记视察贵州重要讲话精神,对全省工商联贯彻落实工作进行安排部署,要求广大民营经济人士要把思想统一到习近平总书记考察贵州重要讲话精神上来,把力量凝聚到党中央和省委的决策部署上来,坚定不移沿着习近平总书记指引的方向奋勇前进,走好新时代的长征路,在新时代西部大开发上闯新路,在乡村振兴上开新局,在实施数字经济战略上抢新机,在生态文明建设上出新绩,努力开创百姓富、生态美的多彩贵州新未来。

李汉宇表示,学习贯彻习近平总书记考察贵州重要讲话精神是当前和今后一个时期的首要任务,贵州省工商联要结合实际、以问题为导向组织开展学习。李汉宇说,贵州省工商联要充分发挥好桥梁纽带作用,成为民营经济人士之家,切实将习近平总书记考察贵州重要讲话精神落到实处。强化政治引领,当好参谋助手,帮助民营企业家正确认识当前的形势,为民营经济做好服务工作。帮助民营经济发展争取好政策,营造良好的营商环境氛围,助推民营经济高质量发展。民营经济发展要与乡村振兴充分融合,"抱团取暖",龙头企业带动中小企业共谋出路、共同发展,敏锐抓住机遇,准确把握优势,清醒认识差距,按照"一二三四"工作思路,坚定不移地走出一条贵商发展之路。

"这次考察中,习近平总书记要求贵州'在生态文明建设上出新绩',我们深感责任重大、使命光荣。"贵州省工商联副主席、贵州绿地环保集团董事长黄金桦说。集团将沿着总书记指引的方向奋勇前进,全面落实贵州省"一二三四"战略,凝聚好商会力量,抓好党史学习,牢记殷切嘱托,在环保领域不断探索创新,全力推动资源节约、经济繁荣,百姓富、生态美的贵州建设,助力民营企业高质量发展,以优异成绩迎接建党 100 周年。

贵州省工商联副主席、贵阳朗玛集团董事长王伟说,今年总书记再次来到贵州考察,再提主动解决地区差距、城乡差距、收入差距等问题,这让他深切地感受到总书记对于民生问题的关心和关注,也进一步认识到企业的巨大责任。作为一家互联网医疗企业,集团将持续深耕"互联网＋医疗"领域,积极探索出普惠、共享、便捷的"互联网＋医疗"健康服务模式,让优质医疗资源服务基层百姓。

贵州省总商会副会长、贵州贵达律师事务所主任朱山说,贵州民营经济人士要牢记习近平总书记"在新时代西部大开发上闯新路,在乡村振兴上开新局,在实施数字经济战略上抢新机,在生态文明建设上出新绩"的"四新嘱托",积极服务乡村振兴、大生态和大数据三大战略。

"2月4日,总书记莅临合力惠民生鲜超市阳关店考察,这是合力21年来获得的最高荣誉,全体合力人感到无比激动,无比振奋。"贵州合力集团董事长李德祥激动地说道。合力集团将不负嘱托,全力以赴把工作做精做实,把菜卖好,把老百姓的餐桌服务好,努力在新时代作出新成绩,更好地助力乡村振兴战略。

(案例来源:管弦,王松.在新时代西部大开发中闯新路:贵州民营经济代表人士学习贯彻习近平总书记考察贵州时重要讲话精神[N].中华工商时报,2021-03-24(1).;佚名.加大对西南地区科技投入 缩小东西部创新能力差距[EB/OL].(2021-3-12)[2021-12-31]. https://k.sina.com.cn/article_6824573189_196c6b905020011fy2.html.;佚名. 2020 年中国东、中、西部及东北地区经济 PK:差距在哪?[EB/OL].(2020-12-16)[2021-12-31]. https://new.qq.com/rain/a/20201216A07LH600.)

**案例思考:**

1.结合案例,试论述收入分配不均等的产生原因有哪些。

2.结合案例,试论述解决收入分配不均等问题具有哪些意义。

3.结合案例,试论述政府今后应当如何进一步优化收入分配。

## 三、案例分析参考

### 1.结合案例,试论述收入分配不均等的产生原因有哪些。

收入分配不均等的产生原因主要有:

首先,生产要素的不均等,是导致收入分配不均等的重要原因。按生产要素进行初次分配是当代市场经济国家普遍的做法,通过市场机制实行按要素分配,生产要素所有者得到的收入是付给劳动者的工资(包括薪水和其他报酬),付给资本所有者的利息(包括红利),以及付给土地和其他资源所有者的租金。目前我们国家逐步向科技创新型的创新型社会转变,东西部的科技、资本、人力等生产要素分配不均是导致东西部发展不均等的重要原因。

其次,公民受教育的机会和参与竞争的机会不均等,是导致收入分配不均等的另一个原因。市场机制不完善,法律法规不健全,特别是公民受教育的机会和参与竞争的机会不均等,都是引发收入分配不均等的重要原因。案例材料体现出东西部之间经济发展差距较大。在 2020 年以前,我国中西部或者少数民族集聚区都存在着人均受教育程度不高的问题,受教育程度影响着当地意识形态的发展与脑力劳动占有率,因此由于较为落后的发展情况,导致中西部缺乏与东部沿海地区竞争的机会,也间接导致了经济发展较为落后。但是伴随着我国全面建成小康社会,未来我国东西部地区的发展差距将会逐渐减小。

最后,社会政策因素的影响,也是收入分配不均等的原因。社会政策尤其是与国民收入相关的一些政策,对收入分配不均等影响较大。随着我国提出打造创新驱动型社会的战略,拥有更多创新生产要素的主体就更能引领科技的发展。我国中西部由于创新政策红利原始占有较少,东部原始占有较多,所以在发展的过程中也呈现出不均等的现象。

**2.结合案例,试论述解决收入分配不均等问题具有哪些意义。**

(1)有利于维护公平正义

和谐社会追求公平正义,公平正义也是社会主义和谐社会建设的必然要求,是社会的核心价值所在。构建社会主义和谐社会,体现着社会主义的本质要求,缩小收入分配差距对此便具有相应的促进作用。案例提到的近些年我国缩小收入分配差距的努力也正体现着对公平正义的追求。

(2)有利于实现共同富裕

我国现阶段在城乡、地区、行业等方面存在收入差距,但我国作为社会主义国家,实现全国各地、各界人士的共同富裕是社会主义的本质特征和要求,收入分配差距的缩小正有利于实现共同富裕。

(3)有利于维护社会稳定

如果收入分配差距过大,市场竞争和就业压力将给很多低收入者带来精神压力。如果贫困者没有生存保障,为了生存可能会不惜一切手段,这将引发犯罪率的上升。而缩小分配差距,则有利于维护社会稳定。

**3.结合案例,试论述政府今后应当如何进一步优化收入分配。**

政府今后应从如下两个方面进一步优化收入分配:

首先,科学制定收入分配的政策。着重衡量的问题有:收入分配政策能否有利于促进生产力的发展,能否使收入差距适度,能否使国家、企业和个人在国民收入中所占的比例适当。其中,收入差距适度是科学的收入分配政策的直接结果及其作用的客观反映,适当的收入差距可以促进生产力的发展。

其次,在收入分配时充分发挥市场机制的调节作用与政府的调节作用。通过市场机制调节来优化生产要素或资源配置,调节国民经济布局和产业结构,提高经济效率并调节资源收益,健全和完善市场体系。综合运用如下政策手段来调节居民收入分配进而缩小居民收入差距:第一,制定辅助发展性质的区域经济政策;第二,实行城乡平衡发展战略,缩小城乡差距,促进乡村振兴;第三,加强税收的再分配调节功能;第四,调整经济结构、扩大就业;第五,提高劳动者报酬;第六,建立健全社会保障体系。

**参考文献:**

[1]刘伟,王灿,赵晓军,等.中国收入分配差距:现状、原因和对策研究[J].中国人民大学学报,2018,32(5):25-43.

[2]魏丽华.财富分配差距对区域协同发展的影响:基于京津冀与"长三角"比较的视角[J].河北学刊,2017,37(4):132-137.

[3]雷磊.我国区域收入分配差距及其对经济增长的效应研究:基于东西部省份的 Panel Data[J].西南民族大学学报(人文社会科学版),2014,35(7):116-121.

# 第十章　价格管理

## 第一节　学习目的和要求

2021年国务院政府工作报告指出："稳定种粮农民补贴,适度提高稻谷、小麦最低收购价,扩大完全成本和收入保险试点范围","保障农产品市场供应和价格基本稳定。开展粮食节约行动"。价格管理是在社会主义制度下,国家通过制定价格政策和价格计划,颁布价格管理法规,建立价格管理体制,健全价格管理规章制度,对价格的制定、调整和执行进行有效的组织领导、协调和监督的总称。它是社会主义国家的一项重要经济职能,是国民经济管理的重要组成部分。只有对价格进行科学管理,才能避免市场机制的盲目性,抑制垄断,保护公平竞争,规范市场秩序,维护消费者和经营者的合法权益,促进市场经济的健康发展。在新冠肺炎疫情下,对防疫物资及农产品的价格管理更是成了社会关注的焦点,也成了政府价格管理的重点内容。

**本章的学习目的及要求:**

把握政府价格管理的目标、内容及手段,明确政府价格管理的必要性,了解美、德、日、法等国价格管理的特征及启示,明晰我国价格管理改革的成就与问题,进而明确我国价格管理改革的主要任务。要求学生能够应用相关知识分析案例,掌握价格管理相关内容。

## 第二节　知识要点

### 一、政府价格管理的必要性

在社会主义市场经济条件下,大部分产品的价格是由经营者自主决定的,政府对价格的管理主要是纠正市场失灵、保护公众利益、实现国家宏观调控目标。

1.保护生产者和经营者的定价权

企业定价可能会受到社会各方面的非正常的干扰,只有在国家保护下企业才能正常行使法律赋予的自主定价权。

2.避免市场机制的盲目性

市场供求变化在前,价格形成在后,市场价格是对市场供求的事后反映。完全根据市场价格确定生产,往往滞后于实际供求状况,出现供求不平衡的现象,造成社会资源浪费。因此,政府必须在一定程度上调控和指导市场价格,才能避免价格机制的盲目性。

3.抑制垄断,维护市场竞争和消费者利益

在市场经济中,一些具有垄断性质的行业企业或具有规模优势的企业,可能会采取不正当的竞争手段损害其他竞争者或消费者的利益。对此,国家要确定或引导这些行业的价格,促进市场充分竞争、资源合理配置和保护公众的利益。

4.规范市场秩序,完善市场价格机制

市场体系、市场秩序影响和决定着价格机制的形成。当前,公平、公正、公开的市场竞争秩序还没有完全建立起来,各种要素市场还不健全,经济主体行为尚未完全规范,价格垄断、价格歧视、价格欺诈现象还比较多。因此,政府有必要运用经济、法律和必要的行政手段,对经营者的市场价格行为进行管理。

# 二、政府价格管理的目标、内容和手段

1.政府价格管理的目标

(1)有效地发挥市场价格配置资源的作用,保证价格能灵敏地反映市场供求变动和资源稀缺的程度,向社会传递正确的资源流向信号,合理调整各方面的经济利益,实现资源优化配置;

(2)克服市场价格弱点和不足,保证社会经济稳定协调发展。

2.政府价格管理的内容

(1)规范价格行为、价格运行秩序和价格运行环境;

(2)管理宏观价格;

(3)管理微观价格;

(4)直接制定少数商品和服务的价格;

(5)约束价格主体的行为。

3.政府价格管理的手段

政府对价格进行管理的手段,可以分为经济手段、法律手段和行政手段。其中,尤以经济、法律手段为主。

# 三、发达国家的价格管理的特征及启示

1.在价格管理手段运用上主要以经济手段为主,而这要依赖市场体系的健全和国家宏观调控机制的完善。

2.价格管理的机构一般具有较高的层次和相对独立性,这是保证管理效率的重要条件。当然,加强对价格管理机构的监督和约束也是必不可少的。另外,一定程度地引入中介组织更具有效率。

3.加强法治建设,强化法制管理是在市场经济体制中搞好价格管理的基础和根本。

4.加强对农产品价格的管理和保护,是稳定经济和价格环境的关键所在。

5.加强对垄断领域的价格规制,有利于净化价格环境和促进企业合理竞争。

6.强化价格监测、预警等信息服务。

# 四、我国价格管理改革的成就与问题

1.价格管理改革的成就

我国价格管理改革取得了巨大的成就,主要表现在:(1)价格管理观念发生了深刻变化;(2)价格机制发生了根本变化;(3)初步理顺了严重扭曲的价格结构;(4)以《价格法》为核心的价格管理法律体系框架基本确立,为以法律为主要手段的新的价格管理提供了法律依据;(5)价格监督检查机制和法治建设逐步加强;(6)价格服务系统逐步完善。形成了以价格监测为本,以价格调研、价格培训、价格信息和价格认证、价格评估、价格咨询为主要内容的价格服务体系,价格服务水平不断提高,取得了可喜的成绩。

2.价格管理改革中存在的问题

在看到我国价格管理改革取得巨大成就的同时,我们也应该看到由于价格立法滞后,依法治价水平不高,以及改革配套措施不健全等原因,当前还存在不少问题亟待解决。

(1)管理的"越位、错位和缺位"。所谓越位,是指管了那些不属于政府或价格部门管理的事情。所谓错位,是指运用不当的手段或办法对价格进行管理。所谓缺位,是指该管的没有管好,甚至是没有去管。

(2)管理的方法手段有待进一步完善。对某些商品或管理尚未建立科学的规制价格模型,管理的科学化、民主化也有待完善。

(3)现行的价格管理体制不尽合理,还未完全适应社会主义市场经济体制的要求。主要表现在:一是价格管理主体多元化,从而导致价格管理的弱化;二是价格管理主体与价格形成主体同一化,造成价格管理上的政企不分,也就难以对本行业的价格进行有效的、公正的管理;三是价格执法体制不健全,价格检查执法机制运转不畅。

(4)法律法规体系建立滞后。我国价格法律法规建设虽然做了许多工作。但远不能适应和满足价格管理的需要。

(5)尚未形成高效的价格管理机构。主要表现在:①管理机构的二元化。政府价格主管部门与行业价格主管部门同时对同一商品或服务的价格进行管理的办法,不利于增强政府价格主管部门管理价格的权威性和提高管理的效果。②现有的管理机构的设置已经不适应市场经济体制的需要。

# 五、深化我国价格管理改革的主要任务

1.明确政府价格管理定位,转换政府管理价格职能

(1)政府必须增强法治意识,坚持依法管理价格。政府的价格管理行为必须接受法律的约束,不能超越法律行事。政府对价格的管理必须主要依法进行,改变以权代法、主要用行政手段管理价格的做法。

(2)从定调价为主转变为"定规则、当裁判"为主,为价格竞争营造良好的市场环境。为此,需要做好以下工作:①完善价格形成主体,真正放开价格,尤其是对自然垄断行业中非垄断生产经营环节,应尽快放开,引入竞争机制,使其价格由市场竞争形成。②完善市场环境,规范市场运行规则,使价格竞争有序进行。③明确政府职能,既要为价格发挥作用创造条件,又要减少不必要的行政干预。④建立和完善企业进退市场的机制。

(3)明确价格管理部门的职能范围。①要严格划分中央与地方的职权。处理中央政府价格主管部门与地方政府价格主管部门的关系,必须依据法律的规则行事。而划分中央与地方管理权限应以垄断程度和"溢出效应"为标准。凡属全国联网的自然垄断行业,应由中央政府定价;凡属地方性垄断的,则应由地方政府定价。对于那些不成网的特殊行业则按溢出效应大小来判断是中央政府定价还是地方政府定价。②正确处理政府价格主管部门和行业主管部门的关系。

(4)完善价格监测预警系统,加强市场价格动态监测分析。①要建立完善的价格调查、监测体系。健全价格监测分析和成本调查制度,及时了解市场价格和成本的变化情况,做好价格趋势分析和预测。②加强价格信息服务工作。在充分利用现有价格信息网络的基础上,开辟更加广泛可行的信息源,形成快速的信息服务网络。在目前已经开通的网络的基础上,大力发展与因特网关联的价格信息网,提高信息传输速度和质量。还要通过政府上网和政务公开,提供网上检索查询,把国际、国内最有价值的价格信息及时提供给各级政府和其他市场主体。③建立和完善重要商品监测分析体系和预警体系,要加强对国际市场价格波动、主要商品进出口数量及价格的监测,及时分析预警,通过完善价格信息披露制度,规范和引导市场主体的价格行为。

2.加快价格管理法律法规建设,完善价格管理的法律法规体系

一方面,根据价格管理的新情况、新问题、新要求,修改《价格法》,补充新的条款和新的内容;另一方面,制定和完善价格法规,细化《价格法》的原则规定,使之明晰化、具体化、可操作化。主要做法是:制定和完善有关制止垄断、保护竞争的法律法规;完善政府制定价格集体审议制度,制定和完善分行业、分品种的商品和服务的政府定价办法;科学制定自然垄断行业、公用事业、公益等服务价格;完善政府价格决策听证办法等。

3.改革政府价格管理机构

考虑到国内外价格管理的发展趋势以及借鉴发达国家的管理经验,机构设置可以考虑按以下模式进行:

(1)设立一般竞争产业价格管理机构。一般竞争产业,其价格在市场竞争中形成,属微观行为。政府的责任,一方面是建立市场竞争规则,使微观行为在公平公正的规范原则

下运行。另一方面是建立市场管理机制,监督市场主体遵守规则进行公平竞争,维护市场机制正常运行。(2)设立特殊产业价格监管机构。对于不适用一般竞争规则的垄断性产业,如电力、铁路、公用事业等,很难运用一般规则进行管理,必须针对各行业的不同特点、不同的垄断方式和垄断程度,制定相应的法律法规,依法设立专门管理机构,从市场准入、企业经营方式及规模、产品和服务质量标准、成本规则、规制价格的制定到调整的程序和方法、企业执行情况的监督等进行全方位管理。

4.加快培育市场体系

建立统一、开放、竞争、完备的现代市场体系是价格改革和搞好价格宏观调控的基础性工作。要进一步开放商品市场,打破地区封锁、部门分割,建立各种类型的、多层次的批发交易市场。重点组织和培育生产要素市场,建立一定规模的金融市场、劳动力市场、技术市场等,逐步使各种生产要素能够按照市场供求变化和价格变化合理地流动。

# 第三节　案例分析

## 案例 28　常用药零售价暴涨的背后原因

### 一、案例导读

近年来,医院药品价格结构中出厂价和零售价差距过大所导致的药价虚高一直是中国社会各界普遍关注的热点问题。为了降低不合理的医药费用,减轻居民的用药负担,自1996 年国家恢复对药品价格管理以来,政府价格主管部门已经采取了多种政策措施,先后三十余次降低药价。新医改全面启动以来,又相继实施国家基本药物制度和药品省级集中招标采购等政策措施,这在一定程度上抑制了高药价的产生,但是仍然没有从根本上解决药品价格虚高问题,导致政府药品价格管制失灵。近年来,央视多次对医院的高药价现象进行了揭秘曝光,调查发现有些医院的常用药品的零售价和出厂价之间存在着巨大差价。医院药品虚高的价格给病人增加了沉重的经济负担,这也成为社会反映强烈的问题之一。本案例聚焦药品价格管理,从中对政府经济管理的相关问题展开讨论。

### 二、案例材料

从 1996 年到 2015 年,20 多年间中国医药行业经历了 30 多次整体性的强制降价。此后,国家又从药品生产、流通和销售各环节发力,频频出台降低药价的相关政策。

我国医药市场分为政策性市场和非政策性市场。前者主要包括公立医院,药品通过政府统一招标采购,受降低药价政策的影响较大;后者主要包括药店、诊所和私立医院,药品流通市场化,企业可自主定价。

一些原料药的生产批文被部分企业垄断,导致原料药价格暴涨。要从根本上解决这个问题,既要加大对原料药垄断的打击力度,也要完善原料药的关联审批制度。

一盒罂粟碱针的零售价从 45 元暴涨至 399 元,一盒维生素 K1 针从 99 元涨至 259 元,一盒曲马多片从 13.15 元涨至 30.3 元,一盒肾上腺素针从 29.1 元涨至 60.15 元,一瓶鲨肝醇片从 33.75 元涨至 68.25 元……

近日,记者从湖南省某医院独家获悉,不少抢救类、止血类、升白细胞类临床常用药,从去年至今已涨价数倍乃至数十倍。同时,市场上药店零售的多种常用药价格也出现大幅上涨。

近几年来,我国陆续推出取消药品加成、"4+7"带量采购等一系列措施,促进药品降价。然而,在这些措施陆续落地的背景下,部分常用药为何仍然出现涨价甚至断供的情况? 真正让老百姓吃上便宜药、放心药,还应当从哪些方面发力? 记者对此进行了调查。

**药品进价大幅上涨,市场售价一路攀升**

因为药价上涨,湖南人王宇(化名)最近频繁托人从外地购买头孢克肟——她家 4 岁的孩子时常出现呼吸系统感染,这款药已成为家中常备药。在她家附近的药店中,头孢克肟的零售价为 15 元左右,而其他一些市县药店只要三四元。

多年来给孩子买药的经验,加上自己在医院上班,王宇发现近两年一些临床常用药的价格涨幅很离谱。

她给记者列了一张涨价清单:鱼精蛋白、盐酸右美托咪定、西地兰、别嘌醇、多巴酚丁胺针、葡萄糖酸钙针、利福平以及一些痛风药,从去年到今年都出现了不同幅度的涨价。

以一盒多巴酚丁胺针为例,2018 年 8 月至 2018 年 12 月,零售价为 97.55 元;2019 年 1 月,零售价涨至 266 元;2019 年 4 月,又涨到了 460 元。

药品零售价上涨的背后,进价也在不断上涨:从去年至今,一盒维生素 K1 针进价从 99 元涨至 259 元,一盒曲马多片的进价从 13.15 元涨至 25 元,一盒肾上腺素针从 24 元涨至 51 元,一瓶鲨肝醇片从 28 元涨至 58 元。

除部分临床常用药价格上涨以外,药店零售的常用药也有不少品类出现涨价。

"治胃酸过多的小苏打片,前两年 100 片规格的价格只有一两块钱。这几天,我再买时已经是 11 元了。"对此,制药行业从业者张利(化名)感到不可思议。

记者查询药品价格 315 网发现,目前国内 20 家药店小苏打片的价格,最低报价为 9.9 元一瓶,最高价格达到 17.8 元。

在北京从事药品销售的李浩(化名)也感触颇多。由于孩子的身体抵抗力比较弱,他时常去药店购买伊可新(维生素 AD 滴剂)。但在去年下半年,这款药突然断货了,等到今年 4 月恢复供应后,竟涨了近 20 元。"以前一盒 20 多元,现在要 39.8 元。"李浩说。

除了涨价,更让李浩感到无奈的是,"还经常买不到"。

记者调查发现,实际上,李浩所说的药品断货模式其实是不少药企实施涨价的惯用伎俩。

"如果他们要涨价,通常会先对外宣称没货,隔一段时间再恢复供应,这样就可以涨价了。"采访中,江西省上饶市某药店陈姓负责人告诉记者,"他们涨价,我也只能跟着涨,因为大家都在涨。"

据这位负责人介绍,从 2014 年开始,有些药品出现不正常涨价,近一年来涨价的常用药越来越多,也越来越疯狂,"今年尤以硝酸甘油最突出,硝酸甘油片剂(0.5毫克＊100片)和注射液(10毫升)的价格分别从去年的4元、20元涨至55元、110元"。

5月24日至26日,记者走访北京市朝阳区、海淀区近20家药店后发现,复合维生素B从以前的1.5元涨到近10元,涨幅高达600%;痛特灵从2015年的3元涨至2018年年底的9元,涨幅为200%;去痛片从2.5元涨到9元左右,涨幅达到260%。扑尔敏、罗红霉素、降压0号、诺氟沙星胶囊、滴鼻净等,与前两年相比,价格均出现了不同程度的涨幅。

此外,安宫牛黄丸、川贝枇杷糖浆、云南白药气雾剂、桑菊银翘散、复方黄连素片、清肺化痰丸、999感冒灵、三九胃泰、黄连上清片等中成药也都有提价现象。不过,也有部分中成药价格在近期出现了小幅下降。

**降价政策频频出台,部分药价不降反升**

让不少患者疑惑的是,一面是国家降低药价的政策不断出台,另一面却是诸多常用药价格不断上涨。

记者梳理发现,从1996年国家计划委员会(后更名为国家发展和改革委员会)颁布《药品价格管理暂行办法》,重新掌握药品定价权,到2015年国家发改委、国家卫计委、人社部等7个部门联合印发《推进药品价格改革的意见》,规定除麻醉药品和第一类精神药品外,取消政府制定的原药品价格,20年间中国医药行业经历了30多次整体性的强制降价。

此后,国家又从药品生产、流通和销售各环节发力,频频出台降低药价的相关政策。仅2018年就推出过多项政策:4月,要求将通过仿制药一致性评价的药品及时纳入采购目录;8月,要求提升医生的诊疗费、医疗服务费,降低药品价格;2018年年底,实行"4＋7"带量采购以量换价,成功进入招标的25种药品平均降价52%,最高降幅达96%。

既然降低药价的各种措施已陆续落地,那为何部分常用药仍然涨价甚至断供?

医药咨询机构北京鼎臣管理咨询有限责任公司创始人史立臣对记者解释称,我国医药市场分为政策性市场和非政策性市场。前者主要包括公立医院,药品通过政府统一招标采购,受降低药价政策的影响较大;后者主要包括药店、诊所和私立医院,药品流通市场化,企业可自主定价。

"部分常用药涨价的原因,需要从这两个市场具体分析。"史立臣说,在政策性市场,即使带量采购,目前在药品招标领域仍然存在影响降低药价进程的3个因素,一是在政府招标后,部分医院很难与药企保证采购量;二是回款很难及时到位,影响药企经营;三是某些地方主管部门容易"踢皮球",导致药企遭遇前两种问题时很难申诉。

而在非政策性市场,史立臣认为,多数时候,降低药价的政策难以产生明显的价格导向作用,最终因综合因素导致这个市场内的部分常用药价格上涨。其中,上游原料药涨价是一个重要原因。

**涨价背后各方博弈,原料药被人为垄断**

所谓原料药,即药的有效成分。原料药添加一些辅料后,就成了患者手中买到的药。

在史立臣看来,如果原料药的涨幅超过了5倍,可能就是人为垄断导致,"垄断,大部分是因为原料药的流通环节出了问题"。

史立臣的判断在安徽省某医药公司一名负责人处得到了验证。

这名医药公司负责人在医药流通领域深耕多年,深谙其中的门道,也曾代表公司买断过大药厂的药品。

他告诉记者,很多时候,原料药商家会串通垄断,囤积居奇,向制剂厂高价兜售。即便原料药商因为垄断受到政府打击处罚,也不能从根本上遏制他们的垄断行为,因为大多数的原料都掌握在少数原料商的手上,"政府的打击虽然遏制住了他们哄抬药价的行为,但无法控制他们出货的数量。如果一家制剂厂需要 10 公斤原料,原料商却故意只向其供应 1 公斤,导致制剂厂生产严重不足,市面上的成品药就会奇缺"。

另一种情况是,某家第三方商业公司与原料药企业签订销售协议,将原料药的采购全部买断,再定向销售给几家制剂厂,原料药企业不能参与定价,这种行为在业内称为"包销"或"控销"。一旦被"控销",其他的制剂厂无法买到原料,或者只能通过高价购买,导致药品断供或成本上涨。

北京东方比特科技有限公司总经理吴惠芳曾在接受《财经》杂志采访时称,考虑到利润,有些原料药企业愿意与包销公司合作。如某种原料药,一年的需求量是 100 公斤,包销公司给某原料药厂 80 公斤的订单,这家厂的原料药都卖给它,能够保证利润,即定销定产。而一种原料药会不会被控销,取决于产量。受制于包销公司的资金实力,包销主要发生在原料药小品种上。被包销的原料药,年产量上百吨的都很少,一般在五六十吨以下,甚至是 10 吨、20 吨的品种,并且能正常生产的厂家少。

原料药生产垄断会严重牵制制剂市场。根据原料药对制剂生产厂商的对应比例抽样调查结果,一家原料药企业最多对应 169 家制剂企业。

据国家发改委价监局副局长李青介绍,在我国 1500 种化学原料药中,50 种原料药仅 1 家企业取得审批资格可以生产,44 种原料药仅 2 家企业可以生产,40 种原料药仅 3 家可以生产。

"一旦原料药出现价格上涨或断供,就会影响下游企业的生产,导致药品生产成本大幅增加,传导到消费终端就表现为价格上涨。"中国药科大学短缺药品课题组副教授李勇对记者说。

除了人为垄断导致原料药价格上涨外,环保政策趋严以及药品质量、经营控制监管常态化也是其中的原因。

原料药的生产属于制造业,上游是化工产品,生产会污染水和空气。这类产品的环保管控日渐趋紧。为了达到环保要求,不少药企斥资改造,也有一些药企面临关停或兼并的局面。

记者查询国家药品监督管理局于 2018 年和 2015 年发布的药品监管统计年报发现,截至 2018 年 11 月底,全国共有原料药和制剂生产企业 4441 家;而截至 2015 年 11 月底,这项数据为 5065 家。

年报解释称,生产企业许可证换证期间,一些企业由于未通过 GMP(药品生产质量管理规范)认证,暂不具备换证条件而暂缓换证。药厂数量的减少,带来的直接后果是药品的市场竞争激烈程度下降,推动了药品价格上涨。

此外,新版 GSP(药品经营质量管理规范)要求严格核查药品生产工艺,加强监督,提高了商业公司的过票成本。"作为上游厂家,我们只有通过一定幅度的涨价才能保证各个环节的利益,保障产品渠道畅通。"湖南省一家制药厂的相关负责人告诉记者。

**解决药品价格暴涨，亟待完善审批制度**

4月3日，国务院总理李克强在国务院常务会议上强调，药品价格在合理范围内涨落是正常现象，但如果出现大幅涨价，那就必须引起我们高度重视。尤其是对于临床急需的常用急救药、抢救药，一旦供应保障不上将会威胁人民群众的生命健康，决不允许拿患者的生命做交易，发现了这种苗头性问题必须坚决遏制。

追根溯源，要想遏制部分常用药涨价，原料药垄断问题不可忽视。接受记者采访的业内人士普遍认为，原料药从审批制到备案制的转变迫在眉睫。

医药数据服务平台米内网总经理张步泳认为，这其实是一些原料药的生产批文被部分企业垄断，导致原料药价格暴涨。要从根本上解决这个问题，既要加大对原料药垄断的打击力度，也要完善原料药的关联审批制度。

史立臣也对记者称，在原料药垄断现象较为严重的当下，原料药备案制，原料药、药用辅料关联审批等制度显得尤为重要。

"第一，放开原料药备案制；第二，加大打击垄断力度，通过比较不同阶段的采购发票，是否垄断一目了然；第三，推行产品试点，将药品区域市场变为全国市场，于药企也有利。"史立臣说，"这三点一旦落实，非政策市场的药价就要下来了。"

李勇也建议，从法律层面来看，重点在于加大执法力度，特别是加大对药品原料人为垄断的查处力度，从源头上消除药品异常上涨的动力；此外，放宽药品原料供给的准入门槛，引入市场竞争机制；减少从药品原料到消费终端的中间流通环节，降低不必要的成本；同时，建立有效的常用药品储备、监测、预警、应急机制。

（案例来源：文丽娟.常用药零售价暴涨背后：原料药供应链被垄断[N].法制日报，2019-05-31.）

**案例思考：**

1.结合案例分析常用药零售价暴涨背后的原因是什么。

2.结合案例分析现阶段我国药品价格机制改革面临哪些挑战。

3.结合案例及相关知识分析政府相关部门应如何深化药品价格管理改革。

## 三、案例分析参考

### 1.结合案例分析常用药零售价暴涨背后的原因是什么。

从案例中可以看出常用药品零售价上升的表层原因是：各方博弈，原料药被人为垄断，但是，究其深层次原因，可以发现，主要是以下两个方面：

一方面，基于市场竞争原则的药价管理组织体系尚未形成。中国药价管理组织工作缺乏现代市场经济理念，没有充分意识到专家评价、利益平衡、公众参与的重要性，缺乏必要的绩效保障。首先，管理机构缺乏独立性和依法问责机制。卫生部等多部门主管的"药采办"负责审定医院采购价，这导致药价监管职能与其他行政管理职能混同，妨碍了药价监管工作的独立性，导致定价或调价出问题之后没有明确的问责对象，有损监管过程与结果的公平、公正。其次，药价管理的跨区协调机制有待完善。由于药品产销地的分离和各省医保目录的差异，某种药品在有的省市进入了医保目录并执行政府定价，在其他省市尚未进入医保目录，仍执行市场调节价，各省市之间在定价依据、成本调查、药价信息采集方面的沟通联络尚未机制化。最后，监管信息公开与公众参与度不够。各级药价管理机构有关监管过程与结果的信息尚不能做到及时公开,未能给予医保机构、生产经营企业、医疗机构、患者等多元利益主体充分发表意见的机会。案例提及的药品价格偏高的现象在很大程度上便源于参与主体的欠缺,这种欠缺导致药价难以得到有效制约。

另一方面,药品招标违背市场竞争规律,二元价格管理系统难以并行不悖。在中国,集中采购与零售最高限价两套体系各环节的药价名称令人眼花缭乱,患者和非业内人士根本无从判断,很容易受到媒体舆论的影响。如果中国像国外一样按照集中采购价调整零售最高限价,会进一步恶化药价"虚低"问题,放大对医药产业发展的负面影响。中国药品集中采购所采取的公开招标,已非经济学意义上的招标,而演变成一种政府直接干预药价形成的手段。公立医疗机构自行采购药品是其作为独立法人行使财产权的重要体现,卫生行政主管部门出面进行行政化集中招标采购,有碍独立法人地位的落实。现行招标体系背后有两个假定,即假定药品有"虚高"定价,假定价格里面有大量回扣,不问企业规模、能力和投入,不问合理利润空间,一律在价格上先"砍一刀",对于"高药价"有矫枉过正之嫌。目前药品集中采购的最大问题是"只招标、不采购",事实上对众多普药设定了二次市场准入的烦琐程序,增加了不必要的交易成本。在后付费制结算方式下"量价挂钩"难以实现,医疗机构即使违背集中采购计划的数量也可不负责任,中标企业仍要针对医疗机构做大量推销工作。这种不协调的主体间关系也助推了案例提及的医药价格不合理现象的产生。

**2.结合案例分析现阶段我国药品价格机制改革面临哪些挑战。**

(1)医疗机构作用亟待明确

对于药品销售企业及患者来说,医疗机构都占据强势地位,这便造成患者的利益容易被忽视。我国医疗行业长期存在的过度医疗及用药的情况,有损患者身体健康并会增加其经济负担。案例材料提到2018年年底国家实行"4+7"带量采购以量换价,成功进入招标的25种药品最高降幅达96%,这种带量采购模式挤压了医药代表的存在空间并对药品的降价带来了重大利好,取消药品加成改革则限制了医院通过售药谋利的权力,但仍未改变医生处方权的地位。只有将医药彻底分开,赋予患者更多自由选择权,才能倒逼医院规范售药行为。

(2)医药分开需要加强监管

医药分开是指将药品与诊疗定价机制相区分,这对地方财政能力要求较高。药监部门需密切关注医药分开政策异化现象,案例材料也提到需要从源头上消除药品异常上涨的动力,因而需要加强监管,及时纠正。各级政府也要加大财政投入,保证医院将更多资源投入防病与治病工作之中。

(3)医保部门功能仍待提升

医保部门的功能发挥关乎民众健康保护与疾病治疗。以往医保部门更多担任药品及住院报销的角色,对于医疗机构缺乏监督的权力与渠道。案例材料较少涉及医保部门也体现出医保部门在药价决定当中的地位还不够凸显,而医保部门在药品价格形成过程中的作用本应是十分重大的,即尽可能压低药品价格。因而我国医改的趋势是要充分发挥医保机构在药品议价方面的积极作用。这样能与国际实践相匹配,为创新发展提供好的政策环境,强化对药价谈判结果的监督。在带量采购中规制作用要贯穿始终,医保直接支付有利于药企资金回流。带量采购的供应商供货压力较大，因而做好药品质监工作将是医保部门的工作重点之一。

**3.结合案例及相关知识分析政府相关部门应如何深化药品价格管理改革。**

一是加速推进医药分开等体制改革，从源头扭转利益机制。案例提及的药价虚高的现象与"医药不分"存在密切关联。首先，深化卫生系统政企分开，建立市场化多元筹资机制，真正鼓励民营和外资进入医疗服务市场。打破医院行政隶属关系和所有制界限，进行合理的区域卫生规划。破除民间资本和外资进入医疗行业的体制性障碍，放宽社会资本举办医疗机构的准入范围，通过激励性政策调动社会各界捐资兴办各类非营利性公共卫生服务机构的积极性。其次，非营利性医院纳入政府预算管理，营利性医院加强治理结构改造。与中国国企改革问题有相似性，公立医院改革光靠产权私有化无济于事，关键是要理顺医院治理结构，激励院长增强"内部人"控制的积极性，监督医师和药师行为。也可效仿中国台湾地区，由医院出资人授权社团组织进行管理，政府定期评估医疗服务绩效。再次，破除阻滞零售药店发展的体制与政策障碍。应鼓励国企、外资进入药品流通领域特别是药品零售业。鼓励大型药品批发企业和连锁零售药店的发展，加快药品流通业的重组改造。探索发展网购和邮寄购药服务，进一步方便患者购药，并降低流通成本。最后，根据服务绩效建立合理的医疗机构补偿机制。对于医院和医生的补偿，不能不补也不能全补，需要与人事部门津补贴制度联动，补一次探一下，以修正到财政、医保、医院、医生都能接受的合意区间。建议按公立医院等级和医生技术级别确定相应的诊疗价格。诊疗费、护理费、手术费等应体现其服务的价值，必须在补偿合理成本的基础上实行按质论价。如果制度能够理顺，药品完全有可能从医院的利润中心转变为费用成本。

二是加大医保支付体系改造力度，增强议价控费审查能力。案例提及的药价不合理的现象需要不同主体的协同改进，医保经办机构便是其中的一个重要主体。一方面，引入社会组织管理医保经办机构，提高预算约束强度。允许非营利性社会团体承办或受政府委托经营地方医保支付机构，在区域医保市场引入竞争，以提高医保经办机构的预算约束强度，增强其干预药价形成的积极性。另一方面，医保自建或委托相关专业机构对医生处方进行审查。建议强制并监督所有医院执行通用名开具药品处方制度，允许处方外送。同时完善医疗技术规范体系，可在处方点评的基础上编制处方集和用药指南，近期的用药指南可以负面列表为主，主要针对本地区在用药方面存在的问题列出注意事项。建议应用现代信息技术，建立计算机监督合理用药的辅助系统，提高处方审查的客观性与效率。

三是完善药品安全监管体系，为药价管理改革提供基础条件。案例提及的药价管控确实很重要，但是药品安全同样需要予以高度重视。首先，完善规则体系，合理调节新药审批速度。一方面，按照新版GMP标准严格控制药品生产企业的审批，提高市场准入门槛。另一方面，加快有自主知识产权的一类新药、首家申报临床研究的新药以及首家申报治疗疑难危重疾病的新药、有技术创新且能明显降低仿制药品成本或显著提高仿制药质量等药品的审批速度。其次，加强药品质量安全监管体系建设。应当全面、有效开展有关仿制药与原研药疗效一致性检验、审查工作，以期为药品质量安全监管提供更加科学、更加合理的决策依据。再次，监督医院药房和零售药店明示医保支付价格基准、零售最高限价。为减弱药品买卖中的信息不对称性，所有的药品零售机构都必须主动告知各品规药品的医保支付价格基准和零售最高限价,便于消费者自主选择。同时,应加强药品广告真实性和反不当竞争审查。最后,建立高效的过程监管体系,加强危机管理,规范药品撤市流程。建立全国药品监管信息交换平台,建立跨省协调管理的制度化体系,避免一事一议。改变 GMP 认证中"重认证、轻监管"的现象,加强 GMP 认证跟踪检查,建立市场准入后的长效监管机制。当有充分证据表明已上市药品可能引起严重不良反应甚至是药源性死亡时,监管机构责无旁贷,应当强令企业召回或严格督促企业自愿召回,有必要时撤销药品生产批号,并向公众明示。

**参考文献:**

[1]梁志文.促进药价可支付性的知识产权制度改进路径[J].法治研究,2021(3):140-151.

[2]常峰.药品带量采购的核心要素分析[J].中国卫生资源,2021,24(1):15-19.

[3]许光建,苏泠然.新时代药价形成机制研究[J].价格理论与实践,2019(11):4-10.

[4]杨燕,何江江,邹璇,等.深圳市药品集中采购对降低药品价格的效果分析[J].中国卫生资源,2019,22(6):445-448.

[5]尚兰成,常峰,路云.药价改革后我国药品价格形势分析:基于我国省际面板数据的实证研究[J].卫生经济研究,2019,36(4):59-63.

# 案例 29　电价管理:抓问题,重实效

## 一、案例导读

现代社会中电力供应已成为生产生活必不可缺的部分,而电价高低也关乎企业等机构及老百姓的切身利益,因而关于电价的相关政策的改革也是社会高度关注的议题。随着改革进入深水区,需要"使市场在资源配置中起决定性作用和更好发挥政府作用",因而在电价管理中无论是市场机制还是政府管理都是十分重要的。关于电价的相关改革也将会释放更多红利,最终给企业、百姓等主体带来实惠。当然在电价管理中也面临一些问题,例如违规收费现象,这些也将需要在今后的电价管理中予以有效治理和纠正。本案例聚焦电价管理及其改革,从中对政府经济管理的相关问题展开讨论。

## 二、案例材料

### 材料一:内江市开展转供电环节价格专项整治

8 月 12 日,内江市发展改革委、市市场监督管理局、国网内江供电公司联合召开内江市转供电环节价格专项整治工作会,明确从今年 8 月到 11 月在全市范围内开展转供电环节价格专项整治。

转供电是指电网企业无法直接供电到终端用户,需由其他单位转供的行为。今年 7 月,省发展改革委出台《关于进一步明确转供电环节电价政策有关问题的通知》,明确了转供电环节相关电价政策;8 月 5 日,省市场监督管理局、省发展改革委联合印发《关于开展转供电环节价格专项整治工作的通知》,决定在全省范围内开展转供电环节价格专项整

治,要求在转供电领域落实四川省 2018 年以来降低一般工商业电价和 2020 年疫情防控期间工商业电价优惠政策,确保政策红利全部传递到终端用户,助力小微企业和个体工商户复工复产、复商复市,并达到清理整顿转供电领域价格秩序,规范转供电主体价格行为,提升转供电主体价格自律、守法诚信经营意识的目标。

降低一般工商业电价是党中央、国务院和省委、省政府的重要决策部署。内江市认真贯彻落实党中央、国务院和省委、省政府重要决策部署,认真落实上述文件精神,扎实开展转供电环节价格专项整治,确保降价红利全部传递到一般工商业的终端用户。

据悉,此次专项整治共分为 5 个阶段:8 月 5 日至 8 月 14 日为政策宣传阶段,重点开展转供电环节价格政策宣传工作、价格行为指引工作;8 月 15 日至 8 月 21 日为摸底排查阶段,重点做好转供电主体摸排,转供电领域价格违法行为线索摸排,指导转供电主体做好转供电环节电价政策执行;8 月 12 日至 8 月 31 日为清理自查阶段,各转供电主体认真按照转供电相关政策要求,清理从 2018 年 4 月以来转供电价格政策执行情况;9 月 1 日至 11 月 30 日为集中治理阶段,依法查处转供电环节价格违法行为;总结提升阶段,11 月 10 日前完成专项整治工作总结评估。

在此期间,电力用户若发现转供电企业存在不按相关电价政策执行的情况,请及时拨打 12315 电话反映问题,为专项整治工作提供线索。

(案例来源:包中强,刘世彬.内江市开展转供电环节价格专项整治[EB/OL].(2020-08-13)[2021-12-31].http://local.newssc.org/system/20200813002979772.htm.)

**材料二:新管控,满足国网变革新要求**

报载:最近,国家电网有限公司召开"战略＋运营"、"战略＋财务"管控模式优化专题会,深入学习贯彻习近平总书记关于国企改革发展、能源电力发展的重要讲话和指示精神,落实"四个革命、一个合作"能源安全新战略,优化分类管控模式,构建科学合理、精简高效的管理体制机制,加快建设具有中国特色国际领先的能源互联网企业。

管理是企业永恒的主题。推动管控模式优化,是国家电网落实中央深化国有企业改革等重大决策部署、推动中国特色现代国有企业制度建设的重要举措,对建设具有中国特色国际领先的能源互联网企业意义重大。战略管控导向必须将有利于战略落地实施、提高运转效率作为基本原则,提高方案的适应性、匹配度,激发各层级的积极性、主动性、创造性,引导公司上下在新的管控模式下干出精彩;如国商旅云平台针对国网公司原差旅管理的差旅出行及费用报销流程繁复等痛点,按照"防风险、提效率、省成本"的要求,提出了"一站式差旅服务"新方案,将差旅业务与"互联网＋"有机结合,以用户价值创造为驱动,将精益管控贯穿差旅全过程,彻底颠覆以往"粗放式"差旅管理模式,使差旅管理更加专业化、流程化、规范化和系统化,提升了管理效率;再如,国家电网持续做好输配电价改革,落实国家各项降价降费政策,积极推动国家妥善解决交叉补贴问题,探索保底供电的工商业电价与交易电价的联动机制,加快建立"平台化"电费结算新体系,适应输配电价改革,调整优化公司成本管控、投资运营等经营策略,实现资源配置与战略规划相匹配,加强集中管控,深化多维精益财务管理变革,增强公司战略实施能力。诸如此类,不一而足。

由此,面对不断发展的新形势新任务,我们要准确识变、科学应变、主动求变,在"精、准、细、严"上下足功夫,把管控的痛点、堵点找得更准一些,把措施考虑得更周全一些,确保管控模式优化调整取得实效,才能增强"战略＋运营"、"战略＋财务"管控模式的针对性和可操作性,才能确保经得起实践检验,从而满足电网财务管控新要求。

(案例来源:吴文.新管控,满足国网变革新要求[EB/OL].(2020-08-07)[2021-12-31]. http://www.chinapower.cowcn/dww/ylgd/20200807/26959.html.)

### 材料三:临沂市电价惠企进入"深水区"

中国产业经济信息网讯 为督促落实阶段性降低工商业电价政策,缓解企业经营压力,按照省发展改革委、省市场监管局部署要求,在全市开展清理规范转供电加价专项行动工作。5日,山东省清理规范转供电加价专项行动督导组来临沂市督导调研临沂市开展清理规范转供电加价工作情况。市发展改革委、市市场监督管理局、各相关单位,移动、联通、铁塔、国网临沂供电等重点转供电单位就临沂市今年以来转供电价格治理情况做了汇报,并研究探讨下一步工作。

省清理规范转供电加价专项行动督导组对临沂市今年来转供电加价专项治理成果给予了充分肯定,指出临沂转供电价格秩序相比去年又有了较大改观,下一步需要继续加大相关宣贯、走访和督导力度,让国家降费政策惠及更多企业。

据了解,2020年以来,为让国家的"降价"成果、改革红利真正落到终端用电客户身上,临沂市发改委按照省转供电清理专项行动要求,通过网站、微信和报纸等各媒体发布《关于规范转供电加价行为的提醒告诫书》,通过公告、书面发放、召开提醒告诫会、约谈等不同形式开展提醒告诫,做好政策宣贯,通过政策解读、政策答疑、举例说明等使社会深入了解转供电具体政策要求。市发展改革委还创新宣传方式,联合临沂日报报业集团开展了"电费降价公益有奖答题"活动,取得了良好的宣贯效果。

今年临沂市以5G基站转供电清理规范为重点,降低5G基站用电成本,先后两次调度5G基站转供电电价情况,多轮整改,截至目前临沂市5G基站由压降前2163座压降到401座。

完善机制,协调联动。牵头成立专项行动工作专班,进一步明确主要任务、行动步骤和部门责任,形成部门和县市区齐抓共管的合力。各县市区均按要求成立了工作专班,全面开展清理规范转供电加价专项行动。全面摸排并核查临沂市转供电情况,建立了《临沂市转供电清理台账》。目前,全市摸底排查出各类转供电主体近1404户。

今后,临沂市发展改革委将进一步发挥部门协调联动机制作用。继续做好政策宣传解读工作,继续加大走访力度,有计划、分批次开展回访核查工作,进一步进行政策提醒告诫,严格执行政策规定,严防违规收费再发生,推进转供电价格政策落实。

"转供电清理规范工作开展两年多来,经多轮走访告诫和调查惩治,应该说取得了很大成效,全市已形成对转供电违规加价行为严惩的高压态势。"市发展改革委副县级干部刘广强说,"转供电清理规范是项系统工程,今后我们要继续加大政策宣传和走访力度,有计划、分批次开展回访核查工作,建立转供电清理规范长效机制,推动专项整治行动取得更大实效,将转供电降价政策落到更深处。"

(案例来源:能继力.临沂市电价惠企进入"深水区"[EB/OL].(2020-08-07)[2021-12-31]. www.cinit.org.cn/xy/linyi/cjjj/890194.html)

**案例思考：**

1.试结合案例及所学价格管理的相关知识，说明政府价格管理的必要性及其管理目的。

2.结合该案例，试分析案例反映了电价管理存在的哪些问题。

3.结合该案例，谈谈应如何进一步完善电价管理。

## 三、案例分析参考

**1.试结合案例及所学价格管理的相关知识，说明政府价格管理的必要性及其管理目的**

（1）政府价格管理十分必要

①保护生产者和经营者的定价权

案例提及的电价的影响主体十分多元，电价的制定可能会受到社会各方面的非正常的干扰，只有在国家保护下企业才能正常行使法律赋予的自主定价权。

②避免市场机制的盲目性

案例提及的电价在形成当中，企业是重要的影响主体，而企业出于对利润的追求，有可能会制定较高的电价进而导致消费者的权益可能受损。例如案例提及的违规收费的现象，而且价格机制存在一定滞后性，在调节的及时性方面有所欠缺。政府必须在一定程度上调控和指导市场价格，才能避免价格机制的盲目性。

③抑制垄断，维护市场竞争和消费者利益

案例提及的电网企业在市场中处于垄断地位，因而有可能利用其垄断地位而攫取超额利润，进而可能会损害其他竞争者或消费者的利益。对此，国家要确定这些行业的价格或引导其制定，促进必要的竞争、资源合理配置和保护公众的利益。

④规范市场秩序，完善市场价格机制

案例提及的电价的合理化离不开市场机制的健全。当前济社会处在转型期，公平、公正、公开的市场竞争秩序还没有完全建立起来，经济主体行为尚未完全规范，还有例如案例提及的违规收费等不良现象的存在。因此，政府有必要对经营者的市场价格行为进行管理。

（2）实施价格管理主要有两个目的

第一，有效地发挥市场价格配置资源的作用，保证价格能灵敏地反映市场供求变动和资源稀缺的程度，向社会传递正确的资源流向信号，合理调整各方面的经济利益，实现资源优化配置。案例提及的电价的形成便需要市场价格形成机制的健全与完善。

第二，克服市场价格弱点和不足，保证社会经济稳定协调发展。案例提及的违规收费等现象的存在便是市场失灵的典型表现，需要政府进行必要的价格管理，对违规行为予以相应的纠正。

**2.结合该案例，试分析案例反映了电价管理存在的哪些问题。**

案例主要反映了电价管理存在的这些问题：

（1）转供电环节价格管理的相关政策落实不到位。例如案例提及的在转供电领域降低一般工商业电价的要求以及疫情防控期间对于工商业电价予以优惠的政策，在实际执行中存在不到位的情形,使得政策红利未能全都传到终端用户,这对于工商业的持续快速发展造成了一定的阻碍。

(2)转供电领域价格秩序不规范。部分转供电主体诚信经营意识不强、价格自律不够,价格行为存在违法违规现象,对于转供电价格秩序形成一定的冲击,需要予以必要的整治和查处,确保电价管理的规范性。

**3.结合该案例,谈谈应如何进一步完善电价管理。**

(1)转换政府管理价格职能。从定调价为主转变为"定规则、当裁判"为主,为价格竞争营造良好的市场环境。案例提及的电价的形成需要市场机制中价格形成机制的发挥,因而政府在电价管理方面需要留出必要的空间以供市场机制发挥作用。

(2)加强价格信息服务工作。在充分利用现有价格信息网络的基础上,开辟更加广泛可行的信息源,形成快速的信息服务网络。在目前已经开通的网络的基础上,大力发展与因特网关联的价格信息网,提高信息传输速度和质量。还要通过政府上网和政务公开,提供网上检索查询,把价格信息及时提供给各级政府和其他市场主体,使电价政策及电价动态能够更加及时地为社会所知晓。

(3)加快价格管理法律法规建设,完善价格管理的法律法规体系。一方面,根据电价管理的新情况、新问题、新要求,修改《价格法》,补充新的条款和新的内容;另一方面,制定和完善价格法规,细化《价格法》的原则规定,使之明晰化、具体化、可操作化。

**参考文献:**

[1]孙素苗,迟东训,于波,等.构建新型电力市场体系及电价机制[J].宏观经济管理,2021(3):71-77.

[2]马莉,范孟华,曲昊源,等.中国电力市场建设路径及市场运行关键问题[J].中国电力,2020,53(12):1-9.

[3]李道强,乔松博,庄晓丹,等.顺价模式下浙江售电市场关键问题研究[J].电网技术,2020,44(8):2830-2836.

[4]王凤云.我国可再生能源电价补贴及优化研究[J].学习与探索,2020(3):95-102.

# 案例30　福建整治"天价岩茶"

## 一、案例导读

"天价岩茶"事件多次被新华社等媒体曝光,一份网上流传的"2021年天价岩茶"榜单显示,上榜岩茶分为"非卖品"和"在售品"。"非卖品"有18款,每斤价格均在10万元以上,售价在30万元以上的岩茶有14款;"在售品"有七八十款,每斤价格在5万元以上。多位业内人士均表示,每斤动辄一二十万元、数十万元的"天价茶",价格严重背离价值。新华社记者在近年来对"天价岩茶"的暗访中还发现了"天价岩茶"的主要"套路":卖茶靠"讲故事",收益靠噱头炒作,普通茶附上"大师"的签名和照片。而这些"套路"的运用,导致普通茶的价格翻了十几倍。作为产茶大省的福建,所生产茶叶的价格更受社会关注。本案例聚焦福建对"天价岩茶"的整治工作,从中对政府经济管理的相关问题展开讨论。

## 二、案例材料

### （一）"天价岩茶"引起社会广泛关注

在"2021年天价岩茶"榜单发布后,福建省市场监管局、农业农村厅联合发出整治通知,要求集中时间、集中力量,强化岩茶销售环节监管,对销售价格虚高的岩茶生产经营主体,特别是媒体曝光的茶商、茶企,重点查核超指导价销售搭售、私下交易或上市销售价格高昂的"非卖品"、"品鉴品"等,组织查处虚假标识、掺杂掺假、假冒伪劣、以次充好、虚假宣传、虚假广告、商标侵权、不明码标价、串通操控价格等违法违规行为,并严肃整治在营销中渲染享乐奢靡的不良行为等。

这已是"天价岩茶"第三次被新华社曝光。此前,新华社在2018年、2019年均发过类似报道。新华社记者在这两年对"天价岩茶"的暗访中发现,卖茶靠噱头炒作,价格翻了十几倍。每次相关报道发出后,当地监管部门发布了整改措施,保证严加监管,扼制"天价茶"。但从今年再度被新华社曝光的情况来看,当地的监管效果难以让人信服。

2018年7月,福建日报消息称,南平市委、市政府高度重视武夷岩茶产业的健康发展,在已采取保质量、严监管措施的基础上,通过茶叶质量评定、制茶大师评定、茶叶市场监管等,进一步提出坚决扼制"天价茶"的六项措施。

2019年4月15日,武夷山市政府回应新华社报道称,报道所揭示的乱象损害了消费者权益,也严重影响武夷茶的声誉,即日起推行"认标购茶",持续强化市场整治,依法打击侵权假冒、虚假宣传等乱象,让消费者能放心选购到货真价实的武夷茶。

公开资料显示,岩茶,是福建特有的一种茶叶,主产区为武夷山茶区,以"岩骨花香"的独特岩韵著称。

价格越"炒"越高,但却并未让多数茶农获益。福建省政协常委、民建省委主委吴志明曾在新华社的报道中表示,一些茶企过度炒作、过度包装、以次充好、以假乱真,岩茶的信誉度有持续下降趋势。近两年以来,中低端岩茶滞销率达40%以上。

该报道中,全国政协委员、福建武夷星茶业有限公司董事长何一心称:"质优价实,让老百姓而不是少数人消费得起岩茶,才是岩茶产业长远健康发展的方向。不能通过炒作去创造、迎合那些畸形的需求。""茶叶是用来喝的不是用来'炒'的。"针对岩茶被炒至"天价",光明日报曾在2019年刊发评论文章称,要炒出好茶需要凭借炒茶师傅的技艺。同样的茶叶,能不能炒出佳品,考验的是眼力、手力和"心力"。因此,"艺高价高"可以有,但玩起唬人的天价,那就过头了。何况把杂七杂八的茶叶也"包装"为岩茶,本身就是欺诈行为。

"概念先行,是炒作的套路,或者是通病。但茶叶的制作和销售,玩不得虚头"。茶饮讲究一个淡泊,如此吃相难看,不择手段,是对源远流长的茶文化的大不敬。市场之事,遵循的是市场规律、规则。喝到肚子里的该是茶韵,而不是虚假的价格。就此乱象,需要正本清源:定价上,需要拧去水分;命名和推广上,需要求真务实。整治茶叶市场的乱象,先得把伪大师及其利益链给"治"了。这不仅仅是为了呵护某个地方茶品牌的声誉,更是为了维护市场秩序,保护消费者的合法利益。

在揪出"天价岩茶"幕后推手方面,新京报快评文章称,"天价岩茶"背后暗藏"四风"等腐败动向,也同样不容忽视。除加强严管,还应在加大反腐力度上下功夫。应将"天价茶"

列入党员干部不得收受的名贵特产资源目录,对于利用"天价茶"进行洗钱、受贿等行为,应严肃查处,公开通报,形成震慑。

### (二)福建整治"天价岩茶"乱象

据福建省市场监管局 21 日发布的信息,针对媒体曝光的"天价岩茶"乱象,该局和福建省农业农村厅联合发出《关于整治"天价岩茶"乱象的通知》,并开展专项整治行动。

《通知》要求,各地要强化岩茶销售环节监管,对销售价格虚高的岩茶生产经营主体,特别是媒体曝光的茶商、茶企,重点查核超指导价销售搭售、私下交易或上市销售价格高昂的"非卖品"、"品鉴品"等。要组织查处虚假标识、掺杂掺假、以次充好、虚假宣传、虚假广告、商标侵权、不明码标价、串通操控价格等违法违规行为,曝光典型案例,并严肃整治在营销中渲染享乐奢靡的不良行为。要通过媒体加大岩茶文化正面推广力度,发动群众监督,倡导理性消费,消除理解误区,营造有利于岩茶产业健康有序发展的社会氛围。

与此同时,海峡两岸茶业交流协会、福建省茶叶学会和省茶业协会也联合发出《关于不炒作"天价茶"、促进武夷岩茶产业健康发展的倡议书》,呼吁茶界同仁加强行业自律,不做虚假宣传,规范经营管理,自觉接受监督,诚信经营,抵制不良商家的不法操弄,维护福建茶产业的整体形象。

2 月 20 日,福建省市场监管局对福州市区品牌茶叶门店进行抽查,发现部分商家存在未明码标价、无食品经营许可证经营、不正当竞争以及涉嫌销售高价岩茶等问题,并当场进行了取证、立案。

### (三)尹力强调"坚决整治天价茶炒作"

媒体曝光"天价岩茶"的乱象问题之后,引起社会的广泛关注与探讨。有关部门也迅速发表态度,开展整治行动。2 月 20 日,福建省市场监管局对福州市区品牌茶叶门店进行抽查,发现部分商家存在未明码标价、无食品经营许可证经营、不正当竞争以及涉嫌销售高价岩茶等问题,并当场进行了取证、立案。

这次的曝光敲响了岩茶市场的警钟,说了多年的"天价茶",是该消停了! 但一轮整顿过后,是否又会以另一种形式起死回生?"天价茶"整顿后,武夷岩茶产业如何健康发展?

2 月 20 日至 21 日,福建省委书记尹力春节后首次调研深入宁德福鼎市下属村镇时,也强调"坚决整治天价茶炒作"。

福建省市场监管局针对媒体曝光的"天价岩茶"乱象,和福建省农业农村厅联合发出《关于整治"天价岩茶"乱象的通知》,并开展专项整治行动。

与此同时,海峡两岸茶业交流协会、福建省茶叶学会和省茶业协会也联合发出《关于不炒作"天价茶"、促进武夷岩茶产业健康发展的倡议书》,呼吁茶界同仁加强行业自律,不做虚假宣传,规范经营管理,自觉接受监督,诚信经营,抵制不良商家的不法操弄,维护福建茶产业的整体形象。

2 月 21 日下午,武夷山市召开促进茶叶市场健康发展推进会,26 家曾出现在网传"天价茶"榜单上的武夷山茶企负责人共同签署《关于促进武夷山茶产业高质量发展的倡议书》,坚决反对"天价茶",坚决反对"恶俗名称"、"过度包装",承诺不做虚假宣传,规范经营管理,不销售"非卖品"、"品鉴品",自觉接受监督,如有违法违规行为,一经查实,主动接受相关部门处罚。

(四)中国茶叶大省福建向"天价茶"说"不"

继海峡两岸茶业交流协会等发出不炒作"天价茶"的倡议后,福建省市场监管局、福建省农业农村厅联合发出整治通知,武夷山市、福州市相关部门也通过巡查、检查、约谈、处罚等方式督促企业完善销售管理制度。

福建省委书记尹力2月20日至21日在宁德福鼎市磻溪镇赤溪村调研时再度强调,要注重标准化、品牌化建设,强化原产地和地理标志认证保护,大力提升茶叶的品味、品质和品牌,让老百姓喝得起、喝得安全、喝得放心,坚决整治"天价茶"炒作。

出产自武夷山市的武夷岩茶是中国传统名茶,近十年来取得长足发展,有力促进了产业增效,带动了茶农增收。但随着武夷岩茶知名度的提高,市场上也出现价格炒作乱象,"天价茶"现象时有发生,严重扰乱市场秩序。

在福建市场上疯传的所谓"天价岩茶"榜单也显示,十余款标注非卖品的上榜茶叶每斤价格均在10万元(人民币,下同)以上,手尚工夫品牌旗下的"远香"茶叶更是宣称每斤48万元。去年以来,中新网记者多次走访福州多家茶叶店均发现,店员兜售多款每斤价格10万元以上的岩茶。

记者调查了解到,绝大多数武夷岩茶的成本在数百元、数千元之间。多位茶业专家认为,炒作"天价岩茶",助长了奢靡之风,扰乱了市场秩序,不利于行业健康发展。日前有媒体报道《每斤十几万元乃至数十万元,谁是"天价岩茶"幕后推手?》,再度引发社会各界广泛关注。

实际上,近年来,武夷山已发力打击"天价茶"、恶俗名称、过度包装等市场乱象。武夷山市市场监督管理局稽查大队大队长周翔说,自2020年以来,已立案查处茶叶违法违规案件32件,主要涉及标签标识、虚假宣传、销售伪造质量认证标志,罚没金额44.13万元。

整治"天价茶",福建再下"狠手"。武夷山市副市长陈爱宾说,武夷山将从本月至4月份开展茶叶市场专项整治行动,特别是媒体曝光的茶商、茶企,严厉打击虚假标识、掺杂掺假、假冒伪劣、以次充好、虚假广告等违法违规行为,严肃整治在营销中渲染享受奢靡的不良行为,引导武夷山茶产业健康发展。除主产区武夷山外,福州等主要市场也开展清理整治。福建省市场监督管理局已会同福州市场监督管理局,对福州市区品牌茶叶门店展开抽查,发现部分商家存在未明码标价、无食品经营许可证经营、不正当竞争以及涉嫌销售高价岩茶等问题,当场进行了取证、立案。

福建农林大学经济管理学院副院长、福建省现代茶叶产业技术体系经济与信息岗位专家管曦接受中新网记者采访时认为,茶叶是商品,稀缺性的差异必然也会导致其存在价格上的高低之分。茶叶产品价格分层不可怕,但近年来中国茶产业快速发展,越来越多的市场主体忽略占据茶叶消费市场很大比重的普通消费者,单纯打造以稀缺性为标签的"天价茶",使茶产业发展失去了平衡性。

全国政协委员、福建武夷星茶业有限公司董事长何一心也认为,质优价实,让老百姓而不是少数人消费得起岩茶,才是岩茶产业长远健康发展的方向。不能通过炒作去创造、迎合那些畸形的需求。

茶产业是福建现代农业重要特色,对于推进乡村振兴具有重要作用。2020年,武夷岩茶优势特色产业集群更是被列入了中国首批优势特色产业集群,到2022年全产业链产值冲刺突破 200 亿元。管曦认为,"天价茶"不仅是困扰武夷岩茶产业的问题,也是福建茶产业乃至中国茶产业的共性问题。福建向"天价茶"说"不",就是让茶叶回归百姓,回归到日常饮品,是对失衡的茶产业发展的一次再调整。

中国正加快形成以国内大循环为主体、国内国际双循环相互促进的新发展格局。管曦认为,向"天价茶"说"不",将夯实福建茶产业新发展格局下的高质量发展之路。

尹力也表示,要放眼国内国际市场,不断创新开发多元化茶产品,在传承弘扬传统工艺中更多挖掘历史文化、凸显地方特色、融入现代科技,进一步整合资源、搭建平台、抱团合作,让更多的福建茶叶走向全国、走向世界。

(案例来源:龙敏.中国茶叶大省福建向"天价茶"说"不"[EB/OL].(2021-2-23)[2021-12-31].https://www.fj.chinanews.com.cn/news/fj_zxsj/2021/2021-02-23/480685.html.;薛莎莎."天价岩茶"何时休? 四年三次被媒体曝光后整改[EB/OL].(2021-02-27)[2021-12-31]. https://www.thepaper.cn/newsDetail_forward_11490355.)

**案例思考:**

1.结合案例,试分析"天价茶"高昂价格形成的原因。

2.结合案例,试分析"天价茶"乱象对于经济健康发展造成了哪些危害。

3.结合案例,试论述政府应如何强化对"天价茶"乱象的整治。

## 三、案例分析参考

**1.结合案例,试分析"天价茶"高昂价格形成的原因。**

价格是商品价值的货币表现,是商品同货币交换比例的指数。价格与市场密不可分,在市场经济条件下,价格信号实际上反映和带动着各经济单位或个人利益的调整。价格的形成,一方面要以价值为基础,另一方面要受政治、经济、自然、社会等因素的作用。对于"天价茶"高昂价格形成的主要原因具体归纳如下:

首先,从价值的角度来看,"天价茶"高昂价格的形成,一方面是因为口感好、香度浓、品质好的茶叶具有更高的商品价值;另一方面,案例涉及的以"稀缺""大师"等噱头作为卖点也拉高了茶叶的社会价值。各种原因的共同作用下,商家炒作、客户买账、奢华包装等均提升了茶叶的成本。

其次,从社会因素的角度来看,商标花名、高端文案、炒作"榜单、稀缺"等要素作为噱头,推高了茶叶的价格。"天价茶榜单"又催生了一系列的非法产业,如通过榜单了解到茶叶的价格,将茶叶作为"礼品茶""办事茶"对"领导"进行贿赂;某些商家甚至提供"天价茶"回收服务,使茶叶能够变现。

综上所述,由于高品质茶叶本身具有较高价值,再加上诸多社会因素的影响,共同催生了"天价茶"的高昂价格。

**2.结合案例,试分析"天价茶"乱象对于经济健康发展造成哪些危害。**

第一,随着茶产业快速发展,越来越多的市场主体忽略占据茶叶消费市场很大比重的普通消费者,单纯打造以稀缺性为标签的"天价茶",将会使茶产业发展失去平衡性。质优价实,让老百姓而不是少数人消费得起岩茶,才是岩茶产业长远健康发展的方向。

第二,媒体曝光的茶商、茶企,存在虚假标识、掺杂掺假、假冒伪劣、以次充好、虚假广告等违法违规行为,会使整个茶产业失去消费者的信任与支持。案例提及的茶叶在福建等地区的人们的生活中占了很大一部分,若消费者对茶产业失去信心,将会造成不敢买、不会买的局面,势必会减少茶产业在国民生产生活中的比重,不利于茶产业健康发展。

第三,若茶产业受到冲击,最大的损失方还是茶农。消费者对茶产业失去信任,会导致对茶农也失去信任,有可能导致茶农"再返贫""新入贫"等不利现象,对我国脱贫攻坚成果的巩固造成阻碍。所以需要及时遏制"天价茶",尽快给人民一个合理的交代,保障茶叶的正常消费。

**3.结合案例,试论述政府应如何强化对"天价茶"乱象的整治。**

(1)政府必须完善监管制度,坚持依规管理价格。政府的价格管理行为形成健全的制度,减少监管漏洞的产生。政府对价格的管理必须持续优化,从主要用行政手段管理价格的做法中积极转型。对于价格与价值严重背离的"天价茶"乱象,政府应通过相关法律进行管制约束,使茶叶价格回归符合正常价值。

(2)发挥好群众监督作用,及时纠正作风问题和查处腐败问题。福建省纪委监委为严肃整治"天价茶"等背后的"四风"和腐败问题,充分发挥群众监督作用,对省内各级党员干部公款购买、违规收送、违规占用、违规插手干预名贵特产类特殊资源问题进行督察,树立良好社会风气。

(3)完善价格监测预警系统,加强市场价格动态监测分析。①要建立完善的价格调查、监测体系。②加强价格信息服务工作。③建立和完善重要商品监测分析体系和预警体系。要加强对"天价茶"价格的监测,及时分析预警,通过完善的价格信息披露制度,规范和引导市场主体的价格行为。在不同阶段对"天价茶"进行不同角度的监督、管理,及时遏制不正之风,净化市场氛围。

**参考文献:**

[1]黄华青.茶业消费革命下农村的资本积累和阶层分化:基于福建G村的调查[J].中国农业大学学报(社会科学版),2021,38(3):5-17.

[2]胡栾,鲍宏礼.消费者快消品购买决策行为及影响因素分析:以茶叶为例[J].商业经济研究,2019(3):66-68.

[3]张莉.解析茶叶企业的消费者信任度培育策略[J].福建茶叶,2017,39(10):230-231.

[4]黄嵘,谢平芳.浅谈我国茶叶消费特性之实证研究[J].福建茶叶,2017,39(2):55-56.

**第十一章** **行业管理**

## 第一节　学习目的和要求

2021 年国务院政府工作报告明确指出,"引导银行扩大信用贷款、持续增加首贷户,推广随借随还贷款,使资金更多流向科技创新、绿色发展,更多流向小微企业、个体工商户、新型农业经营主体,对受疫情持续影响行业企业给予定向支持","实施工业产品准入制度改革,推进汽车、电子电器等行业生产准入和流通管理全流程改革","推进能源、交通、电信等基础性行业改革,提高服务效率,降低收费水平"。行业管理要求政府行业管理机构和行业协会要树立全局意识、责任意识、任务意识、层次意识,切实加强"行业规划,行业法规、行业政策、行业标准制定,行业监督",全面履行好"经济协调、市场监管,社会管理、公共服务"职能。而 2021 年国务院政府工作报告所提出的有关行业改革的要求,既体现了政府对于行业管理的重视,也体现了我国在相关领域的改革不断拓展和深入。

**本章的学习目的及要求:**

准确理解行业的概念、行业管理的含义及组织机构,熟悉行业管理的作用及职能,了解市场经济发达国家政府行业管理的特征、职能及作用,把握市场经济发达国家行业管理的重要经验及我国行业管理的改革与发层。能够应用相关知识分析案例,从而在政府经济管理中进一步掌握行业管理相关内容。

## 第二节　知识要点

### 一、行业和行业管理

行业,一般来说是指生产相同使用功能或使用目的的产品,以及提供相同性质服务的企业系统。

　　行业管理是经济管理的重要方式,是构成社会主义市场经济体制的有机组成部分。行业管理有两层含义:一是政府对行业的管理,主要是引导和规范行业发展行为以及处理行业间的关系;二是行业内的管理,主要是处理企业间的经济关系和维护行业的综合发展。概括起来讲,行业管理就是以国家产业政策为指导,通过政府职能作用的发挥,采用有效的组织形式和手段,理顺行业关系,激发企业活力,合理而有效地利用社会资源等一系列活动的总称。

　　行业管理的组织机构主要有两个:政府行业管理机构和民间行业协会。行业管理是政府宏观调控的重要组成部分,国家和地方都设有专业部门来具体实施。行业协会是民间机构,它的组织形式可根据行业特点和需要而变化。

# 二、行业管理的作用

　　1.促进社会资源的优化配置,提高资源的使用效率

　　在一定时期内,社会资源量是一个既定的量,而社会资源投入的方向、规模直接影响着国民经济格局和产业结构,进而影响着社会的供需平衡和经济的稳定与发展。所以,合理分配和有效使用这些有限资源的意义重大,而行业管理的重要任务之一便在于此。行业管理,一方面通过设置适当的市场准出入条件,可以约束社会资源的流向、规模;另一方面,在行业内部,可以一定程度、一定范围地提高行业集中度,使社会资源向规模经济效益好、技术水平先进、综合利用程度高的企业领域倾斜,这样就可以促进企业充分利用资源,提高资源的使用效率。

　　2.促进产业结构的调整和合理化

　　产业结构是影响生产力布局和经济平稳发展的重要因素,只有不断调整产业结构,才能使国民经济充满活力。行业结构是产业结构的基础,产业结构的调整最终要通过行业结构的变化来实现。行业管理就是要在准确把握科技发展趋势和市场变化动态的基础上,根据国家产业政策制定行业政策,通过设置进出壁垒、提供有利发展政策和条件等措施限制某些过时的、落后的行业的发展,鼓励和扶持那些有前景的新兴行业的发展,最终实现产业结构的调整和优化。

　　3.促进行业内的专业化协作,提高企业的规模效益

　　根据经济学原理,资源只有在适当集中和一定的专业化生产条件下才能产生规模效益。单纯就某个行业来说,一般都具备了资源适当集中的条件,而在一定的社会范围内提高专业化生产水平,必须发展企业间的协作。专业化生产越发展,对企业间协作的要求就越高,通过行业管理,可以较好地解决这一问题。例如,实行标准化,减少同类产品不必要的品种规格;限制落后技术、落后设备的使用,甚至将其强行淘汰;限制单个企业的原材料和零部件的采购方法和采购数量起点等等。通过这些手段,能够促进企业实行专业化分工,实现大批量生产,提高企业的规模经济效益。

　　4.促进有序竞争,增强企业活力

　　企业要发展,就必须内有动力、外有压力。其内部动力是企业的自身利益,外部压力就是企业间的市场竞争。行业管理的重要作用之一,就是打破少数企业对行业的垄断,建立公平竞争的行业市场秩序。只有这样,才能促使企业不断改善经营管理,想方设法提高

技术水平,提高企业产品或服务质量,降低生产成本,这样就能够不断提高整个行业乃至整个国民经济的水平。

## 三、行业管理的职能

行业管理是由政府行业管理机构和行业协会运用行业规划、技术标准等手段协调行业间和企业间的发展关系的活动。政府的行业管理机构不再承担直接管理经济运行的职能(诸如物价、财税、金融等调节手段的运用,物资、能源、资金等生产要素的计划和分配等),也不应具体掌握企业资产的运营(如企业利润投向与投量的分配),而是进行一种介乎宏观和微观层次的中观管理活动,并借助社会中介组织承担任务和职能。具体如下:

1.通过制定行业发展的总体规划和有关政策、法规,引导行业发展

通过行业总体规划,提出行业发展的目标、重点;通过制定政策、法规,规范企业的经济活动。

2.综合协调各种关系

企业尤其是同行业的企业在市场经济活动中容易产生诸多矛盾,如争取资源、竞销产品过程中的矛盾等,如果这些矛盾都仅仅靠市场调节来解决,将付出较大代价。而通过行业管理主动干预,则可以使矛盾在事先得以协调,保证行业得以健康有序地发展。

3.组织行业监督检查

行业管理组织通过一定的手段,依照法律、法规对微观经济活动实行必要有效的监督,是保证行业持续、稳定、协调发展的重要条件。它包括竞争环境、产品质量、环境保护、安全生产、工业卫生等方面的内容。

4.提供行业发展服务

主要包括:第一,提供经济信息;第二,调查研究;第三,专家"会诊";第四,科教服务;第五,培育市场。

## 四、市场经济发达国家政府行业管理的特征

西方市场经济发达国家的行业管理具有如下重要特征:

一是政府不按行业设置专门的管理机构,而由带有综合性的经济部门行使行业管理的职能。从目前的情况看,美、英、法、德、日等国都是这样安排的,这些国家工业行业管理职能部门的设置共有三类:英、法、日的工业行业管理是由工业部门和贸易部门统一管理;德国的工业行业管理由政府综合经济部门负责;美国的工业行业管理则由商务部负责。

二是政府管理行业不包揽行业管理的全部职能,只集中搞好决策性职能的履行,而把非决策性的大量行业管理事务交由行业协会和其他民间组织承担。具体说来,包括以下四点:第一,各国政府都很重视加强和行业协会的联系,帮助他们加强组织建设,使行业协会不仅能进一步做好行业自律管理、协调和服务工作,而且能担当起某些政府管理行业的职能。政府在方针政策上给予行业协会指导,对需要行业协会承担的任务,通过相互磋商,形成一致意见,帮助协会完成。第二,政府大力扶植各种研究咨询机构的发展,促其有

效地为行业、企业服务。第三,在政府机关下设置公共事业团体,确认其特殊法人地位,赋予其部分政府管理职能,以求建立富有活力的管理体制。政府作为决策机关,主要进行法律规范、政策指导和预算协调。大量的组织管理和监督等职能由依法成立的公共事业团体承担。第四,充分发挥民间企业的自主活力。实行市场经济的西方国家是以私有制为基础的,其政府在此基础上实行行业管理,就往往会与企业活动的方向发生矛盾。因此,政府在行业管理中必须寻求与企业合作,共同解决好政策性问题,使企业既能根据自己的决断进行自主活动,又符合政府行业管理要求的发展方向。

## 五、市场经济发达国家政府行业管理的职能及其作用

当代市场经济发达国家政府不直接经营企业,但有管理经济的职能。政府的经济管理职能主要是对经济进行引导、服务、协调、控制。政府在行业管理中的职能,主要有以下几点:

1.政府通过制定行业规划、政策、法规对各行业的发展进行引导;
2.政府为行业、企业的发展提供各种服务;
3.促进行业企业各项结构合理化;
4.政府对行业、企业进行监督和控制。

## 六、市场经济发达国家行业管理的重要经验

依据前面的分析,可以把市场经济发达国家的行业管理经验概括为以下几点:第一,市场经济发达国家在重视加强对宏观经济管理的同时也注重对行业和行业组织的微观经济管理;第二,当代市场经济发达国家虽然重视对行业和行业组织的管理,但并不是按行业设置专门的部门来管理,而是由综合的经济部门来承担这项职能;第三,当代市场经济发达国家政府对行业组织的管理,一般并不采取直接的行政命令手段,而主要是通过制定法律、法规和政策对行业组织进行引导、扶持和保护,并规范和监督行业组织的行为;第四,市场经济发达国家的行业组织,除了在特定情况下承担政府授予的某些行政管理职能以外,一般都把自己的工作重点集中在为本行业组织成员企业服务方面,而不是把自己的注意力分散到分享政府的行政管理权力上。这是市场经济发达国家行业组织在组织较为松散的情况下能深得企业成员拥护的根本原因,也是它拥有强大生产力的关键所在。

## 七、我国行业管理的改革与发展

借鉴市场经济发达国家行业管理的重要经验,结合我国的实际情况,我国行业管理的改革与发展方向、措施如下:

1.调整管理机构

行业管理,是顺应社会分工和市场经济发展的一种新型管理方式。我国政府对企业的管理方式,是在长期的计划经济体制条件下形成的。其主要特征,就是政府包揽了企业

的主要方面和主要过程的事务。几乎所有企业都"归口"于相应的部门或地方厅局,成为各级政府的附属物。随着科学技术的发展和生产效率的提高,社会分工不断深化,不断有新的行业出现,这些新兴行业与原有行业有着显著不同,不便于把它们归入原有的部门或厅局,于是,只能设立新的部门、厅局,来对新出现的行业进行管理。于是,行业类别越来越多,政府的部门、厅局越来越多,政府机构越来越庞大。这不仅对发展社会主义市场经济无益,其庞大的供养费用,也使我国有限的财政收入不堪重负。因此,国家应设立统一行业管理机构,归口口径宜宽。地方,主要是省和地、市应从实际出发,按照大对口、小区别的原则设置行业管理机构不强调上下一律,但都应在业务上接受国家机构的指导,避免新的条块分割。

2.推进行业协会的发展

实践证明,行业协会在行业管理中具有不可替代的积极作用,而要发挥行业协会的作用,离不开行业组织的建设和发展。总体上说,我国行业协会的组织还不够健全,行业协会的作用还没有有效地发挥出来。总结以往经验,在行业组织的建设中应坚持做到:一是要坚持民主自愿的原则,不搞"拉郎配"。企业可根据自己的需要参加一个协会,也可以同时加入几个协会。二是要防止一哄而起。从实际需要出发,在充分准备的基础上加以组建,保证协会质量。三是要避免大企业对协会的包办代替。大企业实力雄厚,协会要积极争取它们入会,取得它们的支持,但协会必须保持自己的独立性,不能成为大企业的附属物和代言人。四是要严格执行规章制度。如政府公职人员不得担任行业组织的领导成员,行业组织的领导成员必须按章程规定的民主程序产生或罢免,建立严格的民主决策程序等。

3.行业管理中的政府职能界定

行业管理中的政府职能主要包含以下方面:制定政策;行业规划;协调服务;监督检查。

4.创造良好的行业发展环境

行业发展条件,主要是指整个行业的发展所需要的环境条件。影响行业发展的环境条件主要有:规模经济问题、行业集中问题、合理分散问题、部门地区的分割垄断问题和不完全竞争问题。这五个方面问题的最终解决,需要市场体系的不断健全,需要政府经济管理职能的彻底转变以及行业组织效用的有效发挥。

# 第三节 案例分析

## 案例31 钢铁行业"超低排放"助力打赢蓝天保卫战

### 一、案例导读

起初人们对工业高度发达的负面影响预料不足从而预防不利,导致了全球性的三大危机:资源短缺、环境污染以及生态破坏。环境污染给生态系统造成破坏和影响,总体而言可分为大气环境污染、水体污染、噪声污染、土壤污染等类型。其中大气污染是由于人类活动或自然过程引起某些物质进入大气中,呈现出足够的浓度,达到足够的时间,并因此危害人体的舒适、健康和福利或造成环境破坏的现象。随着我国环境治理力度的加强,特别是燃煤电厂实施超低排放以来,火电行业污染物排放量大幅下降,但其他行业例如钢铁行业的污染则仍需予以积极治理。2017 年以来,钢铁行业主要污染物排放量已超过电力行业,成为工业部门最大的污染物排放源。本案例聚焦钢铁行业污染治理,从中对政府经济管理的相关问题展开讨论。

## 二、案例材料

工业行业的超低排放问题是重要的环境保护问题。2018 年,国务院发布《打赢蓝天保卫战三年行动计划》,提出经过 3 年努力,大幅减少主要大气污染物排放总量,协同减少温室气体排放,进一步明显降低 $PM_{2.5}$ 浓度,明显减少重污染天数,明显改善环境空气质量,明显增强人民的蓝天幸福感。打赢蓝天保卫战是党的十九大做出的重大决策部署,是污染防治攻坚战的首要任务,对满足人民日益增长的美好生活需要、全面建成小康社会、经济高质量发展和美丽中国建设都有着重要意义。从生态环境部发布的中国空气质量改善报告看,我国大气污染治理任重道远。曾经作为重污染行业的钢铁业也在关注着"减排"。2019 年的政府工作报告指出,2019 年要继续打好三大攻坚战,污染防治要聚焦打赢蓝天保卫战等重点任务。

### (一)钢铁行业是目前我国主要的大气污染排放源之一

我国是世界上最大的钢铁生产国,2018 年粗钢产量 9.28 亿吨,占世界粗钢总产量的 51.3%。钢铁行业工艺流程长、产污环节多,污染物排放量大。近年来,通过采取结构优化、重点地区企业异地搬迁、强化末端污染治理等措施,我国积极推进钢铁行业大气污染物减排工作,取得了重要进展。2013 年以来,共淘汰落后和过剩钢铁产能 2.1 亿吨,取缔地条钢 1.4 亿吨,这些措施使得在全国钢铁产量上升的同时实现了污染物排放总量下降,但由于钢铁行业总产量巨大,排放水平参差不齐,行业总排放量依然高企不下。据测算,2017 年钢铁行业二氧化硫、氮氧化物和颗粒物排放量分别为 106 万吨、172 万吨、281 万吨,占全国排放总量的 7%、10%、20% 左右。随着环境治理力度不断加强,特别是燃煤电厂实施超低排放以来,火电行业污染物排放量大幅度下降,2017 年钢铁行业主要污染物排放量已超过电力行业,成为工业部门最大的污染物排放来源。

同时,钢铁行业是货物运输量最大的行业之一,我国钢铁行业货运量为 40 亿吨以上,占全国货运总量 1/10 左右。与国外钢铁行业以铁路和水路运输为主不同,我国钢铁行业主要依靠公路运输,运输过程中的氮氧化物、颗粒物排放非常突出,占钢铁企业自身排放的 20% 以上。

中国工程院院士、清华大学环境学院院长贺克斌教授说,与日本、德国、韩国等发达国家相比,目前我国钢铁行业污染控制水平、环保管理水平仍有较大差距,吨钢颗粒物无组织排放量比发达国家高出一倍多。我国亟须对标国际先进水平,实现钢铁行业排放的大幅削减。

### (二)钢铁行业布局集中加重污染

除排放量大以外,我国钢铁产业布局集中也是影响区域大气污染的重要原因。我国钢铁产能布局主要集中于大气污染相对严重的地区,京津冀及周边地区、长三角地区、汾渭平原等大气污染防治重点区域的钢铁产能占全国总产能的55%,其平均$PM_{2.5}$浓度也比全国平均浓度高38%左右。大量钢铁行业的集中排放加重了区域大气污染。

钢铁企业排放对城市空气质量有显著影响。我国钢铁产能前20位的城市(产能占全国总产能的51%)无一空气质量达标,平均$PM_{2.5}$浓度比全国平均浓度高28%。2018年168城市空气质量排名倒数前7位的城市,钢铁企业都对本地环境空气质量产生重要影响,其中排名倒数第2位至第7位的石家庄市、邢台市、唐山市、邯郸市、安阳市和太原市,均为全国钢铁产能前20城市,粗钢产能分别为1200万吨、700万吨、1.33亿吨、4300万吨、2100万吨和1600万吨。空气质量排名倒数第1位的临汾市,虽钢铁产能不在前20城市排名之中,但拥有钢铁企业11家,由此可见,规模小、排放高的企业集中对城市空气质量影响更为明显。

### (三)钢铁行业仍有较大减排空间

"十一五"以来,全国钢铁企业陆续实施了一系列治污改造工程,通过为烧结机(球团)配备脱硫设施,对烧结机机尾、破碎筛分、高炉矿槽和出铁场、转炉一次烟气、转炉二次烟气等进行除尘设备升级改造等工作,使吨钢二氧化硫和有组织颗粒物排放量分别下降了70%和60%以上,大气污染治理取得了积极进展,但氮氧化物未采取措施、治理水平低、无组织排放严重、重点区域排放总量大等问题未得到根本解决。与日本、德国、韩国等发达国家相比,目前我国钢铁行业污染控制水平和环保管理水平仍有较大差距,尤其是占颗粒物排放50%以上的无组织排放,吨钢颗粒物无组织排放量我国比发达国家高出一倍以上。作为钢铁产量超过全球1/2的国家,我国亟须对标国际先进水平,实现钢铁行业排放的大幅削减。

为了有效减排各类污染物,推进大气环境质量改善,近年来我国大力推动大气污染防治新技术的开发和实践应用,取得显著进展。如通过近5年的努力,我国超过8成的燃煤电厂实现了超低排放,燃煤电厂常规大气污染物排放水平已降至世界最低,我国已建成全球最大的清洁煤电体系。非电行业也在高效脱硫、脱硝、除尘方面取得进展,并逐渐从末端治理为主转向全过程控制,如陶瓷等建材行业的清洁燃料改造和玻璃纤维行业的全氧燃烧技术都推进了相应行业的减排工作。这些技术的发展和应用一方面为钢铁行业发展高效污染减排技术提供了借鉴,另一方面也在推进其他行业污染减排的同时,使得钢铁行业污染问题更加突出。在此背景下,钢铁行业更需加快推进污染治理步伐,为自身进一步发展赢得空间。

### (四)钢铁超低排放改造倒计时

从"推动"到"加快",连续两年,钢铁超低排放改造都被写入了《政府工作报告》。2018年的《政府工作报告》中要求,要"推动"钢铁等行业超低排放改造。2019的《政府工作报告》中再次提出,要"加快"火电、钢铁行业超低排放改造。

2018年5月,生态环境部发布《钢铁企业超低排放改造工作方案(征求意见稿)》,其中规定,到2020年10月底前,京津冀及周边、长三角、汾渭平原等大气污染防治重点区域具备改造条件的钢铁企业,基本完成超低排放改造;到 2022 年底前,珠三角、成渝、辽宁中部、武汉及其周边、长株潭、乌昌等区域基本完成;到 2025 年底前,全国具备改造条件的钢铁企业力争实现超低排放。

随后,各地也纷纷出台了自己的时间表。2018 年 9 月,河北省公布《钢铁工业大气污染物超低排放标准》,该标准将于 2019 年 1 月 1 日实施,要求现有企业自 2020 年 10 月 1 日起执行,新建企业自标准实施之日起执行。2018 年 9 月和 11 月,山东省《钢铁工业大气污染物排放标准》也两次征求意见,要求现有企业自 2020 年 10 月 1 日起执行新标准,新建企业自标准实施之日起执行。氮氧化物 50 毫克/立方米限值则从 2021 年 1 月 1 日起实施。在颗粒物、二氧化硫、氮氧化物等大气污染物的排放限值方面,无论是河北的超低排放标准,还是山东的征求意见稿,都与生态环境部征求意见稿中的标准基本保持一致。

2019 年 1 月 21 日,生态环境部召开例行新闻发布会,刘炳江表示,2019 年是打赢蓝天保卫战攻坚之年,生态环境部将分类推进重点行业污染深度治理,第一个重点措施就是"推进钢铁超低排放工作"。"这是国务院定下来的任务,这里要指出的是,钢铁行业超低排放是全流程、全过程的管理理念,对钢铁企业有组织排放、无组织排放和大宗物料产品运输等均提出量化指标要求。我们会同有关部委研究起草了《关于推进钢铁行业超低排放的意见》,争取尽快印发实施。"刘炳江说。到了 3 月 5 日,全国政协十三届二次会议举行首场记者会,刘炳江应邀出席。在回答记者关于"《钢铁企业超低排放改造工作方案》何时发布"的问题时,他明确表示:"4 月前!"

### (五)五部门发文推进实施钢铁行业超低排放

虽然钢铁行业去产能结果显著,但钢铁产业转型升级和结构优化调整的步伐并没有停止,这一次有关部门把重点放在钢铁行业超低排放改造,并加大税收、资金、价格、金融、环保等政策支持力度。生态环境部、国家发展和改革委员会、工业和信息化部、财政部和交通运输部 4 月 28 日联合印发《关于推进实施钢铁行业超低排放的意见》(环大气〔2019〕35 号)(下称《意见》)。《意见》要求更多运用市场化、法治化手段,更好发挥政府作用,推动实施钢铁行业超低排放,有效提高钢铁行业发展质量和效益,大幅削减主要大气污染物排放量,促进环境空气质量持续改善,为打赢蓝天保卫战提供有力支撑。

1.分门别类提出指标限制和管控措施

《意见》根据行业排放特征,对有组织排放、无组织排放和大宗物料产品运输,分门别类提出指标限值和管控措施,实现全流程、全过程环境管理。《意见》制定科学性强。一是充分体现了技术可行性,对超低排放要求并不是"一刀切",对烧结机和其他主要污染源分别提出不同限值;二是充分体现了管理的差异性,在重污染天气应对期间,对未完成超低排放改造企业实行严格管理;三是强调依法推进,明确达标排放是法定责任,超低排放是鼓励导向,对完成超低排放改造企业给予相应政策支持;四是强调可操作性,要求钢铁企业制定"一厂一策"治理方案,严把工程质量,确保长期连续稳定运行。

根据《意见》,针对不同排放类型提出指标限值和管控措施,实现全流程、全过程环境管理。烧结机机头、球团焙烧烟气颗粒物、二氧化硫、氮氧化物排放浓度小时均值分别不高于 10、35、50 毫克/立方米,其他主要污染源颗粒物、二氧化硫、氮氧化物排放浓度小时均值原则上分别不高于10、50、200毫克/立方米;物料储存、输送及生产工艺过程采取密闭、封闭等有效措施,实现无组织排放有效管控;大宗物料和产品采用铁路、水路、管道等清洁方式运输,清洁运输比例不低于80%。

由于钢铁行业在重点区域相对更为集中,超低排放改造将在重点区域产生更大的环境效益。重点区域完成钢铁行业超低排放改造任务后,京津冀及周边地区二氧化硫、氮氧化物、颗粒物排放总量将在目前的基础上分别削减14%、18%、21%;长三角地区将分别削减8%、11%、20%;汾渭平原将分别削减3%、6%、15%。模型分析结果表明,上述污染物削减将带动京津冀及周边地区、长三角地区、汾渭平原PM$_{2.5}$浓度分别下降5.6微克/立方米、3.4微克/立方米、2.4微克/立方米,占区域平均PM$_{2.5}$浓度的9%、8%、4%。过去北京、济南等城市开展了钢铁企业异地搬迁工作,对城市空气质量改善起到了积极作用,如济钢搬迁后济南市二氧化硫和可吸入颗粒物年排放量分别削减10%和12%,使济南市区空气质量综合指数下降0.76,这也从另一方面印证了开展钢铁行业超低排放治理可望取得可观的环境效益。

"钢铁工业是流程工业,生产工艺环节众多,其超低排放与燃煤电厂超低排放最本质的区别是,必须是生产全流程所有生产环节全方位满足超低排放的要求。"冶金工业规划研究院院长李新创说。因此,《意见》还要求大宗物料产品采取清洁运输,汽车运输部分应全部采用新能源汽车,或达到国六排放标准的汽车,2021年底前可采用国五排放标准汽车等。

2.弹性标准助企业创新和绿色发展

《意见》提出,对完成超低排放改造的企业,加大税收、资金、价格、金融、环保等政策支持力度,强化企业主体责任,严格评价管理,强化监督执法。到2020年底前,重点区域钢铁企业超低排放改造取得明显进展,力争60%左右产能完成改造;2025年底前,重点区域基本完成,全国力争80%以上产能完成改造。目标体现了时间服从质量的核心思想。重点任务包括,严格新改扩建项目环境准入。严禁新增钢铁冶炼产能,新改扩建(含搬迁)钢铁项目要严格执行产能置换实施办法,按照钢铁企业超低排放指标要求,同步配套建设高效脱硫、脱硝、除尘设施等。

《意见》提出,未实施超低排放改造的钢铁企业,应采取升级治污设施、加强无组织排放管理等措施确保稳定达标排放,重点区域应按照有关规定执行大气污染物特别排放限值等。李新创表示,有人把《意见》看作是国家出台的限期治理的强制排放标准,这会形成一种只要达标就好的应付情绪和"终点"思维,这种思维也是导致近年来钢铁行业环保设施"年年改、年年拆"的重要原因。而《意见》体现的是鼓励企业创先争优的导向,不强制要求所有企业必须限期达到超低排放要求,而是通过差别化的政策进行引导,不排不限、少排少限、多排多限。

《意见》指出,在重污染天气橙色及以上预警期间,未完成超低排放改造的,烧结、球团、炼焦、石灰窑等高排放工序应采取停限产措施;当预测到月度有3次及以上橙色或红色重污染天气过程时,未完成超低排放改造的,实行月度停产。

《意见》的实施将稳步改变我国钢铁行业发展水平参差不齐的现状,降低钢铁行业大气污染物排放量,显著改善环境空气质量。据初步测算,到2025年,《意见》任务全面完成后，将带动钢铁行业二氧化硫、氮氧化物、颗粒物排放量分别削减 61％、59％和 81％。

有关人士表示，钢铁企业达标排放是法定责任，超低排放是鼓励导向，对于完成超低排放改造的钢铁企业将加大政策支持力度，包括税收减免、信贷融资、差别化电价等。根据《意见》，应税大气污染物排放浓度低于污染物排放标准 30％的，减按 75％征收环境保护税；低于 50％的，减按 50％征收环境保护税。落实购置环境保护专用设备企业所得税抵免优惠政策。

### （六）钢铁行业"超低排放"在行动

自生态环境部等五部委联合印发《关于推进实施钢铁行业超低排放的意见》，要求全国的钢铁企业逐步改造，大幅降低排放水平，各地钢铁企业都陆续展开"超低排放"行动，促进钢铁行业绿色转型升级。

例子一：时间：2019 年 6 月

在南京钢铁公司，负责燃料供应的徐兴福提到，南钢的煤炭储备常年在十万吨以上，而这些煤炭此前一直都是露天堆放的，容易造成粉尘，对周边环境有影响。不过计划在 2019 年 8 月底，厂里的 20 个煤筒仓就要全面投入使用了。将来项目建成以后，所有的陆地堆放的物料将全部转移到煤筒仓里面进行堆放。为了达到高炉全封闭、炼钢厂房全封闭、料棚全封闭的目标，南京钢铁公司的每一个生产环节几乎都在改造升级。企业负责人表示，这次计划在超低排放改造方面投入 40 亿元，虽然新发布的超低排放《意见》并没有强制性，但这样的投入，关乎企业的生死。南京钢铁联合有限公司副总裁朱平表示，江苏现在在环保管控方面不搞一刀切，基本上是如果企业环保管得比较好，达到超低排放也是可以实现豁免或者减少停产。

例子二：时间：2019 年 6 月

在环保要求更为严格的京津冀地区，河钢集团邯钢公司的厂区内，经过改造，这里看上去更像是一个钢铁花园。而新的脱硫脱硝技术，已经把烧结机的实时排放指标，降到了很低。河钢邯钢环保能源部部长于敬校指出，比如二氧化硫，目前 1 号烧结机二氧化硫入口排放是 1100 多毫克/标准立方米，实时排放是 3.0 毫克/标准立方米。目前国家标准是 180 毫克/标准立方米，超低排放标准是 35 毫克/标准立方米，他们的水平已经达到了国家超低排放的标准。于敬校还提到，以二氧化硫为例，"钢铁行业超低排放意见"要求的排放量不到过去的五分之一。这对企业的硬件设施和运营能力，都提出了更高的要求。

### （七）钢铁行业"超低排放"改造倒逼企业转型升级

对于钢铁企业来说，环保标准的提高，就意味着企业成本的上涨。记者在采访中了解到，按照"钢铁行业超低排放意见"的要求，企业不仅需要在前期投入重金升级设备，后期还需要投入更多的运营费用。这使得钢铁的环保成本，从过去的每吨 100 多元，上升到每吨 250 元左右。不少钢铁企业负责人坦言，这让他们感到了一定的经营压力。南京钢铁联合有限公司副总裁朱平表示，投入以后，环保的运行成本是要上升的。记者在采访中发现，一些企业已经开始通过节能减排和产品结构调整，应对成本的上升。德龙钢铁有限公司总经理刘国旗表示，成本很高，现在都是通过循环经济节能减排。目前的自发电率达到 70％以上，这样能把公司的环保投入往回找补一下。河钢邯钢邯宝冷轧厂厂长李耀强表示，从过去生产一些建材，逐步到现在生产钢铁的一些精品，包括汽车的面板、家电面板的生产,提高了产品的档次。

业内专家表示,超低排放的压力,正在倒逼钢铁企业的转型升级。冶金工业规划研究院院长李新创说:"环保成本的增加,在一定程度上会增加企业的困难,但是通过高水平的技术改造,包括我们最后的智能制造,大幅度提高我们的生产效率,通过降低成本,我个人认为能够弥补增加的成本。"他还表示并不用担心一些企业由于达不到环保要求,退出市场,会给钢材市场带来冲击:中国钢铁的产能足够满足国内需求。超低排放改造,实际上提高了企业的生产门槛。一些中小钢铁企业将逐步退出市场,钢铁行业或将开始新一轮的兼并重组。

(案例来源:马维辉.钢铁超低排放改造大限 钢材价格还要涨涨涨?[N].华夏时报,2019-03-30;贺克斌.钢铁行业对城市空气质量影响显著 减排仍有较大空间[EB/OL].(2019-5-5)[2021-12-31].http://www.ce.cn/cysc/stwm/gd/201905/05/t20190505_32000390.shtml.)

**案例思考:**

1.结合案例,分析政府进行行业管理有何作用。

2.结合案例,谈谈当前我国在大气污染治理方面面临哪些挑战。

3.有效的政府经济管理离不开企业等主体的配合,试分析钢铁企业该如何应对"超低排放"的严格标准。

## 三、案例分析参考

**1.结合案例,分析政府进行行业管理有何作用。**

(1)促进社会资源的优化配置,提高资源的使用效率。案例提及的蓝天保卫战是党的十九大做出的重大决策部署,事关满足人民日益增长的美好生活需要,事关全面建成小康社会,事关经济高质量发展和美丽中国建设。通过对钢铁行业进行管理,有利于使社会资源向规模经济效益好、技术水平先进、综合利用程度高的企业倾斜,这样就可以促进企业充分利用资源,提高资源的利用效率。

(2)促进产业结构的调整和合理化。案例提及的钢铁行业管理,涉及一系列政策举措,例如《关于推进实施钢铁行业超低排放的意见》不仅对末端治理后的超低排放指标提出明确要求,而且加强了全过程、全系统、全产业链的要求,这有利于更好地发挥钢铁企业在能源转化、社会资源消纳方面的功能作用,打造绿色产业链,实现绿色制造的良性循环,实现钢铁与城市、社会和谐共融。

(3)促进行业内的专业化协作,提高企业的规模效益。案例提及的钢铁行业管理,有利于促进业内合作,包括资源综合利用与污染治理等方面的合作。推进实施钢铁行业超低排放是推动行业低碳绿色发展,实现高质量发展的重要举措。一方面,随着国家化解过剩产能和打击地条钢的政策红利释放,钢铁企业效益提升,企业的利润水平得到了保证,条件更加有利,采购环保设备及实施工艺的改造、升级有了一定的资金保障。另一方面,各项治理技术也取得了重大的突破。因此,现阶段是钢铁企业实施超低排放改造、解决生态环境突出问题的有利时机;推进实施钢铁行业超低排放是进一步营造公平竞争环境,保证钢铁行业高质量发展的有效措施。

(4)促进有序竞争,增强企业活力。案例提及的钢铁行业管理通过实施一系列的政策举措有利于促进行业活力的挖掘与有序竞争秩序的维护,例如钢铁行业通过贯彻执行《关于推进实施钢铁行业超低排放的意见》,有利于激发出企业的责任担当。钢铁企业遵照超低排放意见中提出的新目标,实现全流程、全过程环境管理,有效提高钢铁行业发展质量和环境绩效,大幅削减主要大气污染物排放量,促进环境空气质量持续改善,实现行业企业绿色发展水平的大升级,从而为打赢蓝天保卫战提供有力支撑,继续作出贡献。

**2.结合案例,谈谈当前我国在大气污染治理方面面临哪些挑战。**

(1)臭氧污染逐渐凸显。臭氧浓度上升,逐渐成为影响空气质量优良天数比率目标的重要因素。虽然案例提及的钢铁行业对于臭氧浓度的影响相对较小,但从大气污染的构成来看,上升的臭氧浓度在大气污染中的地位逐渐凸显。高温少雨的气象条件下臭氧浓度超标天数明显增加,如果类似的气象条件在夏天频繁出现,将对优良天数比率目标的完成产生较大影响。

(2)PM$_{2.5}$浓度仍然较高。虽然全国范围内PM$_{2.5}$浓度普遍下降,但在大气污染防治重点区域,该指标值仍然较高。案例材料提到长三角地区、汾渭平原等大气污染防治重点区域的钢铁产能占全国总产能的55%,其平均PM$_{2.5}$浓度也比全国平均浓度高38%左右,因而钢铁行业的大气污染治理需要继续予以推进。

(3)结构调整难度渐增。随着大气污染整治工作的深入开展,减排潜力越来越小,工作重心将转向结构优化调整。但我国产业结构中重化工业比重过高、能源结构中煤炭占比较高、运输结构中公路使用偏多等问题仍待进一步优化,案例提及的钢铁产业属于重化工业,因而在大气污染治理中需要继续淘汰落后钢铁产能,促进产业结构优化升级。

**3.有效的政府经济管理离不开企业等主体的配合,试分析钢铁企业该如何应对"超低排放"的严格标准。**

(1)企业通过加大节能减排力度,有效缓解环境保护运行成本上升所带来的运营压力。案例提及的实施钢铁超低排放,是提升钢铁行业形象,实现钢铁行业与城市、社会和谐共融的有力抓手,企业在促进社会效益的同时也实现了自身利益的增加。

(2)企业通过调整产品结构,以绿色产品来获得市场竞争优势,如通过汽车的面板、家电面板的生产提高产品的档次。案例提及的钢铁工业作为最主要的原材料工业,最根本的任务就是以最低的资源、能源消耗,以最低的环境、生态负荷,以最高的转换效率和劳动生产率向社会提供足够数量且质量优良的高性能钢铁产品,满足社会发展、国家安全、人民生活的需求。低碳绿色发展是钢铁工业实现转型升级战略发展目标的核心内容和关键,也是实现钢铁强国的战略目标。对于钢铁行业,环保同样也成为关系企业生存和发展的第一要务。眼下,钢铁行业迫切需要迎接超低排放改造的挑战。

(3)企业通过大力发展智能制造,有效提升研发、生产和服务的智能化水平,不断增加钢铁产品的技术含量,从而满足市场需求,长期稳定地获得经济效益。

**参考文献:**

[1]李明煜,张诗卉,王灿,等.重点工业行业碳排放现状与减排定位分析[J].中国环境管理,2021,13(3):28-39.

[2]高玉冰,邢有凯,何峰,等.中国钢铁行业节能减排措施的协同控制效应评估研究[J].气候变化研究进展,2021,17(4):388-399.

[3]李新创,李冰,霍咚梅,等.推进中国钢铁行业低碳发展的碳排放标准思考[J].中国冶金,2021,31(6):1-6.

[4]邢奕,张文伯,苏伟,等.中国钢铁行业超低排放之路[J].工程科学学报,2021,43(1):1-9.

[5]杨天钧,张建良,刘征建,等.关于新形势下炼铁工业发展的认识[J].炼铁,2020,39(5):1-9.

# 案例32 严格出租车行业管理 提升全行业服务水平

## 一、案例导读

出租车行业是面向社会公众服务的窗口行业,在完善城市公共交通体系、为社会公众提供个性化运输服务方面发挥着重要作用。随着科学技术的飞速发展和互联网时代的到来,以"神州专车""滴滴打车"为代表的网约车新业态悄然出现,网约出租车也应运而生,通过以网络共享数据的优势降低乘客等待的时间成本,提供随时随地差异化而又高质量的出行服务,但也急剧分流了传统巡游出租车客流,导致其营收下降、空驶率提高、出租车驾驶员流失。截至2017年底,全国120多个城市共发生近200起出租车游行、罢运等群体性事件。虽然各地交通运输主管部门在深化出租车体制改革和维护行业稳定方面做了大量工作,但巡游出租车目前仍面临较大生存压力,出租汽车行业改革便成了热门话题。一方面,美团、携程、高德等企业纷纷进入市场,市场呈现蓬勃发展景象;另一方面,也出现了过度竞争、非法营运等市场乱象,特别是乘客安全事件引发了关于网约车安全问题的广泛讨论。本案例聚焦出租车行业管理,从中对政府经济管理的相关问题展开讨论。

## 二、案例材料

**材料一:严格出租车行业管理 提升全行业服务水平——南宁市交通运输局构建巡游车+网约车多样化出租车服务体系**

为全面推进深化出租汽车行业改革工作,南宁市积极推进出租汽车行业各项改革工作,推进网约车行业规范发展,推出巡游出租汽车红黄牌管理制度,促进出租汽车行业持续健康发展。

(一)推进网约车行业规范健康发展

为全面推进网约车合规化,在网约车相关政策文件出台后,南宁市交通运输局配套制定了网约车证件办理流程,积极协调配合市行政审批局、市公安交警支队严格落实对企业、车辆、驾驶员的准入许可要求,优化办证流程,精简申请材料,加快材料审核、车辆勘验进度,畅通网约车办证渠道,为广大申请人提供方便快捷的办证服务。目前,南宁市共有10家网约车平台公司取得经营许可证(神州专车、首汽约车、飞嘀打车、滴滴出行、斑马快跑、万顺叫车、AA租车、网路出行、天津出行、易到用车);网约车驾驶员证方面,已取得驾驶员证27012人;网约车运证方面,目前已取得运输证的车辆为12774辆,合规化占比位居全国前列。

今年10月修订实施了包括网约车管理的《南宁市出租汽车客运管理条例》,更加清晰地规定了网约车平台公司的经营主体责任,要求平台公司将车辆、驾驶员信息和运营数据及时全量传输至行业监管平台;要加强驾驶员的安全教育和管理,严格落实车辆二级维护、综合性能检测、技术等级评定,并符合一级技术等级要求。同时,从2019年起将网约车平台公司和驾驶员纳入考核体系,并将考核结果作为延续网约车经营许可的参考依据。

此外,南宁市交通运输局还开展了出租汽车行业2019年安全生产工作专项检查和"双随机"抽查,对企业隐患排查治理情况、驾驶员管理情况、网约车平台落实车辆和驾驶员一致性审查及互联网信息安全管理等情况进行检查。通过检查,对存在较大安全隐患的6家网约车平台公司下达整改通知书,要求限期整改,如逾期未整改或整改不合格的,将按相关规定撤销网约车经营许可。

### (二)推出巡游出租汽车红黄牌管理制度

为加强监管和行业自律,引导出租汽车驾驶员诚信文明服务、守法规范经营,南宁市交通运输局推出巡游出租汽车红黄牌管理制度,建立不良信用名单,对被查处存在拒载、议价、故意绕道等严重违规经营行为的驾驶员,给予黄牌警告,并由市出租汽车协会定期组织被黄牌警告的驾驶员进行统一停车学习教育。

一年内有两次被黄牌警告的驾驶员,按红牌处理,列入不良记录驾驶员名单,由企业与其解除承包合同,两年内不得再从事出租汽车(含网约车)经营服务。截至目前,共有67名驾驶员被予以黄牌警告,23名驾驶员被予以红牌处理。

今年,南宁市交通运输局根据行业实际,制定了《南宁市出租汽车行业整治攻坚专项行动方案》《南宁市道路旅客运输行业服务质量专项整治行动方案》,持续开展出租汽车违法违规经营行为的整治工作,对违规经营的车辆予以查处,对为违规车辆提供服务的平台依法依规进行处罚。

通过开展集中整治和不定时巡查,今年年初至今,共出动执法人员26908人次,检查车辆75932辆次,共查处违法违规经营巡游出租汽车392辆、"克隆出租车"161辆、非法网约车941辆。同时将网约车平台公司的行踪处罚信息计入"诚信中国"信用体系,作为网约车经营者和从业人员准入退出的重要依据。

### (三)引导网约车与巡游车错位经营

根据《南宁市出租汽车客运管理条例》有关规定,南宁市交通运输局委托编制单位完成了《南宁市出租汽车行业发展规划》的编制工作,现已报市人民政府进行审定,待政府批准后实施。

《南宁市出租汽车行业发展规划》将根据城市经济社会发展变化,综合考虑人口数量、经济发展水平、城市交通拥堵状况等因素,科学确定出租汽车运力发展规模及在城市综合交通运输体系中的分担比例,建立运力动态监测和调整机制,构建包括巡游车、网约车在内的多样化服务体系,促进出租汽车行业持续健康发展。

为健全《南宁市出租汽车客运管理条例》实施后的配套制度,拟以规章形式出台《南宁市网络预约出租汽车经营服务管理若干规定》,主要是对《条例》未作出具体规定的网约车车辆类型、参数、性能等要求作出细化的规定,引导网约车与巡游车实现错位经营,同时明确各部门的职责,加强对网约车的共同监管。

此外,南宁市交通运输局继续破解巡游车转型升级难题,重点通过提升服务手段、服务质量,推进巡游车的转型升级。依托信息化手段,指导巡游车企业创新经营模式,探索转型升级的具体措施和路径,降低企业经营负担,拓宽企业收入来源渠道,提高企业竞争力和服务水平。

（案例来源:南宁日报.严格出租车行业管理 提升全行业服务水平:南宁市交通运输局构建巡游车＋网约车多样化出租车服务体系[EB/OL].(2019-12-13)[2021-12-31].http://www.nnrb.com.cn/nnrb/20191213/html/page_09_content_000.htm.)

### 材料二:广东全力提升出租汽车行业治理水平

出租汽车是一座城市的形象窗口,是一张流动的城市名片。"上车问'您好',下车给发票",不少外地乘客提及广东的出租汽车服务时,都啧啧称赞。这得益于近年来广东省持续开展的出租汽车行业文明服务提升行动。

"十三五"期间,为解决重点城市、重点区域、重点时段群众"打车难"的热点民生难题,广东省共投入运营巡游车7.2万辆,合规网约车19万辆,出租汽车市场运力规模较"十二五"末增长了约4.2倍。

聚焦两大任务:"出租汽车疫情防控和行业稳定"、"出租汽车文明服务提升"。

2020年以来,广东不断提升全省出租汽车行业治理能力和治理水平实现三项工作全国率先:"省级出租汽车行业管理规范性文件制定"、"省级出租汽车市场运行指标信息监测发布"、"省级出租车十四五发展规划编制"。

#### 规范管理　全国率先出台省级行业管理规范性文件

企业在出租车行业管理的链条当中,扮演着使行业队伍和谐稳定的一个中间角色,上达政府,下至司机。因此,实现对出租车企业的有效管理是实现出租车行业稳定健康发展的关键所在。

作为出租车行业的先行地,广东在全国率先出台了省级出租汽车行业管理规范性文件。深入剖析网约车平台经营主体责任落实不到位、网约车运力投放机制有待健全、网约车平台与驾驶员经济关系不规范的深层次原因。

"文件的出台对企业的经营行为进行更严格的约束,而我们公司一直以来认真落实行业各项管理要求,有力保障乘客、驾驶员和经营者的合法权益,促进巡游出租车行业的健康发展。"广州市白云出租汽车集团有限公司出租汽车第三分公司服务主管黄伟烨介绍。

目前,广东省21个地市全部出台了深化出租汽车改革和规范网约车管理的政策文件,根据城市规模、经济发展水平、城市交通状况等因素,提出了差异化、针对性的改革举措,有效促进了行业健康稳定发展。

随着网约车市场的蓬勃发展,广东以提高人民群众出行满意度为出发点,坚持稳中求进、创新监管的原则,充分发挥市场在市场资源配置中的决定性作用,进一步明确网约车经营者的主体责任,指导各地普遍建立健全网约车市场经营状况监测和发布机制,合理把握运力规模,引导社会从业预期;进一步规范网约车市场经营行为,加强行业监管,加强与驾驶员的沟通,促进网约车市场规范、健康、稳定发展。

如今,深圳、汕头等市试点巡游车与互联网平台合作,完善巡游车线上线下运营体系,促进巡网融合发展;广州、深圳等市积极探索巡游车运价改革,通过调整运价结构、收费标准等,提高驾驶员收入;广州、深圳、东莞、佛山等市建立了市级网约车许可监管系统,实现信息数据化、审批智能化、监管一体化……广东省加快谋划出租汽车行业转型升级,在规范经营权管理、理顺利益分配和完善价格机制、促进与互联网融合发展等方面进行了有益探索。

2020年以来,新冠肺炎疫情对出租车行业的监管提出了新要求。广东各地督促巡游车企业、网约车平台按照广东省新冠肺炎重点场所预防控制工作指引和广东省交通运输行业防控新型冠状病毒肺炎疫情工作要求,督促各地严把行业"消毒关"、"健康关",落实出租汽车车辆清洁、消毒工作,加强乘客信息登记和乘客信息溯源工作。对于网约车,疫情防控期间,广东召集滴滴出行、曹操专车、如祺出行等广东省代表性网约车平台进行约谈会商,了解网约车防疫工作开展情况,督促网约车平台积极履行企业主体责任,创造性利用互联网技术,做好驾驶员培训及健康状况监测;对不符要求的驾驶员坚决不予出车,切实落实行业防疫措施。

**文明服务 各地出租汽车服务投诉量大幅下降**

在中山市人民医院急诊大楼前,车行通道被设置了封闭式出租汽车候车通道,树立违规候客处罚公示牌与文明服务宣传牌。"现在从医院坐出租汽车回家,秩序良好,再也不用费心找车。"一名市民说。

2020年以来,广东深入调查研究,找准短板洼地,在全面总结2019年珠三角出租汽车文明服务九大提升行动经验的基础上,坚持问题导向和目标导向,以群众最关心、社会最关注的重点热点问题为核心,将出租车文明服务提升量化为19个具体指标,确保行动措施实在、责任清楚、目标明确。

出租车行业管理的核心和关键在于驾驶员,驾驶员好,行业才能好;驾驶员好,服务才能优。

紧盯驾驶员这一关键环节,从提升驾驶员文明素养入手,广东通过"一对一"提醒谈话、签订文明服务承诺书、专题教育等形式开展职业道德培训,大力宣传"四要八不"文明服务公约,不断提升行业服务水平。2020年3—10月,全省共开展责任提升承诺践诺活动212次,开展驾驶员培训教育工作5952次,累计培训驾驶员44.88万人次。同时,广东开展出租汽车质量信誉考核,将网约车平台、企业、驾驶员纳入征信系统,建立不良驾驶记录名录库,114人被列入出租汽车不良记录驾驶员名单,营造"一处失信、处处受限"的惩戒氛围。

此外,广东把出租汽车行业精神文明创建过程转化为解决问题、改善民生、治理提升的过程,促进巡游车、网约车线上线下融合发展,加速解决传统出租汽车信息不对等、服务管理不精细、揽客方式单一等核心痛点,积极推动广州市出租汽车运价结构优化调整,汕头、中山市巡游出租车与网约车平台融合发展等工作。积极协调省发改委,将巡游出租汽车运价、燃料附加费标准原则上实行政府指导价,鼓励有条件的地区通过市场化改革试点,逐步实行市场调节价。

"运价结构调整后,虽然起步价的里程单价和续租价没有增加,但运价结构更加合理了,我们的收入也明显高起来了,像我平均每个月能多赚1000到1500元。收入高了,服务质量肯定也要提上来。"广州"的哥"古全亮反映,候时费的调整确保了高峰期及道路拥堵时段司机不会亏本营运,而续租价的规则为长途出租提供了收入保障,司机们也就没有了此前空车返还的担心。"比如乘客打车去佛山,30多公里的距离,空车回来的风险很高。调价之后,拒载的现象也少了。"

据统计,2020年度全省出租汽车服务质量明显提升,广州市出租汽车服务投诉量同比下降约57%、深圳市同比下降约80%,出租汽车文明服务基础进一步筑牢。

出租车行业服务质量的不断提升,除了驾驶员有实实在在的获得感,还有来自行业的人文关怀。

围绕困扰出租车司机的"三难"问题,广东探索建立出租车综合服务区,2020年3—10月,全省共计新增出租汽车驿站78处,有效缓解长期存在的出租汽车司机吃饭难、如厕难、停车难"三难"问题。

如今,走进位于广州最大的出租车综合服务中心仑头站,不仅停车、如厕、就餐方便,还有健身、阅读等休闲设施。"简直就是为我们出租车司机量身定做的!""的哥"、"的姐"纷纷点赞。

**行业发展 为行业更高质量发展提供行动指南**

2020年以来,新冠肺炎疫情对全省各地出租车行业造成了冲击。为千方百计稳定行业做好"六稳"、"六保"工作,广东对疫情防控期间出租汽车行业稳定工作进行多次强调部署,指导各地用好用足省政府相关税费减免的政策,出台降低承包费、给予生活补贴、分期支付等措施,形成"政府减费、企业减租、司机担当"的风险共担机制。

经统计,疫情防控期深圳市共计为驾驶员减负2.06亿,政府发放补贴及奖励1.93亿元,为驾驶员发放7.4万个口罩、减免出租车企业服务增值税约2257.3万;广州市鼓励引导企业向驾驶员发放生活补贴共计2.2亿元,政府向驾驶员一次性发放疫情补贴1775万元,凝聚起同舟共济、共克时艰的磅礴力量。

疫情的实践证明,行业指导和市场预测对出租车行业的稳定和发展十分重要。

实际上,通过开展出租汽车市场指标监测发布机制研究,从市场规模、市场运营、市场秩序三方面制定了38个二级指标,其中统一发布指标27个,自选发布指标11个,广东已在全国率先出台了全省统一的出租汽车市场运行指标监测标准。

为推广行业监测的应用,广东组织各地交通运输主管部门通过官方网站、微信公众号、新闻媒体、行政办事窗口等多种渠道,于每年1月底和7月底分别发布每半年本地区出租汽车行业市场运行指标信息。在省道路运输管理信息网、省道路运输事务中心微信公众号公开发布全省出租汽车市场运行指标监测报告,提醒拟从事出租汽车经营服务的企业和驾驶员,审慎做好投资和从业分析,充分考虑市场风险,理性选择从业方向。

不谋长远者,不足以谋一时。2020年,广东率先开展省级出租车行业"十四五"发展规划(以下简称"规划")编制,通过全面摸清全省出租汽车行业发展现状,系统回顾和总结全省出租汽车行业"十三五"期间的主要发展成绩,客观审视"十三五"期间出租汽车行业存在的发展难题和薄弱环节,找准全省出租汽车行业发展面临的共性问题,组织召开全省出租汽车"十四五"规划研讨会,对广东省出租汽车"十四五"发展思路、发展目标、重点任务和实施路径等进行共同商讨,为科学编制规划提供基础依据和保障。

据悉,"规划"是广东省交通运输"十四五"发展规划专项规划之一,是广东省首次、全国率先开展的省级出租汽车行业五年发展规划。

"规划"明确"十四五"期间广东省出租汽车发展的总体思路、发展目标、主要任务和保障措施,主要组织开展"互联网＋"和"放管服"下的出租汽车行业创新事中事后监管机制,提升文明服务交通强国试点,从加快巡游车行业转型升级、推动网约车规范有序发展、提升出租汽车文明服务品质、建立安全可靠运营保障体系、提升出租汽车现代化治理能力等方面出发,为构建与社会经济发展和人民美好出行需求相适应的现代出租汽车服务体系,推动全省出租汽车行业向更高质量发展提供行动指南。

全省出租汽车行业服务更文明更优质,让乘客有了更舒适、更愉悦的乘车体验,从而城市生活的幸福感得到大大提升。

(案例来源:广东省交通运输厅.实现多个全国率先! 广东全力提升出租汽车行业治理水平[EB/OL].(2021-1-14)[2021-12-31]. http://td.gd.gov.cn/dtxw_n/gdjrxw/content/post_3171914.htm.)

**案例思考:**

1.结合案例,谈谈出租车在经济社会中具有什么样的功能。

2.出租车行业的有序发展离不开行业管理,试分析进行出租车行业管理的必要性。

3.请结合案例谈谈应如何推进我国行业管理改革。

## 三、案例分析参考

**1.结合案例,谈谈出租车在经济社会中具有什么样的功能。**

(1)为城镇中、低收入人群提供出行的可选方案以及夜间出行的主要交通方式。公交虽然价格低廉,但在时间上消耗相对较大,而出租车则相对快捷,与此同时比起私家车又是性价比较高的。个性化的交通需求是民众生活水平提高后的必然结果,而出租车便承担了城镇居民在社会生活及工作中对于效率的追求,因而城镇中、低收入人群也便成为出租车的主要市场客源。而在大众化交通夜间停运之后,出租车更是几乎成为公共交通的唯一方式。建立城区内出租车组合(合乘、拼车)载客乘客只支取起步价的制度规定,有利于降低中、低收入人群乘坐出租车的成本。

(2)满足了居民特殊需要的包租使用,例如紧急救助、中长距离、定时、超营运范围等方面的特殊服务,满足了市民在身体不适、患病、携带一定体积或重量的物品时的出行需要,也因此出租车成为旅行、公务、外来商务等人群的较好的选择,出租车的发展水平展示了一个城市的人文、风尚、品位和治理能力、治理水平,是一个城市发展的重要标志。

(3)是减少城市交通拥堵的有效办法,并有抑制非法营运的重要作用。出租车的主要竞争对手不是公交,而是公务车、私家车、商务车,以及非法营运的黑出租、租赁车、摩的,是种较为经济而又管理相对规范的交通方式。案例材料也提到今后需要进一步加大打击黑车的工作力度,提高出租车司机合法收益。此外,出租车的营运有利于抑制私家车的盲目发展的环境,并降低公务车及商务车的使用频率,进而有利于减少道路拥堵现象。

**2.出租车行业的有序发展离不开行业管理,试分析进行出租车行业管理的必要性。**

网约车加入的出租车行业作为一个新兴行业需要明确的专属法律来进行规范,因而很有必要加强出租车行业管理,具体而言:

(1)强化出租车行业管理,有利于提供方便快捷的行业服务。行业发展总体规划一般期限长,并采用分阶段实施的办法。案例提及的南宁市交通运输局便配套制定了网约车证件办理流程,积极协调配合市行政审批局、市公安交警支队严格落实对企业、车辆、驾驶员的准入许可要求,优化办证流程,精简申请材料,加快材料审核、车辆勘验进度,畅通网约车办证渠道,为广大申请人提供方便快捷的办证服务。

(2)我国出租车行业服务质量和智能化水平亟须提高。无论是传统出租车还是网约车,服务质量与国外发达国家相比都存在较大差距,案例提及的绕路、拒载、延时等问题普遍存在。特别是部分网约车司机本身就是以"赚外快"为目的,一切看心情,而平台对司机的惩戒也仅仅浮于表面,最终受到伤害的是消费者以及行业形象。出租车行业发展进入了新的阶段,政府管理的理念、能力及措施必须及时跟上。

(3)理顺市场经济活动中不同经营主体之间的关系离不开行业管理。案例提及的出租车行业随着网约车的出现而有了新的变化,各个主体间出现了一定程度的相互冲突的情况,企业尤其是同行业的企业在市场经济活动中容易产生诸多矛盾,如争取资源、竞销产品过程中的矛盾等,如果这些矛盾都仅仅靠市场调节来解决,将付出较大代价。而通过行业管理主动干预,则可以使矛盾在事先得以协调,保证行业得以健康有序地发展。政府为健全《南宁市出租汽车客运管理条例》实施后的配套制度,拟以规章形式出台《南宁市网络预约出租汽车经营服务管理若干规定》,主要是对《条例》未做出具体规定的网约车车辆类型、参数、性能等要求做出细化规定,引导网约车与巡游车实现错位经营,同时明确各部门的职责,加强对网约车的共同监管。理顺网约车与巡游车的关系。

(4)强化出租车行业管理,有利于维持行业发展的正常秩序。案例提及的出租车行业的健康发展离不开有效的监督和制约,行业管理组织通过一定的手段,依照法律、法规对微观经济活动实行必要有效的监督,是保证行业持续稳定协调发展的重要条件。材料一中,南宁市交通运输局推出巡游出租汽车红黄牌管理制度,建立不良信用名单,对被查处存在拒载、议价、故意绕道等严重违规经营行为的驾驶员,给予黄牌警告,并由市出租汽车协会定期组织被黄牌警告的驾驶员进行统一停车学习教育,体现的就是强化出租车行业管理对维持行业发展正常秩序的积极作用。

**3.请结合案例谈谈应如何推进我国行业管理改革。**

(1)调整管理机构。加强市场活力,实行政企分开,把微观管理职能下放给企业,政府只管行业的"准入""逐出",只管协会,由协会或执业人员实施具体管理。案例提及的出租车行业的健康发展离不开行业自律,因此行业协会的作用亟须发挥。加强对行业协会的业务指导。对现行的行业组织进行检查指导和清理整顿,对不合格的要进一步规范提高,对行业协会机构人员不全的要抓紧调整充实,对尚未建立行业协会的行业,要抓紧做好筹备工作。要健全规章制度,特别是要充实惩戒条例,引导它们向专业化、规范化方向发展,使之与国际惯例接轨。

(2)制定政策。案例提及的出租车行业的良性发展离不开政府政策的有效制约和规范。这包括公共政策和行业政策,公共政策是指对所有企业都适用的政策,如中长期经济和社会稳定发展的政策,维护市场经济运行的政策,构造市场主体公平竞争、公正交易的政策,保证市场公开、公平和有序的政策等。行业政策则是指对特定行业有导向性作用的政策,如行业技术政策、行业布局政策、行业组织政策、行业结构政策、行业规模政策等。

(3)制定行业规划。案例提及的出租车行业的发展是个系统性的事项,需要行业规划的加持。需要对行业发展进行总体布置。任何行业都是国家经济和社会发展的有机组成部分,其发展状况对国民经济整体都有重大影响作用。只有政府才有能力从全局的、长远的、战略的高度对行业发展做出规划;若政府未进行行业规划制度的引导,就会造成行业发展的混乱局面,造成社会资源的巨大浪费。

(4)协调服务。案例提及的出租车行业发展当中存在的一些矛盾源于不同主体间的冲突,为此需要利用政府权力,协调企业间的、行业间的关系,为企业提供必要的服务。如协调企业纵向的横向的、经济技术合作,提供政策咨询与技术服务,组织产品质量评定,实施产品与服务质量的优化,推广应用国际、国内先进标准,以及参与发放生产许可证,搞好就业培训和岗位培训等。

(5)监督检查。案例提及的出租车行业当中存在一些绕路、拒载等不规范现象,因而需要进行必要的监督检查。即对企业活动进行定期或不定期的监察督导,了解和掌握企业生产经营活动是否符合国家政策规定,其产品或服务是否符合国家标准等,通过外部力量对企业形成一定的制约机制,以确保我国市场经济的正常运行。

(6)创造良好的行业发展环境。影响行业发展的环境条件主要有:规模经济问题、行业集中问题、合理分放问题、部门地区的分制垄断问题和不完全竞争问题。积极梳理和应对这些方面的问题,创造良好发展环境,从而为行业的高质量发展保驾护航。

(7)借鉴国外经验。第一,市场经济发达国家在重视加强对宏观经济管理的同时也注重对行业和行业组织的微观经济管理;第二,当代市场经济发达国家虽然重视对行业和行业组织的管理,但并不是按行业设置专门的部门来管理,而是有综合的经济部门来承担这项职责。

**参考文献:**

[1]孙翊锋.出租车行业政府规制政策变迁轨迹与逻辑:基于间断—均衡理论的解释[J].湖湘论坛,2021,34(4):105-117.

[2]陈文强,顾玉磊,吴群琪,等.出租汽车行业管理制度变迁、政策演变与效应评析[J].公路交通科技,2020,37(4):148-158.

[3]郑华良,赖诗攀.交易费用与出租汽车政府规制模式选择:基于Q市个案的分析[J].甘肃行政学院学报,2020(1):114-124,128.

[4]李金龙,乔建伟.改革开放以来出租车行业政府规制政策变迁及其启示:以倡议联盟框架为视角[J].中国行政管理,2019(12):80-86.

## 案例33 疫情之下,求职者与猎头在做什么?

### 一、案例导读

新冠肺炎疫情导致各行各业的停顿,随着疫情形势的好转,各地复工复产开始加速,招聘、求职成为行业关注的焦点,而猎头们在疫情下的复工情况对于市场动向有着较强的体现。2020年3月猎聘发布的《疫情下猎头行业生态全景研究报告》,对于2020年2月3日至3月25日的猎头行业动态进行了全面展示。报告显示,75.21%的猎头表示此次疫情对其最擅长的行业影响较大。超过 3 成的猎头认为疫情下公司的现金流可以维持 3 至 6 个月,超过 7 成的猎头则对于疫情结束时间最感兴趣。在新的猎头职位集中的 14 个重点城市中,北京、上海这两座大城市位居前两位,两个城市新增加的猎头职位所占比重超过了 40%。有 30% 左右的猎头新增职位位列 50 万元至 100 万元的年薪段。本案例聚焦疫情下的猎头行业对就业形势变化的体现,从中对政府经济管理的相关问题展开讨论。

## 二、案例材料

### (一)成都发布首批 20 类急需紧缺岗位

1 月 20 日,记者从成都市委组织部(市人才办)了解到,成都日前正式启动"成都城市猎头行动计划",面向全球招募专业人才,以人才集聚之势提升城市能级和核心竞争力。

"成都城市猎头行动计划"参考了人力资源社会保障部等国家部委发布的若干新职业,开展了近 400 家在蓉企业的人才需求调研,提取了专业人力资源机构大数据平台 45.8 万条岗位需求,面向海内外发布首批 20 类急需紧缺岗位需求。

20 类急需紧缺岗位具体包括算法工程师、嵌入式软件开发工程师、LCD/OLED 研发技术人员、信息安全工程技术人员、电路设计工程师、数字娱乐技术人员、大数据工程技术人员、人工智能工程技术人员、系统架构师、供应链管理师、工艺工程师、智能驾驶系统开发人员、航空动力系统技术人员、大分子药物研发人员、药学药效药理研究人员、功能及复合材料技术人员、会展策划师、投融资管理人员、公园城市设计师、知识产权专业人员。

为顺利实施该计划,成都联合专业人力资源机构,设立了急需紧缺岗位供需对接平台,有效链接产业功能区、重点企业对人才的需求,围绕典型岗位、需求企业、薪酬水平、区位分布等维度进行画像,将岗位精准推送至广大人才。

以大分子药物研发人员为例,科伦药业、苑东生物等发布了相应的岗位需求,主要包括抗体药物研究员、生物技术总监等典型岗位,月薪大部分在 1 万元以上。

### (二)猎头亲述疫情下的招聘潮:金三银四可能变成金五银六

被人才招聘市场称为"金三银四"的 3、4 月,在全国抗疫中正在步入尾声。由于疫情影响,线下招聘活动曾一度停滞,目前正随着各地的复工复学逐渐进入正轨。

无论是对于招聘者、猎头还是求职者,今年的"招聘潮"都显得尤为特殊。中新经纬记者采访了三位亲历者,他们正面临着怎样的难题,机遇又从何而来?

**"金三银四可能会变成金五银六"**

"每年都有人调侃,说'今年是最难毕业季',但 2020 年真的可以算得上'最难'了。"安徽职汇信息技术有限公司总经理汪张明苦笑着说道。

汪张明总结道,从疫情爆发到现在已经历两个阶段。"第一个阶段是 2 月至 3 月左右,由于受到隔离影响,很多行业复工困难,我们的平台主要服务于基层岗位群体,这一点上的感受很明显。"疫情初期,出现了大批基层员工"隔离"在家,同时生产口罩、消毒液等医疗用品的企业严重缺人的情况。在紧急调整后,汪张明所在的招聘平台为医疗用品行业开辟了"绿色通道",满足其短期、紧急需求,并取得了不错的效果。

然而,抗疫高峰期过后,随着医疗用品行业人才需求的逐渐饱和,招聘市场岗位不足的状况凸显了出来。

"从 3 月底开始的这段时间,对疫情影响判断比较准确的人基本已找到工作,而另一部分求职者则错失了机会。对于包括餐饮业、旅游业等在内的服务行业来说,部分企业迟迟没有复工,招聘需求也就淡了下来;也有些企业虽然把招聘启事挂在网上,但却没有短期的需求,真正达成面试、上岗的求职者很少,所以这一阶段在匹配人才方面比较尴尬。"汪张明说。

除了面向社会的招聘外,校招面临的情况也十分严峻。汪张明表示,以蓝领市场为例,今年国内的大中专毕业生比去年多出 40 万人;另一方面,作为吸纳就业人口最多的中小企业,在疫情中受影响较大,部分企业在生存压力之下,已很难有吸纳应届生的余裕。

"由于今年春招受到疫情、隔离等因素影响较大,不同于往年'金三银四'的概念,预计招聘潮也许会延迟到 5、6 月份。"汪张明认为,在学校陆续复课后,招聘也会逐渐"解禁",同时临近毕业,大量应届生的求职需求也会更加迫切。

在汪张明看来,疫情给招聘平台带来的并不全是负面影响,其中也有商机所在。"这次的疫情算是给大众都上了一堂大互联网课,也让大家对二维码、手机 APP 等互联网工具了解更深。由于疫情原因,线下招聘会都已停办,需求从而转移到了线上。2 月至 3 月,我们招聘平台的流量、注册量、报名量出现翻倍增长,这或将是在线招聘平台快速发展的一个契机。"

**"上岗前要隔离,公司因为这个最后没要我"**

"去年这个时候曾经找过一段时间工作,今年再找一次,感觉变化还挺明显的。"沈宇鹏曾是一名在北京工作的"码农",2019 年离职后成为一名自由职业者,原计划今年春节后重返职场,但突如其来的疫情打乱了他的计划。

去年离职后,沈宇鹏回到河北廊坊的家里居住,退掉了在北京租住的公寓。此次求职过程中,大部分企业都由线下面试、笔试转移到了线上。"如果线下招聘的话一般会先进行笔试,而今年很多企业都选择从题库网站上挑笔试题给求职者做。"

虽是在家考试,但线上笔试的监考方式也十分严格。"笔试都会自动设置交卷时间;为防止作弊,全程都会录像,并且考试过程中不能切屏,在鼠标离开浏览器,浏览器失去焦点时会被记录。"沈宇鹏介绍道。

虽然从廊坊到北京坐火车只需短短 20 分钟,比许多北京当地人上班还方便,但在疫情防控期间,这 20 分钟却成了不小的障碍。"我自己也是相当谨慎的,有些公司坚持要求现场面试,我考虑了一下还是拒绝了,尽量避免在疫情高峰期坐火车。"

而在与企业商讨入职时间时,沈宇鹏一般会表示两星期后入职。"因为当时到北京入职需要先隔离 14 天,所以最快也要两周后到岗。因为这个缘故,有一家公司面试到最后拒绝了我,理由是两周时间太长,他们等不及。"

4 月 30 日 0 时起,北京重大突发公共卫生事件应急响应一级级别调整为二级,对国内低风险地区进京出差、返京人员,不再要求居家隔离观察 14 天,这对于沈宇鹏来讲是个尤其好的消息。"总体感觉今年找工作还是挺难的,但不至于最难,还是慢慢看机会吧。"

**"猎头三天两头换公司,求职者怎么信任你?"**

疫情暴发后,身在邯郸老家的猎头顾问冯康开始在家办公。"我在家还挺能找到工作节奏的,一个人在屋里搜索职位,休息的时候听两首歌,有时候状态比在公司还好。"

冯康的主要工作是为房地产企业匹配中层及以上职位,他坦言,这几个月来最大的直观感觉是"岗位变少,求职者反而更多了"。

"一些企业为了发展,采取了裁员、降薪等措施,部分员工会因此考虑跳槽。从我接触的情况来看,今年有跳槽意向的人尤其多,以前一个人选可以有多个岗位供选择,但现在一个岗位会有多个人选来竞争。"冯康说,"如果服务对象的盈利受影响,我们接到的职位自然就会减少和降低。说实话,这种变化对我们猎头的工作效果影响很大。"

虽然可选择的职位有所削减,但冯康的工作量却空前地高。"求职者非常多,每天我都忙着与人选沟通,越来越忙,不敢让自己闲着。"冯康认为,虽然过去几个月属于招聘的"低谷期",然而随着国内疫情的好转,企业的招聘需求会迎来回暖。"高峰期再来临只是时间问题,机会都是留给有准备的人。"

日前据媒体报道,招聘平台前程无忧部分城市办事处接到了"关闭办事处,所有员工解除劳动关系"的通知。对此前程无忧回应称,此次关闭了石家庄、乌鲁木齐等11座城市办事处,影响到127名前程无忧员工劳工关系,主要是因为企业用户的业务趋于集中,叠加疫情影响。

谈及猎头行业的流动性,冯康表示并不认为猎头跳槽率较高。尽管近段时间业绩受到影响,他也打算做好人脉的累积,为以后的机会打基础。"毕竟猎头是帮别人介绍职位的,如果自己三天两头换公司,人家还怎么信任你?"他坦言。

### (三)把"猎头"工作干好

说到今年以来的工作,我最自豪的事情是,为五六十个人介绍到了稳定的好工作,平均月收入能有五千元左右,让他们个个都过上好日子。

别误会,我不是专业的职业介绍人——洋气点叫"猎头"。我叫杨晓,是高坪街道办事处派驻到下辖学堂堡社区的扶贫干部,这儿的群众都叫我一声"晓书记",其实我就是一名普通干部,不过既然大家愿意尊称我"书记",那我更要担起责任,带领大家脱贫致富。

学堂堡社区是整个遵义最大的易地扶贫搬迁安置点,里面住着来自汇川区各个乡镇的贫困搬迁群众,其中青壮劳动力有不少去了省外务工,而我的任务就是解决好剩下其他贫困劳动力的就业问题。

今年3月底到任后,我整理归档每家每户情况时发现,他们由于身体原因,或是为了照顾家人无法外出,所以能在家门口就业对他们来说是最好的增收选择。

按说学堂堡社区背靠遵义国家经济技术开发区,区里面入驻企业还不少,岗位需求数目应该很可观,所以我马上开始和这些企业进行了对接,看有没有适合我们社区贫困劳动力的岗位。

果然,贵州程大包装材料有限公司作为浙江程大包装材料有限公司在贵州省投资的子公司,自投产以来,生产流水线上有许多空白岗位,专业技能要求没那么高,能提供岗前培训,工资也很不错,我赶快跟企业负责人介绍了学堂堡社区劳动力的就业需求,他们非常欢迎我们将贫困劳动力大量输入至企业,用实际行动支持脱贫攻坚。至此,我的"猎头"工作算是开了个好头。

不得不说,我们社区的群众也挺争气,第一批面试就通过了好几十个。想到大家之前都居住在各个村镇,不经常出门怕找不到路,在他们上班第一天,我自己开车把他们送到公司,确保他们都知道上班时间、上班路线,直到和企业领导顺利交接后才离开。

还有一些需要照顾家里,或者身体不好没法出门的群众怎么办? 我又和程大公司商量,能不能把一部分手工作业引进社区,让这些群众能在家门口有活干、有收入。很快,他们将一些预加工步骤挪到了学堂堡社区门口,在社区牵头下成立了手工实训基地,由社区公司运作,产生的效益以固定分红和效益分红方式分给群众。目前有二三十个群众在这里赚钱贴补家用,也不耽误处理家中事务,生活渐渐有了起色。

这些群众一个个走上了好的工作岗位,我高兴的同时,也实在有些放不下心:他们干得习不习惯? 能不能跟上公司生产的要求? 对现在的工作状况满不满意? 所以我还得经常上程大公司走一走,了解一下大家工作情况。

这一走才发现,群众在工作中还真有不少问题。我们社区贫困劳动力学起技能倒是快,但是由于社会圈子和眼界限制,有时难免会有一些懈怠的想法和不好的习惯,觉得工资不理想的有,不理解公司规章制度的有,觉得工作太过辛苦的也有。为了让他们能安安心心工作,我先是跑了几趟程大公司,把午餐和晚餐问题解决了,让大家中午有时间休息;剩下一些有懈怠想法的,只要客观条件允许接着干,我都一个个跟他们摆事实、讲道理、做思想工作,鼓励他们靠勤劳双手过上富足的好日子。

现在我们学堂堡社区的 2595 名劳动力,在第一书记、扶贫干部、包村领导和所有工作人员的共同努力下,已经实现就业 2468 人,户均 2 人就业。其中,区内就业 1438 人,区外省内就业 342 人,省外就业 688 人,成绩可喜。

我每解决一位困难群众的工作,心里就高兴一点,积累起来那就是满满的成就感。今后,我希望我的"猎头"工作能让学堂堡社区的每一个贫困劳动力都走上工作岗位,说不定到那时,我还能当上新的"职业规划顾问"呢!

(案例来源:人民网 贵州频道.把"猎头"工作干好[N].潇湘晨报,2020-11-26.;蒋君芳."成都城市猎头行动计划"启动 首批 20 类急需紧缺岗位等你来[EB/OL].(2021-1-20)[2021-12-31].https://baijiahao.baidu.com/s? id=1689389722621197014&wfr=spider&for=pc.)

**案例思考:**

1.结合案例,试论述猎头公司在行业人力资源管理中具有怎样的价值。

2.结合案例,试分析新冠肺炎疫情对于行业人力资源管理具有哪些影响。

3.结合案例,试论述新冠肺炎疫情下政府应如何促进行业企业与求职者之间的供需对接。

## 三、案例分析参考

**1.结合案例,试论述猎头公司在行业人力资源管理中具有怎样的价值。**

猎头公司在行业人力资源管理中具有如下价值:

一是提供专业服务的价值。猎头公司是专业从事人力资源服务的公司,通常指的是由国内优秀的人力资源工作者共同搭建的全新操作平台,专注于为企业提供高尖端人才寻猎、配置以及团队建设服务,提供一站式高端招聘整体解决方案。

二是提升招聘效率的价值。现今社会,大公司招聘高级人才更多地选择通过猎头公司,因为通过猎头公司比通过一般招聘更迅速。猎头公司都有自己的人才库,能在短时间内迅速锁定寻找的范围,获得企业客户想要的合适的候选人,并且能迅速地与候选人联系,询问候选人意向,是在封闭的渠道里与候选人交流,可以有效地达到招聘目标。案例材料提到猎头在疫情防控期间也忙于与劳动力供需双方的沟通工作,便反映了猎头的效率意识。

三是增强招聘准确性的价值。通过猎头公司招聘比一般招聘更明确,原因是猎头公司主要是从别的同类公司里相同的职位或能力、业绩好的下级里面挖人的,经过专业的面试和后期的候选人背景调查,对候选人进行综合评估,使得企业能够全面判断候选人是否适合该岗位,从而保证了选人的准确性。

四是促进人才与行业之间沟通的价值。猎头公司会在企业和候选人之间充当好桥梁的作用。很多问题比如薪资待遇、候选人的离职办理等等都可以通过猎头协调,以便顺利完成候选人的到岗工作和使候选人到岗后更快地适应工作。

**2.结合案例,试分析新冠肺炎疫情对于行业人力资源管理具有哪些影响。**

新冠肺炎疫情对于行业人力资源管理具有这些影响:

一是导致招聘活动的开展难度增大。新冠肺炎疫情对经济的影响具有连锁反应,传导和反映到就业环节就是毕业生与企业单位之间出现沟通困难,招聘活动也难以进行。

二是导致人力资源的闲置状态。总体上单位用人需求缩减。一些单位无法正常运转、一些求职者无法出门,一些公司的招聘、面试计划也发生更改,求职者处于"进退两难"境地。案例提及的一些求职者因为疫情而难以参加现场面试等环节进而导致错失就业机会,便是人力资源闲置的一个体现。

三是导致高校对于大学生的就业指导工作受阻。同时兼顾防疫与就业,高校迎来多重考验。由于经济面临调整压力,原本签约落实就业单位的毕业生就业率就不大乐观,疫情的到来又使得高校与之前相比更多了防疫和新形势下教学调整的压力,后续的就业指导压力无疑也相应增大。

**3.结合该案例,试论述新冠肺炎疫情下政府应如何促进行业企业与求职者之间的供需对接。**

(1)保障企业复工用工需求

在全面做好疫情防控工作的前提下,精准稳妥推进复工复产,切实加强企业用工信息对接,依托人力资源社会保障部门官方网站、公共就业人才服务机构、劳务工作站等向行政区域内劳动者推送用工信息和企业开复工时间。案例提及的猎头公司的作用也需要进一步发挥,从而促进企业的用工需求及时得到满足。

(2)实施援企稳岗政策和减免社会保险费

实施阶段性降低失业保险费率、工伤保险费率政策,减免社会保险费,免征中小微企业养老保险、失业保险、工伤保险费;个体工商户按单位参加上述三项社会保险的,参照中小微企业享受减免。企业减免社会保险费期间,不影响参保职工个人权益。

(3)支持企业在岗培训

支持企业开展在岗培训。受疫情影响企业在确保防疫安全情况下,在停工期、恢复期组织职工参加线下或线上职业培训的,按规定纳入补贴类培训范围。

（4）加大创业担保贷款扶持力度

对已发放的个人创业担保贷款,借款人患新冠肺炎的,可向贷款银行申请展期还款,财政继续给予贴息支持;对受疫情影响未能按时完成展期手续的,免于信用惩戒。对受疫情影响暂时失去收入来源的个人和小微企业,在其申请创业担保贷款时优先给予支持。

（5）鼓励农民工返乡创业

对因疫情防控在家滞留的农民工首次创办小微企业带动就业或从事个体经营带动就业的,在创业初始阶段登记注册并正常经营3个月以上,在登记注册后半年内给予一次性创业补助,所需资金从就业补助资金中列支。

（6）做好高校毕业生就业

暂停各类高校毕业生就业现场招聘活动,充分利用公共就业和人力资源服务网站开展就业服务,完善高校毕业生就业信息共享发布机制。鼓励高校和用人单位利用互联网进行供需对接,实行网上面试、网上签约、网上报到,引导用人单位适当延长招聘时间、推迟体检时间、推迟签约录取。

**参考文献:**

[1]朱佳艺.后疫情时代高校"稳就业"工作探索[J].教育与职业,2021(4):65-68.

[2]金韦明,卫善春,沈延兵.新冠肺炎疫情影响下促进高校毕业研究生就业工作的实践与思考[J].学位与研究生教育,2020(9):16-20.

[3]赵树宽,邵东,王泷,等.新冠肺炎疫情对吉林省企业的影响及对策建议:基于对吉林省336家企业的问卷调查[J].吉林大学社会科学学报,2020,60(5):60-70,236.

[4]李春玲.疫情冲击下的大学生就业:就业压力、心理压力与就业选择变化[J].教育研究,2020,41(7):4-16.

[5]鲍立刚.突发公共卫生事件视域下企业人力资源管理应对措施:以新型冠状病毒肺炎疫情为例[J].企业经济,2020(3):21-26.

<table>
<tr><td>第十二章</td><td></td></tr>
</table>

# 第十二章　合同、广告和商标管理及消费者权益保护

## 第一节　学习目的和要求

2020 年 11 月 1 日起施行的《中国人民银行金融消费者权益保护实施办法》指出："银行、支付机构向金融消费者提供金融产品或者服务,应当遵循自愿、平等、公平、诚实信用的原则,切实承担金融消费者合法权益保护的主体责任,履行金融消费者权益保护的法定义务","中国人民银行及其分支机构坚持公平、公正原则,依法开展职责范围内的金融消费者权益保护工作,依法保护金融消费者合法权益。中国人民银行及其分支机构会同有关部门推动建立和完善金融机构自治、行业自律、金融监管和社会监督相结合的金融消费者权益保护共同治理体系"。事实上,不只是金融领域,在实体经济等领域的消费者权益保护也是广受关注的。此外,随着社会主义市场经济的发展,经济交往日益频繁,合同、广告和商标的作用越来越大,加强相关管理,有利于促进社会主义市场经济的健康、快速发展。

**本章的学习目的及要求:**

准确理解合同管理的概念和特征、商标管理的含义以及广告管理的概念,了解合同管理体制、商标管理机构及内容以及广告管理的内容,明晰广告管理的意义及消费者权益侵犯的具体表现,明确消费者权益保护的基本策略。要求学生能够应用相关知识分析案例,掌握合同、广告和商标管理及消费者权益保护相关内容。

## 第二节　知识要点

### 一、合同管理的概念和特征

合同管理是指国家各级市场监督管理部门和其他有关主管部门依据法律、行政法规规定的职责,对合同的订立、履行情况进行监督、检查的一种活动。合同管理具有以下几

个特征:

1.管理的主体具有特定性。合同管理的主体仅指县级以上的工商行政管理部门和法律、行政法规授权的其他有关主管部门,并非任何单位或部门都可成为合同管理的主体。

2.合同管理是一种行政行为。首先,合同管理机关的任务是为了实现国家通过合同管理而反映出来的对经济活动的宏观调控,维护国家利益和社会公共利益,保障社会主义市场经济秩序,维护合同当事人合法权益。其次,合同管理机关代表国家依法实施行政管理行为,其产生的法律后果,由国家强制力保证实施。

3.合同管理是一种以事后管理为主,事后管理与事前、事中管理相结合的管理模式。合同管理机关的主要职责是监督合同,对利用合同危害国家利益、社会公共利益的违法行为依法进行查处,这是一种事后管理。但并不是说合同管理机关在合同的订立、变更、履行、解除、终止过程中一点也不介入。事实上,在合同订立之前,市场监督管理部门要拟定示范合同文本;在合同订立、履行中,要实行抵押物的登记,要根据自愿进行合同的鉴证,要调解合同的纠纷等,显然合同管理也要进行事前与事中管理。可见,合同管理是以事后管理为主,事后管理与事前管理、事中管理相结合的管理体制。

4.合同管理具有系统性特征。合同管理并不能由哪一个部门独立完成,而是由多个部门共同进行管理而形成的一个社会性管理体系,其中以县级以上市场监督管理部门为最主要的管理子系统,它们履行着十分重要的管理职能;所以,市场监督管理机关应重视合同管理工作,积极履行合同管理职能,维护社会主义市场经济秩序。

## 二、合同管理体制

1.行政管理体系

行政管理体系主要由县级以上市场监督管理部门和法律、法规授权的其他主管部门等行政机关组成。市场监督管理机关主要负责合同法制的宣传与指导,做好合同示范文本的制定、印制、发放和运用工作,开展重合同守信用活动,鉴证合同,进行抵押物的登记,调解合同争议,查处利用合同进行的违法行为等。法律、法规授权的其他主管部门如金融监管部门、建设主管部门、外贸主管部门、科学技术主管部门等主要负责对相关合同的监管与指导,利用行业管理的优势,维护合同秩序,促进社会主义市场经济的健康发展。行政管理体系是合同管理中最重要的一种管理形式。

2.司法管理体系

司法管理体系主要是通过对合同的公证、仲裁以及对合同争议的审理而形成的一系列管理制度。公证具有"准司法"的性质,而仲裁与诉讼都具有裁判作用,因此,我们把对合同的公证与仲裁也列入司法管理体系。

3.当事人管理体系

主要是指企业的合同管理,即企业对以自身为当事人依法订立、变更、转让、履行、终止的合同进行审查、监督、控制等一系列职能活动的总称,它是合同行政管理、司法管理的内在基础。企业合同管理是发挥市场导向功能的关键一环,是企业生产经营市场化的重要手段,是企业参与市场竞争必不可少的条件。

## 三、广告管理的概念及意义

广告管理是指国家广告监督管理机关依法对广告内容、广告活动主体的资格和市场准入条件、广告活动过程及广告行为等进行的监督管理。加强广告管理的重要意义有：

1.维护消费者利益

广告对消费者的购买心理和购买行为起着诱导、引导作用，而弄虚作假的广告往往令消费者上当受骗，蒙受经济损失。加强广告管理，可以打击虚假广告，避免误导，维护消费者的利益。

2.维护企业利益

在市场经济中，企业为了生存和发展，必须争夺市场，而争夺市场就离不开广告的竞争。因此，在广告经营和宣传方面往往会出现一些不正当竞争，如虚假广告、任意压价等等。加强广告管理，可以维护合法经营，防止不正当竞争，使企业的合法权益不受违法广告的侵犯。

3.维护社会公德和美德

真实、健康的广告可以起到宣传美好的事物、正确的生活方式和思想行为等作用，引导并强化公众的社会道德观和审美观，而不健康的广告或水平低劣的广告则会造成精神污染或败坏公众的审美观。因此，加强广告管理，就可以及时批评水平低劣的广告，取缔不健康的和有损社会公德的广告，以促进社会主义精神文明建设。

4.促进市场经济发展

广告市场是社会主义市场体系的一部分，加强广告管理，建立完善的广告市场，可以有力地促进大市场的发展，使社会主义市场经济的发展更加完善和富有活力。

## 四、广告管理的内容

1.制定并监督广告准则实施情况

广告的基本准则是真实、合法、符合社会主义精神文明建设的要求。广告的一般准则是指对广告的内容和形式提出的要求。

2.制定各种行政措施，规范广告活动主体的行为

包括对广告主的广告活动的规范，对广告经营者的广告活动的规范和对广告发布者的广告活动的规范。

3.开展广告审查工作

所谓广告审查，就是在广告发布前对广告内容的审查。依照《广告法》的规定，利用广播、电视、电影、报纸、期刊以及其他媒介发布药品、医疗器械、农药、兽药等商品的广告和法律、行政法规规定应当进行审查的其他广告，必须在发布前依照有关法律、行政法规由有关行政主管部门即广告审查机关对广告内容进行审查，未经审查，不得发布。广告主申请广告审查，应当依照法律、行政法规向广告审查机关提交有关证明文件。广告审查机关应当依照法律、行政法规做出审查决定。

4.查处广告违法行为

查处广告违法行为,是市场监督管理机关的重要职责。对违反法律和行政法规有关规定的广告所进行的处罚方式有:停止发布广告,责令公开更正消除影响;没收非法所得并处以罚款;情节严重的,依法停止其广告业务;有侵权行为的,依法追究民事责任;构成犯罪的,依法追究刑事责任。

## 五、商标管理的含义、机构及内容

商标管理是指商标管理机关依法确立、保护商标专用权,指导、监督商标使用的过程。《商标法》及其相关法律、法规是商标管理的主要依据。

根据《商标法》的规定,商标管理的机构是各级政府的市场监督管理部门。具体来说,是国家市场监督管理总局下属的商标局和商标评审委员会,以及地方各级市场监督管理局。实行集中注册、分级管理、审查与评审相结合的制度。

商标管理的主要内容有:保护注册商标专用权,对注册商标使用情况的管理,对未注册商标使用的管理,对商标使用许可的管理,对商标标识印制的管理。

## 六、信息不对称与消费者权益侵犯

信息不对称是导致市场失灵的一个重要因素,在商品交易过程中表现得更为明显。生产经营者在利润最大化动机的驱使下,会利用信息优势做出种种有损消费者权益的行为,具体表现为:

1.提供假冒伪劣商品

消费者对商品的质量及性能了解不充分,这为生产者的这种违法行为提供了条件。在市场需求量很大的情况下,厂商为了获得更多利润而降低成本、增加产量,有意忽视产品质量管理,从而导致劣质产品充斥市场。同时,为了获得暴利,一些逐利者会仿制商品,以假乱真,导致产品质量越来越低。消费者在使用过程中将受到低劣商品的困扰,甚至会危及人身安全。

2.抬高售价

由于消费者对商品成本了解甚少,不清楚商品价格的实际水平,因此生产者和中间商获利的最简单和直接的办法就是提高售价,甚至严重脱离商品价值。提价违背了平等交易原则,侵害了消费者主权。

3.信息欺诈

生产者或销售商为了扩大销售量,不仅不提供真实信息,而且传播虚假信息,夸大商品功能,隐瞒商品缺陷,使消费者不明真假,达到引诱消费者购买的目的。

4.配套服务低劣

与销售的物质商品相对应,生产者必须提供相应的售后服务,如举办咨询活动、保修等。但生产者故意不注明生产日期和生产厂家,企图逃脱提供售后服务的责任。

## 七、消费者权益保护的基本策略

1.立法保护。在市场经济条件下,实行政府规制和防范市场失灵的根本就是立法,以法律的权威来约束和规范各种行为。

2.提高商品信息的知情度。政府应加强在商品信息的收集、发布和传播方面的投入,从根本上消除侵犯消费者权益的障碍。

3.支持消费者组织的建立。消费者组织可以对消费者进行消费教育,加强消费者对商品的了解;定期或不定期出版宣传资料,记载有关商品的性能、质量及价目表;接受消费者投诉。消费者组织将单个分散的消费者集中起来,成为维护消费者权益的一支重要力量。

# 第三节 案例分析

## 案例34 西安奔驰女车主"哭诉维权"事件

### 一、案例导读

当前,人民群众的多样化、个性化消费需求不断增长,消费对经济增长的拉动作用也不断增强。维护消费者合法权益、营造良好的消费环境,对于释放消费活力、推动消费升级以及促进经济社会健康发展,都具有十分重要的意义。陕西西安消费者王倩(化名)花66万买全新奔驰汽车,可车还没开出门就发现发动机漏油,此后车就一直放在店里。在15天之内,经多次协商,该店的解决方案从退款、换车变成免费换发动机,王女士不接受便坐在店内的车顶上要说法,有理有据、思路清晰的维权视频在网上引起热议。本案例聚焦消费者权益保护,从中对政府经济管理的相关问题展开讨论。

### 二、案例材料

伴随着全球开放的态势、共享经济的到来、科技的日新月异,国内外产品线上线下琳琅满目,但时不时会爆出某个产品有掺假、质量不合格的新闻报道。当前,消费者缺乏维权意识、常识,监管者不够专业、敬业,维权机制、法律法规不够完善等原因都成为消费者"维权难"的导火索。根据全国消协组织受理投诉情况统计,2021年全国消协组织共受理消费者投诉1044861件,同比增长6.37%,解决836072件,投诉解决率80.02%,为消费者挽回经济损失151592万元。其中,因经营者有欺诈行为得到加倍赔偿的投诉10675件,加倍赔偿金额1181万元。全年接待消费者来访和咨询131万人次。根据投诉性质,售后服务问题占31.54%,合同问题占27.22%,质量问题占20.00%,价格问题占4.42%,虚假宣传问题占 4.41%,安全问题占 2.93%,假冒问题占 1.51%,人格尊严问题占 0.72%,计量问题占 0.71%,其他问题占 6.54%。由此看来,售后服务、合同和质量问题案件占总体案件总数的将近八成。西安奔驰女车主"哭闹维权"事件的持续发酵,使消费者"维权难"问题再次引发关注。

### (一)西安奔驰女车主事件全程回顾

**全新奔驰未出店门即漏油**

3 月 22 日,王女士在西安利之星奔驰 4S 店内花费 66 万元购买了一辆进口奔驰CLS300 型运动轿车,在办完贷款、交完 24.9 万元的首付后,前往西安利之星付款提车,但工作人员称暂时不能提车,要做新车检测(PDI),并通知车主于 3 月 27 日提车。

3 月 27 日,王女士再次去 4S 店提车并确认车况,销售没有正面回答,只是建议王女士给新车加满油。王女士开车后发现该车存在发动机漏油、仪表盘不正常等问题,仪表盘上提示"下一次加油时,加注 1L 发动机油"。负责向王女士售车的店内销售顾问也表示,从业 11 年来,第一次遇见发动机漏油的情况。但是,销售回复说这是正常的,大概是进口车运输过程中油挥发掉了,并让王女士次日把车开到 4S 店。

3 月 28 日早上,王女士开车到店,被告知要加机油。中午 12 点,工作人员说车要做系统升级,需要德国配合,建议王女士回家等候,说晚上会把车送回王女士家。据王女士回忆,此时西安利之星的工作人员应该已经知道车的发动机坏了,并且是个肉眼可见的问题,却以系统升级为借口来安抚。当日下午,西安利之星工作人员给王女士打电话要求见面,说车发动机漏油,希望得到拆发动机的许可,但是被王女士拒绝了。

**双方就如何解决问题多次进行协商**

第一次协商。3 月 28 日,王女士要求退款或者换车,4S 店工作人员答应了,说处理流程会比较长,让王女士等 3 天。并且,王女士表示,当时销售表示愿意给王女士一定的精神补偿。然而,双方起初曾约定退款,后来 4S 店方面却表示,退款不方便。

第二次协商。4 月 1 日,王女士给西安利之星打电话询问退款进展,对方说退款比较麻烦,问能不能换车,还会在之前的基础上再给一定补偿,王女士同意了。西安利之星工作人员也表示,3 天时间就能办好。同样,4S 店后来却又反悔了。

第三次协商。4 月 4 日,西安利之星的售后人员给王女士打电话表示:"如果这个车换过发动机,就卖不掉了。"建议给王女士换一个发动机,但是会给一定的补偿,4 月 8 日来提车。4 月 8 日,王女士给西安利之星打电话,对方要求继续等待,结果还没出来。然而,4S 店最后给出的解决方案却是依据国家"三包"规定,更换发动机,并说根据国家"三包",这个车的情况就是换发动机。

**涉及金融服务费,西安利之星一方宣称已达成协议**

一方面,购车过程中,奔驰金融收取了王女士 12575 元的金融服务费,收费不能刷卡也不能开发票,只能微信转账到私人账户。这是让王女士非常不理解的一点。另一方面,协商过程中,更让王女士感到气愤的是,西安利之星汽车有限公司对外宣称"已与王女士达成协议,但无法将双方达成的协议对外公布,是为了保护客户的隐私"。王女士声称这完全是子虚乌有,自己从未收到过任何奔驰官方、4S 店官方给出的回复。这件事情并没有得到有效解决。

也正是因为"更换发动机"的协商解决方案让王女士感到极为不满,由此才有了王女士去4S店坐引擎盖哭诉维权的行为。在王女士看来,自己所购入的奔驰车仍是还未走出4S店门的新车,一旦更换发动机就会被记录在案,当其在作为二手车销售时就会面临诸多问题。

(二)涉事奔驰4S店(西安利之星)多次被消费者投诉

利星行汽车是中国成立最早,也是目前最大的奔驰汽车经销商,同时还是世界最大的奔驰乘用车经销商集团之一。利星行集团的汽车分部主要从事高端汽车批发及零售(其中尤以零售为然),网罗戴姆勒、保时捷、兰博基尼等世界知名品牌,业务遍及世界多个市场,并涵盖售后服务、金融及保险代理服务以及与汽车相关的其他业务。西安利之星是西安当地最大的一家奔驰4S店,该公司成立于2012年5月22日,主要销售梅赛德斯—奔驰S级、E级、G级等多款轿车以及SUV、轿跑车等车型,是利星行集团成员,但该店存在很多的维权类投诉。

例子一:奔驰利之星4S店欠款遭堵门

2014年10月18日,一辆雪佛兰SUV汽车将位于科技八路的奔驰利之星4S店大门封堵了约一个小时,后经警方出面车主才将车挪开。据了解,堵门原因是这家奔驰4S店欠了一名客户数千元欠款,迟迟未还。车主无奈之下才驾驶车辆将大门堵住。

例子二:女子48万元多买奔驰,提车后还没开到家就出现故障

2016年2月5日,朱女士在高新区西安利之星奔驰4S店花48.6万元购买了一辆奔驰GLC300。次日提车后开回家,还没到家,突然发现仪表盘上一个黄灯亮了。

例子三:两百万豪车购买半个月就漏油,西安利之星不予退换

2016年5月11日,距离张先生从甘肃到西安来解决自己的车辆问题已经过去一个星期了,当初花了260万元买的迈巴赫S500,却成了张先生的心病。据车主表示,2016年4月15日他在西安奔驰利之星购买迈巴赫S500,当时是215万,后来店内工作人员表示缴纳15万元,然后在店里贴3.5万元的防爆膜,就可以拥有现车,前前后后加起来共计260万元。张先生购买后便将车放入车库,直至5月4日开出来拓印车架号的时候,拓印师傅表示车子的曲轴后油封漏油。

例子四:西安男子花246万买奔驰,开一年修5次

高先生于2016年5月21日,在西安利之星汽车有限公司,以246.3万元购买奔驰G63越野车。然而,新车到手没多久,大约在2017年夏天,车辆行驶里程达到6000公里左右时,这辆车却多次遭遇偶发性方向盘抖动。为此,高先生在向西安利之星4S店反馈之后,该辆车反复经过(四)五次检查,一直没能查出是何种故障及故障出现的原因。

在西安利之星购车出现问题的车主们,遇到的最大难题就是维权难。在万得中国企业库查询数据发现,从2015年至2018年,有关"西安利之星汽车有限公司"的案例达到20起,其中包括8份判决书,12份裁定书,所涉及的基本都是民事买卖合同纠纷。其中,涉及个人起诉西安利之星买卖合同纠纷案例有3起。在一起民事纠纷案件诉讼文件中,一位车主表示在签订销售合同并交付1万元定金之后,被告知需加钱才能提车。此外,在2018年,中消协涉及奔驰的投诉大幅增长,共有550件,在各大车企中的排名上升到第2位。其中,关于产品质量的投诉有126件,关于售后服务的案件有197件。在2019年,西

安奔驰女车主"哭诉维权"事件成为 2019 年中消协十大消费者维权舆情热点报告的第一大话题。

### （三）金融服务费到底合不合法？ 其背后的本质问题是什么？

**分期贷款收取服务费成为汽车行业潜规则**

根据西安奔驰女车主（王女士）的表述，西安利之星极力推荐分期贷款，在王女士答应后办理时被收取了一笔 1.2 万余元的"金融服务费"，并且是通过微信转账支付，没有收到正规发票。后经税务部门调查，这笔"金融服务费"，是消费者也就是奔驰女车主与第三方签订垫资服务协议所产生的垫资服务费。车主要在银行贷款，银行贷款有一段时间和过程，第三方服务（公司）要替车主向 4S 店进行垫资担保，由此产生的费用，他们叫垫资服务费。而一般的消费者，可能也包括一些 4S 店，俗称之为"金融服务费"。根据税务部门掌握的情况，车主将钱（贷款金额的 3%）打给了第三方，第三方收到服务费以后，又将部分费用（约三分之二）打给 4S 店，4S 店向服务单位开具发票，也申报缴纳了税款。

这种"金融服务费"在购车环节比较常见，从购车可以分期付款开始就出现了汽车金融业务，只要消费者在购车时分期贷款，并通过 4S 店来获得贷款，基本上都要交这笔费用。调查发现，这笔费用的多少与贷款金额有关，一般为贷款金额的 2% 至 4%；这笔钱一般不会在金融合同里标注。如果客户采用按揭方式，基本每个 4S 店都会私自收取一笔"金融服务费"。除了向购车消费者收取费用之外，4S 店还可以从合作的银行或者汽车金融公司获得客户按揭的返点费。如果客户全款购车，则不会收取这些费用。据业内人士表示，4S 店不需要付出太多服务，就能收取一笔还算不错的费用，同时还能获得金融机构的返点，所以 4S 店的销售人员一般会极力推销分期付款这种购车方式。上述的西安奔驰女车主就是在销售人员的百般劝说之下才申请贷款。

**"金融服务费"到底是否合法合规？**

现在来看，4S 店收取"金融服务费"已经成为一条产业链，4S 店、销售人员、第三方以及金融机构都能从中受益。那么这种费用到底是否合规合法？ 对于这个问题，需要从两个层面来看。

一方面，如果这笔费用直接写入发票，并冠之以"金融服务费"之名，则显然不合法。所谓金融服务费，是指金融机构提供金融服务收取的费用。但是 4S 店和汽车公司都不是金融机构，没有资格和权力收取金融服务费。中国政法大学经济法学副教授吴景明认为，"从合法性角度来说，（4S 店或第三方）收取金融服务费没有任何法律依据。因为汽车经销商不是金融机构，也不能提供金融服务。所谓的金融服务费，实际是在骗车主的钱。"金融服务费是销售商的黑色收入，"收取金融服务费是在民事价格以外的一种乱收费现象，明显违反了我国汽车销售管理办法规定"。另一方面，如果这笔费用被冠以别的称谓，比如垫资服务费、中介费等等，那么法律并没有禁止。如果买卖双方经过了协商，而且有合同依据，只要不违反法律法规也可以收取费用，毕竟现在是市场经济。当然，其前提也在于销售一方没有欺诈或强制诱导等行为。

以此观之，4S 店收取"金融服务费"是否合法合规需要具体来看。从西安奔驰女车主的案例来看，这笔收费存在有诸多不规范的地方，比如收费都没有开发票，因此叫"金融服务费"只是通俗称谓，而非法律意义的称谓。同时，由于销售人员当时极力劝说女车主申请贷款,也存在诱导消费的嫌疑。最终,这笔费用被退还是合理的。

**"金融服务费"背后的本质问题是什么?**

从上述的情况来看,这一问题的本质在于收费的合法合规性以及消费者的知情权和选择权。如果就局限于"金融服务费"这五个字,则可能会失焦。毕竟,4S店完全可以换个名称,行收费之实,从而避开法律法规的限制。当前,很多4S店在收取或者通过第三方收取这一费用时,销售人员往往通过各种手段诱导消费者消费,并且整个环节也存在有变相强迫的行为。比如,有的4S店针对全款购车用户给出一些限制条件,如果全款购车就要延期提车,而贷款购车则能及时提车。再比如如果用户自己单独找银行申贷,也会受到一些4S店一定的歧视性对待。凡此种种,才是这笔费用背后的本质问题。

### (四)西安市市场监管部门介入调查

4月9日,王女士向"12315"热线投诉西安利之星奔驰4S店,市场监管部门当天即介入了解此事。对此,4S店回复监管部门称,已和消费者达成和解协议。针对此协议,王女士表示此举为当天她和店方销售人员沟通了7个多小时,最后她手写了一份协议,其中包括费用明细、付款日期、退款方式等内容。据王女士表示,当时她逼着销售签了字,是为了保留相关证据,但4S店方给媒体说是双方达成了共识。

4月11日,王女士"哭诉维权"视频流传上网后,西安市市场监管局再次介入并成立调查组展开调查。

4月12日,西安市市场监管局高新分局对西安利之星4S店涉嫌质量问题进行立案调查,约谈西安利之星4S店负责人,并对涉事车辆进行依法封存,委托法定检测机构进行技术检测。

4月13日上午,王女士在其丈夫等人陪同下,来到西安利之星4S店所在地的市场监管部门,提交了一份正式的书面投诉材料并表达了相应的诉求。王女士的诉求包括:

1.调查该车历史,要求知晓该车到店至销售期间的基本情况。

2.车辆PDI检查是否真实,检查人员有无资质? 3月22日付款到3月27日提车期间又做了哪些检查,有没有检查到问题,检查人员有无资质?

3.没有任何利益相关的第三方对车辆进行检测,如果是质量问题依法赔偿,如果是三包问题,消费者也愿意接受。

4.调查4S店在销售过程中是否侵犯了消费者知情权,是否有强制消费,收取的金融服务费是否合理? 要求调查是否存在违法行为,每年有多少消费者被动消费。

5.规范汽车行业车辆PDI检查及从业人员素质。

6.奔驰官方要给一个正式的道歉和情况说明。

7.对个人精神方面的损害给予补偿。

8.对汽车行业销售方面的乱象进行整治,维护消费者合法权益。

当日,市场监管部门再次责成利之星4S店尽快落实退车退款事宜,听取了投诉人新提出的八项诉求。当日下午,王女士与奔驰方工作组在西安市市场监督管理局高新分局进行了三个多小时的沟通协商。在协商过程中双方未达成和解,王女士不接受西安利之星道歉,称西安利之星有利用国家三包逃避责任的嫌疑。同时,购买车辆过程中,王女士表示其在不知情的情况下被要求支付给个人一笔共计12575元的奔驰金融服务费。随后,高新区市场监管部门要求西安利之星 4S 店继续加强沟通,解决投诉问题。

5 月 27 日,西安高新区市场监管部门通报对西安利之星的调查处理结果:西安利之星汽车有限公司存在有销售不符合保障人身、财产安全要求的商品,夸大、隐瞒与消费者有重大利害关系的信息误导消费者的两项违法行为,被依法处以合计 100 万元罚款。

(1)发动机存在装配质量缺陷。关于王女士购买的轿车发动机漏机油问题,据法定鉴定机构鉴定:该车发动机缸体右侧破损并漏油。该车发动机在装配过程中将机油防溅板固定螺栓遗落在发动机内,发动机高速运转过程中,其第二缸连杆大头撞击该遗落的螺栓,使该螺栓击破缸体。该车发动机无更换、维修历史。该车发动机存在装配质量缺陷,属于产品质量问题。

通报称,《消费者权益保护法》第十八条明确规定,经营者应当保证其提供的商品或者服务符合保障人身、财产安全的要求。据调查和委托鉴定意见,西安利之星公司销售给王女士的轿车存在质量问题,虽然不存在主观故意,但仍然违反了法律规定,侵害了消费者的人身、财产安全权,构成《消费者权益保护法》第五十六条第一款第一项所指经营者提供的商品或者服务不符合保障人身、财产安全要求的情形,市场监管部门依据该法有关规定,处以罚款 50 万元。

(2)收取金融服务费损害知情权。另据调查,西安利之星公司在售车过程中,隐瞒有关信息误导消费者与陕西元胜汽车贸易有限公司签署垫款服务协议并支付服务费,从中获取了收益。该行为侵害了消费者的知情权、公平交易权,违反了《陕西省消费者权益保护条例》第三十三条(十二)项所称经营者提供商品或者服务,不得夸大、隐瞒所提供的商品或者服务的数量、质量、性能等与消费者有重大利害关系的信息误导消费者的禁止性规定,市场监管部门依据该条例有关规定,处以罚款 50 万元。

以上两项处罚合计罚款 100 万元,收缴国库。执法部门对陕西元胜汽车贸易有限公司涉嫌侵害消费者权益的违法行为已另案查处。对梅赛德斯—奔驰(中国)汽车销售有限公司涉嫌销售不符合保障人身财产安全要求产品的行为,根据《行政处罚法》第二十条之规定,已移送有管辖权的部门处理。

### (五)多部门展开执法调查及约谈

**银保监会:已要求北京银保监局对奔驰汽车金融开展调查**

对于事件中的女车主被收取"金融服务费"的问题,中国银保监会高度重视,已要求北京银保监局对梅赛德斯—奔驰汽车金融有限公司是否存在通过经销商违规收取金融服务费等问题开展调查。银保监会表示,将根据调查情况依法采取必要的监管措施,切实维护金融消费者的合法权益。2019 年 9 月 11 日,中国银保监会发布行政处罚信息公开表,因对外包活动管理存在严重不足,梅赛德斯-奔驰汽车金融有限公司违反了《银行业监督管理法》第四十六条,于 9 月 2 日被北京银保监局给予合计 80 万元罚款的行政处罚。

**市场监管总局就此次事件及相关问题约谈奔驰**

约谈会上,市场监管总局相关司局负责人指出,"西安奔驰女车主事件"暴露出汽车行业一些长期、普遍存在的问题。特别是 4S 店收取"金融服务费"、曲解汽车"三包"规定、捆绑销售、强制消费、价外加价、售后服务质量差等问题,成为广大消费者反映强烈的痛点。该负责人指出,任何汽车销售企业收取任何名义的费用,都必须严格遵守价格法、消费者权益保护法等法律规定,确保事先明码标价、消费者自主选择、提供质价相符的真实商品或服务,不得违规收取费用;不得巧立名目,误导消费者;禁止强制或者变相强制搭售、虚假宣传、诱导式交易等。这名负责人表示,所有汽车厂家及经销商必须正确理解并严格执行消费者权益保护法、产品质量法及《家用汽车产品修理、更换、退货责任规定》等规定。适用汽车"三包"规定的前提是交付合格汽车产品,交付不合格汽车产品的应当依法退换货,不得曲解汽车"三包"规定来减轻自身法定责任,不得无理拒绝或者故意拖延消费者的合理要求。

市场监管总局要求,奔驰要认真自查和整改生产经营过程中存在的问题,积极配合各级各地市场监管部门调查处理;切实加强对经销商的管理,杜绝各类不合规、不规范行为;大力改进售后服务体系,畅通消费者维权渠道,积极妥善解决消费者诉求。

### (六)奔驰回应处理此事件

4月16日,上海车展上,北京梅赛德斯—奔驰销售服务有限公司总裁兼CEO倪恺在上海车展接受媒体采访时对西安奔驰女车主公开道歉,并表示这件事为奔驰敲响了警钟,无论是厂商还是经销商都应该吸取教训。

4月16日,奔驰发布公告暂停西安利之星销售运营,并表示如调查结果显示相关经销商的销售行为存在不合法不合规的经营行为,其销售运营授权将被终止。

4月16日晚间,西安利之星发布媒体声明,称经与客户友好沟通,现已取得客户谅解并达成共识,此事圆满解决。女车主提出的8点诉求中与个人相关的部分在和解中已全部兑现,包括换新车、退还金融服务费等。

5月23日,北京梅赛德斯—奔驰销售服务有限公司、梅赛德斯—奔驰汽车金融有限公司和梅赛德斯—奔驰品牌乘用车及Smart品牌乘用车授权经销商联合发布《服务公约》,重申合法合规理念,并升级了三包服务的边界。

### (七)消费者维权必须采取"撒泼耍赖"的方式才能得到解决吗?

社会不仅关注这件事情本身,也关注这件事情的解决机制。但这个事情本身之所以能够引入检测机制,是与奔驰车主的维权方式分不开的。为什么之前消费者历经波折的理性协商不能解决问题,必须等到坐在发动机盖子上哭诉,才能引起4S店的态度大转变?纠纷的处理依据本应该是法律,但正常的维权遭到的是4S店"打太极"。如今,车主的非理性维权取得了理性维权无法取得的效果,这种不该出现的反常,反映出身居强势地位的某些企业法律意识的淡薄以及对消费者的惯常漠视。消费者的正常诉求得到企业的正常回应,是消费者的权利,而不是对消费者的格外关照。消费者维权不该如此艰难,有些企业的行为必须得到纠正。

这一事件的持续发展也催生了一个新词——"撒泼式维权"。不管是在"引擎盖上维权",还是"医闹""校闹",都是以"闹"开端引起舆论的关注,从而得到舆论的支持,通过舆论的强大压力来有效解决问题。各种"闹",形式不同,可是,本质却都是相似的:普通消费者维权之难,普通消费者维权之无奈。普通消费者法律意识的淡薄让他们很难通过法律手段来维护自己应有的权利,只能通过舆论施压来解决问题。然而,在这次事件中,令人欣喜的是女研究生"闹"得有理,不是无理取"闹"。然而,往日发生的许多"闹"事,有多少是有理之"闹",多少是无理之"闹"呢?要引导消费者通过法律手段来维权,不要以"闹"维权。

需要重申的是,若非实在无路可走,没有人愿意坐到车前盖上维权。一个诉求渠道顺畅的社会,也不应该让消费者总是变着花样把事情闹大以维护自己的合法权益。大企业、大品牌,不该是傲慢的代名词,更不应是监管的盲区。

国家法官学院胡田野教授表示,该事件的意义是告诉广大消费者及社会公众,要相信法律、相信法治、相信法院,要通过法律的渠道维权。希望坐在汽车引擎盖上哭泣、在车展会上打横幅的现象越来越少。并且,对广大经营者而言,要做到遵纪守法,诚信经商。"就像本案所揭示的,没有正当理由不披露重大信息给消费者造成损害的,可以认定构成欺诈。那么一旦认定构成消费欺诈,就要适用惩罚性赔偿,一旦适用惩罚性赔偿,就要让失信、不诚实的经营者感到疼痛。"

中国社会科学院法学研究所研究员贺海仁认为,消费者权益需要通过法律来维护。所以不仅对商家的欺诈行为要零容忍,而且要做出法律意义上、惩罚意义上的赔偿。贺海仁表示,最近西安发生的汽车漏油事件,应当参照该案例做出惩罚性赔偿,让更多的消费者知道,他们的权利会得到法律的最大保护。很多人对消费领域惩罚性赔偿制度还不是很熟悉,很多商家也在回避这样的问题。法律结构上的立法正义已经通过消费者权益保护法体现出来,消费者权益保护法确立了有利于弱者的解释规则。当出现争议的时候,做出对消费者和弱者的有利解释,恰恰是弱者正义的一个体现。

### (八)消费者"维权难",此"难"又难在何处?

**法律体系不健全,执法走了弯路,商家违法成本低**

此次"西安奔驰女车主维权事件",根据《汽车销售管理办法》的规定,汽车销售活动的行政主管部门是商务部门,但因为"12315"投诉举报热线在社会公众心目中的知名度和认可度比较高,西安奔驰女车主第一反应是拨打"12315",市场监管部门接到投诉后,按照职权范围只能从调查当事人是否构成消费欺诈入手,而按照国家原工商总局发布的《侵害消费者权益行为处罚办法》第五条第十项的规定,只有当事人的行为属于"骗取消费者价款或者费用而不提供或者不按照约定提供商品或者服务"的情形,才能构成消费欺诈行为。"消费欺诈"的取证需要一定时间,尤其是对"骗取"证据的取得是存在一定难度的,最终的调查结果也有可能并不能定性为"消费欺诈"。但是,此投诉如果由商务部门立案调查,处理起来就要"便捷"得多。按照《汽车销售管理办法》第十条"经销商应当在经营场所以适当形式明示销售汽车、配件及其他相关产品的价格和各项服务收费标准,不得在标价之外加价销售或收取额外费用"和第三十二条"违反本办法第十条……有关规定的,由县级以上地方商务主管部门责令改正,并可给予警告或3万元以下罚款"的规定,商务部门只需确定金融服务费属于"在标价之外收取的额外费用",即可及时对当事人做出处罚决定。"西安奔驰女车主维权事件"之所以多日持续发酵,只能说是"执法走了弯路"。该事件最后的处理结果是当事双方达成和解,商家被处以100万元罚款。因对于大企业来说,此违法成本低,类似事件仍会频繁发生。

**消费维权处置工作机制不完善**

相关规定,投诉举报案件的处理时限为30日,特殊情况可延长至60日,就西安奔驰女车主维权的经过来看,市场监管部门并未超过处理时限,也不存在不作为现象,但在消费者看来,就是相关部门不作为。

### 工作人员维权水平有待提高

一是调解人员专业知识缺乏。由于机构改革，处理消费投诉的工作人员变动较大，很多单位处理消费调解纠纷的人员都是新手，调解纠纷经验不足，法律法规理解不到位，导致调解工作没成效。二是调解人员责任心不强。在处理投诉中，与消费纠纷产生的双方沟通不够，有些虽然进行了调解，但未达成一致意见；有些组织双方人员到场，不管调解结果，走走过场，导致部分消费者合理诉求得不到满足。

### 维权成本高

在消费者维权过程中，经常会面临举证的问题，根据"谁主张、谁举证"的原则，检测、鉴定等费用首先应由消费者垫付，多数消费者迫于经济、时间、取证成本等问题，而不得不放弃维权，不了了之。尽管西安利之星负责人也表示同情消费者的遭遇，但在消费者奔波多日无人负责的事实面前，这些同情仍显得十分廉价。

### 消费者维权常以个体与大企业博弈，地位不对等

"西安奔驰女车主维权事件"最新披露的18分钟谈判实录披露，尽管西安利之星负责人表现出一定的诚意，但双方分歧显而易见。奔驰女车主（王女士）仍不懈追问，在自己维权的过程中，4S店为什么一拖再拖、避重就轻？4S店收取的1.2万余元的"金融服务费"有何依据？这些钱去了哪里？又有多少人被稀里糊涂地收取了这笔费用？一方面，车主的维权诉求迟迟得不到回应，不得已采取被称为"撒泼耍赖"的方式维权；另一方面，4S店依然陷在烦琐的流程中，按部就班，不紧不慢，完全无视消费者的焦灼与不满。同样，即便是在事情越闹越大、舆论沸反盈天的情况下，有关车企和销售方的表现仍然让舆论感到失望。这按说是极不正常的，但令人感到悲哀的是，这种维权困境恰恰又都是很多人的正常遭遇。企业有自己处置问题车辆以及危机管理的流程，这并非完全不可理解，但任何流程需对接消费者的利益，不能置消费者于不顾，更不能表现为难以抑制的傲慢。不管有多么严格的流程，都不能成为怠慢消费者的理由。

正如该事件的王女士所说，不要说提出合理诉求，就连经理都根本见不到，自始至终只有销售人员在与她周旋，而且，一天一个说法，让人难以相信。若不是后来"哭诉维权"的那段视频，双方恐怕还是很难坐到谈判桌前。这种对消费者权利的漠视，除了企业没来由的"优越感"之外，也可能与地方保护的纵容、监管缺位有一定关系。很多时候，有的监管部门面对大企业、大品牌，往往缺乏足够的力度，并没有真正成为消费者维权的坚强后盾。这中间，或许有多头管理的因素，但根本上仍在于当下的监管多侧重于事后，"出事后"、"事情闹大后"，监管才可能介入，而在之前的维权过程中，作为不够积极。这也在导致消费者维权难的同时，传递给企业一个不良的信号，从而加剧了企业的肆无忌惮。企业当然会维护自己的利益，但当企业利益与消费者利益出现冲突时，就需要及时、主动做出调整，而不是一味抱着自己所谓的流程不放。由消费者权益受损而导致的维权事件，最终必然会反噬企业的现实利益与长远形象。对此，不管是4S店还是奔驰方面，都应该有清醒的认知。

### （九）奔驰事件是监管机构的"淡定"逼出来的？ 是监管部门慢作为？

西安高新区市场监管部门对西安利之星作出百万元罚款决定，这份迟来的处罚，最终让这家奔驰经销商明白了一件事，虽然此前已与消费者达成了和解协议，但并不意味着此

前的违法行为可被一笔勾销,处罚还是要有的。事实上,这辆奔驰车自进入销售渠道那一刻起,就注定会发生消费纠纷。纠纷发生后,奔驰经销商应该以最大诚意来化解买卖双方存在的分歧,避免矛盾升级。遗憾的是,西安利之星并没有这样的紧迫感和责任感,而是试图用品牌的威力以强欺弱,迫使消费者接受奔驰方提出的条件,而不是按照平等、公平的原则妥善处理消费纠纷。可能奔驰经销商做梦都没有想到,居然遇到了一位异常"强悍"的消费者,用超常规手段将消费纠纷送向了舆论场,不仅把奔驰车存在漏油、发动机存在装配质量缺陷等问题暴露出来,还顺便带出了收取金融服务费等方面的问题,真是"拔出萝卜带出泥"来。

西安高新区市场监管部门对西安利之星作出百万元罚款决定,既可看作是对奔驰维权案的结案,也可认为是对包括奔驰在内的各大品牌汽车经销商的不法行为来一次敲山震虎。特别是对收取金融服务费的行为一并予以处罚,等于直接撕开了汽车销售领域一些"潜规则"的外衣。西安奔驰经销商因收取金融服务费而受处罚,对其他收取金融服务费的经销商应该能起到一定的震慑作用。

西安奔驰汽车消费维权案总算告一段落,但该案件的发生、发展及最终的处理结果还是给大众留下一些缺憾。首先,在没有演变成公共事件之前,无论是经销商、还是监管机构,都完全有机会、也有能力将矛盾及时化解。例如,经销商可以采取更换汽车的方式解决。但遗憾的是,经销商并没有这样做,最终将自己逼到了死胡同。

监管机构也有能力化解矛盾,避免事件继续发酵。但监管机构并没有紧抓消费者反映的"汽车存在质量问题"的口子顺势介入,给案件一个明确的答复,最终让消费者做出了令舆论沸腾的举动。不要以为消费者想借此事把自己炒成"网红",这位西安消费者的行为完全是被经销商的"高傲"和当地监管机构的"淡定"逼出来的。所以,此次对西安利之星开出的"百万罚单",更像是一次"迟到的处罚"。如果能让那些"迟到的处罚"不再"迟到",是否能让品牌汽车经销商们低下高傲的头、不再对消费者趾高气扬呢?

### (十)西安奔驰女车主事件所造成的影响

**女车主:真后悔坐上引擎盖**

当西安奔驰汽车出现问题之后,很多人将矛头指向了奔驰汽车、女车主以及这家利之星4S店。而且,中间有不少的媒体进行了错误的报道,将女车主公司的很多责任放在了本人的头上,所以当时很多网友对女车主本人进行了人身攻击,有不少的朋友与她断绝了关系,有不少的亲戚已经不再与女车主走动。而且在当时极大的舆论压力之下,王女士也曾经想过要跳楼自杀,来结束这样一段不愉快的经历,但是最终被母亲劝阻下来了,毕竟自己有孩子有工作,生活还是要继续。也能够想到当一个女子处于社会舆论当中的巨大压力之下,对于她个人以及整个家庭都蒙上了厚厚的阴影,所以女车主本人也表示自己后悔当时坐上了引擎盖。当然西安奔驰利之星事件已经过去了很长时间了,说到底这件事情还是因为4S店疏于监管,所以才产生了店大欺客的事件,导致奔驰女车主(王女士)维权艰难,才会在被逼无奈的情况之下坐上了引擎盖。

**奔驰:品牌形象已不是66万能换回的**

出现此事件,就商家而言,无论是对4S店,对梅赛德斯奔驰,无疑是一击重创,造成的损失已不是66万能挽回的了。就地方4S授权店的损失,所造成的场地租金、品牌营销等等损失肯定超过当事车辆所销售价格。而对于奔驰品牌而言,除了"西安利之星"这家 4S 店所产生的利润,品牌整体营销短期内将受严重影响,因为这个事件的影响力已非单在西安本市,由于网络迅猛的发酵,此事件的影响已波及陕西全境,甚至全国。涉及车型已非仅仅是奔驰 CSL300,现在已经让准备购买奔驰品牌的大批准车主心有余悸。

**行业:或引发汽车行业的真正变革**

从 2018 年底开始,汽车行业弥漫着销量下滑的悲观情绪。虽然部分行业专家表示只是短暂的行业调整,但是销量下滑或将一直伴随着汽车行业。在行业增长的时候,很多被隐瞒在辉煌战绩之下的问题,也纷至沓来。这次"西安奔驰女车主维权事件"就无意之中揭开了汽车行业中一些不合理的潜规则,比如"金融服务费"问题。西安税务局跟进调查西安利之星的偷税漏税问题,并查出其与第三方合伙收取金融服务费。据有关报道,金融服务费是汽车销售行业的潜规则,也是汽车经销商少数的重要盈利点之一。但是由于缺少法律依据和无税务发票,处于灰色地带。此次西安奔驰女车主维权事件揭开的只是汽车行业中的一些小部分问题,如金融服务费、店大欺客、汽车三包难等等。如果能够将汽车行业之中的那些负面的潜规则一一揭开,在社会和政府的共同努力下,一起革旧图新,真正恢复到以消费者为本位,那么整个行业将回归正轨,进一步健康发展。

(案例来源:张力克.66 万全新奔驰未出 4S 店即漏油,店方仅同意更换发动机,奔驰的质量和服务引质疑[N].国际金融报,2019-04-12;佚名. 2021 年全国消协组织受理投诉情况分析[EB/OL].(2022-1-28)[2022-2-1].http://cca.org.cn/tsdh/detail/30346.html.)

**案例思考:**

1.结合案例,谈谈消费者权益保护有何意义。

2.结合案例,谈谈监管部门应如何解决消费者"维权难"的问题。

3.结合案例,谈谈监管部门如何刹住"卖车搭收金融服务费"这股歪风。

## 三、案例分析参考

**1.结合案例,谈谈消费者权益保护有何意义。**

(1)有利于提高民众生活幸福感

计划经济体制时期物资供应的短缺导致民众对商品质量及服务状态难以提出更高要求,而在市场经济条件下则可以通过保护消费者权益,使其能够买到符合需求的商品和服务,从而提高其幸福感。案例提到,维权成本较高的情况下,民众如果遇到权益受到侵害,例如买到假冒伪劣产品、不合格产品的情形,更多的是选择算了、忍了这样的忍气吞声的做法,势必会直接降低其幸福感。

(2)有利于促进公平竞争

不正当竞争行为往往会损害消费者权益,必须予以限制和打击,这样也能防止合法、诚实的经营者利益受损。案例材料提到一些商家存在虚假宣传的现象。虚假宣传的做法不仅损害消费者权益,而且对于竞争对手来说也是不公平的;进行虚假宣传的商家并非通过自身实力而是通过欺诈手段不当得利,这样获得的优势地位也是难以得到竞争对手的认可的。

（3）有利于提高社会经济效益

假冒伪劣产品在市场上存在以及商家服务质量不高的现象势必会损害消费者权益，对这类行为需要严厉打击和惩罚，从而使大多数企业的合法权益也能得到保护，进而在全社会形成靠正当经营与正当劳动来提升经济效益的商业道德秩序，促使企业加强管理以提高产品和服务质量，在经济效益提高的同时也能推动社会进步。正如案例材料所提到的，如果能够将汽车行业之中的那些负面的潜规则一一揭开，真正恢复到以消费者为本位，将能使整个行业回归正轨，促进经济社会的健康发展。

**2.结合案例，谈谈监管部门应如何解决消费者"维权难"的问题。**

（1）培训一支专业的消费调解队伍，切实做到依法行政。消费者权益保护工作关系千千万万的消费者，消费者的每一个电话都是一个希望，如果监管部门不能专业地帮助消费者解决问题，消费者将对部门、对政府感到失望，所以打造一支专业的维权队伍是监管部门服务群众"最后一公里"的最好抓手。同时，建立消费者权益保护工作人员奖惩机制，建立一套科学的考核制度，对工作成绩突出的工作人员进行表彰，对不认真作为的进行惩戒，充分调动维权一线工作人员积极性，解决好消费者维权难的问题。

（2）建立一套与当前经济发展相适应的消费投诉处理机制。案例提及的女车主哭诉维权的事件，在一定程度上反映了消费投诉渠道不通畅的问题。一方面，应延长投诉热线接听和服务时间。虽然12315热线有留言功能，但留言要到工作人员上班后才处理，无法及时帮助消费者处理纠纷。等到工作人员上班处理留言时，许多消费者都失望地放弃了维权或自行处理导致矛盾升级，从而失去了第一时间化解群众矛盾的机会。另一方面，应精简投诉处理流程，缩短处理时限。目前12315消费者投诉平台处理消费投诉，从分流到反馈，中间流程多，时间间隔长，而且缺乏有力的考核机制，下面的工作人员工作随意性大，很多往往拖到最后期限才办理，所以精简投诉处理流程，缩短处理时限很有必要。

（3）建立一套完善的法律体系。案例中的奔驰4S店存在诱导消费及乱收费的问题，需要法律法规的规范与制约。加强诚信体系建设，修改完善法律法规，加大对失信者和违法者的惩处力度，特别是加大消费者被侵权之后的损失赔偿力度，让不诚信和违法经营者"承受付不起的代价"，真正让失信者、违法者感觉到"痛"，这样商家才能更加谨慎地处理消费者权益的问题，真正尊重消费者权益。

（4）充分发挥消费者权益保护工作联席会议制度作用。案例提及消费者维权难，要破解这一难题离不开多方主体的共同参与。面对涉及多部门的消费纠纷，及时启动消费者联席会议制度，让多部门参与，真正做到"消费者权益无小事"，对不认真作为、推诿的部门进行责任追究。如"西安奔驰女车主维权"事件，涉及产品质量、商家收取金融服务费是否合法、是否存在商业欺诈等问题，作为汽车销售的主管部门商务部门理应作为第一责任人出面处理，但消费者选择了向市场监管部门和公安部门进行投诉。作为执法部门，就不能苛求消费者是万能的，而是要积极帮助消费者理清关系，找到解决问题的办法。应充分发挥消费者权益保护工作联席会议制度的作用，将消费者"维权难"、单部门处理难的问题，化解在内部，让消费者维权不再难。

**3.结合案例，谈谈监管部门如何刹住"卖车搭收金融服务费"这股歪风。**

（1）金融监管、市场监管、公安等部门应吸取"西安奔驰女车主事件"的教训，加强联合执法力度,及时治理金融乱象,加强对汽车销售领域的事前、事中、事后全流程监管,消除监管空白,对全国所有4S店涉及的金融服务收费事项进行全面清理整顿,划定一个明确的时间表,对此前收取的金融服务费可以不追究刑事责任,但应清退原违规收款。对之后仍在收取金融服务费的4S店进行严厉查处,除了按照原额清退所收取的金融服务费之外,还应处以金融服务费10倍以上、50倍以下的罚款,如果涉案金额特别巨大还可追究其刑事责任。通过提高违规违法成本,增强监管威慑力,让4S店不敢违法违规乱收费,以此对类似案例提及的奔驰4S店乱收费的现象起到相应的约束作用。

(2)约谈4S店主管机构或委托部门,令其对其负责监管的4S店约法三章,要求加强行业自律,并对全行业自查自纠,对违规违法收费的行为予以主动清理。否则,一旦出了问题,除了追究4S店的经济责任和法律责任之外,其主管机构和委托部门也应承担连带责任。

(3)建立社会举报反馈体系和快速查处机制。案例提及的女车主正是在多方反映都没效果的情况下才采取非正常方式施加压力的。各监管部门应设立专门维权机构,聘请相关人员组建社会监管队伍,接受消费者对汽车4S店收取金融服务费的举报,对相关违规违法行为予以及时查处,从根源上彻底刹住"卖车收取金融服务费"这股歪风。

**参考文献:**

[1]刘海燕."西安奔驰女车主维权"事件观照下的法治社会建设[J].中学政治教学参考,2020(5):48-50.

[2]王涌米.如何与媒介相处:以西安奔驰女维权事件的传播为例[J].传媒,2019(14):76-78.

[3]蔡韵,陈爽.汽车消费"维权难"的原因探析及制度完善:从"奔驰车主维权案"说起[J].法律适用,2019(12):87-93.

[4]胡钰,何临青.危机事件中媒体社交平台传播对公众情感的影响:基于"西安奔驰维权"、"凉山大火爆燃"等危机事件的反思[J].电视研究,2019(6):83-84.

[5]袁钢明.汽车金融服务费是"行规"还是"行业毒瘤"[J].价格理论与实践,2019(5):30-31.

# 案例35 重拳打击商标侵权行为

## 一、案例导读

当今时代,商标在经济中所起的作用越来越大,对其加强管理有利于促进社会主义市场经济的健康、快速发展。由于商标的使用涉及市场秩序及相关主体的经济利益,所以应加强对商标的管理。我国一直注重商标管理工作,在确立社会主义市场经济体制后,更是把商标管理工作提高到战略位置,实行商标注册与商标管理并重的制度。在市场经济条件下,进一步加强商标管理工作,既可促进我国经济的发展,带来良好的经济效益与社会效益,又有利于在国际舞台上树立尊重知识产权的良好形象。我国传统的商标确权管理模式是在商标局对确权申请的初步审定阶段采取全面的审查,不但审查形式要件,审查驳回的绝对理由,而且对驳回的相对理由也进行审查。这种制度被称为"审查原则",即政府不仅维护公共权益,而且帮助企业对其私权的冲突也进行把关。实行审查原则对促进经济发展很有帮助，但仍存在一些管理上的不足。本案例聚焦商标管理，从中对政府经济管理的相关问题展开讨论。

## 二、案例材料

### 材料一：安顺宣判1起假冒"茅台"、"习酒"等注册商标案！

2020年6月18日，安顺市西秀区人民法院依法公开宣判一起假冒"茅台"、"习酒"等注册商标罪案，并以假冒注册商标罪判处柴某伦有期徒刑一年，并处罚金五千元。

西秀区人民法院经审理查明，被告人柴某伦伙同他人在安顺市西秀区某一民房，将其购买的散装酒作为基酒，装入其通过网络购买的知名白酒酒瓶内，并使用网络购买的酒盒及商标等外包装材料进行包装，在装件过程中被公安民警当场查获。公安民警当场搜出500毫升装"习酒窖藏1988雅致版"120瓶、375毫升装"飞天茅台375"7瓶、500毫升装"飞天茅台猪年纪念酒"12瓶、100毫升装"江小白"486瓶、100毫升装"郎酒"120瓶，价值合计人民币13.3967万元。

西秀区人民法院经审理认为，被告人柴某伦未经注册商标所有人的许可，在同一种商品上使用与其注册商标相同的商标，非法经营商品价值人民币13.3967万元，情节严重，其行为已构成假冒注册商标罪。同时，被告人柴某伦假冒注册商标的行为损害了飞天茅台等四家生产厂家的知识产权和社会主义市场经济秩序，被告人除应承担刑事责任外还应在新闻媒体上公开道歉并且承担销毁本案涉案假酒等物品的费用及公告费用共计人民币2100元。鉴于被告人柴某伦案发后如实供述犯罪事实，确有悔罪表现，遂依法作出以上判决。

西秀区人民法院对假冒注册商标的行为依法予以打击，表明了对知识产权权利人、社会公众和社会经济秩序加大司法保护力度、引导社会诚信体系建设的态度和决心，显示了刑事打击知识产权犯罪以保护企业核心竞争资源的威慑力，有力地保障了社会公众利益。

（案例来源：安顺法院.西秀区人民法院依法公开宣判一起假冒注册商标案件［EB/OL］.（2020-06-21）［2021-12-31］. https://www.thepaper.cn/newsDetail_forward_7944602.）

### 材料二：福建公开宣判一起假冒阿尔卑斯品牌糖果案件

福建省平和县人民法院28日披露，该院宣判一起假冒阿尔卑斯品牌牛奶硬糖的案件，被告人张某生被判处有期徒刑三年四个月，并处五万元罚金。

法院审理查明，2019年9月初，被告人张某生伙同同案人（待查）在平和县某大棚里包装生产假冒"阿尔卑斯"注册商标的牛奶硬糖（简称阿尔卑斯牛奶硬糖）。张某生负责现场管理、包装生产等事宜，由同案人（待查）负责提供机械设备、包装原材料以及销售。

2019年10月9日，该窝点被公安机关查获，张某生以及工人3人被当场抓获，并被查获假冒阿尔卑斯牛奶硬糖成品206箱（规格：5斤×2包）共计2060斤、半成品（未包装外包装袋）317箱（每箱40斤）共计12680斤，以及假冒阿尔卑斯商标的包装辅料和包装机械。从扣押的张某生的一部VIVO手机中，提取到关于假冒阿尔卑斯牛奶硬糖的销售记录和十四张发货物流单。

经统计，张某生伙同他人生产假冒阿尔卑斯牛奶硬糖共计49920斤，数额共计人民币314496元。

法院审理认为,被告人张某生未经注册商标所有人许可,在同一种商品上使用与其注册商标相同的商标,数额共计人民币 314496 元,情节特别严重,其行为已构成假冒注册商标罪。以被告人张某生犯假冒注册商标罪,判处有期徒刑三年四个月,并处罚金人民币五万元,并将扣押在案的违禁品假冒阿尔卑斯牛奶硬糖成品二百零六箱、半成品三百一十七箱以及假冒阿尔卑斯商标的包装辅料和包装机械予以没收。

(案例来源:周晓彬,朱杰光.福建宣判一起假冒阿尔卑斯品牌糖果案件[EB/OL].(2020-06-28)[2021-12-31]. https://www.chinanews.com.csh/2020-06-28/9223587.shtml.)

**材料三:政府越位管商标:没达到目的,反而惹争议!**

**政府管商标,授权惹纠纷**

企业申请使用商标获得持有人同意即可,但河南一家公司申请使用商标时,却出现了由商标组审核、相关领导批示的怪事。

半月谈记者在河南省红运来电器有限公司的申请审核材料上看到,担任"商标组"组长的新乡市政府一名领导批示拟同意其入驻新乡智能家电产业园并使用"新飞"商标,另有两位相关领导批示同意并要求督促落实。

2019 年 3 月,新飞小家电商标持有人——地方国企新飞投资有限公司,与红运来公司签约,授予其在抽油烟机、燃气炉、消毒柜、热水器等商品上使用"新飞"注册商标,但此举遭到广东中山市新新电器有限公司负责人强烈抗议。

这名负责人说,2014 年 12 月新新公司与新飞投资签约获准在前述家电产品上独家使用"新飞"商标至 2025 年末。但在政府的干预下,新飞投资从 2015 年 7 月起,就先后以OEM(代工生产)和合同授权的形式,给包括红运来在内的其他 3 家公司授予了上述产品的商标使用权,这种违约授权严重侵害了新新公司利益。

对新新公司反映的违约问题,新飞投资高管表示知情,并曾就授权存在的法律风险向有关部门做过书面汇报。

新乡市政府办公室 2016 年 12 月印发的《"新飞"商标管理办法(试行)》显示,新乡市政府成立商标组统筹管理由市政府出资企业已注册或申请中的"新飞"商标,凡新申请使用商标的企业"必须"由商标组考核授权。

据知情人士介绍,新乡市直接发文是为了以商标为杠杆撬动分散在浙江、广东等地至少 20 家小家电生产企业迁往新乡,从而快速造就小家电产业,但这种强行"移栽"的做法事与愿违。

**拒迁取消授权,越位"拉郎配"**

2016 年 12 月,新乡市还要求使用"新飞"商标的企业必须入驻新飞智能家电产业园,力图争取新乡区域外所有授权使用"新飞"商标的企业入驻,其中 2017 年要回迁 6 家,2018 年底前要全部回迁,"无正当理由不回迁的,全部取消其商标使用权。"

为继续使用商标,外地企业只能无奈"搬家"。但中山市一家家电生产企业负责人告诉半月谈记者,因新乡物流和配套设施跟不上,所以一些企业不愿去,"只要还让用商标,我们宁愿在新乡纳税"。

不仅域外企业必须"搬家",域内企业也被要求入园。新新公司负责人说:"2015 年 10 月我公司开始在新乡市延津县一个产业聚集区建厂,2017 年末市领导批示同意我们原地发展,但后来又让我们把企业搬到智能家电园,我们只能把设备再拆了,厂里近百名员工失业。"

尽管政府态度坚决,但集聚效果远未达到预期。据新飞投资官网公布,2016 年 9 月前获准使用新飞小家电商标和代工生产的企业有 25 家,但大多分布在广东和浙江,截至 2018 年 6 月园区只有 9 家企业入驻。据知情人士介绍,入园企业中只有不足 5 家正常生产经营。

法律人士指出,新飞投资虽属国有,但也有自主经营权,政府并不因此天然拥有商标所有权,也无权越俎代庖干预商标使用。企业使用商标是民事行为,且未与政府签约,政府无权以行政手段干预企业经营选址,更不能强制取消企业的商标使用权。

**打造产业群不能拔苗助长**

和土地、资金支持等常见的招商政策相比,商标使用权具有特异性,在一些地方已成为一种新的招商资源。对于政府打造产业的初衷,受访企业主表示理解,但认为执行方案欠妥,有"越位"管理之嫌。

一家已在新乡注册企业的负责人告诉半月谈记者,商标归属、使用授权频繁变动导致商品质量、市场渠道不能稳定保障,频繁变动不仅会对生产企业和销售商造成影响,对品牌本身也是一种伤害,希望政府依法施政、履约以彰显信誉。

业内人士建议,政府要重视法律在营商环境营造中的作用,打造产业不是"1+1=2"的简单相加,产业政策要遵循市场规律,长远布局。

中山市另一家家电生产企业负责人认为,目前搬迁到产业园不太现实,原材料、研发、物流、营销等条件都不完善,需要一段稳定的生产经营让企业成长,有时间和能力在新乡完成从无到有的产业布局。

截至半月谈记者发稿前,新飞投资官网已删除几乎所有关于新飞小家电商标的信息。

（案例来源:牛少杰,袁月明.政府越位管商标:没达到目的,反而惹争议![EB/OL].(2019-10-30)[2021-12-31]. http://www.banyuetan.org./jrt/detail/20191030/1000200033134991572331765088686132_1.html.）

**材料四:一线执法人员有了商标侵权判定的"标准答案"**

两家"正泰"撞脸、"咖啡伴侣"碰上"咖啡伴旅"、"江小白"商标争夺战……近年来,随着知识产权保护意识的增强,商标领域官司不断。然而,商标侵权形式日趋多样化、复杂化,商标法对商标专用权保护的规定较为原则性,实践中大量商标侵权行为发生在基层,一线迫切需要相关规定指引,让执法人员判定更有据可循。

为此,国家知识产权局近日出台了《商标侵权判断标准》(以下简称《标准》),旨在完善商标保护规则体系,解决执法实践中面临的新情况、新问题,为执法部门依法行政提供具体操作指引。

据介绍,《标准》共 38 条,对商标的使用、同一种商品、类似商品、相同商标、近似商标、容易混淆、销售免责、权利冲突、中止适用、权利人辨认等内容进行了细化规定。

"这个《标准》很细、操作性强,给常见的争议问题提供了标准答案。"北京市律协商标专业委员会委员、京师律师事务所律师熊超举例说,商标法规定,销售不知道是侵犯注册商标专用权的商品,能证明该商品是自己合法取得并说明提供者的,不承担赔偿责任。这个"不知道"较为原则,认定不易。

熊超曾经手过一个红酒商标侵权案件,销售侵权红酒的商家表示不知道侵权,并且可以提供进货、销售等相关证明,但是其进货价明显低于市场价格,最终法院仍判定免责。而《标准》对销售商免除责任的相关要件进行了细化规定,明确了不属于销售不知道的情形,其中一条就是"进货渠道不符合商业惯例,且价格明显低于市场价格"。

在商标侵权判定中,李鬼李逵难辨别也是一大难题。对此,《标准》在传统商标的基础上,增加了立体商标、颜色组合商标、声音商标等新型商标相同、近似的判断标准,同时,进一步明晰了《商标审查及审理标准》在商标行政执法中的应有作用。

近年来,随着互联网经济的发展,电商平台上的商标侵权案件也多了起来,而平台的责任认定一直不易。熊超告诉记者,现实中,一些电商平台被告知销售的产品存在商标侵权后,置之不理,一时也拿它没办法。

对此,《标准》明确,电商平台虽然不知情,但经商标执法相关部门通知或者商标权利人持生效的行政、司法文书告知后,仍未采取必要措施制止商标侵权行为的,属于故意为侵犯他人商标专用权行为提供便利条件,帮助他人实施侵犯商标专用权行为。

国家知识产权局保护司负责人表示,制定《标准》不仅基层一线有需求,社会各界也十分关注。此举有利于进一步提升商标执法保护水平,为市场主体营造透明度高、可预见性强的知识产权保护环境。

(案例来源:杜鑫.一线执法人员有了商标侵权判定的"标准答案"[EB/OL].(2020-06-30)[2021-12-31].https://www.sohu.com/a/404825598_267106.)

**案例思考:**

1.结合案例,谈谈商标管理制度的意义。

2.结合案例,分析商标管理中存在的问题。

3.结合案例,分析产生商标侵权的原因及解决措施。

## 三、案例分析参考

**1.结合案例,谈谈商标管理制度的意义。**

(1)加强对商标行为的规范,充分发挥商标功能,保护消费者利益。例如案例材料提到国家知识产权局出台了《商标侵权判断标准》,旨在解决执法实践中面临的新情况、新问题,为执法部门依法行政提供具体操作指引,从而加强对商标行为的规范和消费者利益的保护。

(2)监督商标使用者提供的商品或服务质量,维护社会经济秩序与消费者合法权益。例如案例材料提到的近年来发生的两家"正泰"撞脸、"咖啡伴侣"碰上"咖啡伴旅"、"江小白"商标争夺战等便涉及商标的侵权现象,使得消费者难以分辨商标真假、无所适从,从而导致社会经济秩序受到冲击,因而需予以及时判定与纠正。

(3)增强企业和商标使用者的法律观念,维护商标所有人合法权益。例如案例材料提及安顺宣判1起假冒"茅台"、"习酒"等注册商标案,便是对假冒他人注册商标的行为进行相应的制裁,维护了商标所有人的合法权益。

(4)有利于强化商标立法,促进商标法律制度的健全与完善。例如案例材料提到商标侵权形式日趋多样化、复杂化,而商标法对商标专用权保护的规定较为原则,这就需要法律制度方面形成相应的配套制度从而确保在实践中能够有规可依。

（5）对假冒他人注册商标以及其他不正当竞争行为进行制止，促进公平竞争和合法竞争。例如案例材料提到法院宣判一起假冒阿尔卑斯品牌牛奶硬糖的案件，将被告人张某生被判处有期徒刑三年四个月，并处五万元罚金，便是要促进竞争公平，通过对侵权行为予以相应的制裁，保障当事人在市场竞争中享有的正当权益。

**2.结合案例，分析商标管理中存在的问题。**

（1）不健全的商标管理制度

案例提及的商标管理涉及很多方面，需要健全的制度予以保障。商标管理制度包含商标的注册、择选、外宣、使用、保护等诸多过程和环节，是一个复杂烦琐、浩大的系统工程。我国知识产权的发展历史较短，这也导致我国在知识产权领域缺乏具备较强普遍性和全局性的商标战略，商标使用的相关制度不够健全和完善，统一、协调的商标保护机制亟待形成。案例提及的国家知识产权局出台《商标侵权判断标准》，正是为了完善商标保护制度，助力商标领域的依法行政。

（2）假冒商标行为的查处力度需要进一步加大

通过假冒商标，生产、销售假冒伪劣商品，既是对消费者利益的损害，也是对公平竞争原则的违反，对市场秩序造成不利影响。案例提及的假冒阿尔卑斯糖果等行为具有恶劣的社会影响，假冒商标的行为亟须在今后通过进一步加大查处力度来进行遏制。

（3）商标管理行为不适当

由于商标管理领域情况复杂，难免出现一些法律法规没有明确规定的情形，因此政府在商标确认及权利维护等方面有一定的自主裁量的空间，在此情况下政府商标管理行为需要力求适当。案例提及的政府以行政手段对企业的商标使用权进行过度干预，在行为上是不适当的，需要予以纠正。

**3.结合案例，分析产生商标侵权的原因及解决措施。**

（1）高额利润的诱惑。案例提及的商标侵权现象的背后隐藏着对利益的追逐。假冒知名品牌产品，通常情况下可以获取高额利润。而且因为品牌效应，销售比较容易。高额利润的驱使，致使侵权或假冒精品名牌产品的不法行为屡禁不止。

（2）现行政策法规存在缺陷，执法力度不够。案例提及的商标侵权问题也需要立法及执法工作的加强。虽然近几年来，为规范市场，我国关于商标监管的政策法规立法数量逐渐增多，但法律法规不够系统，对市场执法和监督管理机构的名称、地位、职权与体制的规定存在不够完善之处。行政执法手段缺乏，难以震慑不法分子。市场监督管理局作为商标侵权的一个重要执法部门，其当前的管理体制与严格依法行政、行政法治的建设与经济的发展还有不相适应的环节。

（3）许多消费者偏重品牌而不重产品本身，这也是产生商标侵权的一个温床。案例提及的商标侵权现象的发生与消费者对于名牌的看重也密不可分。商标一开始就是用来让顾客识别的，但当这一信息被定位以后，一些顾客就只认牌子而不管其他了。其实，社会发生了分工，商标开始异化，"PRADA""LANCOME"等一些国际知名企业认为设厂不经济，便把加工的任务交给了其他生产者，公司则全力发展品牌，并且也不一定做整个市场的营销。但一些消费者只重视商标，而忽视了商标所代表的商品品质和内涵，从而导致一些打擦边球的产品得以在市场上走俏。

对于案例提及的商标侵权行为,可以从政府和企业自身两个层面进行应对:

从政府角度看,一是要加强立法司法工作。各政府有关部门要相互协调,相互配合,形成同方向的合力,共同治理商标侵权问题。二是要加强守法和普法工作。法律制定后必须要有所普及,普法如春风化雨,润物细无声,对于抑制商标侵权行为有一定促进作用。三是可以引导推进建立注册商标交易市场,设计和施行诚信、善意、公平的交易规则,对于闲置的已注册商标,鼓励到公开市场上开展议价和交易。如果大量的已注册"睡眠"商标能够以合法、合理的方式重新回到经济生活当中,对于盘活企业无形资产、节约商标申请时间、节省商标审查资源、减少商标争议所消耗的社会能量,都具有巨大益处。四是引导民众自觉抵制假货,保护消费者的举报权。发生商标侵权,受害者无疑是商标权利人,其次才是产品的终端用户消费者。

从企业角度看,一是收集证据,走司法程序。证据是解决商标争议权利的基础。企业应努力把握全面准确的证据,有效地证明侵权人的侵权行为。被侵权人取得充分证据后,应当及时向当地工商行政管理部门投诉,或者向有管辖权的人民法院起诉。二是改变观念,强化商标保护意识。通常来讲,企业最根本的目的是盈利,大多数企业几乎把所有的精力投放在生产经营当中,而未能对商标采取合理的保护,因而企业必须转变自己的思想观念,主动强化商标保护意识。三是加强品牌知名度建设,以预防为主。通过提升品牌的知名度,使得民众对品牌的关注度与感知力提高,从而民众在遇到假冒商品时能够更加自觉地进行抵制。四是经常对商标信息进行检索。企业需要经常对市场进行调查,如果一旦发现侵权行为,须加以制止,防患于未然。

**参考文献:**

[1]王太平.商标符号利益的法律分配:商标法构造与操作的符号学解释[J].法学杂志,2021,42(6):23-34.

[2]杨娟.互联网时代食用菌品牌商标侵权行为及法律监管[J].中国食用菌,2020,39(11):218-220.

[3]王国柱.论商标故意侵权的体系化规制[J].东方法学,2020(5):140-150.

[4]广东省深圳市福田区人民法院课题组.商标侵权惩罚性赔偿的制度构建[J].知识产权,2020(5):40-54.

# 案例36　广告满天飞,行业需净化

## 一、案例导读

虚假、低俗的广告是社会的公害之一,而在网络十分普及的当下,一些违法、虚假、低俗的广告似乎有所增长,影响了人们的生活甚至侵害到消费者、相关企业等主体的合法利益;特别是新媒体上的一些虚假广告,包含误导消费者的内容,部分广告内容甚至违反社会道德,产生了不良的社会影响。有些企业、网络广告公司委托明星或"网红"推出"隐形广告",并根据粉丝的数量提供较高的报酬,给虚假广告提供了滋生空间,而且相对来说较难管束。在人民对美好生活的需要不断增强的时代背景下,与虚假、低俗的广告作斗争正变得越来越重要。本案例聚焦广告行业现存的一些现象,从中对政府经济管理的相关问题展开讨论。

## 二、案例材料

### (一)网络广告也须"绿"起来

最近,全棉时代一则被网友吐槽"低俗营销"、"故意丑化女性"的网络广告引发舆论批评,后又因"自夸式道歉"再度"翻车"。这并不是第一个被指低俗的网络广告,就在前不久,京东金融等因发布价值观有问题的广告被网友批评。有关部门对低俗广告的打击持续了多年,然而仍有部分网络广告不时因内容低俗而"翻车",与之关涉的有些广告主居然还是有一定知名度的企业,实在令人唏嘘。

纵观种种"翻车"的低俗网络广告,要么因打色情擦边球而涉"黄",要么就是因宣扬错误的价值观念而抹"黑",这样的广告固然容易吸引眼球,引来流量,可它对受众的精神污染、对社会文化的负面冲击委实不小。

关于网络广告的制作底线,《广告法》给出了基本遵循,那就是"广告应当真实、合法,以健康的表现形式表达广告内容",不得"妨碍社会公共秩序或者违背社会良好风尚",等等。现在的问题是,对于上述法律要求,目前尚缺乏一个更为明确具体的认定标准,下一步如果能以司法解释的形式做出进一步明示且广为宣传,以此划定清晰的法律边界,就能够促使广告制作者打消侥幸心理,自觉规范广告的制作与发布行为。

让网络广告"绿"起来,投放平台必须真正负起责来,严把广告准入关,自觉树立正确的广告导向。一方面,应当强化对于平台广告的人工和技术动态审核,一经发现问题广告,即刻采取禁止措施;另一方面,健全不良广告监督举报机制,对于公众投诉、吐槽的广告内容,有针对性地予以重点审核,及时做出相应处理。

让网络广告"绿"起来,还必须提升监管水平。业内人士建议,强化对网络广告的广告主、广告经营者、广告发布者的行政指导,督促有关平台切实履行法定广告审查义务;构建网络广告监管监测系统及覆盖整个互联网的监测网,加大对执法人员互联网知识和操作技能的培训力度;强化监督检查,严格依法办案,从重从快查处低俗广告违法案件,及时公布违法广告典型案例。这些举措思路都是可行的。只有各方齐心协力,多措并举,才能促进网络广告业健康运营,助力经济社会持续健康发展。

### (二)趣头条回应平台广告虚假、涉赌:管理不足严厉清查

**趣头条上登出的减肥产品广告,虚构产品也能登广告?**

央视记者调查发现,在趣头条页面上,充斥着许多虚假宣传的广告,例如一款属于压片糖果的普通食品,宣传却号称:"比伟哥还好使,一粒恢复男人本色"。

趣头条的广告核心授权代理商——广州天拓网络技术有限公司负责人林经理向央视记者保证,就算没有资质,也可以开户,帮助投放广告。

记者虚构了一款减肥产品,没有提供相关资质材料,第二天,天拓公司的优化师就制作好了广告页面,页面里还不时弹出用户已购买产品的消息。该公司的优化师说,这些信息其实都是假的,为的是"吸引顾客"。

**赌博链接包装成"赚钱广告"**

央视记者还发现,在趣头条上,不仅有虚假宣传的广告,"边玩手机边赚钱"的广告也会频频出现,这些广告宣称"轻松赚钱",还不停跳出一个微信号。

调查中,央视记者添加微信号后,对方发来一个网址,打开网址发现,里面有多种赌博性质的彩票游戏,甚至还有现场购买彩票的直播。

记者在一家自称"为趣头条等30多家平台提供广告开户投放服务"的聚亿媒网络科技有限公司了解到,只要将赌博广告包装成"网络赚钱"的形式,就能登上趣头条。

趣头条官方微博回应:广告管理不足,全平台彻查。2020年7月16日晚,趣头条官方微博对此回应称,针对3.15晚会报道的趣头条平台广告问题高度重视,并充分意识到在平台广告生态管理方面仍有诸多不足,对于给用户带来的困扰和影响,趣头条表示诚挚的道歉。针对央视指出的问题,上海基分文化传播有限公司已迅速成立广告生态治理专项工作组,正在对平台涉及的广告进行全平台彻查,一旦发现相关问题,坚决严厉清查和封禁。

(三)广东省市场监督管理局发布关于加强2021年商业广告导向审核的行政指引

日前,广东省市场监督管理局制定了2021年商业广告导向审核行政指引,要求全省广告经营者、广告发布者在商业广告策划、设计、制作、经营、代理、发布过程中,坚持正确的政治导向、高尚的道德导向、丰富的文化导向,始终注意商业广告的导向审查,自觉遵守指引要求,杜绝相关违法违规情形。

1.不得设计、制作、发布涉及政治敏锐性问题或者具有社会不良影响的广告及商业营销宣传。

2.不得借庆祝建党100周年名义进行商业炒作,严禁使用或者变相使用中国共产党党旗党徽、党和政府重大庆祝活动标志标识、庆祝活动宣传报道、领导人讲话等进行商业炒作,包括借机营销宣传各类禁止销售的"勋章""奖章""纪念章"及伪造的"纪念币""纪念钞""纪念邮票"等物品的违法行为。

3.不得设计、制作、发布使用或者变相使用中华人民共和国的国旗、国徽、国歌,军旗、军徽、军歌的商业广告;严禁使用军服和中国人民解放军曾经装备的制式服装从事经营活动。

4.不得设计、制作、发布使用或者变相使用国家机关、国家机关工作人员的名义或者形象的广告及商业营销宣传,包括在广告及商业营销宣传中违法宣称"特供""专供"及"RMDHT"(人民大会堂)"GYZY"(国宴专用)"JD"(军队)等情形。

5.不得设计、制作、发布损害国家尊严或者利益,泄露国家秘密,以及使用不规范中国地图的广告及商业营销宣传。

6.不得将英雄烈士的姓名、肖像用于或者变相用于商标、商业广告,损害英雄烈士的名誉、荣誉。

7.不得设计、制作、发布妨碍社会安定,损害社会公共利益的广告及商业营销宣传。

8.不得设计、制作、发布损害未成年人身心健康的广告及商业营销宣传。针对不满十四周岁的未成年人的商品或者服务的广告不得含有劝诱其要求家长购买广告商品或者服务、可能引发其模仿不安全行为的内容。

9.不得设计、制作、发布含有淫秽、色情、赌博、迷信、恐怖、暴力内容的广告及商业营销宣传。

10.不得设计、制作、发布含有恶搞经典、恶俗营销、伤害民族感情、挑战公序良俗的低俗庸俗媚俗等妨碍社会公共秩序或者违背社会良好风尚内容的违法广告及商业营销宣传。

11.不得宣扬恐怖主义、民族分裂主义。严禁设计、制作、发布含有民族、种族、宗教、性别、地域、职业等歧视内容和损害残疾人身心健康内容的广告及商业营销宣传。

12.不得设计、制作、发布含有其他违背社会主义核心价值观、中华民族优秀传统文化、社会主义精神文明建设要求的广告及商业营销宣传。

13.不得设计、制作、发布煽动过度消费宣传奢侈浪费等违背勤俭节约传统美德的广告及商业营销宣传。

（案例来源：粤市监.广东省市场监督管理局发布关于加强 2021 年商业广告导向审核的行政指引［EB/OL］.（2021-3-21）［2021-12-31］. https：//www. cqn. com. cn/zj/content/2021-03/12/content_867424.htm；臧梦雅.网络广告也须"绿"起来［EB/OL］.（2021-1-28）［2021-12-31］. views.ce.cn/view/ent/202101/28/t20210128_36266443.shtml.）

**案例思考：**

1.结合案例，试分析现阶段我国广告行业存在哪些问题。

2.结合案例，试分析广东省市场监督管理局出台商业广告导向审核的行政指引有何意义。

3.结合案例，试分析未来我国应如何强化广告监督管理。

## 三、案例分析参考

**1.结合案例，试分析现阶段我国广告行业存在哪些问题。**

广告行业作为一个国家或地区经济发展的晴雨表，其发展与经济的增长密切相关。现阶段我国广告行业主要存在这些问题：

（1）监管主体规定之间存在一定的冲突

广告监管领域广，涉及部门多。如对于户外广告的管理，《广告管理条例》第 13 条规定："户外广告的设置、张贴，由当地人民政府组织工商行政管理、城建、环保、公安等有关部门制订规划，工商行政管理机关负责监督实施。"多头执法，容易产生相互推诿扯皮的现象，监管效果大打折扣。

（2）广告经营主的自律意识不强

虽然改革开放以来，我国社会主义市场经济取得了举世瞩目的成就，但还是很不成熟，自由、公平的竞争环境还没有完全建立，通过不正当手段谋取暴利的行为还时有发生，商人追逐利润的本性，使得广告经营主将金钱凌驾于消费者的利益之上。一些不法广告经营主通过报纸、杂志、电视、网络及户外广告等媒介刊登广告，各种违法广告随处可见。案例提及的一些虚假广告的存在，便体现了广告经营主的自律意识不强。

（3）消费者的辨别能力和维权意识弱

市场上广告繁多，种类不一，普通消费者很难甄别。现在有些商店特别针对一些老年人辨别能力不强、防范意识弱的特点,宣传与老年保健医学研究会等机构的关系,披上正规医疗机构的外衣,推销一些保健食品、医疗器械,让老年人免费体验,用虚假夸大功效等方法骗取钱财。一些老年人在面对利益受损情况时只能吃哑巴亏,纵容了一些不法分子。

(4)行业协会未发挥应有作用

作为行业协会,广告协会应充分发挥加强行业自律的作用,引导行业健康发展。帮助广告经营单位树立诚信观念,增强守法经营、诚信待民的意识。虽然目前广告行业协会存在并发挥了一定的作用,但其没有专门工作人员,在工作力度、广度上并没有发挥作为行业协会应有的作用,缺少协会的自律和带头作用。

**2.结合案例,试分析广东省市场监督管理局出台商业广告导向审核的行政指引有何意义。**

广东省市场监督管理局出台商业广告导向审核的行政指引主要有如下意义:

(1)维护消费者合法权益

广告对消费者的购买心理和购买行为起着引导作用,而弄虚作假的广告往往令消费者上当受骗,蒙受经济损失。案例提及的广东省市监局出台该行政指引,加强广告管理可以打击虚假广告,避免消费者受到误导,维护了消费者的利益。

(2)维护相关企业的正当利益

在市场经济中,企业为了生存和发展,必须争夺市场,而争夺市场就离不开广告的竞争。在广告经营和宣传方面出现的一些不正当竞争将损害相关企业的利益,广东省市监局出台该行政指引则有利于维护企业合法经营,防止不正当竞争,使企业的合法权益不受违法广告的侵犯。

(3)有利于促进社会主义精神文明建设

真实、健康的广告可以起到宣传美好事物、正确生活方式和思想行为等作用,引导并强化公众的社会道德观和审美观,而不健康的或水平低劣的广告则会造成精神污染或败坏公众的审美观。广东省市监局出台该行政指引,有利于促进社会主义精神文明建设。

(4)促进市场经济健康发展

广告市场是社会主义市场体系的一部分,广东省市监局出台该行政指引有利于建立完善的广告市场,使社会主义市场经济更加富有活力。

**3.结合案例,试分析未来我国应如何强化广告监督管理。**

为确保中国广告行业健康稳定发展,未来我国应从如下方面强化广告监督管理:

一是做好引导。应引导广告行业在广告中充分体现国家利益、社会效益以及社会主义核心价值观;对优秀文化传统及科学、健康的理念予以大力倡导,禁止胡编乱造、误导公众;倡导诚信为本,强化行业自律。

二是强化法制宣传。对于法律法规予以积极宣传,警示广告行业需要杜绝侥幸心理,要求不得以营利为由,制作和投放违法违规广告,以免损害广告行业的形象和利益。

三是强化监督。不仅要有媒体机构的自身监管,也需要专业部门、行政部门、社会公众从各自的维度开展的监督。运用科技手段,强化自动监控,并将其与群众举报有机结合。

四是积极完善制度。完善制度,加强监管,严格查处,让广告质量得到提升,从而拓展广告行业的发展空间。

**参考文献：**

[1]任超.我国金融广告监管制度的优化:基于行为金融学和欧盟经验的考察[J].上海财经大学学报,2021,23(2):136-152.

[2]王田,董莉.针对企业虚假广告宣传的政府监管策略研究[J].中国管理科学,2021,29(4):179-191.

[3]邓勇.统一国产和进口保健食品宣传监管尺度的路径分析[J].食品科学,2021,42(1):326-332.

[4]梁栋.社交电商的法律问题与监管优化[J].中国流通经济,2021,35(1):105-112.

[5]姜智彬.技术赋能:"十三五"时期的中国广告行业变革[J].编辑之友,2021(1):44-52.

第十三章  市场管理

## 第一节  学习目的和要求

党的十九大报告强调指出："健全现代文化产业体系和市场体系,创新生产经营机制,完善文化经济政策,培育新型文化业态。"这一论述提及的"市场体系"的建设涉及了市场管理的内容。加快形成统一开放竞争有序的现代市场体系,是完善社会主义市场经济体制、促进经济又好又快发展的重要内容。改革开放以来,我国的市场体系有了很大发展,但要形成统一开放、竞争有序的市场体系还需一个过程,前些年出现的"蒜你狠"及"豆你玩"等现象也进一步说明了我国的市场体系还不够完善。进一步加强市场管理,促进现代市场体系的早日形成,对于中国特色社会主义现代化建设以及和谐社会的构建具有重要的意义。因此,政府经济管理当中需要进一步加强市场管理工作。

**本章的学习目的及要求:**

准确理解市场管理的定义,明晰市场管理的必要性,明确市场管理的任务,熟悉市场管理的内容,掌握市场管理的具体手段。要求学生能够应用相关知识分析案例,掌握市场管理相关内容。

## 第二节  知识要点

### 一、市场管理的定义

市场管理是指对包括商品生产、交换、分配和消费在内的社会商品经济活动的管理,是国家运用其权威,对市场经济活动进行监督、控制、协调和疏导等职能的体现。它主要是从社会商品经济活动的外部联系上,对商品经济的生产、交换、分配和消费的活动进行行政监督管理,保障商品经济活动参加者的合法权益,协调它们的经济关系,维护正常的经济秩序,促进商品经济的发展。

## 二、市场管理的必要性

1.市场管理是社会主义市场经济条件下市场正常运行的客观要求。
2.调节商品的供求矛盾需要管理。
3.市场竞争需要管理。
4.稳定市场秩序需要管理。

## 三、市场管理的任务

市场管理任务是指市场管理主体在管理市场过程中要实现的目标和应承担的责任。概括来说,就是根据市场经济客观规律的要求,通过有效地执行各种管理职能,运用一系列相应的方法和手段,掌握市场发展方向,调节商品供求关系,维护市场秩序,合理组织和发展市场经济活动,及时地调整和变革与市场经济发展要求不相适应的市场管理体制。

## 四、市场管理的内容

市场管理包括市场主体的管理、市场客体的管理和市场载体的管理三个基本方面。市场主体是市场运行的基础。市场主体管理,也就是对参与市场交易的当事人及其行为的管理。市场客体管理,就是对市场主体之间交易对象的管理。市场载体管理,就是对供市场主体进行商品交换活动的一切物质设施的管理。

1.市场主体的管理

市场主体是指通过参与市场经济活动以实现经济利益的经济组织和个人。不同的市场主体在市场经济活动中发挥着不同的作用,并支配着市场客体,成为市场交换活动中最活跃的因素。对市场主体的结构可以从不同的角度考察。从参与市场活动的身份来看,市场主体可以分为居民、企业两种类型,它们在市场交换关系中处于平等地位。从在社会再生产中的作用来看,市场主体可以分为商品生产者、商品经营者、商品消费者和市场管理者。

(1)商品经营者的管理

商品经营者是一切从事商品(包括物质与非物质)交易活动的经济组织或个人。在市场交换活动中,商品经营者既是商品的购买者,又是商品的出卖者,双重身份交替出现。

(2)商品消费者的引导与保护

在市场交换活动中,商品消费者属于商品需求一方,其作用是完成商品流通过程,保证社会再生产顺利进行。因此,商品消费者的购买行为是市场存在的必要条件之一。引导商品消费者,保护他们的合法权益,是市场管理的重要内容之一。

2.市场客体的管理

(1)商标管理

商标是商品生产者或经营者用以标明自己所生产或所经营的商品与其他人生产或经

营的同一商品相区别的标记。商标是商品生产与交换发展到一定阶段的产物,并在商品交换和市场竞争中起着不可或缺的识别作用。

所谓商标管理,是指国家市场管理机关依据商标法,对注册商标和未注册商标的使用以及商标印刷所进行的管理活动。

（2）产品质量管理

产品质量,是指产品在一定使用条件下适合一定的用途,满足人们需要所具备的特征和特性的总和。产品的质量特性包括了功能性、适用性、安全性、可靠性、经济性和外观性等六个方面。在现代经济生活中,产品质量问题日趋重要,追求产品优质化已成为一种国际性趋势。提高产品质量,既要强化企业的质量管理,也要加强政府对产品质量的监管,建立和完善适合社会主义市场经济运行机制的产品质量管理体系。

（3）产品计量管理

产品计量,就是用一个规定的已知量为单位和同类型的未知量进行比较,从而加以检定的过程。它是进行技术监督的基础,也是进行技术仲裁的主要法律依据。

所谓产品计量管理,是指国家计量部门以及有关的业务部门对产品计量器具的准确程度以及产品计量器具的使用情况进行管理的过程。产品计量管理的主要内容包括:强化计量器具产品质量的监管;加强以流通领域为重点的产品计量监督;大力发展和规范中介计量服务机构;切实抓好计量检定工作。

（4）商品价格管理

商品价格,是指各类有形产品和无形资产的价格。所谓商品价格管理,就是为了维护市场正常的价格秩序,对价格行为实行管理、监督和必要的调控,依据国家相关法律法规查处价格垄断、欺诈、歧视、牟取暴利和低价倾销等不正当价格行为,保护消费者和经营者的合法权益,促进和支持公平、公开、合法的市场竞争。

（5）商品广告管理

商品广告,是指由商品广告客户承担费用,通过一定的媒介形式,向有关公众传递商品或服务信息,以期达到特定目的的一种宣传手段。广告客户、广告费用、广告媒体和信息是构成商品广告的基本要素。市场经济条件下,商品广告是联结生产、流通、消费的纽带,是传播经济信息的宣传手段。商品广告管理,就是为了规范商品广告活动,使商品广告发挥积极的作用。

3.市场载体的管理

市场载体是提供市场主体对市场客体进行交易的一切物质设施,是市场交易活动得以顺利进行的物质基础。市场载体包括网点设施、仓储设施、运输设施、通信设施和商品交易场所设施等。没有市场载体,市场交易活动就难以进行;市场载体落后或不完善,市场交易活动就会受阻。市场载体作为市场基础设施,其特点为服务性、整体性和协调性。所谓市场载体管理,就是对提供市场主体进行商品交换活动的一切物质设施的管理,包括商品流通网点的合理布局、商品运输的管理组织、商品交易场所的管理等。

# 五、市场管理的手段

根据市场管理的一般方法,市场管理的手段可以相应地分为行政手段、法律手段、经济手段三种基本类型,其中经济手段是市场管理的首要手段。

1.经济调控手段

经济调控手段是国家运用经济杠杆对市场运行实行宏观调控的手段。在经济调控中具有显著作用的经济杠杆有:

(1)价格杠杆

价格杠杆是通过价格波动调节市场的一种手段。由于价格具有调节利益分配的功能,因此它是最灵敏、最有效的调控手段。国家通过制定各种价格政策,如计划价格政策、价格支持政策、价格保护政策、价格干预政策等,协调市场供求关系,影响商品与货币流向,调节利益分配。

(2)税收杠杆

税收杠杆是通过税种、税目和税率的变动调节市场的一种手段。由于税收杠杆的运用必然要通过国家的税收法律体现出来,因而它具有经济手段和法律手段的双重性,是一种强制性的经济调控手段。国家通过制定各种税收政策,调节企业的利润水平,影响市场主体的经济行为,控制市场运行的方向。

(3)信贷杠杆

信贷杠杆是通过信贷资金运动调节市场的一种手段。国家通过制定各种货币政策,对货币流通进行调节和控制,以此影响市场运行。它包括:一是控制货币发行量,调节社会总需求;二是控制货币投向,以保证有限资源的优化配置,实现市场运行的均衡和稳定。

(4)利率杠杆

利率杠杆是通过利率变动调节市场的经济手段。利率的变化直接决定利息额的高低,使原有利益格局重新分配。国家采用差别利率政策,影响经济主体的行为与决策,调控市场结构,引导生产要素的流向,以鼓励和限制各种不同的经济行为,从而实现调控目标。

(5)汇率杠杆

汇率杠杆是通过汇率变动调节市场的经济手段。由于汇率变动会对国内市场和国际市场产生联动调节,因而受到多种因素的制约,是最为复杂也是应该特别慎用的一种调控工具。汇率变动将对经济运行产生以下影响:一是通过进出口商品价格和换汇成本的变化,影响国际市场价格和市场竞争力;二是改变国内市场供求关系,影响国内市场价格;三是通过外汇储备水平的变化,影响国内市场货币投放与货币流通量;四是对资本流动尤其是短期资本和投机资本的流动产生影响。

2.法律调控手段

市场经济的发展离不开完备的法律保障体系,因此,不断强化运用法律调控手段是完善市场宏观调控的重点方向。

法律调控手段是国家以国民经济和社会发展的总体目标为基础,对市场运行实行的强制性规范和管理。它主要运用法律规范的形式调整各种市场经济关系,保护公平交易、平等竞争,维护良好的市场秩序,对破坏市场运行的各种因素进行法律干预和制裁。

法律调控手段包括经济立法、经济司法、经济执法等形式,其核心是经济立法。

经济立法是由国家立法机关依照立法程序制定和颁布有关经济法律规范的行为。市场宏观调控的法律手段正是以此为依据,对市场运行过程进行的干预和调控。可见,完善的市场法律体系是运用法律调控手段的基础条件。

3.行政调控手段

行政调控手段是国家依靠行政组织,通过行政干预、行政措施等方式约束和调控市场运行的手段。具体表现在:批准和颁布具有强制执行效力的市场条例和规章制度;制定和下达指令性计划;制定和实施约束性政策;监督检查计划及政策的执行情况等。如制定国民经济和社会发展计划、颁布行政规章、行政命令、开展市场布局规划、建立市场组织机构、在非正常市场状况下的直接干预等,都属于市场宏观调控的行政手段。

行政手段是传统宏观调控中的主要手段,具有实施便捷、约束性强、时效显著等优点。但长期实践证明,过多使用行政手段容易割断经济运行的内在联系,造成地区封锁、市场分割,违背客观经济规律的要求,导致市场运行阻滞、市场经营僵化、市场功能萎缩、经济效率低下的严重后果。因此,在市场经济条件下,宏观调控应以经济手段和法律手段为主,有限制地使用行政手段,要严格控制行政调控的范围、对象、运用条件和时空区域,并使行政调控逐步走向法制化、规范化和制度化。

# 第三节　案例分析

## 案例37　从"储备冻猪肉投放"视角看政府市场管理

### 一、案例导读

政府和市场的关系问题,是一个世界性的问题,既是经济理论研究的焦点,也是各国经济发展实践中的难点。回望40多年的改革开放历程,我国坚持以发展为第一要务,不断理顺政府和市场的关系,取得了令世人瞩目的巨大成就。前进道路上,必须继续充分发挥市场在资源配置中的决定性作用,同时更好地发挥政府作用,激发各类市场主体活力。这对加快建设现代化经济体系、不断壮大我国经济实力和综合国力都具有重大意义。市场管理涉及政府和市场的密切配合,将行政手段、经济措施和思想教育、市场服务相结合,做到"管而不死,活而不乱"。猪肉价格的大涨,促使国务院及中央有关部门出手干预市场,并出台多项举措来稳定市场预期,例如投放储备冻猪肉。随着这些措施的施行,国内猪肉市场的价格逐步恢复平稳。本案例聚焦猪肉市场管理,从中对政府经济管理的相关问题展开讨论。

## 二、案例材料

2018 年 8 月,非洲猪瘟传入中国,按照以往的传播速度,大约是每个月传播 1.5 公里,但进入我国以后却是短短几个月横扫全国,谁也想不到会突然出现高肉价局面。2019 年全国共报告发生非洲猪瘟疫情 63 起,扑杀生猪 39 万头。从 2019 年 12 月 24 日开始,全国没有报告新发疫情,但因为中国非洲猪瘟病毒的污染面比较大,疫情发生和传播风险没有完全根除。2019 年 12 月,新冠肺炎病例在武汉出现,谁也没有想到,这个新型冠状病毒疫情只用了一个月不到的时间就肆虐大江南北,全国所有省市自治区无一幸免。自新冠肺炎疫情发生以来,受春节前后市场需求、生猪存栏供应不足等多种因素影响,全国不同地区猪肉价格相继出现持续上涨,群众反响较为强烈。针对该情况,国家采取多项措施积极应对,确保了国内市场猪肉价格上涨势头得到有效遏制并呈逐渐下降趋势,取得了阶段性成效。

(一)猪肉价格为何上涨?

1.受疫情影响

一方面,猪肉价格上涨主要是受非洲猪瘟疫情影响,生猪产能下降较多所致。按照生猪生产规律,从母猪怀孕到育肥猪出栏约需 10 个月。2018 年发生的非洲猪瘟疫情,导致从 2019 年下半年开始,生猪市场供应明显减少,价格较快上涨。2019 年 8 月份,全国 400 个监测县生猪存栏数环比减 9.8%、同比降 38.7%,能繁母猪存栏数环比减 9.1%、同比降 37.4%;此外,非洲猪瘟疫情发生后,生猪养殖业防疫工作成本的增加也助推了猪肉价格上涨。另一方面,从新冠肺炎疫情影响来看,生猪生产总体势头是好的,但新冠肺炎疫情出现后,也带来了不小的影响。比如饲料、兽药等生产物资运输受阻,部分养猪户出现了缺料问题;养殖场返乡人员回程受阻,造成了养殖场员工紧缺;受全国性延迟开工的影响,一些新建和改扩建的猪场大多不能正常开工,工程进度延迟。从市场供应来看,由于地区封锁,一些地方的猪肉供应偏紧,价格出现了一定幅度的上涨,同时有一部分人群对禽肉的消费产生疑虑,转而消费猪肉,一定程度上增加了猪肉价格上涨的压力。

2.周期性波动

科学研究表明,生猪价格波动具有较为明显的周期性特征,猪肉价格从上涨至高位再回落,一般需要几年时间。本轮生猪价格于去年跌至周期低点后,步入新一轮上涨通道,同时受非洲猪瘟疫情叠加影响,生猪产能下降明显,猪肉价格短暂调整后持续较快上涨。

3.市场机制作用

物以稀为贵,价格反映了市场供求关系的变化,当商品供大于求时市场价格就会下降,当商品供不应求时市场价格就会上升,猪肉价格也不例外。市场经济的一个特点就是通过价格变化来引导资源配置。

4.环保禁养扩大化

近年尤其是 2015 年以来,环保政策对生猪养殖的影响凸显。各地纷纷制定了划定禁养区和区内污染养殖户搬迁计划,层层加码扩大化,一刀切。

5.规模化养殖策略

规模化养殖升级导致散户大量退出,猪肉供给下降,但仍未改变我国散户养殖占比较高、规模化养殖率不高的格局。

**(二)多地政府有关部门加强猪肉市场价格监管，严查哄抬价格等违法行为**

例子一：福建省永泰县加强生猪及猪肉市场监督管理

为切实规范生猪生产经营行为，强化猪肉市场监督管理，防止病死猪肉、"白条肉"(未经检验检疫)或检验检疫不合格的猪肉及其制品进入市场流通，防控、杜绝食品安全风险隐患，切实保障猪肉市场质量安全，福建省永泰县加强生猪及猪肉市场监督管理，2019年1月出台了《关于加强生猪及猪肉市场监督管理的公告》。具体公告内容为：①自公告之日起，禁止福州市辖区以外任何地方的生猪及其产品进入永泰县。②福州市辖区内，永泰县以外的其他县市(区)经检疫合格的猪肉产品调入永泰县的，必须遵守相关管理规定，并同时持有《福建省动物准调证明》、《动物检疫合格证明(产品B)》及《肉品品质检验合格证》，且证物相符，缺一不可，否则视为无效证明。③永泰县辖区内经检验合格的猪肉产品进入市场、超市等场所必须同时持有效的《动物检疫合格证明(产品B)》和《肉品品质检验合格证》，并证物相符，否则视为无效证明。④有效的《福建省动物准调证明》、《动物检疫合格证明(产品B)》及《肉品品质检验合格证》，是指启运地符合上述要求，目的地是永泰县辖区内的某经营场所，否则均为无效证明。⑤经查获违规、无证、无效的证明和证物不符的生猪及猪肉产品，立即进行无害化处理，并按照《食品安全法》第一百二十三条规定：违法生产经营的食品货值金额不足一万元的，并处十万元以上十五万元以下罚款；货值金额一万元以上的，并处货值金额十五倍以上三十倍以下罚款；涉嫌犯罪的移送公安机关处理。⑥为保障猪肉市场价格平稳，猪肉批发价将参考周边县区三日均价，并在中心市场进行价格公示。

例子二：湖北省市场监管局加强猪肉市场价格监管

2019年12月，为规范猪肉及相关市场价格秩序，保持市场价格基本稳定，保障经营者、消费者合法价格权益，湖北省市场监管局日前发出通知，在全省组织开展猪肉及相关市场价格行为专项整治。根据通知要求，各地将以饲料生产与供应、生猪饲养、生猪屠宰、猪肉检疫、猪肉冷藏、生猪及猪肉运输、猪肉销售、餐饮等行业及领域的价格和收费行为为重点，不断加强监管，严厉打击滥涨价、乱收费等价格违法行为。

同时还组织开展市场重点检查和随机抽查，依法查处生猪生产、屠宰、检疫、运输过程中不落实收费减免政策等乱收费行为，不按规定明码标价、捏造散布涨价信息、串通涨价、价格欺诈、哄抬价格、价外加价、恶意囤积、质价不符等违法行为，以及与猪肉无关的趁机搭车涨价等行为。

例子三：浙江省温州市市监部门立案查处4起哄抬猪肉价格案

自新冠病毒防疫工作开展以来，截至2020年2月13日，温州市监部门针对猪肉价格检查农贸市场300多家，立案4件，均为哄抬价格。据介绍，防疫期间，前期温州市猪肉受疫情影响价格涨幅较为明显，为保障农贸市场猪肉价格稳定，市市场监管局联合多部门，对猪肉等生活必需品进行"拉网式"执法监督检查。

(1)加大监测分析力度。温州市市场监管局牵头市发改委、农村农业、商务、菜篮子公司等部门单位，召开保供稳价协调会，分析研究市猪肉价格上涨原因，制定落实保障生猪供应等保供稳价相关举措。从2月11日起，温州市开始对40家农贸市场的猪肉、蔬菜价格进行检测。2月13日,全市40家农贸市场价格监测显示,以精瘦肉45.15元/斤为例,13日比11日下降4.85%,比春节平均价格下降15.34%。

(2)加大检查执法力度。在全市范围开展猪肉价格专项执法检查,联合市农业农村局、鹿城市场监管局组成联合检查组,深入市区农贸市场开展疫情防控期间的生活用品价格监督检查。重点加强对屠宰厂生猪进价、白肉售价、鲜肉市场批发价和零售价的执法检查力度,严厉打击囤积居奇、串通涨价、哄抬物价等违法行为。

(3)加大约谈告诫力度。联合农业农村部门集体约谈大型生猪养殖企业,与生猪养殖企业、猪肉批发商、零售经营户签订《关于保持农贸市场猪肉价格稳定的倡议书》和《价格承诺书》2423份,要求经营户严格遵守相关价格政策,实行依法经营。对检查中发现经营者存在没有严格执行价格公示、明码标价不规范等问题,予以当场纠正。积极引导经营者加强行业自律,规范价格行为,提醒告诫经营者严禁利用疫情期间采取价格欺诈、哄抬物价等违法行为,共同维护市场价格秩序。畅通投诉举报渠道,及时回应社会关切。截至2月13日,全市市场监管系统共受理价格投诉举报1082件,已办结1028件。

例子四:湖南省衡南县查处经营户哄抬猪肉价格

2020年2月18日,衡南县市场监督管理局云集监管所接群众反映,黎托农贸市场猪肉摊贩哄抬物价,云集监管所迅速查处了该起哄抬猪肉价格的违法行为。经查猪肉摊贩以28元/斤的价格购进猪肉,以肉35元/斤、排骨40元/斤的价格进行销售,较大幅度超出了市场猪肉销售价。按照国家市场监管总局《市场监管总局关于新型冠状病毒感染肺炎疫情防控期间查处哄抬价格违法行为的指导意见》以及相关规定,该经营户已构成了哄抬物价的违法行为。云集监管所依法对该经营户所卖猪肉予以扣押,查封店铺,责令其停业整顿,并作进一步调查。

衡南县市场监督管理局市场规范管理股股长蒋曦告诉记者,市场监督管理部门在疫情防控期间,对哄抬物价、囤积居奇将坚决予以打击,也希望广大经营者,在疫情防控期间,发挥学雷锋精神,不涨价不囤货,共同抗击疫情。据介绍,疫情防控期间,云集监管所针对粮油、肉、蛋、菜、奶等基本民生商品价格进行专项"拉网式"执法监督检查,严厉打击囤积居奇、串通涨价、哄抬物价等违法行为。截至当日,该监管所先后提醒、约谈经营户15家,查处哄抬物价违法行为3起。

(三)猪肉价格持续走高,国家各部门和省份如何稳肉价?

1.国家相关部门合力出政策组合拳

(1)国务院:五项措施稳定猪肉生产保障猪肉供应

2019年8月21日,国务院总理李克强主持召开国务院常务会议,确定稳定生猪生产和猪肉保供稳价措施。会议确定了五项措施,稳定生猪生产,保障猪肉供应;综合施策恢复生猪生产;地方要立即取消超出法律法规的生猪禁养、限养规定;发展规模养殖,支持农户养猪,取消生猪生产附属设施用地15亩上限;加强动物防疫体系建设,提升疫病防控能力;保障猪肉供应,增加地方猪肉储备。

2019年8月30日,全国稳定生猪生产保障市场供应电视电话会议召开,中共中央政治局委员、国务院副总理胡春华强调,要迅速采取有力措施稳定恢复生猪生产,确保猪肉供应和市场价格基本稳定。

（2）国家发改委：重点扶持养殖，增加猪肉供应

国家发改委已出台了财政、金融和土地等多项扶持政策，重点支持种猪场、规模养殖场恢复和扩大产能。同时，积极引导肉鸡等养殖行业扩大生产，增加替代品供应。与此同时，为应对猪肉价格大幅波动，2019 年 4 月份以来，全国已经有 29 个省份启动了价补联动机制，共计发放价格临时补贴超过 20 亿元，补贴困难群众 8000 余万人次。按人均每天 2 两肉测算，精瘦肉价格上涨 10%，每人每月可能增加支出 10 元左右，按价补联动机制发放的补贴，能够保障困难群众基本生活不受大的影响。

（3）商务部：适时投放中央储备冻猪肉和牛羊肉，增加肉类市场供应

商务部新闻发言人高峰在 8 月 29 日的新闻发布会上表示，商务部将密切跟踪市场动态，会同相关部门适时投放中央储备冻猪肉和牛羊肉，增加肉类市场供应。同时，指导产销区建立稳定的购销协作关系，促进区域间产销衔接，畅通肉类供应渠道。此外还将按照市场化的原则，继续鼓励扩大猪肉进口。

（4）农业农村部：年出栏 5000 头以上的规模猪场给予短期贷款贴息支持

2019 年 6 月 3 日，农业农村部办公厅联合财政部办公厅下发《关于做好种猪场和规模猪场流动资金贷款贴息工作的通知》，提出各地可根据实际，对具有种畜禽生产经营许可证的种猪场（含地方猪保种场）及年出栏 5000 头以上的规模猪场给予短期贷款贴息支持。农业农村部有关负责人表示，进口猪肉主要起到调剂供需余缺作用，从美国进口的猪肉占国内产量的比重还不到 0.2%，中美经贸摩擦对我国的猪肉供应和猪肉价格基本没有影响。

（5）交通运输部：自 2019 年 9 月 1 日起，仔猪及冷鲜猪肉运输恢复"绿色通道"

2019 年 9 月，交通运输部联合农业农村部印发《关于对仔猪及冷鲜猪肉恢复执行鲜活农产品运输"绿色通道"政策的通知》，明确自 2019 年 9 月 1 日起至 2020 年 6 月 30 日期间，对整车合法运输仔猪及冷鲜猪肉的车辆，免收车辆通行费。

（6）自然资源部：允许生猪养殖用地使用一般耕地

自然资源部发布通知，明确生猪养殖用地作为设施农用地，按农用地管理，不需办理建设用地审批手续。在不占用永久基本农田的前提下，合理安排生猪养殖用地空间，允许生猪养殖用地使用一般耕地，作为养殖用途不需耕地占补平衡。生猪养殖圈舍、场区内通道及绿化隔离带等生产设施用地，根据养殖规模确定用地规模；增加附属设施用地规模，取消 15 亩上限规定，保障生猪养殖生产的废弃物处理等设施用地需要。

2.地方各省份出招稳肉价，让群众"有肉吃"

（1）广东省：将最低生猪出栏量纳入"菜篮子"市长负责制考核

广东省农业农村厅、广东省发展和改革委员会等 12 部门联合发布《关于印发我省促进生猪生产保障市场供应十条措施的通知》。《通知》内容囊括了十条保障猪肉市场供应、稳定猪肉市场价格的实质性政策手段。其中落实"菜篮子"市长负责制考核一条最受关注。该条措施要求，各地级以上市生猪出栏量，不得低于《广东省生猪生产发展总体规划和区域布局（2018—2020 年）》规定的目标任务，并要将最低生猪出栏量纳入"菜篮子"市长负责制考核。具体来看，两年内广东省生猪出栏规划最低目标要达到 3400 万头和 3300 万头。与此同时，广东省发展改革委还建立完善物价补贴联动机制，给低收入群体

发放价格补贴。据初步统计,2019 年 1—7 月广东省共发放价格临时补贴约 1.2 亿元,惠及困难群众约 270 万人。

(2)浙江省:规模养殖场引进种猪,每头临时补贴 500 元

浙江省制定《浙江省人民政府办公厅关于进一步促进生猪生产保障市场供应的通知》,八条举措稳定生猪生产,保障市场供应,有不少直接惠及养殖户的措施。其中,在"积极发展生猪绿色养殖"一条中,提出为推动解决不敢养、不想养问题,支持防疫条件较好、粪污处理能力有富余的规模猪场及空栏场从本省种猪场引种,浙江省级财政对规模养殖场 2019 年 7 月 1 日至 12 月 31 日从本省种猪场引进的种猪,每头给予 500 元的临时补贴(本省无法一次性供种,经批准确需从省外引种的可给予补贴)。

(3)江西省:安排 400 万元用于种猪场生产救助补助

2019 年江西省级财政安排资金约 400 万元,用于种猪场生产救助补助,切实稳定生猪基础产能,加大种猪基础产能保护力度。

(4)四川省:将实行生猪生产红线制度

面对不断上涨的猪肉价格,2019 年 8 月 19 日,四川省农业农村厅牵头起草了《关于印发全省促进生猪生产 保障市场供应九条措施的通知(征求意见稿)》,致力于促进生猪生产和保障市场供给。《通知》共提出了九大措施。其中第六条提出实行生猪生产红线制度,各市(州)生猪出栏量不得低于《川猪产业振兴方案》规定的四川省生猪生产基本保障任务,省政府将最低生猪出栏量作为"菜篮子"市长负责制最重要的考核内容。

(5)江苏省:提高保险金额,降低生猪养殖风险

2019 年 8 月 19 日,江苏省农业农村厅、省财政厅、省农业保险工作领导小组办公室、中国银保监会江苏监管局四部门联合印发《关于促进生猪生产恢复发展有关扶持政策的通知》,通知明确对种质资源和规模猪场购买种猪实施补助,突出扶持生猪养殖重点县和规模猪场完善防疫设施等,保护生猪生产基础,提高养殖场生物安全水平。江苏省级财政已于 2019 年 7 月底下达 2.61 亿元补助资金。将能繁母猪、育肥猪保险金额分别从 1000 元/头、600 元/头提高到 1200 元/头和 800 元/头,降低生猪养殖风险。

(6)广西壮族自治区:临时干预最高限价,市民每日限购 1 公斤

2019 年 9 月 1 日,广西南宁市发展和改革委员会网站发布了《南宁市猪肉价格临时干预最高限价通知书》,称 9 月 1 日至 9 月 10 日,南宁市青秀区麻村农贸市场、华园农贸市场等多个农贸市场的猪肉价格临时干预,最高限价需按规定执行,以麻村农贸市场为例,在此期间,其精瘦肉最高限价为 28.6 元/斤;五花肉则为 22.3 元/斤。根据通知,从 2019 年 9 月 1 日起,南宁市在青秀区麻村农贸市场等 10 个市场设立定点摊位。每个摊位每日上午 9 时起,按市商务部门规定的限量,以低于前 10 日市场均价 10% 以上的价格,向市民销售精瘦肉、前后腿肉、五花肉和排骨,每位消费者每日限购 1 公斤。

(7)福建省:所有平价猪肉都实行限售限购措施

2019 年 8 月 27 日,福建尤溪县人民政府官网发布消息称,决定在中秋国庆期间启动平价商店运行机制。平价商店启动时间为每周星期六、星期日两天及中秋、国庆节假日期间(为期 18 天),按照规定,平价猪肉销售品种确定为五花肉、腿肉、瘦肉、排骨等,每个品种猪肉销售价格应当低于市场平均价的 15%。所有的平价猪肉都实行限售限购措施,

即:五花肉、腿肉每家商超每天各限售200斤,瘦肉、排骨每家每天各限售100斤;居民购买每人每次限购两个品种以内,单品限购2斤。

至此,多省份纷纷出台相关政策,采取限价、补贴、投放储备冻猪肉等多种方式,控制猪肉价格上涨给消费者带来的影响。

**(四)猪肉价格何时才能下降,回落到20元左右还有可能吗?**

从2019年开始,猪肉价格就进入了猛涨阶段,一度让居民叫苦不堪。猪肉价格猛涨主要是因为此前的非洲猪瘟,导致生猪存栏量减少。猪肉作为刚需物品,供不应求时,价格自然就飞快上涨,涨到了10年以来的最高价,顶峰的时候一斤猪肉价格甚至高达50元。50元一斤的猪肉这着实是让人消费不起,毕竟平常的老百姓家谁能天天这么吃肉呢。

2020年的猪肉价格从春节期间重新变得强势,尤其是生猪价格,一度冲到20元大关。按照仔猪2000多元一头的价格,按照20元一斤的价格出售生猪,也有将近2000元的利润。但是2020春节期间暴发的新冠肺炎疫情,又给生猪养殖带来了不确定性。目前生猪价格与猪肉价格上涨主要还是因为肺炎疫情的影响。疫情导致很多地区封路,使得生猪难以运输,直接造成了市场上的猪肉供应减少,猪肉价格也就迎来了上涨。

目前,虽然各地都有些许企业复工,但还是有诸多企业没有如期开工。如果说市场上的生猪能够恢复流通的话,那么猪肉价格还是会迎来下降的,不过回落到20元以下还是不太可能,只能说会有小小的下降,大降可能性较小。对于目前的猪肉价格,国家也出台了相应的政策,投放了大量的储备猪肉。据了解,自疫情发生以来,在餐饮行业停业、活禽市场关闭、部分地区道路封锁、家禽屠宰复工推迟等多重因素的影响下,我国禽肉生产受挫、销售受阻,养殖场户损失较大。

而针对此现状,农业农村部表示,要着力推进生猪生产经营秩序恢复正常,继续坚持生猪生产恢复和非洲猪瘟防控两手抓。同时加强新冠肺炎疫情防控,确保在2020年底前生猪产能恢复至接近常年正常水平。

**(五)中央增加冻猪肉储备投放,猪肉保供稳价政策逐步落地见效**

1.2019年12月猪肉价格连续两周下降

自2019年以来,受非洲猪瘟等因素影响,猪肉价格有所上涨,但总体上看,这一上涨势头已经有所降温。2019年12月份,猪肉价格持续回落,商务部官网数据显示,猪肉批发价格已连续两周下降,带动其他肉类价格回落。12月16日至22日,猪肉、牛肉、羊肉批发价格分别为每公斤43.76元、67.7元和63.27元,分别下降0.3%、0.7%和0.7%;12月9日至15日肉类价格以降为主,其中猪肉、羊肉批发价格分别为每公斤43.91元和63.72元,分别下降0.8%和0.1%。

2.积极扩大进口,优化进口肉产品准入程序

在加快恢复生猪生产、投放中央储备猪肉的同时,我国也在积极扩大猪肉等肉类进口,满足百姓需求。为支持扩大猪肉等肉产品进口,我国积极扩展多元化进口来源,2019年全年新增16个国家肉产品准入。2019年11月,我国进口肉类64.4万吨,同比增长82%,其中进口猪肉23万吨,同比增长151.2%。由于生产准备、运输等因素,大部分前期新批准注册企业生产的肉产品将陆续到港。

国家发展改革委新闻发言人孟玮日前表示,在增加猪肉进口的同时,还将扩大牛肉等肉类进口,保持"两节"期间肉类市场供应充足。

3.中央积极投放储备冻猪肉,增加市场供应

自2019年6月以来,受非洲猪瘟等因素影响,猪肉价格有所上涨。为了增加猪肉的市场供应,2019年全年,商务部已会同相关部门总计投放中央储备冻猪肉14万吨、牛羊肉7300吨。

为了增加肉类市场供应,商务部会同有关部门制定了2020年"两节"储备肉的投放方案,并指导地方加强储备肉的投放。自2019年12月中旬以来,投放中央储备冻猪肉已有17.7万吨,向青海、宁夏、西藏、新疆、甘肃等少数民族集聚地区定向投放了中央储备的冻牛肉和冻羊肉2000吨,地方投放储备猪肉达12万多吨。不过,虽然节前各地生活必需品市场运行总体平稳,但受消费需求增加、雨雪天气增多等因素的影响,猪肉和蔬菜的价格都略有上涨。中央储备冻猪肉的投放对于猪肉保供稳价起到重要作用。2019年12月份第1批储备肉投放之后,市场的活猪价格出现了比较明显的下跌。2019年12月10日的活猪价格大概是34.45元/公斤,到了12月13日下跌到了33.4元/公斤。不少消费者都说,终于没前段时间那么"肉疼"了。临近年关,各地也是持续出招,通过发放补贴、安排扶持资金等多种措施,为猪肉市场保供稳价。在南宁华园市场的平价猪肉摊,价格牌上的精瘦肉最高限价27.8元/斤,摊主们表示,他们都已经领到了每头猪150斤的补贴。

由于新冠肺炎疫情的影响,交通管制、屠宰企业延迟开工等,生猪产能下降了,并且其他的生猪难以供应到市场上,因此猪肉价格又开始走高了,目前市场上价格普遍在20—35元/斤。不单单是市场涨价直观,国家统计局的数据也显示,1月份猪肉价格环比上涨了8.5%,CPI同比已经上涨了5.4%。不过,今年2月12日,华储网发布中央储备冻猪肉投放交易竞价的通知,交易量为2万吨,交易时间为2月14日13时至16时。据相关统计显示,2020年储备肉投放情况为1月3日投放3万吨,1月9日投放2万吨,1月17日投放3万吨,1月21日投放2万吨,2月7日投放1万吨,2月14日投放2万吨,2月21日投放2万吨。截至2月21日,2020年投放的第7批中央储备冻猪肉,投放量累计15万吨。冻储肉不但经济实惠,而且国家一直在保障供给,老百姓能够切实感受到保供稳价的主基调并未改变。春节以来,在猪肉供应总体较为紧张的情况下,中央和地方连续投放冻猪肉储备,猪肉市场价格在高位保持了相对平稳的运行态势。

(案例来源:永泰县人民政府办公室.关于加强生猪及猪肉市场监督管理的公告[EB/OL].(2019-01-19)[2021-12-31]. https://www.sohu.com/a/290169864_349473.;佚名.猪肉价格为何上涨?何时能正常?官方解读来了[EB/OL].(2019-09-24)[2021-12-31]. https://www.thepaper.cn/newsDetail_forward_4509525.)

**案例思考:**

1.结合案例分析,政府进行猪肉价格调控有何必要性。

2.结合案例分析,如何推进政府的市场管理职能转变,从而发挥好"市场监管者"的作用。

3.结合案例分析,为有效控制猪肉市场价格,政府已采取及可以采取的举措有哪些?

### 三、案例分析参考

**1.结合案例分析,政府进行猪肉价格调控有何必要性。**

(1)社会主义社会的性质决定了国家需要通过宏观调控维护好人民利益,实现共同富裕的目标。而案例提及的猪肉价格上涨的现象造成民众日常生活成本增加,特别是给低收入人群带来了较大的生存压力,而要实现共同富裕则需要尽可能地减轻低收入人群的生存压力,因此政府进行猪肉价格调控很有必要。

(2)市场具有的自发性、滞后性以及盲目性,客观上要求政府进行宏观调控从而避免市场调节的这些弊端。猪肉价格的上涨反映了猪肉供不应求的情况,按照市场经济的价格决定机制,稀缺物品的价格上涨是必然逻辑;然而猪肉价格的上涨又势必会给民众生活带来较大的影响,因为在我国居民的日常膳食结构中,猪肉具有十分重要的地位,因此就需要政府通过宏观调控对猪肉价格进行必要的规范。

(3)稳定物价是宏观调控的重要目标之一。政府宏观调控追求经济增长、物价稳定与国际收支平衡,物价稳定作为宏观调控的重要目标之一,需要通过有效手段的调控,确保物价稳定以抑制通货膨胀给民众生活带来的困扰;而猪肉价格调控在物价调控当中又具有十分重要的地位,需要予以高度重视和有效干预。

**2.结合案例分析,如何推进政府的市场管理职能转变,从而发挥好"市场监管者"的作用。**

要推进政府的市场监管职能转变,发挥好"市场监管者"的作用,重在实现由行政监管为主向法治监管为主的转型,以强化以法治为基础的市场监管。

其一,组建综合性、权威性的市场监管机构。近些年国家出台了一些市场监管的法律法规,但部分法律法规的执行效果不好,一个重要原因就在于审批权与监管权长期不分。应把行政审批与市场监管职能严格分开,尽快从国家层面整合监管机构,组建综合性、权威性的市场监管机构。

其二,调整市场监管权力结构,建立决策和执行严格分开的执法监督机构。案例提及的一些哄抬猪肉价格的现象需要通过强化监督来应对。新组建综合性市场监管机构,作为执行机构依法设定,强化消费市场监管的综合性、统一性、有效性。

其三,形成政府监管与行业自律、社会监管的合力。案例提及的哄抬猪肉价格的行为需要整合多方力量以形成监管合力。从现实看,我国行业协会监管仍处在法律、法规缺失的状态。这就需要依法赋予行业协会等社会组织在行业监管、企业自律中的法律地位。包括:依法支持各个行业的企业在自愿的基础上联合建立各类行业协会;由行业协会承接政府下放的行业管理职能,重点强化行业自律和社会监督。

**3.结合案例分析,为有效控制猪肉市场价格,政府已采取及可以采取的举措有哪些。**

积极运用经济调控手段、法律调控手段和行政调控手段进行猪肉市场价格的管理:

(1)政策扶持生猪养殖

案例提及的猪肉价格上涨现象反映了生猪供不应求的状态,为此需要增加供给。政府出台了生猪养殖的支持政策,涵盖生猪养殖的各个方面,从养殖用地到绿色通道,从补贴补助到低息贷款,从各个方面对生猪养殖给予优惠;取消生猪生产附属设施用地十五亩上限,允许使用一般农田进行生猪养殖,且不需要进行占补平衡;此外对生猪的出栏及引种也都进行补贴。

（2）投放冷冻肉

案例提及的猪肉价格上涨问题需要增加供给来应对,而投放冷冻肉便是增加供给的其中一个手段。为了缓解猪肉市场的供应压力,保障正常的用肉需求,政府积极向市场分批分次投放储备猪肉、储备牛肉和储备羊肉,从而减轻猪肉的供应压力,抑制猪肉价格上涨趋势。

（3）增加猪肉进口

案例提及的猪肉价格上涨的问题可以通过借用外部资源进行应对。在猪肉价格上涨、生猪出栏量不断下降的趋势下,政府增加对荷兰、美国等地区的猪肉进口规模,以平衡国内的猪肉供需。

（4）加强流通渠道和屠宰企业管理

案例提及的猪肉价格上涨的问题还可以通过微观管控进行应对。在生猪的供应量减少后,政府应积极要求各地商贸流通主管部门与屠宰企业一道多方开辟生猪收购渠道,以确保猪源供应,稳定生猪的宰杀量;同时加强对屠宰企业的管理,禁止屠宰企业趁机进行猪肉的囤积从而谋取高额的利润回报;对屠宰企业进行严格的检疫检验制度,防止病死的猪肉流入市场而对人民群众的身体健康造成危害。

**参考文献:**

[1]梁帆,路剑.非洲猪瘟影响下河北省生猪产业结构变化分析[J].黑龙江畜牧兽医,2021(14):23-29.

[2]贾铖,夏春萍,覃琼霞.新冠肺炎疫情对我国猪肉价格的影响[J].中国农业大学学报,2021,26(7):259-271.

[5]何世成,王昌建,林源,等.湖南省猪肉及相关产品非洲猪瘟监测与分析[J].中国兽医学报,2020,40(2):254-256.

# 案例38 住房市场乱象丛生:重拳整治正当时

## 一、案例导读

住房市场是我国住房供应体系的重要组成部分,实行租购并举、培育和发展住房市场,是深化住房制度改革的重要内容,也是实现居民住有所居目标的重要途径,对于盘活存量房源、促进人口有序流动进而推进新型城镇化建设都有重要意义。但目前的住房市场整体规模不成体系,私人住宅出租占绝对比重,出租方式以个人和小规模中介为主,零散性和流动性均较强。此外,住房市场信息不对称现象较严重,一些投机分子、行骗分子利用自身在信息方面的优势地位攫取不正当利益,"黑中介"、房屋被多次转租等乱象不时发生,使得购房者或承租人的基本权益受到损害。本案例聚焦住房市场,从中对政府经济管理的相关问题展开讨论。

## 二、案例材料

租赁住房是解决进城务工人员、新就业大学生等新市民住房问题的重要途径。近年来，我国住房租赁市场快速发展，为解决新市民住房问题发挥了重要作用。但住房租赁市场秩序混乱，房地产经纪机构、住房租赁企业和网络信息平台发布虚假房源信息、恶意克扣押金租金、违规使用住房租金贷款、强制驱逐承租人等违法违规问题突出，侵害租房群众合法权益，影响社会和谐稳定。

**材料一：让"打工人"放心租房！11月以来5地发文规范市场**

目前中国房屋租赁人数已超2亿人，然而今年以来，已有超30家长租公寓相继出问题，为租客带来很大困扰。如何让在外漂泊的"打工人"住得安心，成为监管部门的关注重点。

**广州等5地发文规范住房租赁市场**

据中新经纬不完全统计，11月以来，至少已有重庆、深圳、武汉、西安、广州等5地发文规范住房租赁市场，这些城市政策内容各有侧重。

其中，租金监管方面，重庆指出，承租人向住房租赁企业支付租金周期超过三个月的，住房租赁企业收到的租金和以房屋租赁贷款方式获得的资金均应监管。承租人向住房租赁企业支付租金周期在三个月以内的，由承租人自主决定是否将租金存入监管账户管理。存入监管账户的租金在住房租赁企业、承租人和承办银行签订住房租赁资金监管协议生效后的次月，按月划转给住房租赁企业。

部分长租公寓采取"高进低出""长收短付"造成"跑路"等问题，已经引起政府部门高度重视和社会密切关注。深圳、武汉两地明确，住房租赁企业不得通过"高进低出""长收短付"等方式，恶意提高或降低租赁价格、侵害房屋权利人和承租人的长期合法权益。一经发现，房管部门将发布相关行业风险提示。同时，住房租赁企业不得以隐瞒、欺骗、强迫等方式要求承租人使用住房租金消费贷款，不得以租金分期、租金优惠等名义诱导承租人使用住房租金消费贷款，不得将住房租金消费贷款相关内容嵌入住房租赁合同。

"高进低出"是指支付房屋权利人的租金高于收取承租人的租金，"长收短付"即收取承租人租金周期长于给付房屋权利人租金周期。同时，深圳、武汉两地还在新规中要求，住房租赁企业与房屋权利人或者承租人的房屋租赁纠纷无法协商解决的，应当通过人民调解、诉讼、仲裁等法律途径解决，不得采取暴力威胁、恐吓、断水断电等暴力手段驱逐承租人。

此外，西安拟对住房租赁企业信用分级，同时拟规定：通过虚假出租、虚假网签备案等骗取奖补资金及以明显高于市场价抢占租赁房源，并造成不良社会影响的，信用分直接扣减为零，并列入"黑名单"；从业人员在租赁经营服务过程中涉及刑事犯罪的，信用分直接扣减为零，将人员及企业直接列入黑名单。

**专家：规范租赁市场，保障租客和房东权益**

易居研究院智库中心研究总监严跃进对中新经纬客户端表示，类似规范防范了"爆雷"事件，保护了租客和房东，尤其是保护租客的权益。租客本身对此类长租公寓比较信任，但如果没有较好的保障，就会失去租赁信心。

诸葛找房数据研究中心分析师陈霄指出,对于租客和房东来说,加强租赁市场监管,租赁行业更加规范化,能使自身合法权益得到保障,利于减少维权事件的发生。近期出台的租赁市场管理条例中,涉及加强信用管理体系的建立、加强住房租赁资金监管等内容,表明了政府对规范住房租赁市场秩序、堵住长租公寓监管漏洞的决心,对于整治长租公寓乱象有一定的积极作用。从未来政策走向来看,加强租赁资金监管将成为一个重要方向。广东省住房政策研究中心首席研究员李宇嘉也持相同看法,他对中新经纬客户端表示,未来的政策走向,还是要对长租公寓租金贷加强监管,租金贷一定要控制一定的比例,而且不能让小贷机构去参与,不能以高利贷的形式来进行。

若不幸遇到长租公寓出问题,租客应该怎么办呢?诸葛找房数据研究中心指出,不要过于惊慌失措,保持冷静的心态,首先可以与机构协商解决方式,在寻求无果的情况下,也可以积极运用法律途径维权。在遭遇房东驱赶时,租户可以通过司法程序维护自身的合法权益。对于因平台责任造成租户无法继续承租,租客可以要求平台方承担损失和相关赔偿;即使公司破产也可以在未来的破产清算流程中依法按照比例获得赔偿。

**长租公寓行业如何健康发展?**

对于长租公寓行业现状,我爱我家董事长兼总裁谢勇指出,当前,行业内存在一股思潮误区,以为采用互联网行业普遍采用的"烧钱"模式,"烧"成行业老大,就能掌控定价权,然后再通过涨价达到盈利目标。这种违反商业规律及商业本质要求的行为,难免对行业产生短期的负面冲击。

如何才能让长租公寓健康发展?景晖智库首席经济学家胡景晖在接受中新经纬客户端采访时说,造成长租公寓行业今天局面的原因很简单,即如同P2P、共享单车等问题一样,"新兴行业在资本的夹持下严重跑偏,让社会和消费者付出了沉重的代价。"他认为,一方面要鼓励创新,同时也要加强监管,二者不可偏废。

严跃进表示,对于租赁市场来说,蛋壳公寓事件引起了很多问题和反思,加强监管也是必然的。对于长租公寓市场,也需要研究市场需求。但从近期的企业运作来说,加强监管是第一步。对于违规操作和有风险的经营模式,近期确实需要纠偏,这是很关键的内容。

胡景晖提到,9月7日,住建部发布《住房租赁条例(征求意见稿)》,通过加强立法、加强行业监管、资本市场改革、农村土地入市、国家队进场等,长租公寓行业未来可以积极健康发展。只是如今第一波"拍死在沙滩上",如果监管对中国的长租公寓进行20年系统性产业规划,辅之以立法和行业管理,行业前景依然非常光明。

(案例来源:熊家丽,董湘依.让"打工人"放心租房 11月以来5地发文规范市场[EB/OL].(2020-12-16)[2021-12-31]. https://baijiahao.baidu.com/s? id=16861608662791031474&wfr=spider&for=pc.)

**材料二:租房问题层出不穷 大城市住房短板该如何补齐?**

"大力发展租赁住房,解决好大城市住房突出问题。"在近日召开的全国住房和城乡建设工作会议上,这成为2021年住房和城乡建设工作的8个重点之一。

中国社会科学院财经战略研究院近日发布的《中国住房发展报告(2020—2021)》称,目前住房租赁市场的问题层出不穷,"爆雷"事件频频发生。

在接受《法治日报》记者采访的专家看来,住房租赁市场存在的问题背后,根源是租房需求量大而供应不足,这种情况在大城市尤甚。

专家建议,住房租赁市场已经进入以存量房源为主的阶段,规范住房租赁市场健康发展,既需要重视保障性租赁住房建设,也需要尽快出台住房租赁条例,为住房租赁市场提供完善的制度保障。

### 租房问题层出不穷,源自供需矛盾突出

张先生是安徽人,毕业后到北京闯荡,如今工作刚满一年,但他已经感受到了在大城市租房的不易。

张先生对《法治日报》记者说,他在一家中介的 App 上租了一套三居室其中的一间,面积不到 10 平方米,每月租金 3000 元,几乎占到他工资的一半,"生活毫无幸福感可言"。

毕业不到一年,搬了 3 次家,这是柳先生的租房经历。柳先生在北京一家事业单位工作,通过一家中介租房。

据柳先生介绍,签约时,中介口头说租金支付方式是押一付三,但在合同里又把第二季度的租金设置为提前一个月交纳,实质上是一个押二付三的租房合同。"当中介找我要第二个季度房租时,我和他们协商能否将租期缩短到一个季度,我以一个月的押金作为赔偿。中介坚决不同意,并且说如果我不履行合同就得立即搬离。"

为了不被克扣押金,柳先生尝试通过向法院起诉、举报隔断违规、拨打 12345 热线请求调解等方式解决问题。最后,中介公司作出妥协,称愿意将租期缩短为一个季度。

"但是,在最后退费的过程中,中介公司又变卦了,让我负担拆除隔断的费用。"柳先生说。

不只是租客,出租房屋的房东也会遇到困扰。

家住北京的张女士和丈夫都已退休,他们有 3 套房子,一套房用来居住,另外两套房子都租了出去。有时候找不到合适的租客,他们的房子一空就是大半年。

2020 年 9 月,《2020 中国青年租住生活蓝皮书》发布,其中称,城市租住生活已成为超 2 亿人的选择。

2020 年 12 月下旬,58 同城、安居客联合发布的《2020 年中国住房租赁市场总结报告》称,一线城市中,北京的租房需求量为全国第一,其次为上海、深圳、广州。房屋设备损坏没人维修、合适的房源少、房源信息有误、不退或少退押金是租房时常见的痛点。

2020 年 12 月下旬,中国社会科学院财经战略研究院发布《中国住房发展报告(2020—2021)》称,目前住房租赁市场的问题层出不穷,"爆雷"事件频频发生。

中国社会科学院城市与竞争力研究中心主任倪鹏飞在提供给《法治日报》记者的报告文本中称,大城市住房供需矛盾依然比较突出。

北京大学法学院房地产法研究中心主任楼建波在接受《法治日报》记者采访时也提出,住房租赁市场问题的存在,实际上反映了租房市场上供不应求的问题。

首都经济贸易大学教授、北京市房地产法学会副会长兼秘书长赵秀池告诉《法治日报》记者,住房问题在大城市最为突出。如今,住房租赁市场已经进入以存量房为主的阶段,突出的问题是如何实现租售并举与促进租赁市场健康发展。

### 健全完善法规制度,规范租赁市场秩序

"大城市住房突出问题"已经进入国家议事日程。

2020 年 12 月 16 日至 18 日,中央经济工作会议举行,其中强调要解决好大城市住房突出问题。

具体措施之一是,要高度重视保障性租赁住房建设,加快完善长租房政策,逐步使租购住房在享受公共服务上具有同等权利,规范发展长租房市场。

其他措施还包括:降低租赁住房税费负担,整顿租赁市场秩序,规范市场行为,对租金水平进行合理调控等。

2020 年 12 月 21 日,全国住房和城乡建设工作会议召开。会议提出 2021 年住房和城乡建设工作的 8 个重点之一是,大力发展租赁住房,解决好大城市住房突出问题。

"加强住房市场体系和住房保障体系建设,加快补齐租赁住房短板,解决好新市民、青年人特别是从事基本公共服务人员等住房困难群体的住房问题。"会议称。

住房和城乡建设部还要求,加快构建以保障性租赁住房和共有产权住房为主体的住房保障体系。扩大保障性租赁住房供给,做好公租房保障,在人口净流入的大城市重点发展政策性租赁住房。规范发展住房租赁市场,加快培育专业化、规模化住房租赁企业,建立健全住房租赁管理服务平台。整顿租赁市场秩序,规范市场行为。

值得注意的是,2020 年 12 月 29 日,在北京市"回顾'十三五'、展望'十四五'"系列主题新闻发布会上,北京市住建委副主任张国伟提出,计划于 2021 年向市场供应集租房5000 套左右,重点解决新市民等群体过渡性居住需求。

同一天,上海市政府常务会议原则同意《关于进一步整顿规范本市住房租赁市场秩序的实施意见》,就整顿规范上海市住房租赁市场秩序进行部署。

**规范住房租赁市场秩序已然成为监管机构的共识**

对于住房租赁市场,倪鹏飞给出的建议是:启动实施"租售结合"的"新市民安居工程",建立"租售结合"的住房体系;实施"322"新市民安居工程,即挖掘空间潜力、业态潜力和人群潜力这三大潜力,着眼于大都市周边和城市主城区内两大空间,采取购买和租赁两种形式。

在倪鹏飞看来,解决住房租赁市场问题的重点是健全新市民租赁住房体系,与此同时,要完善保障性租购住房的保障机制。

华东政法大学法律学院副院长陈越峰在接受《法治日报》记者采访时认为,租赁市场的规范和未来发展,既需要发挥市场机制在资源配置上的决定性作用,又需要更好地发挥政府在居住保障和市场监管方面的重要作用,建构多级多样、分类分层、规范稳定的租赁市场供给体系和合法合规的租赁市场。

陈越峰对《法治日报》记者提出建议:对于通过市场机制难以解决的信息不对称、保障性居住需求、权益保障等问题,可以通过科学立法完善规则、严格执法加强事中事后监管等举措加以解决。

在楼建波看来,住房和城乡建设部已经就《住房租赁条例(征求意见稿)》征求过公众意见,"我们一定能通过法规制度的完善,让租赁市场变得更好"。

**租购住房同等权利,切实保障居住权益**

在中央经济会议上,"逐步使租购住房在享受公共服务上具有同等权利"被摆上重要的位置。

其中,"公共服务"包括户籍、教育、社保、养老、医疗等多个方面。

赵秀池认为,买房得到的是产权,租房得到的是使用权,二者本身享有的权益不同,但如果两者享有的公共服务相同,则会极大促进租赁市场的发展。

2020年12月22日,江苏省苏州市公布《关于进一步推动非户籍人口在城市落户的实施意见》,其中提到,落实租赁房屋常住人口在社区公共户落户政策,经房屋所有权人同意可以在房屋所在地落户,也可以在房屋所在地的社区落户,破除隐形门。

实际上,早在苏州之前,江苏省无锡市、山东省济南市等数十座城市已经出台租房可落户的相关规定。

赵秀池表示,在租购并举的背景下,"租房即落户"降低了人口入驻的成本,有利于吸引人才,是租购同权实现的重要一步。

针对部分城市推出租房也能落户政策及其背后的租购同权问题,陈越峰认为,城市政府购房落户、人才落户乃至租房落户的政策值得肯定。在基本民生层面,更重要的是采取各种有效措施切实保障城市实有人口的居住权益,实现"居者有其屋"。

在楼建波看来,要实现租购同权,涉及多方面的公共服务政策,包括户籍制度、就医、入学等,其实是一个非常复杂的问题,应该把租赁的问题简单化,比如更关键的是,能不能把承租人的承租权好好落实下来。

在租购同权之下,租赁企业应该如何应对?

楼建波认为,我国现在有两种租赁企业,一种是房地产企业创新做租赁企业,另一种是通过改造废弃厂房等增加供应的租赁企业。

楼建波称,我们现在有很大一部分从中介转过来的租赁企业,通过把社会上的闲散房源收下来,进行装修后再出租。对于这种"二房东式"的租赁方式,一定要设置自有资金门槛,这样才能让无序和垄断问题得到解决。"总的来说,我们要鼓励那些真正增加租赁住房供应的租赁企业发展,而不是'二房东式'的租赁企业。"

赵秀池同样认为,不应该鼓励通过收购个人住房赚取差价的轻资产机构租赁大行其道,而应该鼓励个人房东直接在住房租赁平台上发布房源,减少中介环节。

(案例来源:孙天骄,陈磊.租房问题层出不穷 大城市住房短板该如何补齐?[EB/OL].(2021-01-11)[2021-12-31].https://m.gmw.cn/baijia/2021-01/11/34532443.html.)

**材料三:六部门通报住房租赁中介第二批违法违规典型案例**

住房和城乡建设部、国家发展改革委、公安部、市场监管总局、银保监会、中央网信办6部门联合通报曝光整治住房租赁中介机构乱象第一批违法违规典型案例后,专项整治工作不断取得新进展,于23日通报各地在整治乱象中查处的第二批违法违规典型案例。

(一)北京世纪恒远房地产经纪有限公司暴力驱逐承租人

北京世纪恒远房地产经纪有限公司将收取的房源进行隔断改造,并在网络信息平台上发布房源信息。对有看房意愿的承租人收取500元带看费,如承租人不愿承租,带看费不予退还;如承租人愿意承租,必须签订1年以上的租赁合同。在签订合同后,超期3天未缴纳租金则视为违约,该公司就强行扣除承租人1个月租金和押金;对于催缴后仍不交租金或不搬走的承租人,该公司则使用备用钥匙进入房间内,强行驱赶承租人。该案涉及强迫交易、非法侵入住宅、诈骗等多项罪名,北京市公安机关已立案调查并刑事拘留犯罪嫌疑人 31 人。

（二）武汉锦寓通达房地产代理有限公司恶意克扣承租人押金,侵占出租人租金

武汉锦寓通达房地产代理有限公司开展房屋租赁中介业务,先与出租人签订租赁合同,再将房屋转租给承租人。在收取承租人押金和租金后,不将租金转给出租人,承租人退租后也不退还押金,导致出租人和承租人合法利益受到侵害。该公司行为违反了《房地产经纪管理办法》第二十五条规定,武汉东湖新技术开发区房产管理局依据《房地产经纪管理办法》第三十七条、第三十一条规定,责令其限期改正,将其不良信用记录记入信用档案,同时将该公司违法违规行为线索转公安机关、市场监管部门调查处理。

（三）太原市创世纪房地产经纪有限公司克扣出租人租金,违规开展租金消费贷款业务

太原市创世纪房地产经纪有限公司在承租人缴纳租金后,不向出租人支付房租,导致出租人驱赶承租人。该公司还与山西某小额贷款公司合作,以第三方担保的名义,由贷款公司为承租人提供租金贷款业务。针对太原市创世纪房地产经纪有限公司利用金融贷款平台违规开展租金贷款业务的行为,太原市住房和城乡建设局对该公司进行曝光,并将案件转送公安机关调查处理。

（四）广州市明润物业管理有限公司隐瞒影响房屋出租的重要信息,致使群众租房存在严重安全隐患

广州市明润物业管理有限公司营运出租的广州市番禺区某村 4 栋楼房,被广州市番禺区住房和城乡建设局评定为消防验收不合格。该公司隐瞒该情况,仍然对外招租,违反了《广州市房屋租赁管理规定》(2015 年修正)第九条规定。广州市番禺区住房和城乡建设局依据《广州市房屋租赁管理规定》(2015 年修正)第二十七条规定,对其处以 3 万元罚款。

（五）沈阳匠寓科技有限公司诱骗群众租房

沈阳匠寓科技有限公司在承租人明确提出租赁 2 个月情况下,承诺可以租赁 2 个月,但合同须先签订 1 年,两个月后退还押金。在合同履行 1 个月后,该公司要求承租人按签订 1 年的租赁合同履行,若提前解除合同,则需支付违约金或办理转租手续。双方因此争执,引起投诉。经沈阳市房产局调查,该公司还存在未办理备案的情况。沈阳市房产局依据《房地产经纪管理办法》第二十五条、第三十七条规定,责令其限期改正,违法违规行为记入信用档案。

（六）吉林省聚客优家房屋租赁管理有限公司恶意克扣出租人租金

吉林省聚客优家房屋租赁管理有限公司不履行合同义务,恶意克扣出租人租金。长春市住房保障和房屋管理局依据《房地产经纪管理办法》第三十一条规定,将该公司不良信用记录记入信用档案。

此次通报的 6 起案例,持续聚焦群众在住房租赁过程中的操心事、烦心事、揪心事,主要集中在暴力驱逐承租人、恶意克扣押金租金、隐瞒重要房源信息等违法违规行为。开展整治住房租赁中介机构乱象工作,就是要直面这些乱象,整顿规范住房租赁市场秩序,净化住房租赁市场环境,切实保障群众合法权益。

住房和城乡建设部等 6 部门将继续深入开展整治住房租赁中介机构乱象工作。同时以此为契机,把"当下改"和"长久立"结合起来,把建章立制和解决问题统一起来,从加强房源信息发布管理、规范住房租赁合同、公开租赁服务收费、建设租赁服务平台、建立纠纷调处机制等方面研究制定整顿规范住房租赁市场秩序文件,巩固深化专项整治成果。

(案例来源:王优玲.六部门通报住房租赁中介第二批违法违规典型案例[EB/OL].(2019-11-23)[2021-12-31].https://baijiahao.baidu.com/s? id=1651084493119443481&wfr=spider&for=pc.)

**案例思考:**

1.结合案例,谈谈政府调控住房市场有何必要性。

2.结合案例,说明住房市场乱象产生的原因有哪些。

3.结合案例,谈谈政府应如何治理住房市场乱象。

## 三、案例分析参考

**1.结合案例,谈谈政府调控住房市场有何必要性。**

(1)仅靠市场自发调节,很难解决住房价格高涨、住房资源分配不合理等问题。例如案例材料提到的住房租赁企业和网络信息平台发布虚假房源信息的做法便是市场机制自身无法解决的,在市场失灵的领域就需要政府进行必要的调控。

(2)住房是种关系民众安居乐业及国计民生的特殊的商品。解决好民众基本生活相关的住房需求,是政府应履行的基本公共服务职能。例如案例提及的住房租赁市场存在的一些违法违规问题侵害了租房群众合法权益,不利于民众安居乐业,因而需要政府积极干预予以解决。

(3)国外政府往往也对住房市场进行必要的调控。对于重要商品,在价格严重偏离价值时,需要政府调控以平衡价格,西方许多国家也都进行调控,例如美国的经验表明,政府介入住房调控是十分必要的。而对房价进行合理干预,促进中低收入者住房问题的解决,在我国同样十分必要。例如案例材料提及的等问题以及消费欺诈、"黑中介"等乱象的解决显然需要政府职能的有效发挥。

(4)对住房市场加以调控符合绝大多数人愿望。房租过高已成为经济社会领域的一个问题,民众迫切希望政府出手对房租进行调控,因而政府对房租进行调控符合绝大部分人愿望,顺乎民意,势在必行。因而案例材料提到政府在加大市场整治力度的同时,应尽快完善相关法律法规,并出台配套扶持政策。

**2.结合案例,说明住房市场乱象产生的原因有哪些。**

住房市场乱象的主要原因有以下几点:

(1)供需不平衡。从案例材料可以看出,特别是在大城市,租房需求量大而供应不足,这导致了租房市场上供不应求的情况。

(2)监管不力。案例材料提到太原市创世纪房地产经纪有限公司克扣出租人租金,违规开展租金消费贷款业务,住房和城乡建设局对该公司进行曝光并将案件转送公安机关调查处理,能够像这样及时发现并处理是很好的。但有些抽高租金、克扣押金等违法违规现象,监管部门未及时发现和整顿,导致这些行为继续滋生和发展。

(3)利益驱动。有些以"骗完就溜"为模式,以获利为目的,采取"短付长收""高收低租"等方式欺骗租客和房东,破坏市场秩序。例如案例材料提及的沈阳匠寓科技有限公司诱骗群众租房事件,其背后便是利益驱动。

(4)缺乏完善法规。如《住房租赁条例》尚未出台,导致租房市场存在监管漏洞。

(5)中介存在问题。部分中介机构存在欺骗租客的行为,甚至采取暴力驱逐等违法行径。因此案例材料提到开展整治住房租赁中介机构乱象工作,正是要净化住房租赁市场环境,切实保障群众合法权益。

**3.结合案例,谈谈政府应如何治理住房市场乱象。**

(1)源头监控

一是严格登记备案管理。监督企业方面要依照既定的从业要求,依法申请办理相应的经营手续;住房和城乡建设、市场监管部门要加强协作,及时通过相关政务信息共享交换平台共享登记注册信息。

二是动态监管房源发布。案例提及的住房租赁市场乱象滋生的条件之一便在于信息不对称。对违规发布房源信息的机构及从业人员,对未履行核验发布主体和房源信息责任的,应对其依法采取暂停相关业务、停业整顿等措施;同时建立相应的数据库,通过提供数据接口、房源核验码等方式,向房地产经纪机构、住房租赁企业、网络信息平台提供核验服务。

(2)过程规范

①规范住房租赁合同。督促房地产经纪机构、住房租赁企业对成交的住房租赁合同即时办理网签备案,使用官方示范文本。住房和城乡建设部门应当提供住房租赁管理服务平台数据接口,推进与相关企业业务系统联网的工作,实现住房租赁合同即时网签备案。

②规范租赁服务收费。督促房地产经纪机构、住房租赁企业实行明码标价,出具收费清单,列明全部服务项目、收费标准、收费金额等内容,并由当事人签字确认。案例提及的一些乱收费行为需要予以规范。

③保障租赁房屋安全。制定完善的闲置房改造为租赁住房的政策,严守建筑、消防等方面的要求,不得危及承租人安全和健康。

④管控租赁金融业务。住房和城乡建设部门应当通过提供数据接口等方式,向金融机构提供住房租赁合同网签备案信息查询服务。加强住房和城乡建设部门与金融监管部门有关住房租赁合同网签备案、住房租金贷款的信息共享。

(3)服务保障

①建设租赁服务平台。平台应当具备机构备案和开业报告、房源核验、信息发布、网签备案等功能。建立房地产经纪机构、住房租赁企业及从业人员和租赁房源数据库,加强市场监测。逐步实现住房租赁管理服务平台与综合治理等系统对接。案例提及的住房租赁市场乱象的解决便需要通过平台的整合来形成监管的合力。

②建立纠纷调处机制。畅通投诉举报渠道,通过门户网站开设专栏,并加强与12345市长热线协同,及时调查处理投诉举报。各地要将住房租赁管理纳入社会综合治理的范围,实行住房租赁网格化管理,发挥街道、社区等基层组织作用,化解租赁矛盾纠纷。

③加强部门协同联动。住房和城乡建设、发展改革、公安、市场监管、金融监管、网信等部门要建立协同联动机制,定期分析预判租赁市场发展态势,推动部门信息共享,形成监管合力。按照职责分工,加大整治规范租赁市场工作力度。案例提及的住房租赁乱象

的解决也需要不同部门在信息、资源等方面的深度共享和密切配合。

④发挥舆论引导作用。充分运用网络、电视、报刊、新媒体等渠道,加强宣传报道,营造遵纪守法、诚信经营的市场环境。发挥正反典型的导向作用,及时总结推广经验,定期曝光典型案例,发布风险提示,营造住房租赁市场良好舆论环境。

**参考文献:**

[1]王艳飞,闫志宇,杨晨,等.供需视角下国内大城市住房困境及政策建议[J].建筑经济,2021,42(8):96-100.

[2]王振坡,宋嘉卓,王丽艳,等.我国城市住房问题演变与求解:基于政府-社会-市场关系的回顾与展望[J].学习与实践,2021(7):35-44.

[3]邵挺.中国住房租赁市场发展困境与政策突破[J].国际城市规划,2020,35(6):16-22.

# 案例 39　化妆品琳琅满目:产品质量是否可信?

## 一、案例导读

随着我国经济的稳步增长,以及广大民众消费需求的持续上升,化妆品消费变成了一种时尚,化妆品消费市场也快速发展壮大。但是繁荣的化妆品市场背后却是市场秩序不够规范等诸多问题,特别是互联网愈发普及的当下,网购化妆品的行为给化妆品的市场监管增加了不少复杂性,化妆品市场监管也因此亟须与时俱进地予以强化。而政府执法人员对于化妆品市场规范性及产品质量可信赖度的监督与管控,不仅是关乎化妆品市场稳健发展的大事,更是关乎民生的大事。2021年1月,新修订的《化妆品监督管理条例》正式实施,这也是原来的化妆品卫生监督条例施行后迎来的首次调整,标志着化妆品监管开启了新的历程。本案例聚焦化妆品市场监管,从中对政府经济管理的相关问题展开讨论。

## 二、案例材料

据国家药监局网站消息,在2020年国家化妆品监督抽检工作中,经云南省食品药品监督检验研究院等单位检验,标示为云南木源堂化妆品有限公司等生产的本草秀复祛痘原液二号1批次祛痘/抗粉刺类产品,标示为广州莎莎化妆品制造有限公司生产的德生源育发健发养发液1批次养发/育发类产品,标示为汕头市金雅虹精细化工有限公司生产的采媚芦荟保湿霜(高度保湿)1批次保湿护肤类产品,标示为广州名露药业有限公司生产的婴瑞儿婴儿松花玉米爽身粉等2批次爽身粉类产品检出禁用物质。

上述相关企业违反了《化妆品卫生监督条例》等法律法规的规定。国家药品监督管理局要求云南、广东省药品监督管理部门核实后依法督促相关生产企业对已上市销售的有关产品及时采取召回等措施,立案调查,依法严肃处理;要求云南、北京、广西、天津、江苏省(区、市)药品监督管理部门责令相关经营单位立即采取下架等措施控制风险,对发现的违法行为,依法予以查处。上述省级药品监督管理部门自通告发布之日起3个月内公开对相关企业或者单位的处理结果,调查处理情况及时在国家化妆品抽检信息系统中填报。

国家药监局指出,各级负责药品监督管理的部门应当加大对《化妆品监督管理条例》的宣贯力度,督促化妆品生产经营者落实质量安全主体责任、履行《化妆品监督管理条例》规定的各项义务,依法严厉打击非法添加禁用物质等违法违规行为,净化市场环境,保障公众用妆安全。

2021年1月1日,修改后的《化妆品监督管理条例》(以下简称《条例》)正式施行。这也是原有的化妆品卫生监督条例在施行30多年后,迎来首次修改调整,标志着我国化妆品监管工作翻开崭新一页。《条例》结合监管实际,首次提出化妆品注册人、备案人制度,由化妆品注册人、备案人承担化妆品质量安全和功效宣称的主体责任,同时对生产经营活动中各个企业主体的法律责任进行了界定,以保证产品质量安全的持续稳定。特别是对网购化妆品消费模式进行了全新规范。

国家药监局近日召开化妆品监督管理条例实施新闻吹风会,国家药监局有关负责人在介绍《条例》实施情况的同时,还就电子商务平台销售违法化妆品如何承担责任等热点问题进行回应。

**设置质量安全负责人**

近年来,我国网络销售发展迅速,网购化妆品已逐渐成为一种消费趋势。那么,《条例》对网络销售化妆品如何规定? 监管部门会采取哪些措施加强监管?

对此,国家药监局化妆品监管司监管二处处长李云峰指出,《条例》要求化妆品电子商务平台经营者对平台内化妆品经营者进行实名登记,承担平台内化妆品经营者管理责任,发现其存在违法行为应及时制止并报告监管部门;发现严重违法行为的,要立即停止提供平台服务。要求平台内化妆品经营者应当全面、真实、准确、及时披露所经营化妆品的信息,建立并执行进货查验记录制度,履行好化妆品经营者相关义务。对化妆品电子商务平台经营者和平台内化妆品经营者不履行相关义务等违法违规行为,药品监督管理部门将依法给予警告、罚款等行政处罚。

"国家药监局将于明年1月1日起施行的《化妆品生产经营监督管理办法》中,设专章明确规定化妆品网络经营管理的具体要求,进一步规范化妆品网络市场秩序。同时,在全国范围内深入开展化妆品'线上净网线下清源'专项行动,清理网上销售的违法产品,严厉打击利用网络销售违法化妆品的行为,维护化妆品网络消费安全。"李云峰介绍说。

此外,李云峰还解释了《条例》设置质量安全负责人的原因。"《条例》结合监管实际,首次提出设置质量安全负责人制度,由化妆品注册人、备案人承担产品质量安全管理和产品放行职责的主体责任,以保证产品质量安全的持续稳定。质量安全负责人应当具备化妆品质量安全相关专业知识,并具有5年以上化妆品生产或者质量安全管理经验。未依照《条例》规定设置质量安全负责人,将面临警告、罚款等行政处罚。"李云峰说。

**网购消费挑战传统监管**

随着互联网的发展,通过网络购买化妆品占据消费者日常消费的比例在不断提高,中国已经成为全球网购化妆品消费增长较快的国家之一。消费者通过代购、第三方网络平台等方式选择化妆产品也越来越多,网络提供便利的同时也给化妆品监管提出挑战。

国家行政学院教授杨伟东分析指出,网购化妆品容易在第三方网络平台的法律责任认定、销售假冒伪劣化妆品的责任认定等方面出现纷争。2018年8月31日通过的《中华人民共和国电子商务法》(以下称电子商务法)中规定,电子商务平台经营者未尽到自身应尽的义务,应依法承担相应的责任。该部法律也成为网络平台需要承担责任的依据,能有效维护网络消费者的权利。但是电子商务法对网络电子商务没有规定具体的监管方式,只是在第六条中提出"国务院有关部门按照职责分工负责电子商务发展促进、监督管理等工作",现实中还是要依据已有的法律法规进行监管。同时,网络销售有关监管问题还需要进一步细化。

杨伟东认为,化妆品消费在网络平台的不断增加,面对的首要问题是第三方网络平台提供者的法律责任,即消费者在权利受到侵害时,是否可以要求其承担赔偿责任。

"因网购化妆品而侵犯消费者权益的行为在现实中不断发生,对于传统的市场监管方式提出许多挑战,需要监管部门进一步完善现有法规,实行严格的产品准入制度,加大监管力度,建立透明公开的维权渠道及信息获取渠道。当然,还需要消费者提高维权意识,谨慎网购,积极维权。"杨伟东说。

### 制度设计体现权责一致

近年来,伴随着国民经济的发展和人民生活水平的提高,化妆品也从过去的"奢侈品"成为满足人们日常需求的必需消费品,我国化妆品产业在消费需求的推动下也得到发展壮大。当前,化妆品持证生产企业数量达5400余家,各类化妆品注册备案主体8.7万余家,有效注册备案产品数量近160余万。

原《化妆品卫生监督条例》自1989年颁布实施以来,在保障人民群众化妆品消费安全方面发挥了重要作用,但伴随着时间的推移,当前化妆品产业发展情况、技术工艺水平、监管环境与立法之初相比均已发生深刻变化。为积极适应新形势下化妆品监管和发展的需要,此次《条例》修改强调化妆品生产企业的自律责任问题。

由于历史原因,在化妆品监管相关法规中,企业责任的担当主体常表述为"生产企业""生产者"或"化妆品生产者""化妆品分装者""化妆品经营者",不仅表述不统一,各类生产经营活动参与主体在产品质量安全方面应当分别承担何种责任也并不明确。

此次《条例》提出了注册人、备案人制度,即规定获得了特殊化妆品注册证的注册人或通过化妆品备案的备案人,以自己的名义将产品投放市场,并对产品全生命周期质量安全和功效宣称负责。履行上市前注册备案管理的相关义务,履行上市后不良反应监测、评价及报告、产品风险控制及召回、产品及原料安全性再评估等相关义务,承担注册备案产品质量安全的主体责任。而其他诸如受托生产企业、境内代理人等产品生产经营活动的主体,则在《条例》设定的义务范围内承担相应的法律责任。

中国香料香精化妆品工业协会技术总监董树芬说,此种制度设计充分考虑行业的实际情况,产品生产经营活动各类主体的法律责任更加科学、准确,充分体现权责一致的原则,有利于企业牢固树立产品主体责任意识。

同时,化妆品注册人、备案人制度强调了企业所承担化妆品安全的全过程质量与风险管理责任,便于落实企业主体责任,利于科学监管,保障产品质量安全。

(案例来源:万静.加强监管 化妆品监督条例施行30余年后首次修改[N].法制日报,2021-1-22.;董童. 国家药监局:德生源育发健发养发液等5批次化妆品检出禁用物质[EB/OL].(2021-1-28)[2021-12-31]. http://health.people.com.cn/n1/2021/0128/c14739-32015483.html.)

案例思考：

1.结合案例，试论述化妆品市场监管有何必要性。

2.结合案例，试论述网上销售和购买化妆品的行为给化妆品质量监管带来哪些影响。

3.结合案例，试论述我国今后应如何加强化妆品质量监管。

## 三、案例分析参考

**1.结合案例，试论述化妆品市场监管有何必要性。**

化妆品市场监管十分必要：

（1）是社会主义市场经济条件下化妆品市场正常运行的客观要求。市场经济是建立在社会分工与协作基础上的高度社会化的商品经济。市场一方面为商品经济提供各种生产要素，并将不同的生产环节、不同的生产资料所有者联系起来；另一方面使生产出来的商品价值得以实现。由于社会分工形成的碎片化状态，化妆品市场的供需双方分布较为分散，消费者群体也因碎片化而难以形成足够的维权力量所以化妆品市场监管不可或缺。

（2）是满足人民对美好生活需要的必要保障。社会主义市场经济是与社会主义基本制度结合在一起的市场经济。社会主义市场经济的性质决定了社会主义的生产目的是更好地满足全体社会成员日益增长的美好生活需要。化妆能让自己保持良好形象从而使心情更加愉快，因而加强化妆品市场监管，确保康堂安全和实际功效十分重要。

（3）是维护社会成员共同利益的必要手段。社会主义国家是代表全体社会成员的共同利益和整个社会的利益。因此为了维护社会主义基本制度，社会主义国家高度重视对社会主义市场的管理。通过制定和贯彻执行国家的政策、法律和法规，运用经济的、法律的和行政的手段，对市场的经济活动进行有效的组织、指导、协调、疏导和监督、控制及管理，从而确保化妆品市场健康运行。材料中提到化妆品存在非法添加禁用物质的行为，违反了《化妆品卫生监督条例》等法律法规的规定，国家药品监督管理局知悉后，要求地方药品监督管理部门核实后依法督促相关生产企业对已上市销售的有关产品及时采取召回等措施，立案调查，依法严肃处理。体现了这一点。

**2.结合案例，试论述网上销售和购买化妆品的行为给化妆品质量监管带来哪些影响。**

化妆品网上购买渠道日益增多，而网购化妆品的行为则给化妆品质量监管带来了两个方面的影响：

（1）一些不正当宣传的网络广告给监管带来新挑战

有些化妆品网络广告混淆概念，也有些则夸大功效，例如有些化妆品的网络销售商和自媒体卖家，经常用夸张的图片等素材做广告。还有些网络广告则冒用或是缺失批准文号，例如一些化妆品销售商在网络上伪造质量检测报告或冒用批准文号，以此来逃避监管部门的检查，以次充好。案例提及的"因网购化妆品而侵犯消费者权益的行为在现实中不断发生"的现象，由于牵涉到的网络广告依托的是具有虚拟性的互联网，这给化妆品市场监管提出了新挑战。

（2）网络的复杂性不利于质量监管，网购的化妆品很难保证产品质量

第一，"三无"产品大量涌现。有些卖家在其网店展示的产品大多没有公布产品的生产厂家、生产批号等信息，导致消费者无法在线查询是否为不合格产品。后续若发现产品

质量有问题想要维权,也往往因为产品基础信息缺失而不了了之。

第二,进口产品追查困难。当前,以"原装进口"等噱头宣传的化妆品在朋友圈里不断被转发,功效也被神化。但是,这些号称高档的进口化妆品,其外包装上连起码的中文说明都没有,至于生产日期等与消费者利益相关的信息更是难寻踪迹。这类化妆品的追溯系统不健全,若出现质量问题,执法部门无法查证,消费者也很难维权。

第三,电商平台难以守住入口。一些电商平台没有履行好准入主体的审查责任,使得不具备相应资质的商家通过电商平台销售商品,对市场秩序造成不良影响。

**3.结合案例,试论述我国今后应如何加强化妆品质量监管。**

我国今后加强化妆品质量监管需要着重从两个方面入手:

(1)强化法律保护手段。市场经济的发展离不开完备的法律保障体系,因此,不断强化运用法律调控手段是完善市场宏观调控的重点方向。法律调控手段包括经济立法、经济司法、经济执法等形式,其核心是经济立法。案例提及的相关法规的修订和实施,便反映了法律保护手段的加强。

(2)强化行政调控手段。行政调控手段是国家依靠行政组织,通过行政干预、行政措施等方式约束和调控市场运行的手段。具体表现在:批准和颁布具有强制执行效力的市场条例和规章制度;制订和下达指令性计划;制定和实施约束性政策;监督检查计划及政策的执行情况等。案例提及的化妆品网络销售的监管事项需要进一步细化,需要监管部门进一步完善现有法规,实行严格的产品准入制度,加大监管力度,建立透明公开的维权渠道及信息获取渠道。在进行监督、处罚等行为时做到依法行政、依法执政、有法必依、执法必严。

**参考文献:**

[1]王敬,张香香.法制视角下化妆品安全监管问题研究:评《化妆品安全监管实务》[J].日用化学工业,2021,51(1):85-86.

[2]张香香,张岭梓.化妆品互联网跨境代购的法律监管研究分析:评《中国化妆品经营法律指引》[J].日用化学工业,2020,50(11):815-816.

[3]王友青.中国美妆跨境电商发展面临的挑战及应对之策[J].对外经贸实务,2019(4):34-37.

# 第十四章 资源管理与环境保护

## 第一节 学习目的和要求

党的十九大报告强调指出:"着力解决突出环境问题。坚持全民共治、源头防治,持续实施大气污染防治行动,打赢蓝天保卫战。加快水污染防治,实施流域环境和近岸海域综合治理。强化土壤污染管控和修复,加强农业面源污染防治,开展农村人居环境整治行动。"自 20 世纪 80 年代以来,经济快速增长给社会带来的一系列负面影响日益突出:人口过度膨胀,自然资源遭到毁灭性破坏,生态环境日益恶化,人类生存和发展的环境面临极其严峻的挑战。协调人口、资源、环境与经济社会发展的关系,建立一种全新的人口、资源、环境、经济社会协调发展的经济发展模式,已经成为各国政府经济管理的重要内容。近年来党和政府实施的"蓝天保卫战"等举措,便表明了我国在解决资源环境问题上的决心与信念。

**本章的学习目的及要求:**

准确理解人力资源开发的基本含义,了解我国人力资源开发与管理的主要内容,把握我国人力资源开发与管理的政策;掌握我国资源管理的主要政策和手段;了解我国的主要环境问题,明确我国在环境保护管理方面应采取的主要政策手段。要求学生能够应用相关知识分析案例,掌握资源管理与环境保护相关内容。

## 第二节 知识要点

### 一、人力资源开发的基本含义

人力资源开发是人力资源问题的一个重要方面,是指通过投资(包括物质、精神和时间等的投入),利用教育等方式促进和诱使人的潜在体力、智力、知识和技能的形成、发展和提高的过程。人力资源开发的内容包括：第一，数量控制，是指对人力资源赖以产生的人口规模进行适当的控制；第二，素质提高，指的是通过教育和培训等手段，全面提高人力资源各方面的素质，包括科学文化知识、劳动技能、职业道德及身体素质等；第三，合理配置，是指通过相关政策、制度的有效安排，把人力资源配置到合适的岗位上，使能者在其位，贤者在其职。

## 二、我国人力资源开发与管理的主要内容

1.加强人口控制

人口的数量和质量直接决定人力资源的数量与质量，人们求学、就业、养老、就医无一不与人口有着密切关系。我国长期以来实行的计划生育政策是我国的基本国策。在过去高度重视控制人口数量的基础上，国家下一步更多的是要把精力放在提高人口质量上。

2.教育管理

教育是有计划、有系统，以传授或获取知识、思想、技术、技能为目的的社会实践活动。教育是人力资源开发的核心，是提高人力资源综合素质的根本途径。在许多国家，用于教育的公共资金一般都占国民生产总值的3％～5％，我国自20世纪90年代以来，只维持在2.4％～2.9％的水平，距离经济社会可持续发展的要求还有相当差距。"十一五"期间，国家明显加大了对教育的投入，从2004年到2008年，我国财政性教育经费年均增长23.7％，占GDP的比重从2.79％提高到3.48％，年平均提高0.17个百分点，并且在"十二五"规划中提出到2012年教育经费支出占GDP比重要达到4％的目标。这说明我国对人力资源的开发与管理有了一个新的认识。

3.医疗保健管理

这部分开支和教育开支一样，日益成为人力资源投资不可或缺的部分。医疗卫生保健投资，是国家、社会和个人用于维持、提高人力资源身体素质、保障人力资源健康支付的费用。医疗卫生保障管理的目标，是提高国民的生活质量和身心健康水平。近年来，我国医药卫生体制改革已产生了巨大影响，得到社会的高度认同，不仅在医疗保障方面取得了重大突破，而且在基本药物制度建立、基层医疗卫生服务体系完善、促进基本公共卫生服务均等化和公立医院改革试点等方面都已取得重要进展，我国医疗保健管理逐步走向正规。

4.人力资源流动管理

人力资源流动是人力资源为寻求与其他要素更合理的配置，而在不同工作岗位、不同职业和不同区域之间的迁移或流动，是有一定劳动能力的劳动者为获得较高的预期收益而积极寻找工作的过程。通过人力资源的合理流动，可以实现人力资源与物质资源的有效结合，既维护了劳动者的权益，又有利于劳动力素质的提高。

## 三、我国人力资源开发与管理的政策

建设人力资源强国，是我国在新时期新阶段的重要奋斗目标，是时代赋予我们的新的

伟大使命,将对全面建设小康社会、中国特色社会主义现代化建设产生重要而深远的影响。

为了改进我国人力资源的开发与管理,我们除继续执行稳定人口数量的政策外,还修改、制定了一系列有利于人力资源开发与管理的政策:

1.建立健全人力资源教育培训体制。

2.促进人力资源的合理流动。

3.强化人力资本投资政策。

4.加强农村人力资源开发。

# 四、我国资源管理的主要政策和手段

人均资源的不富裕和实施可持续发展战略要求我们必须慎重选择经济发展模式,尽量合理开发利用我们拥有的自然资源,建立自然资源核算体系,运用市场机制和政府宏观调控相结合的机制,促进资源合理配置。运用经济、法律、行政手段,对现有资源实行保护、利用与增值并重的政策。

1.以明确产权为契机,加强资源有效利用和保护的管理意识

防止公共资源(特别是那些不可再生或生长周期过长的资源)过度利用,关键是将资源利用过程中的外部化问题内在化,一个简单而有效的办法就是明确资源的产权。科斯定理证明,一旦产权明确规定,各利益相关者之间能够自由交易且交易成本足够低,则无论将产权划归给谁,最终总能达到该资源的最优使用和配置。要尽快推出资源产权界定、产权登记、资源资产评估、开发和利用权益的考核指标方法,推出产权有偿出让、转让与产权交易收益的管理法规、条例,形成合理的市场交易、分配格局,创造自律、有序的资源交易市场环境。对一些公共资源的产权难以具体落实的情况,政府可以通过有偿使用、发放许可证等其他手段来增加企业或个人使用资源的成本或达到控制公有资源使用量的目的。

2.注重资源的综合和有效利用

一方面,要充分利用和发挥资源的比较优势。我国地域辽阔,各地的资源禀赋大相径庭。如有些地区在粮食生产上具有比较优势,另一些地区则在非粮作物或其他产品生产上具有比较优势。伴随市场经济条件下的统一市场的逐步建立,具有不同资源禀赋的地区,完全可以通过地区间贸易,发挥各自的比较优势,以市场为纽带,让各地区按照比较优势发展经济。产业结构和其资源禀赋相吻合,是有利于各类资源的最佳配置和可持续利用的。另一方面,对自然资源要注意多目标开发,综合利用,提高单位资源的综合生产力。每一种资源都有多种用途,根据生产技术要求实施多目标开发利用,可以大大提高经济效益,产生综合效益。例如,大型矿床往往是多种矿物共生的,如果只是对其矿体进行单一的开采利用,就会降低其利用价值,因此应该综合开发,综合利用。

3.加强交通运输等基础设施建设,为资源的合理流动创造条件

亚当·斯密在《国富论》中论证了经济学的一个基本原理:分工的程度和市场的规模成正比。各个不同地区能将其资源的比较优势发挥到什么程度,实际上取决于市场的规

模——市场的运输成本、仓储成本、通信成本等。发挥各地的比较优势,不单要考虑各地区自然禀赋、人口和资本存量,还要考虑市场交易的成本。如果基础设施不完善,交通运输非常困难,即使政府没有诸如粮食自给自足之类的政策限制,当地居民也可能将大量的土地用来种植粮食而不是发展其他经济作物或从事其他产业。因此,加强和改善交通、通信以及一切与市场交易有关的基础设施建设,将有利于各地区发挥比较优势,进而有利于提高可持续发展的能力。

4.通过技术进步提高对资源的利用率

能否做到合理使用和保护自然资源,还取决于经济发展和技术进步的程度。经济发展,人均收入水平普遍提高,对自己生活质量的要求也就越高,这将推动全社会将更多的资源投入到环保技术,环保产品的研究、开发、推广和运用中去。最初对自然资源的破坏,通常是由于人们直接以自然资源作为生产的投入要素。在经济发展的低水平阶段,大量的人口都只能从事于以自然资源为直接投入要素的农业、采矿业。技术进步则为产业结构升级换代和向高级化发展提供了强有力的物质技术保证。技术进步能使资源性经济过渡到技术型经济。

5.加强法治建设,提高资源保护的执法力度

对我国的自然资源实行有效的保护和管理,除了运用经济的方法和行政的方法,更重要的是依靠依法治理,提高执法力度,把资源的开发利用纳入法制化管理的轨道。因此,必须加快资源综合利用基本法和资源综合利用单行法的制定工作。规范资源综合利用标准的法律法规,使《资源综合利用法》以及《共伴生矿产综合利用法》、《工业"三废"综合利用法》和《废旧物资回收利用法》三个子法早日出台,以推动再生资源综合利用健康有序地发展。同时,要解决执法不严的问题。多年来,国家及有关部门在自然资源的开发利用问题上制定了一系列的法律法规,如《环境保护法》《水污染防治法》《森林法》《草原法》《矿产资源法》《水土保持法》等。现在普遍存在的问题是:执法力度不够,执行不力,从而使自然资源遭到破坏的事件屡有发生。加大执法力度,做到有法必依、执法必严、违法必究,才能有效地保护我国宝贵的自然资源,促进国民经济的持续发展。

# 五、我国的环境保护管理

1.我国的环境问题

我国的环境问题主要表现在以下两个方面:

其一,过度的开采和使用资源,造成生态的破坏。在上面我们也谈到资源问题,但那是就资源作为经济用途发生的作用而言,而这里则是指自然资源对生态环境的作用,例如大量的森林砍伐、水资源过度使用,都会带来环境的破坏。

其二,向自然界排放污染物。例如人们对金属、化石燃料、水等资源的利用会导致其中的一部分转化为废料,大量废弃的核废料、重金属、农药和石油等都会对土地、河流和海洋造成严重污染。

2.我国的环境保护管理

21世纪我国更加强调要坚定不移地执行环境保护的基本国策,使经济增长、社会发

展与环境保护、资源利用保持协调的关系。当前,我国应采取的主要政策手段是:贯彻实施好《环境保护法》及相关法律;运用经济手段,提高环境保护的管理效能;大力发展环保产业。

# 第三节　案例分析

## 案例40　"垃圾分类"新时尚:上海模式

### 一、案例导读

环境保护与资源循环再生利用是协调人类与环境关系、保障经济社会可持续发展的重要途径。党的十九大报告明确指出要推进生态文明建设和绿色发展,以及必须树立和践行绿水青山就是金山银山的理念。垃圾处置问题是重要的资源环境保护问题。2019年6月,习近平总书记对垃圾分类工作做出重要指示,强调实行垃圾分类关系广大人民群众生活环境,关系节约使用资源,也是社会文明水平的一个重要体现。上海市全面推行垃圾分类就是对习近平总书记重要讲话精神的自觉实践。上海市委书记李强指出生活垃圾分类是改善人居环境、促进城市精细化管理、保障可持续发展的重要举措,要以更大决心、更大力度全面开展生活垃圾分类工作,坚持源头减量、全程分类、末端无害化处置和资源化利用,充分调动全民参与的积极性,让垃圾分类成为新时尚,更好推动高质量发展、创造高品质生活。本案例聚焦垃圾分类工作,从中对政府经济管理的相关问题展开讨论。

### 二、案例材料

垃圾是人们在生产和生活中产生的废弃物,其中很大部分仍有资源价值和经济价值。虽然通过垃圾的分类储存、投放和搬运,进行无害化处理,能最大限度地利用资源,但垃圾即便分类后还需要花费巨大的经济成本、人力成本以及需要专门、大量的土地去处理。垃圾分类,对于今天的人们来说已经不是一个新鲜的名词。在党和国家的日益重视、人民群众的共同努力之下,垃圾分类已经成为现代社会的一种新时尚。各地都在想方设法围绕这个老问题、新课题,谋划新招、出台新策,努力破解"垃圾围城"之困。在现代科技的催化和带动下,人们越来越多地认识到,垃圾并不应该和废品废物画等号,它其实是放错位置的资源。垃圾混置是垃圾,垃圾分类就是资源。能够把垃圾资源化,实现变废为宝,这本身就是一门化腐朽为神奇的艺术。2017年3月,国务院办公厅转发国家发展改革委、住房和城乡建设部《生活垃圾分类制度实施方案》,部署推进生活垃圾分类,完善城市管理和服务,推动创造优良的人居环境。此后,各地在垃圾处理问题上,也进行了很多有益的尝试和成功的实践。解决垃圾问题,表面看解决的是居民生活中的小细节,实则是件利国利民的大事。一方面,垃圾问题是城市建设和治理的大问题,也是推动落实生态文明建设战略的重要内容。垃圾问题的有效解决,有助于保护生态环境,有助于美化城市形象,让人们生活在一个干净、优美、整洁的城市环境中,也有助于提升人民群众的幸福感。另一方面,垃圾问题解决的成功与否,从另一侧面也体现了市民素质的高与低。日常生活中,我们每个人每天都在以各种方式消耗着大量的资源,也同时在制造产生着大量的垃圾。因此,解决垃圾问题绝不是一个人、一个社区、一个单位的事,无论垃圾减量、垃圾分类,还是垃圾无害化、垃圾再利用,都需要全体市民共同出力、共同参与,这就考验着一个城市的市民的文明素养和文明意识。所以,可以说垃圾问题解决好了,也是对市民文明素养的一种教育和提升。上海市自1995年开启垃圾分类之路至今,不断地摸索前行,全面展开垃圾分类工作,并形成自己的特点,受到了广大老百姓的一致好评和认可。2018年11月6日,习近平总书记来到上海虹口区市民驿站嘉兴路街道第一分站考察,对上海市推进垃圾分类工作给予高度关注,并指出"垃圾分类工作就是新时尚",希望上海抓实办好。

（一）上海市垃圾分类工作开展历程

1.试点阶段(1995—1998):1995年曹杨五村第七居委会的一个居住区启动垃圾分类试点;1998年开展废电池、废玻璃专项分类回收。

2.推广阶段(1999—2006):1999年垃圾分类工作纳入上海市环保三年行动计划,出台《上海市区生活垃圾分类手机、处置实施方案》等文件;2000年,上海市成为我国8个垃圾分类试点城市之一首批100个小区启动垃圾分类试点;2002年重点推进焚烧厂服务地区生活垃圾分类工作;2006年底,上海市推行生活垃圾分类的小区3700余个,服务人口达到300万户,覆盖率超过60%。

3.调整阶段(2007—2013):2007年开始逐步推行垃圾四分类、五分类新方式;2009年世博园区周边区域垃圾分类覆盖率达100%;2010年全市生活垃圾分类覆盖率达到70%;2011年完成"百万家庭低碳行,垃圾分类要先行"市政府实事项目,截至当年12月5日,已有1080个居住区开展了试点。

4.实施阶段(2014年—至今):2014年实施《上海市促进生活垃圾分类减量办法》;2017年实施《上海市单位生活垃圾强制分类实施方案》;2018年实施《关于建立完善本市生活垃圾全程分类体系的实施方案》

上海市实施垃圾分类经历了5种不同的分类标准:

(1)第一次分类标准为"有机垃圾"、"无机垃圾"和"有毒有害垃圾";

(2)第二次分类标准为"干垃圾"、"湿垃圾"和"有害垃圾";

(3)第三次分类标准为"废玻璃"、"有害垃圾"、"可燃垃圾"、"可堆肥垃圾"和"其他垃圾";

(4)第四次分类标准分出居住区和企事业单位两大类,前者按照"有害垃圾、玻璃、可回收物、其他垃圾"四类分,后者按照"可回收物、其他垃圾"二类分;

(5)第五次分类标准为"四分类":可回收物、有害垃圾、湿垃圾、干垃圾。

最终形成了"四分类"的分类标准,并沿用至今。

（二）垃圾分类难点在"人"

"垃圾分类看似围着垃圾转,实质是居民思想认同、形成自觉的过程。"上海市长宁区委组织部相关负责人说,党建引领就是做好引领人心的工作,要实现从"围着垃圾转"到

"围着人心转"。垃圾分类的难点在"人",如何引领人心? 在这场新时尚的动员中,该区委区政府主要领导靠前指挥,各街镇党政一把手亲自上阵,成立了以街道书记和主任为组长的垃圾分类工作领导小组,制定"一类型一办法""一小区一方案",每周研究推进,及时解决难点问题。居民区党组织坚守一线,通过党建引领,促进自治共治,把社区党员、群众骨干、物业公司、驻区单位等凝聚在一起,成为生活垃圾分类的主体。

在虹桥街道荣华居民区党总支书记盛弘看来,居民区党组织在垃圾分类中就是"火车头";可别小看"火车头"的作用,它带动"两委"班子、党员队伍站在前列,"三驾马车"、志愿骨干紧随其后。虹许路971弄、975弄居民区党总支书记梁秀珍就深有体会:"一开始,我们对发动垃圾分类心里没有底,但没想到居民的支持率却很高。这得益于以前打下的组织基础,居民们觉得过去小区碰到困难都是党总支帮助解决,所以居民们信任我们,认为垃圾分类也是为了给小区办实事。"

由党员示范引领,很快形成了"党员带动骨干、骨干带动楼组、楼组带动家庭"的连锁示范效应。在周家桥街道,11名党委委员分别带2名联络员,包片结对面对面检查、指导;居民区党员干部带头做志愿者、每个居委会干部包干1个垃圾箱房、每个楼组长包干1幢楼、每班志愿者包干1个投放点、每个垃圾箱房管理员包干1个箱房,形成了良好的"齿轮效应"。程家桥街道上航新村居民区78岁的冯大成发挥党员模范带头作用,在他的带领下成立"暖心之家"党员志愿者工作室。冯大成每天坚持早班7点前来上岗,晚班8点后才离岗,不管寒风刺骨还是冰封雪冻,小区里都有冯大成和他的团队坚守的身影,居民很快形成垃圾分类投放的好习惯。

（三）党建引领构建全链条体系

小小一袋垃圾,看似简单,真正要全面发动起来还有不少技术性难题。针对这些技术难题,上海市长宁区通过党建引领,构建了全链条、一体化工作体系。首先,解决宣传入户难入心的问题。重点突破"五重门"——小区门、楼道门、电梯门、家门、心门。叩开这五重门,除了跑断腿、磨破嘴挨家挨户宣传,还需要各种"攻心术"。比如通过"线上推微信＋线下做活动"进了小区门;通过楼组双语宣传页进楼道门,通过公益广告框进电梯门,将"三个一"面对面送进家门,即一份社区报、一套分类图片、一封征询信,让居民明白"垃圾放对地方是宝贝,放错地方是污染"的理念,最终叩开心门。

居民养成分类投放垃圾的好习惯非一朝一夕之功。对商品房小区来说,还碰到了"楼层到底撤不撤桶"的难题。针对这个"拦路虎",虹桥街道运用社区治理绣花针,组织"三驾马车"和居民代表共同商议,开了147场协商会,最多的小区召开了近30场,最终在两难中找到了两全的办法,议出四种基本的投放模式:即对具备条件的采取撤桶"＋设定时点投放"以及"＋垃圾箱房定时投放",对暂不具备条件的采取"每层加设分类桶"和"跨层加设分类桶"。

小区的垃圾箱房是新时尚的承载处。如何将"人见人嫌"的垃圾箱房转变为"人见人爱"的社交场合? 上海市长宁区对此也动足了脑筋,对小区的垃圾箱房进行集中改造,努力做到"美加净",即"美"化外观,"加"装水斗、雨棚、照明等人性化设施,保证箱房洁"净"卫生,这就有效解决了"脏乱臭"现象,很多居民愿意在扔垃圾时停留聊天,还纷纷当上了志愿者。程家桥街道有10个小区因空间布局受限等问题,暂无垃圾箱房。街道因地制宜,创新搭建简易箱房、打造共享箱房、探索智能箱房"三种箱房"设置模式,比如兰馨楼小区利用室外车棚改造机会,腾出空间设置了不锈钢简易垃圾箱房;君悦花园、爱都公寓和文华别墅为三个相邻的小区,街道通过搭建平台共同协商,最终在君悦花园门外设置共享箱房,让三个小区共同管理、使用。

以往被居民质疑最多的就是,"源头分好的垃圾,末端是否又混运了?"由于没有形成分类运输体系,很多群众认为"分了也白分"。对此,上海市长宁区在"车"上做文章,将干湿垃圾混装转变为干湿垃圾分离运输,实现了"四类垃圾、四种车辆、四条线路"分类运输、分类处置,这就彻底赢得了居民的信任和自觉分类的积极性。以前的垃圾收运模式,所有生活垃圾都进入环卫清运系统,很多可再生资源没有被充分利用。该区通过"两网融合",将垃圾收运环卫系统单打独斗,转变为环卫系统与再生资源系统的衔接融合。

截至 2019 年 2 月,长宁区 2 个街道已创建成为上海市生活垃圾分类示范街道,超过 55% 的小区创建成为上海市生活垃圾分类达标小区,其中 247 个小区将实现定时定点自觉分类投放,占全区小区总数的 1/3。目前通过验收的 149 个"两定"小区居民参与率超过 95%,投放准确率超过 98%,生活垃圾资源化利用率超过 40%。

### (四)配套健全,"时尚"才被接受

一项潮流的风行,需要孕育它的"土壤"。在上海,这片"土壤"就是从源头分类投放到末端分类处置的全程分类配套设施体系。在垃圾产生和投放的源头,上海重点规范分类投放设施设备的配置。截至 2019 年 2 月,全市 1.2 万个居住小区的 1.7 万多个定时定点垃圾箱房已更新改造了近万个;公共区域,4 万余个道路废物箱完成了分类标识的规范。而且,这些垃圾箱房和废物箱在改造后,还新增一项重要功能:箱体上加贴了垃圾分类规则和知识,有些垃圾不知道怎么扔,看一眼图示便能"按图索骥"。

在分类运输及中转环节,上海重点解决垃圾"混装混运"矛盾。针对干、湿垃圾及有害垃圾,上海大幅增加分类运输专用车辆的保有量,到 2019 年年底,湿垃圾运输专用车辆由目前约 700 辆增加至 920 辆,有害垃圾运输专用车辆实现每区配备一辆。分类运输车的"下一站"是垃圾中转站。截至 2019 年 2 月,上海全市 41 座大型中转站均已实现"干、湿"垃圾分类转运,到 2019 年年底,上海市属中转码头的湿垃圾专用集装箱将增至 180 个,基本满足中心城区中转需求。

针对可回收物,上海通过改造分类中转设施吸引市民主动投放,2019 年上海市将建成 8000 个回收网点和 170 个中转站,可回收物专项收运系统由"市场化体系"调整为"准公益性体系"。全程分类的最后一关是末端处置,上海依旧不松懈。2018 年,上海已启动 16 座生活垃圾处置设施的建设。2019 年,上海市干垃圾日均控制量不高于 2.1 万吨,湿垃圾分类量日均高于 5520 吨,可回收物回收量日均高于 3300 吨。

预计到 2020 年底,上海生活垃圾综合处理能力将达到了 3.28 万吨/日,干垃圾焚烧能力由目前的 1.33 万吨/日提高至 2.08 万吨/日,湿垃圾资源化处理能力由目前的 4300 吨/日提高至 7000 吨/日,可基本实现生活垃圾"零填埋"。

### (五)赢得认同,"时尚"才会风靡

在全力弥补垃圾全程分类配套硬件"短板"的同时,上海在"软件"上不断进行更富创造性的探索实践。2018 年 12 月,家住佳宁花园的李先生打开支付宝时还半信半疑,因为

小区"两网融合"站点的管理员告诉他，家里的所有废纸、玻璃、金属、衣物等可回收物可以通过支付宝变现。3 个月后，李先生已经"离不开"这种便捷的垃圾处置方式：确认家庭住址、联系方式，下一个回收订单，选择要回收的垃圾种类，并上传待回收垃圾的照片，接下来就等社区回收员上门了。

截至 2019 年 2 月，这一平台已经在静安区江宁路街道和彭浦镇的 100 多个小区试点，更作为"上海首创"推广到长三角 14 座城市的 3 万多个小区，成为大家都喜爱的"新时尚"。

许多"两网融合"点，解决了居民和收运站之间的"最后一公里"，但由于传统回收方式不够方便、不够"诱人"，对周边居民，尤其是年轻"上班族"的吸引力十分有限。

解决了"痛点"后的垃圾分类回收吸引了大批年轻人。佳宁花园的回收员高贺彩回忆起两个月前刚开始试点的时候，日均有 100 多斤的废纸混在垃圾桶里，现在日均送去交投站的 150 多斤废纸，绝大多数是上门回收获得，其中不少都集中在晚上上门，送出废纸的正是刚下班的年轻人。

"人们更容易对熟悉的事物产生好感，要让更多人认可垃圾分类，就应该让垃圾分类的积极结果离投放者更近，最好就在家门口，这样激励更直接、及时。"来自上海惠众绿色公益发展促进中心的田冠雄一直在研究绿色账户如何更吸引人。

近期在岭南公园等公园和小区内试点的 30 多套"白房子"就是一种探索。这些写着"别扔了"的可循环物品智能交投回收驿站可分类回收饮料瓶和废旧衣物、报纸、手机，以及过期药品、废旧灯管和灯泡。投放的垃圾称重后，市民可以获得现金，也可以获得积分，在"白房子"旁的"无人超市"里兑换饮料、零食。而以往，一些社区基本依靠定期的广场大篷车活动，才可兑换掉绿色账户积分；时间长的，一次活动要"盼"上几个月甚至半年。从投放到获得激励，耗时太长，居民热情消退，促进分类的效果就打折扣。其实换种思路，让垃圾投放这个行为变得更方便、更有趣，就可以成为吸引更多人的"新时尚"。

(六)持之以恒，"时尚"才能长久

纵观国际先进经验，垃圾分类这个"新时尚"，绝非朝夕就能流行起来。在申城推进 20 多年后，这个"新时尚"距离全民践行的程度，客观上还有不小的距离，而这段"疲劳期"恰恰需要拿出比以往更加"时不我待的紧迫感和久久为功的坚韧劲"。

"哪有什么窍门？只有坚持！"2013 年，昌林公寓业委会主任李磊第一次接触到专做社区垃圾分类的公益组织，面对问题"你认为小区要花多少时间才能做好垃圾分类"，他写下了"2 年"。结果，昌林公寓用了不到 1 年，就基本实现了小区生活垃圾的"一严禁、两分类、一鼓励"，也就是严禁有害垃圾混入其他生活垃圾，日常干、湿两分类，鼓励资源回收。如今，6 年过去了，该小区总共分出了 400 多吨湿垃圾。面对成绩，老李和小区里的热心人却不敢懈怠，和 6 年前刚开始那样，小区 20 多名志愿者两人一组"排班"，一周轮到一次，在指定投放垃圾的时间内，值守在垃圾箱房旁，指导、监督居民扔垃圾。"不少小区'烂尾'了，原因是志愿者散了。"老李坦言，昌林公寓的垃圾分类推了一年后，也有人提出志愿者解散的想法，觉得居民已经可以自觉分类投放，但被劝住："没人盯，搞不好又打回原形，还是坚持下去吧！"

不少小区光是推行"干湿分离"都费劲，可万航渡路上的静安桂花园两年前就已经实行了"八分类"——有毒有害垃圾、厨余垃圾、废纸、玻璃、塑料、塑料袋、纺织品和其他垃圾，且坚持至今。小区里没有专门的垃圾箱房，只有一个固定的露天区域摆放垃圾桶，这些垃圾桶每天6时到9时、18时到21时，各开放3个小时，志愿者只在垃圾桶开放的时间内提供"绿色账户"的扫卡计分服务，其余时间，全部用罩子盖起来。

桂花园小区楼组长盛新华坦言成功秘诀就是下笨功夫、苦功夫、靠人盯人。"都知道推进垃圾分类减量难，因为这是居民的意识和素质问题，没有巧办法。"盛新华回忆说，桂花园确定为绿色账户试点后，足足用了近3个月时间，由居委会、业委会、物业组成的"联合小组"，对居民挨家挨户地宣传和动员。2014年8月，桂花园小区开始实施垃圾分类，每天早晨，盛新华和志愿者们会站在垃圾桶的不远处，看着居民有没有分类投放，如果发现没有分类或分得不好，并不指责，而是等他们投放之后，再上前帮他们重新分拣一下；下次碰到，还会先夸赞一下，手把手教他们如何分类。如果有居民投放湿垃圾时没有破袋，志愿者也会上前提醒、帮助。

在虹口区嘉兴路街道的宇泰景苑小区，早上8点钟，当大家都忙着早起上班上学时，小区的居民，每天早上都要多做一件事，就是跑来扔垃圾。每天早上的7点半到9点半，每天晚上的6点钟到8点钟，都是居民定时定点投放垃圾的时间段。小区居民的垃圾分类工作整体做得非常不错，大部分居民都非常支持撤桶。在开展垃圾分类以后小区居民变废为宝，利用湿垃圾发酵以后产生的肥料种花。在小区的中心花园，有一个堆肥花园，花园里开满了绣球花、长寿花、月季花，十分漂亮。小区热心志愿者将湿垃圾放在酵素桶里，经过5、6周后产生的肥料就能够用于施肥，周边小区的居民也慕名前来挖肥料。小区还额外设置了垃圾误时投放点，如果错过了定时定点的时间，居民就要把垃圾扔到这里来，但因为没有志愿者的监督，这里垃圾错分的现象就会相对多一些。比方说，厨余垃圾基本上都没有破袋。为此，志愿者进行了二次分拣垃圾。城市管理要像绣花针一样精细，上海人做垃圾分类同样也是。在推广垃圾分类过程中，居委会、业委会和志愿者可谓动足了脑筋。对那些乱扔垃圾找不到人的，居委会干部会通过快递单找到主人；居民嫌弃垃圾桶脏，就换成脚踩式垃圾桶。宇泰景苑小区之所以做得比较好，和前期细致的调研宣传分不开。小到宣传包、宣传册的设计，大到临时投放点位和投放时间的选择都反复斟酌。虹叶居委会党总支书记王静华表示，点位和时间的选择都是研究过居民出行习惯以后决定的，所以得到了居民支持。

截至2019年4月底，上海市虹口区推进完成垃圾分类居住区共计733个，全区累计设立绿色账户分类投放点位900个，覆盖居民约26.9万户，各街道已基本完成居住区垃圾分类整区域全覆盖。

(七)垃圾分类成为撬动社区治理的支点

在党组织引领下，"独角戏"逐渐变成各方参与的"大合唱"。上海市长宁区各小区的业委会和物业公司各显神通，有的成立垃圾分类智囊团，有的制订垃圾分类专项规约，有的在箱房和楼道设立时尚榜，每月一评前十名楼组，每周一评差评楼组，每天一评家庭，如果自家没做好，导致楼道排名落后，自己也会不好意思。

垃圾分类是社区治理难点，也成为撬动社区治理的支点。虹桥街道探索形成了"党建引领下的双向促进法"，以垃圾分类撬动社区治理，实现治理有增量。在垃圾分类的同时，同步开展"四位一体"建设,党建引领自治水平明显提升。"以往商品房缺的就是居民骨干,棘手的就是协调业委会、物业公司,现在居委会与物业公司、业委会关系明显熟络了,许多小区楼长基本覆盖,许多在职党员身份也亮了出来。"党员干部做群众工作的能力也明显提升,社工们从"不敢、不会"成长为"敢上门、会说话",在实践中学习用多数人做少数人的工作方法。

在推行"垃圾分类"的同时,上海市不少街道同步开展"美丽家园建设",让民生感受度明显提升。许多居民说:垃圾分类后,小区异味没了,苍蝇也少了,志愿者们经常活跃在箱房周围,既是一道绿色环保的风景,也是一道群防群治的风景。垃圾分类催生的"共情感"转化为共治力。比如东银楼宇大总支依托90%的党组织覆盖率,第一时间把垃圾分类推广到企业源头。血液中心与爱建居民区携手共建垃圾分类项目,党员职工不仅在居住社区发挥作用,也成为单位垃圾分类的骨干。社区居民们自豪地说:这才是有风度的社区,有风度的城市。

此外,长宁区委组织部还向全体党员发出倡议,号召党员同志增强生活垃圾分类的思想自觉和行动自觉,共同肩负起建设生态之城的历史责任,争做绿色发展的学习者、垃圾分类的传播者。

徐汇区长桥街道有32个居委53个小区,共计99座生活垃圾库房、821处户外投放点、1220处楼层投放点,涉及居民48662户,垃圾分类工作体量较大。2018年3月,长桥街道开始施行生活垃圾全程分类,街道整修了44座分类垃圾库房,对403个户外垃圾收集点标准化改造,并统一规范各类标示标牌2876块,配置了1200只标准分类垃圾桶,引导居民提高垃圾分类及环保意识。到年底,硬件配置全部到位,长桥街道所有小区做到了垃圾分类全覆盖。2018年,长桥街道所有分类小区生活垃圾经居民源头分类、库房二次分拣、环卫分车收运,分类减量效果显现。湿垃圾的日分类量由开始之初的日均0.24吨增加到现在日均5.2吨。随着街道二次分拣的激励和考核机制建立推进,湿垃圾的分类量和分拣质量也在稳步提升。

除了分类硬件设施的升级换代,垃圾分类已融入到社区各项工作中,涌现了一批"分类达人"。街道通过"三进",进机关、进小区、进校园,不断延伸垃圾分类的覆盖面。据统计,过去一年,长桥街道累计在社区企事业单位和居民区、学校开展垃圾分类宣传培训与实践活动70余场,初步形成了"政府主导、部门牵头、试点带动、全民参与"的生活垃圾分类处理运行格局。在去年下半年的一次测评中,居民实际参与率提升明显,有的小区达到了80%以上。2019年,长桥街道计划创新管理方式,探索垃圾智慧分类与资源化利用。首先是确保街道下属各单位和辖区内学校、医院等体制内单位分类达标率100%。其次加快小区生活垃圾库房和户外投放点位整修和改造施工进度,对相关居委、物业、志愿者和分拣员开展培训,提高垃圾分类的精细化水平,提升分类质量。最后是按照一小区一方案设计垃圾分类两网融合实施细则,在5大居民块区设置1—2座智能化标准库房和4—5处智能化投放容器,探索建立1—2处湿垃圾不出小区就地消纳处置,使分类更科学、更有效、更便捷。

（八）推行"绿色账户"

自2013年开始,上海市尝试推行"绿色账户"制度,让践行垃圾分类的市民能有更多实惠。这种富有获得感的方式，正在帮助更多上海市民养成垃圾分类的习惯。如今，市民通过移动端的绿色账户，更可让垃圾分类这一重在坚持的行动，化解为碎片化的每日"随手分"，再随手通过一方手机平台，一键获得权益，"随手换"，享受美好生活，整个过程不超过5秒。

为使其进一步纳入可持续发展轨道，在市绿化市容局的管理下，由上海市废弃物管理处、上海城投（集团）有限公司、上海老港固废综合开发有限公司、中国银行上海市分行等企业共同出资，于2014年7月，组建了"上海惠众绿色公益发展促进中心"，负责对"上海绿色账户"工作模式进行日常管理和推广。市民只要每天正确垃圾干湿分类，就可以获得绿色账户积分，积分累积后，就可以在"绿色账户"的网站平台或微信公众号，兑换相关资源（如公园门票、生活用品等奖品），即"垃圾可分类、分类可积分、积分可兑换、兑换可收益。"在上海惠众绿色公益发展促进中心的统筹组织管理下，经前台、平台、后台各方的共同努力推动，在极短的时间内，完成了上海"绿色账户"平台2.0版本、手机App、微信公众号等软件的开发和上线；并于2015年7月，发起成立上海青年环保志愿者联盟，相继举办了"绿色账户"微电影大赛、"绿色账户"公益环保骑行、"绿色账户"环保体验营等宣传推广活动，产生了良好的社会反响。

根据2017年上海市政府工作报告，2017年年内，上海还将新增200万户"绿色账户"。"绿色账户"官网显示，每天均有数千名市民利用"绿色账户"积分兑换相关奖品。上海市绿化和市容管理局副局长唐家富说，垃圾分类是解决城市固废处理难题的最根本方式。为了激发居民参与垃圾分类工作的积极性，杨浦区大桥街道面向参与垃圾分类并已开通"绿色账户"的居民开展现场抽奖，共抽取了一等奖2名、二等奖4名、三等奖6名、幸运奖100名，分别给予吸尘器、吹风机、烧水壶等奖品。截至2017年3月，上海"绿色账户"累计积分为12亿分。截至2017年初，"绿色账户"累计消纳了4.8亿分，兑换奖品的总价值约5000万元。而绿色联盟的成立，可以让更多如支付宝、家乐福这样的有公益心的爱心企业参与进来，为践行美好行动的公众提供更多新颖丰富的兑换资源。统计数据显示，上海的"绿色账户"在不断扩大。截至2017年3月，已有涵盖200万户居民的居住区实现了"绿色账户"覆盖，约180万户居民申领了"绿色账户"卡。

## （九）制定法律条例，全面展开生活垃圾分类

2019年1月31日，上海市十五届人大二次会议表决通过《上海市生活垃圾管理条例》（以下简称《条例》），并将于7月1日正式开始实施。此举标志着，在推行20多年后，"垃圾分类"在申城纳入法治框架：个人混合投放垃圾，今后最高可罚200元；单位混装混运，最高则可罚5万元。届时，上海党政机关内部办公场所不得使用一次性杯具，旅馆不得主动提供一次性日用品，餐馆、外卖不得主动提供一次性餐具。

1.全程分类。上海推行生活垃圾分类20多年，分类标准有过多次变化，此番《条例》明确为"四分法"，包括可回收物、有害垃圾、湿垃圾和干垃圾四种。该分法最早确定于2011年，在2014年的上海政府规章中予以固化。立法过程中的调研也显示，多数上海市民当前认可这一分法。《条例》延续"四分法"的同时，也进一步厘清了各类名称，并以通俗语言列举出许多实例。比如，注明湿垃圾即易腐垃圾，是指食材废料、剩菜剩饭、过期食品、瓜皮果核、花卉绿植、中药药渣等易腐的生物质生活废弃物。垃圾分类纷繁复杂，需要

每个环节都下足功夫。以前，分好了类，垃圾车却混装拉走，挫伤过很多居民的积极性。这种情况将被严格禁止，《条例》明确全程分类：单位和个人要源头分类，物业公司要分类驳运，收运企业要分类收集和运输，最后处置企业要分类处置。与之匹配的，是"不分类、不收运，不分类，不处置"的监督机制，如果不按标准分垃圾，收运单位可以拒绝接收，以保障全程分类效果的实现。

2.全链条管理。对上海而言，实施强制性的垃圾分类，已是迫在眉睫的事。源头减量和资源化处理，是公认的走出"垃圾围城"困境的最佳路径。

上海此次立法，便在建立健全全程分类体系的同时，分设了促进源头减量和资源化处理专章，将管理范畴延伸到两端，涵盖了全链条。源头减量，是当前垃圾分类管理中的薄弱环节和难点，此前多为倡导性规定，《条例》针对特定对象提出了强制性要求。譬如，《条例》规定，党政机关、事业单位内部办公场所不得使用一次性杯具，旅馆不得主动提供客房一次性日用品，餐饮服务提供者和餐饮配送服务提供者不得主动提供一次餐具。资源化利用，既是对新发展理念的贯彻，也是生活方式的转型。《条例》规定，政府部门应当支持在公共绿地、公益林土壤改良工作中优先使用湿垃圾资源化产品。值得指出的是，地方性法规一般由地方人大常委会制定，只有少数重大立法项目才由人民代表大会制定。这也可以看出上海对垃圾分类立法工作的重视。

此前，《条例》草案曾三次递交上海市人大常委会审议，数易其稿，既显示兹事体大，需凝聚最大共识，也是通过开门立法，汇集各方智慧。澎湃新闻在 2019 年上海市人代会现场获悉，针对垃圾分类立法，人代会期间上海人大代表们共提出建议 646 条，涉及修改意见的有 43 处，最终半数得到了采纳。上海市人大常委会法工委主任丁伟说，相比制定法律，更难的是改变人们的生活习惯，"把它拿到人代会审议，就是希望能够凝聚最大的共识。"

3.全民参与。对上海而言，推进垃圾分类，还有另一层意义——这也是贯彻中央的要求，为全国做出表率。2018 年，这项工作得到加速推进。2018 年 3 月，上海市政府发布《关于建立完善本市生活垃圾全程分类体系的实施方案》，明确到 2020 年底，将建成生活垃圾全程分类体系。许多试点小区的居民，感受到了这项工作推进的力度：新的垃圾桶纷纷设立，清运定时定点，还有志愿者轮流现场引导。上海绿化市容局一位处长直言，过去十几年垃圾分类如果是"小步走"，而今这项工作开始"大步迈进"。

上海《政府工作报告》显示，2018 年上海全市建成了 3374 个再生资源回收点，开工建设 15 个垃圾资源利用设施。2019 年，还将开工 12 个垃圾资源利用设施。此番《条例》的出台，则更为清晰地划定了制度框架，确立了条块结合、以块为主的管理模式，所明确的工作方向，亦更具标杆意义。

《条例》明确，上海全市逐步推行定时定点分类投放制度；按照谁产生谁付费的原则，逐步建立计量收费、分类计价的生活垃圾处理收费制度。随着《条例》的实施，未来更强力的政府推动，也是题中应有之义。但与此同时，不少代表也提醒保持耐心，毕竟"新风尚"的形成需要时间。

垃圾分类，改变的是千百年来的生活习惯，发达地区也经过数十年，方有今日成就。如果说法律的颁布是 0 到 1 的质变，那之后的 1 到 1000，则更需久久为功。另一方面，这场攻坚战、持久战中,绝不仅仅是政府的独角戏,而是需要全民参与。澎湃新闻记者注意到,对社会参与,《条例》也提出了一系列促进措施等,包括构建广泛的社会动员体系,将生活垃圾分类管理情况纳入文明创建活动等。前几年"禁燃"、"交通大整治"等取得的佳绩,已显示出上海的社会动员能力,对垃圾分类这场新的社会革命,人们也有理由抱有相当的期待。而最终上海垃圾分类达到的水平,也将标注这座城市文明最新的高度。

如今,城市的生活垃圾产量与日俱增,给资源环境带来了巨大的压力。上海市每天产生的垃圾近 2 万吨,填埋场每天仅可以处置 9 千吨垃圾,生活垃圾处置严重超负荷,可以想象未来可能面临"垃圾围城",严重影响环境。垃圾分类举手之劳却可以对整个社会产生巨大的影响,能够有效节约土地资源,减少环境污染。因此,上海应跟上"潮流",持续走在垃圾分类这个"新时尚"道路上,为构建绿色家园行动起来。

(案例来源:袁玮.垃圾分类新时尚|徐汇长桥街道:从"随手扔"到"随手分"[N].新民晚报,2019-01-03.;陈玺撼.双城记·上海|垃圾分类成为新时尚 打造全程分类链条[EB/OL].(2019-2-24)[2021-12-31].https://baijiahao.baidu.com/s? id=1626303230395997460&wfr=spider&for=pc.)

**案例思考:**

1.结合案例,分析垃圾分类的意义。

2.结合案例,谈谈垃圾分类面临哪些问题和挑战。

3.结合案例,分析上海市在垃圾分类方面有哪些值得推广借鉴的经验和做法。

## 三、案例分析参考

### 1.结合案例,分析垃圾分类的意义。

(1)有助于改善垃圾品质,使末端焚烧(或填埋)得以更好地无害化处理。生活垃圾分类后,垃圾"各回各家",进入不同的后端处理通道,保证了垃圾的纯净度,提高了热值,有助于垃圾焚烧或填埋处理无害化处理。

(2)有助于再生资源循环利用,节约原生资源。案例提及的垃圾分类有利于使不同类型的垃圾发挥出对应的用途。垃圾分类后,厨余垃圾进行生化处理,资源垃圾进入再生资源通道,这样便于资源化利用,节省原生资源。比如,1 吨废塑料可回炼 600 公斤的柴油;回收 1500 吨废纸,可免于砍伐用于生产 1200 吨纸的林木。1 吨易拉罐熔化后能结成 1 吨很好的铝块,可少采 20 吨铝矿。

(3)有助于减少垃圾清运量,从而节约垃圾清运费用和后端处理费用,延长焚烧发电厂和填埋场使用年限。生活分类目前主要的工作是"资源化",即将已产生的垃圾分类后处理,还不能直接实现前端减量。但通过垃圾分类的宣传引导、制度设计、法律规范等,可以促进前端垃圾的减量,从而便于节约垃圾清运费用和处理费用,同时也延长了焚烧发电厂和填埋场的使用年限。

(4)有助于城市的干净整洁,减少清扫人员的负担,进而减少雇佣人力资源的浪费。案例提及的垃圾分类在上海等地推行后,促进了环境的清洁,取得了良好的效果。随着民众的垃圾分类的习惯逐步养成,大街上的垃圾越来越少,城市越来越干净,有助于降低环卫工人的负担,减少环卫工人的数量,让更多的环卫工人进入前端垃圾分类的收集和指导。作为垃圾分类榜样的日本,拥有 1350 万(2016 年)人口的东京市,道路清扫工人仅有

2000 名左右。而我国同等规模的深圳市,2017 年常住人口为 1252.83 万,但环卫工人却超过 5 万人。

(5)有助于增加就业岗位。生活垃圾分类属劳动力密集型行业,据估算,每分类处理 100 吨生活垃圾,可增加就业机会 100—200 人,包括宣传、动员、保洁、环卫及分拣等兼职、专职人员。同时,因此类岗位对文化、技术要求不高,只要身体健康、能吃苦耐劳,经过一定的培训即能上岗,更适合那些下岗失业人员就业,包括"4050"人员。

(6)有助于提升全民文明素质,进一步改善人居环境。案例提及的垃圾分类的开展对于全社会生态文明意识的培养具有十分重要的意义。垃圾分类是一个社会文明程度和全民素质的体现。实现垃圾分类,有助于提升全民文明素质和环保素质,同时,也有助于人居环境的改善,使居民有更多的获得感和幸福感。

**2.结合案例,谈谈垃圾分类在实践中面临哪些问题和挑战。**

(1)部分地区认识不到位。案例材料提到城市生活垃圾产量与日俱增,给资源环境带来了巨大的压力,但一些地方对生活垃圾分类的认识仍停留在技术层面,认为只需完善收集、转运及处理设施,这就导致工作偏重设施建设,但忽视了对民众的教育引导。

(2)垃圾分类工作见效较慢。生活垃圾分类涉及环节众多,协调难度较大,因此必须构建垃圾全程分类系统,促进城市的精细化管理。垃圾分类开展初期,分类效果不理想、混装混运现象时有发生、资源化利用水平偏低等情况,需要予以持续改善。正如案例材料当中桂花园小区楼组长盛新华所提到的,垃圾分类的成功秘诀就是下笨功夫、苦功夫,而垃圾分类初期工作的开展尤其艰苦,见效较慢。

(3)部分地区的社区治理能力较弱。垃圾分类最复杂的环节在于动员群众参与、形成共识,这对社区治理能力提出了严峻考验。正如案例所提到的,垃圾分类看似围着垃圾转,实质是居民思想认同、形成自觉的过程。然而一些社区党组织建设薄弱,居委会组织能力不强、服务功能偏弱,与生活垃圾分类工作的推进需求之间存在不小差距。

(4)部分地区垃圾分类支撑设施短板明显。一些沿海发达城市例如案例材料提及的上海市在生活垃圾分类收集、运输及处理方面的设施相对完备,而中西部一些城市还仅有垃圾分类收集设施,在运输及处置处理方面的设施则普遍不足。这些城市筹措基础设施建设资金的渠道较少,因而补齐短板的压力较大。

(5)垃圾分类宣教力度需要加强。虽然近年来民众垃圾分类意识逐步增强,但落实到行动的还偏少。"垃圾分类进校园"活动的举办以及借助媒介开展的宣传教育取得了一定效果,但个别地方仍存在走过场的情况。因此为了培养民众的垃圾分类习惯,必须不断创新方式方法,持续加以教育和引导,就像案例材料中的上海市那样坚持政府主导、部门牵头、试点带动、全民参与,进而形成垃圾分类工作的强大合力。

**3.结合案例,分析上海市在垃圾分类方面有哪些值得推广借鉴的经验和做法。**

(1)坚持全程管控,注重系统推进。针对垃圾分类涉及环节多、管理链条长的特点,在前中末端齐发力、共推进,努力构建环环相扣的管理体系。前端增强社会认同度,明确居民家庭"一严禁、一鼓励、两分类"的简化分类要求,固化"定时定点为主、楼层设桶为辅"的垃圾收运模式,深化"分类可积分、积分可兑换、兑换可获益"的绿色账户理念,完善激励措施,促进市民养成垃圾分类习惯。中端完善设施适配度,全面规范生活垃圾分类各环节标识和作业管理,建成湿垃圾、干垃圾、有害垃圾等分类清晰的清运系统,坚决杜绝混装混运。改造中转设施,重构可回收物专项收运系统,初步形成"两网融合"点、站、场回收利用体系。末端加大投入保障度。

(2)推动社会参与,形成共治格局。社会共治"大协同"。案例提及的上海市垃圾分类工作善于发挥多元主体共建的优势,形成合力。把垃圾分类纳入基层党组织工作职责,形成党建引领、居民自治、居委协调、物业参与"四位一体"工作格局。市政府召开新闻发布会和媒体通气会,加强政策解读。中共上海市委宣传部牵头推进,形成全方位、多层面、密集型的宣传网络,每月开展垃圾分类"主题宣传日"活动,让垃圾分类理念进社区、进村宅、进学校、进医院、进机关、进企业、进公园。教育培训"大推动"。制作宣传指导手册,推出专题访谈。通过小手牵大手,推动形成"教育一个孩子、影响一个家庭、带动一个社区"的良性互动局面。

(3)科技引领管理创新,建立各环节双向监督机制。案例提及的上海市在垃圾分类方面充分利用现代科技手段,使大量的工作量得到了简化。上海市采取"科技+管理"模式,整合社区现有的智能监控装置、运输车辆GPS设备、网格化监控等资源,建立了市、区、街镇三级生活垃圾分类投放、收集、运输、中转、处置"五个环节"全程监管体系。源头分类投放及收集环节,结合绿色账户激励机制,推行"定时定点"投放,督促居民正确开展垃圾分类。分类运输及中转环节,通过公示收运时间、规范车型标识等举措,强化环卫收运作业的监督管理,杜绝混装混运。对单位分类投放管理责任人,建立"首次告知整改,再次整改后收运;对多次违规拒不整改的,拒绝收运并移交执法部门处罚"的倒逼机制。强化中转站对环卫收运作业企业转运进场垃圾的品质控制,对分类品质不达标的予以拒收,对混装混运严重的实行市场退出。分类处理环节,实现末端处置企业进场垃圾的品质自动监控、来源全程追溯。制定差别化生活垃圾收费处理制度,对干垃圾量、符合质量要求的湿垃圾和可回收物量分别进行核定。建立面向区、街镇级的,与垃圾分类质量相挂钩的奖惩得当的垃圾处理费制度。

(4)坚持党建引领,动员各方力量,以钉钉子精神抓好垃圾分类整区域推进。案例提及的上海市垃圾分类得到了当地党和政府的高度重视,上海市长宁区在市委、市政府的领导下,下大力气在全区10个街镇整区域推进生活垃圾分类工作,初步探索出一条以党建为引领,以源头自觉分类为基础,以定时定点分类投放为特色,以分类收集、分类运输、分类处理为目标要求,全过程、全区域、全覆盖推进的生活垃圾分类新路子。首先,加强组织领导,着力打造全链条、一体化工作体系。区委、区政府主要领导靠前指挥,各街镇党政一把手亲自上阵,居民区党组织坚守一线,强化"三级"联动,形成有效工作机制。其次,加强全面发动,努力形成人人会分、人人愿分的局面。"定时定点"确立标准,着力推进"自觉分类+定时定点投放",及时分类清运。最后,加强"双向促进",积极推动垃圾分类与社区治理融合。垃圾分类不仅是社区治理难点,也是撬动社区治理的有力支点。通过"党建引领下的双向促进法"即"四个同步",实现了垃圾分类有"减量"、社区治理有"增量":一是同步开展走访,二是同步开展"四位一体"建设,三是同步开展"美丽家园"建设,四是同步开展区域化党建。

(5)突出制度保障,确保长效管理。案例提及的上海市垃圾分类有制度方面的坚实保障,值得推广借鉴。通过对垃圾分类进行立法,推进实施生活垃圾分类工作。市人大常委会和市政府共同成立立法调研小组,围绕"全生命周期管理、全过程综合治理、全社会普遍参与"的立法思想,重点研究约束手段和执法可行性、分类投放管理责任人制度、垃圾源头减量、末端资源化、管理智能化等问题,并广泛征求意见,凝聚社会共识。2019年1月31日,市十五届人大二次会议通过《上海市生活垃圾管理条例》,为垃圾分类提供了制度方面的重要保障。

**参考文献:**

[1]陈毅,张京唐.探寻社区常规化治理之道:三种运行逻辑的比较:以上海垃圾分类治理为例[J].华中科技大学学报(社会科学版),2021,35(4):47-55.

[2]顾丽梅,李欢欢.行政动员与多元参与:生活垃圾分类参与式治理的实现路径:基于上海的实践[J].公共管理学报,2021,18(2):83-94,170.

[3]杨建国,周君颖.公共政策的时空演进特征及其扩散机理研究:基于31省级、38地级城市生活垃圾分类政策的分析[J].地方治理研究,2021(2):16-29,78-79.

[4]董飞,扶湘红,吴笑天,等.城市生活垃圾分类治理:现实困境与实践进路[J].城市发展研究,2021,28(2):110-116.

## 案例41 建设美丽中国,严明生态环境保护责任制度

### 一、案例导读

"万物各得其和以生,各得其养以成。"美丽的生态环境是保障人民高质量生活的重要条件。绿水青山是自然财富,更是经济财富。"绿水青山就是金山银山",自习近平总书记提出该理念以来,改善生活环境越来越成为全体公民的共识。近年来我国无论是污染防治攻坚还是生态文明建设,都取得了长足进步,环境保护的社会公众参与程度也越来越高,生态环境质量持续好转,但成效仍不稳固,生态政策机制仍存在短板,因此要实现生态治理体系与治理能力现代化就需要政策改革来提供抓手。2019年习近平总书记对生态环境保护提出了"五个追求",严明生态环境保护责任制度,这为实现污染防治攻坚战阶段性目标并确保全面建成小康社会圆满收官提供了生态建设路径。为促进人与自然和谐共生,就必须坚持巩固、完善发展并严格执行生态环境保护责任制度。本案例聚焦生态环境保护,从中对政府经济管理的相关问题展开讨论。

### 二、案例材料

**材料一:保护生态环境,牢记习近平提出的五"个追求"**

2020年6月5日,世界环境日如约而至,今年的主题为"关爱自然 刻不容缓"。习近平总书记始终思考着"人与自然和谐共生"的辩证法则,谋划着中华民族永续发展的前进方向。党的十八大以来,生态文明建设纳入国家发展总体布局,"进入了快车道"。党的十九大把"坚持人与自然和谐共生"作为新时代坚持和发展中国特色社会主义的基本方略。今年以来,在北京参加首都植树活动,在浙江、陕西、山西考察调研,习近平总书记一再强

调保护地球生态环境这一理念。

习近平总书记在 2019 年中国北京世界园艺博览会开幕式上提出：我们应该追求人与自然和谐，我们应该追求绿色发展繁荣，我们应该追求热爱自然情怀，我们应该追求科学治理精神、我们应该追求携手合作应对。

（一）追求人与自然和谐

水是湿地的灵魂，自然生态之美是西溪湿地最内在、最重要的美。杭州西溪国家湿地公园是全国首个国家湿地公园。3 月 31 日，习近平总书记在杭州考察的第一站就来到这里，沿着绿堤、福堤，察看湿地保护利用情况。总书记指出，湿地贵在原生态，原生态是旅游的资本，发展旅游不能牺牲生态环境，不能搞过度商业化开发，不能搞一些影响生态环境的建筑，更不能搞私人会所，让公园成为人民群众共享的绿色空间。

习近平对城市湿地的关注和保护，体现了他对城市发展方向的把握，对人与自然和谐共生的坚持，对人民利益的重视。

（二）追求绿色发展繁荣

绿色是大自然的底色。习近平总书记一直强调，绿水青山就是金山银山，改善生态环境就是发展生产力。深山之中，春雨淅沥，云雾缭绕。4 月 21 日，习近平总书记来到陕西省安康市老县镇蒋家坪村的女娲凤凰茶业现代示范园区。他拾级而上，步入茶园，沿途察看春茶长势，同茶农们亲切交谈，仔细询问茶叶收成、价格和村民土地流转、参加分红、务工收入等情况。

良好生态本身蕴含着无穷的经济价值，正源源不断创造综合效益，实现经济社会可持续发展。女娲凤凰茶业现代示范园区，属于苏陕扶贫协作项目。目前园区通过"党支部＋龙头企业＋贫困户"的模式，带动 100 多户贫困户年人均增收千元以上。

（三）追求热爱自然情怀

"取之有度，用之有节"，是生态文明的真谛。习近平总书记深刻指出，倡导环保意识、生态意识，构建全社会共同参与的环境治理体系，让生态环保思想成为社会生活中的主流文化。4 月 3 日，在全国疫情防控形势持续向好、复工复产不断推进的时刻，习近平同首都群众一起参加义务植树活动。他说："我们一起参加义务植树，既是以实际行动促进经济社会发展和生产生活秩序加快恢复，又是倡导尊重自然、爱护自然的生态文明理念，促进人与自然和谐共生。"

（四）追求科学治理精神

生态治理，道阻且长，行则将至。既要有只争朝夕的精神，更要有持之以恒的坚守。5 月 12 日，正在山西太原考察的习近平总书记专程来到汾河太原城区晋阳桥段，听取太原市汾河及"九河"综合治理、流域生态修复等情况汇报。

眼前的汾河清水复流，再现碧波荡漾的大河风光。沿岸绿树葱郁，宛如一条条绿色长廊。习近平沿河岸边步行察看汾河水治理及两岸生态保护、城市环境建设等情况，对太原汾河沿岸生态环境的巨变表示欣慰，并首次提出了"治山、治水、治气、治城"的"四治"要求。

"四治"既是对"生命共同体"理念的延续，同时也是对人与自然和谐相处思想的具体诠释。

### (五)追求携手合作应对

2019 年 6 月 5 日,世界环境日全球主场活动在浙江省杭州市举行,习近平主席致贺信。习近平指出,人类只有一个地球,保护生态环境、推动可持续发展是各国的共同责任。建设全球生态文明,需要各国齐心协力,共同促进绿色、低碳、可持续发展。

从 3 月底 4 月初在浙江考察时调研安吉、西溪湿地,到 4 月下旬在陕西考察时深入秦岭,再到 5 月中旬在汾河太原城区晋阳桥段考察,习近平总书记的考察行程和重要指示,一再宣示生态文明建设是关系中华民族永续发展的根本大计。

面向未来,中国也愿同各国一道,共同建设美丽地球家园,共同构建人类命运共同体。践行生态文明,建设美丽中国,是实现中华民族伟大复兴的中国梦的重要内容。坚持生态优先、绿色发展,驰而不息,久久为功,形成人与自然和谐发展现代化建设新格局,天更蓝、山更绿、水更清必将不断展现在世人面前。

(案例来源:央视新闻客户端.保护生态环境,牢记习近平提出的"五个追求"[EB/OL].(2020-06-05)[2021-12-31].https://baijiahao.baidu.com/s?id=1668614942184390601&wfr=spider&for=pc.)

**材料二:严明生态环境保护责任制度**

习近平总书记近日在山西调研时指出,"要牢固树立绿水青山就是金山银山的理念""统筹推进山水林田湖草系统治理""加快制度创新,强化制度执行,引导形成绿色生产生活方式,坚决打赢污染防治攻坚战"。习近平总书记作出的这一系列重要指示,再次表明了坚持生态文明建设,走生态优先、绿色发展之路的决心和意志。党的十九届四中全会审议通过的《中共中央关于坚持和完善中国特色社会主义制度、推进国家治理体系和治理能力现代化若干重大问题的决定》将"坚持和完善生态文明制度体系,促进人与自然和谐共生"单列一章,提出了"严明生态环境保护责任制度"的重点任务。生态环境保护责任制度贯穿了源头预防、过程控制、损害赔偿、责任追究的生态文明建设全过程,是生态文明制度体系中的一项基础性制度,是贯彻落实习近平生态文明思想的具体实践和制度保障。要实现环境治理体系和治理能力现代化,加快建设美丽中国,促进人与自然和谐共生,就必须坚持巩固、完善发展、严格执行生态环境保护责任制度。

### (一)严明生态环境保护责任制度的紧迫性

习近平生态文明思想作为新时代生态文明建设的根本遵循和行动指南,深刻回答了为什么建设生态文明、建设什么样的生态文明、怎样建设生态文明等重大问题。党的十八大以来,我们党围绕生态文明建设提出了一系列新理念新思想新战略,开展一系列根本性、开创性、长远性工作,生态文明理念日益深入人心,污染治理力度之大、制度出台频度之密、监管执法尺度之严、环境质量改善速度之快前所未有,推动生态环境保护发生历史性、转折性、全局性变化。比如,生态文明绩效评价考核和责任追究制度基本建立,生态环境和自然资源管理体制改革取得重大突破,生态补偿财政转移支付制度持续推进,自然资源资产产权制度改革、国土空间规划和用途统筹协调管控制度改革等重大基础性改革迈出重要步伐,等等。这些成果弥足珍贵、来之不易,我们必须坚持巩固、持续深化。

中央深改委第十一次会议审议通过了《关于构建现代环境治理体系的指导意见》,指出要以环境治理体系和治理能力现代化为目标,建立健全领导责任体系、企业责任体系、监管体系等 7 个体系。7 个体系的关键是落实各类主体责任,最终都要落到生态环境保护责任制度实践上来。新冠肺炎疫情不可避免会对经济社会造成较大冲击,当前形势越是严峻复杂,我们越要以改革促进制度建设和治理效能更好转化融合,健全生态环境保护责任制度,完善环境治理体系,明晰和压实政府、企业、公众等各类主体权责,畅通参与渠道,形成全社会共同推进生态保护和环境治理的良好格局。

党的十九大将污染防治攻坚战作为决胜全面建成小康社会的三大攻坚战之一,强调要着力解决突出环境问题。为打好打赢污染防治攻坚战,以习近平同志为核心的党中央多次出台重要文件进行部署,并开展了两轮中央生态环境保护督察及"回头看"。比如,近期召开的中央深改委第十三次会议审议通过了《全国重要生态系统保护和修复重大工程总体规划(2021—2035年)》,科学统筹谋划布局生态修复和污染防治工作。我们要严明生态环境保护责任制度,确保实现污染防治攻坚战阶段性目标,为确保全面建成小康社会圆满收官奠定坚实生态环境基础。

(二)严明生态环境保护责任制度的根本保证和目标取向

坚持党的全面领导。中国共产党领导是中国特色社会主义最本质的特征,是中国特色社会主义制度的最大优势。要坚持和加强党的全面领导,坚决落实"党政同责、一岗双责",切实把党的全面领导有力有效贯彻到生态环境保护责任制度构建全过程、生态环境保护履责追责问责各方面。同时,要充分发挥好党总揽全局、协调各方的领导核心作用,充分利用我国社会主义制度集中力量办大事的政治优势,最严密构建和最严格执行生态环境保护责任制度,加快建设美丽中国。

坚持以人民为中心。良好的生态环境是最普惠的民生福祉。习近平总书记指出:"环境就是民生,青山就是美丽,蓝天也是幸福。"要坚持把民之所望作为政之所向,严明生态环境保护责任制度,动员各方力量,重点解决好老百姓身边的突出生态环境问题,加大力度提供更多更优质生态产品,在生态环境上充分彰显社会公平正义。同时,生态文明是全社会共建共治、共享共有的事业,严明生态环境保护责任制度也必须依靠群众、发动群众,建立健全群众参与、评价和监督生态文明建设的机制,形成多元参与、良性互动的格局。

聚焦生态环境改善。我国生态系统较为脆弱,资源环境约束日益趋紧,生态环境质量持续好转、稳中向好的基础尚不牢固,国土空间治理能力也有待提升。要围绕实现生态环境根本好转的目标,通过严明生态环境保护责任制度,一方面,加大力度推进生态修复、污染治理,解决好存量问题,提升资源环境承载力;另一方面,践行绿水青山就是金山银山理念,从源头上实现绿色转型,降低资源消耗、减少污染排放、防止生态破坏,解决好增量问题,走绿色发展之路。

突出系统集成协同。生态环境具有"山水林田湖草生命共同体"特征,需要按照生态系统的整体性、系统性以及内在规律,抓住山水林田湖草和人之间不可分割的内在规律,从系统工程和全局高度,统筹兼顾、整体施策。生态环境保护责任制度贯穿了生态文明建设和生态文明体制改革全过程,涉及政府、市场、社会等各方责任主体,更需要坚持系统集成协同的基本原则和工作思路,健全行政、市场、法治、科技等多种手段综合运用体制,完善财政、税收、产业、投资、区域等政策协同发力机制,让各项举措有机衔接、融会贯通。

(三)严明生态环境保护责任制度的现实路径

明责知责是前提。各类主体应该清楚明白自己在生态环境保护中的责任与担当。首先,明晰各级政府的财政事权和支出责任,真正在生态环境保护中形成权责清晰、上下协调、空间均衡、分配有效的生态公共品供给制度。由于生态产品与服务的受益范围差异大,并且具有强烈的外部性,中央政府应该主导全国性和跨区域的生态产品与服务的供给,明确中央对地方一般转移支付的事权范围和财政支出责任;在地方上下级政府和地区之间的纵向事权与横向责任的界定上也要按照匹配原则明确省以下一般转移支付和地区间横向转移支付支出责任的落实,明确制定不同层级政府的事权清单和与之对应的支出责任清单。通过财政支出的数量对支出责任进行量化,更加精准地落实和评价生态环境保护责任制度。其次,明晰市场主体和社会公众的责任。企业是法律法规规定的污染防治责任主体,承担了生态环境保护的主体责任。社会组织和公众既是生态环境保护中的直接实施者,也是社会秩序的监督者、组织者,对政府、企业的行为起到监督作用。最后,科学界定政府和企业在生态环境保护中的边界。特别是要健全自然资源资产产权体系,明确产权主体,完善自然资源资产价格形成机制。通过在实物量统计核算比较精准的基础上科学编制自然资产负债表。通过自然资源资产表的实物量和价值量的核算,既可以明晰地方政府部门以及主要责任人的自然资源保护的保值增值责任,又可以体现市场主体、社会公众作为产权主体时的保护成效。

履责尽责是关键。推动各类主体履责尽责,是严明生态环境保护责任制度的关键。首先,财政是各级政府履责尽责的物质基础,也是推动政府履行主导责任的有效手段。受疫情等多方因素影响,地方财政保基本民生、保工资、保运转的特征更加明显,更需要提高生态环境保护领域财政资源配置效率。广泛推进财政绿色支出预算绩效评价和考核制度,通过大数据、互联网技术实现财政绿色支出绩效考评的云计算、云服务。认真履行生态环保资金支出者使用者的责任,严格落实花钱必问效、无效必问责,真正从源头上管好用好财政绿色支出。与此同时,生态环境是跨区域的公共品,需要不同层级、不同区域的政府目标同向、责任共担。因此,要聚焦责任共担、效益共享、合作共治,有效建立跨区域生态环境保护长效机制,构建区际利益补偿机制和纵向生态补偿机制,完善财政转移支付制度,不断提升对重点生态功能区转移支付的有效性。其次,在体制机制建设中推动企业履行主体责任。特别要聚焦生态环境保护的监测评价基础能力建设,通过健全生态环境监测统计评价制度,加强生态环境监测网络建设,构建科学、独立、权威、高效的生态环境监测、统计和评价工作机制,实现生态环境质量监控预报预警,并完善与生态环境质量挂钩的财政奖补政策,倒逼企业主动扛起法律法规规定的污染防治主体责任。最后,在完善制度设计中提高社会组织和公众参与积极性。完善公众参与机制,拓宽公众参与渠道,全面推进政务公开,积极推行环保志愿者等公益活动机制,大力发展环保公益组织,建立健全论证会、听证会等政府公众沟通机制。

追责问责是手段。打好打赢污染防治攻坚战、推动生态环境根本好转是全党和各级政府的政治责任、政治任务。首先,切实强化全面从严治党的政治担当,对党政部门破坏生态环境或对生态环境保护不力的行为,从严进行政治追责问责。就公共财政资金的使用来说,要加强财政支出绩效评价结果的约束作用,对违规违法使用甚至过失使用等财务行为进行经济追责和行政法律惩戒。其次,建立针对市场主体和社会公众的,以经济惩戒和赔偿为中心的经济追责和法律问责联动制度。对企业和社会个体在生产生活中造成的水、大气、土壤污染等进行经济法律追责问责,大幅提高环境损害成本。同时,也要积极引导社会力量参与环境保护执法,依法保障其行使提起环境公益诉讼等权利,构建政府专业执法和社会组织个人协同监督的追责问责网络。最后,加强追责问责工作队伍和工作机制建设,把查处违法行为的责任压实。组建统一的生态环境保护综合行政执法队伍,推进行政执法与司法衔接,推动执法重点向基层下沉,强化属地执法,创新执法方式,坚定不移地打击各类生态环境违法行为。有效衔接、协同推进生态环境损害赔偿制度、生态环境公益诉讼制度等制度建设,严格实行生态环境损害责任终身追究制度,明确生态环境损害责任终身追究的实施主体和责任承担主体,统一规范责任终身追究的标准和程序,健全责任倒查机制,完善配套法律制度。

(案例来源:蒋金法,京方程.严明生态环境保护责任制度[N].光明日报,2020-06-04(06).)

**案例思考:**

1.试结合案例分析:为什么要进行环境保护管理?

2.结合案例,谈谈我国环境保护管理工作面临哪些挑战。

3.试结合案例分析:政府在环境保护管理方面应采取哪些措施以应对现存问题?

## 三、案例分析参考

### 1.试结合案例分析:为什么要进行环境保护管理?

在我国社会发展中,由于受到经济利益的驱使,在很长一段时间环境保护要让位于我国经济的发展,随之而来的是社会经济水平在不断提高,环境污染问题也越来越严重。生态环境保护是人类发展中不可回避的问题,人类要得以发展就要重视起环境保护。目前我国生态环境问题,如空气污染、植被破坏、水资源问题、化工污染问题等十分严重。当前生态环境保护已列入基本国策,由此可以看出国家对生态环境保护的重视,更可以看出环境保护对社会可持续发展的重要性。

案例提及习近平总书记对环境保护高度重视并给出了重要指示,从中也可以体现出生态环境保护的重要性:它关系到当代人的生命健康以及生活质量,更关系到子孙后代的生活状况。我国一直提倡"可持续发展",寻求生态环境的代际公平。自党的十八大以来,我国政府也积极推行各类政策,要将我国生态环境质量提升到一定高度。但是2016年的生态环境调查显示,338个样本城市中仅有24.9%的城市,即84个城市的空气质量符合我国生态环境保护制定的标准;338个城市中仅有10.1%的城市地下水评级为优良级;在调查的2591个县域内,仅有占国土面积44.9%的县域的生态质量为"优秀"或者"良好";全国森林覆盖率仅达到21.63%,严重低于日本等国家;国家级自然保护区面积仅占全国陆地面积的9.97%。所以建设美丽中国的道路还很长,保护生态环境刻不容缓。

### 2.结合案例,谈谈我国环境保护管理工作面临哪些挑战。

(1)环境与经济发展及民生间的矛盾存在被激化的可能。经济新常态下GDP的增速放缓,对资源、能源的需求减少,有利于降低环境压力,但当经济增速放缓对就业、民生产生消极影响的时候,地方政府可能实行经济激励政策,可能会因此倒转环境与经济的关系,从而有可能减小环境执法力度,导致环境治理成效回退。案例材料提到习近平总书记一直强调绿水青山就是金山银山,改善生态环境就是发展生产力,便是希望能够对环境与经济发展及民生间关系的调节起到相应的指导作用。

（2）环境污染形势仍然严峻。案例材料提到习近平总书记听取太原市汾河及"九河"综合治理、流域生态修复等情况的汇报，便反映出中央对于环境治理的高度重视。环境质量变化及环境污染造成的损失，与污染形成的气象、地质等条件以及与污染物之间的物理化学反应过程都存在关系。部分污染问题既来自污染源的排放，也来自二次生成，环境污染带来的影响也与民众生活水平及环境意识存在密切关联。因此总量控制并不必然导致环境质量的改善，而环境质量的改善也不必然导致污染造成的经济损失的降低。

（3）环保投资与投入的稳定性可能受经济下行的影响。经济增速放缓的情况下，政府和企业环境保护投入存在下降的可能，并可能影响污染防控措施的正常运行，导致环境保护效果受到影响。因而案例材料提到习近平总书记一再宣示生态文明建设是关系中华民族永续发展的根本大计，便是要提醒地方经济发展过程中需要抓好环保工作不松懈。

（4）环境问题引致的利益冲突有可能加剧。当前，环境容量及其承载力已对经济发展产生了相应的约束作用，环境资源的配置对各类主体的环境权益及经济利益的影响愈发显著，利益冲突广泛存在并可能继续加剧。经济新常态与区域布局、城乡发展等密切相关，在经济下行期间，如何避免污染向中西部及乡村转移，成为我国环境保护工作面临的重大问题。因而案例材料当中习近平总书记提到要加快制度创新，强化制度执行，引导形成绿色生产生活方式，坚决打赢污染防治攻坚战。

### 3.试结合案例分析：政府在环境保护管理方面应采取哪些措施以应对现存问题？

（1）加强生态立法的执行强度

我国在 2018 年 1 月 1 日正式施行《中华人民共和国环境保护税法实施条例》，对生态环境正式立法，将其纳入法律管理的体系中。在生态环境保护过程中，政府应该加强对生态环境法律法规的学习；在实际施行过程中，严格贯彻《环境保护税法实施条例》中的相关规定，加强生态立法的执行强度。在这个过程中，要避免以权谋私、贪污腐败的行为，必须对环境污染企业一视同仁，不得出现漏网之鱼。政府在执法过程中应秉公执法，将生态环境保护造福人民造福子孙后代的政策贯彻到底，在全社会营造政府带头的生态环境保护的氛围，加强我国的生态环境保护。

（2）加大政府对于生态环境保护的资金支持

案例提及的生态环境保护需要相应的人力、物力、财力的支持。在生态环境保护过程中，政府肩负着"领头人"的责任，要加大对生态环境的资金支持。一方面，加大对退耕还林还草以及实施"轮耕"、保护生态环境的农民的奖励力度；另一方面，通过加大对政府环保部门的资金支持，为其提供更多的先进环境监测以及检测设备，为其提供更好的环保研究环境，积极引进先进的生态环境保护人才，提高政府生态环境保护的技术能力。

（3）引入现代科技，实施生态环境保护

在互联网时代，政府在加强生态环境保护过程中，应结合现代信息技术。利用当前先进的检测设备，对主要河流的水质以及大气中的 $PM_{2.5}$ 实施实时监测，并根据监测结果制定相应的生态环境保护措施。通过大数据平台的建立，为各个区域政府之间的生态环境协同治理提供技术支持。生态环境是一个整体，大气是流动的，不同区域的生态环境治理不可能是孤立的。大数据平台的协同管理，有利于促进全国范围内的生态环境质量改善。

（4）提高企业的节能减排能力，促进化工企业改革

案例提及的生态环境保护在市场经济体制下急需市场机制作用的发挥。对于积极贯彻政府生态环境保护政策的企业，政府可以给予相应的经济补助；对于拒不改造的企业，政府应实施强制措施，强制整改。通过上述措施，从工矿企业入手，循序渐进地促进我国企业的"节能减排"改造，改变空气质量状况以及水质，减少企业生产对生态环境以及人类健康的影响，积极促进我国经济和生态环境的协同发展。

（5）明晰权责，严明生态环境保护责任制度

案例提及的生态环境保护需要明确责任，抓好落实。一方面明晰各级政府的财政事权和支出责任，真正在生态环境保护中形成权责清晰、上下协调、空间均衡、分配有效的生态公共品供给制度。由于生态产品与服务的受益范围差异大，并且具有强烈的外部性，中央政府应该主导全国性和跨区域的生态产品与服务的供给，明确中央对地方一般转移支付的事权范围和财政支出责任；在地方上下级政府和地区之间的纵向事权与横向责任的界定上也要按照匹配原则明确省以下一般转移支付和地区间横向转移支付支出责任的落实，明确制定不同层级政府的事权清单和与之对应的支出责任清单。另一方面广泛推进财政绿色支出预算绩效评价和考核制度，通过大数据、互联网技术实现财政绿色支出绩效考评的云计算、云服务。认真履行生态环保资金支出者使用者的责任，严格落实花钱必问效、无效必问责，真正从源头上管好用好财政绿色支出。

**参考文献：**

[1]高涵,侯晓妹,璩爱玉,等.面向美丽中国目标的京津冀区域水生态环境管理思路[J].环境保护,2021,49(15):17-20.

[2]张万洪,胡馨予."美丽中国"的实现迫切需要对环境犯罪匹配生态修复责任[J].河南社会科学,2021,29(7):77-83.

[3]盖美,王秀琪.美丽中国建设时空演变及耦合研究[J].生态学报,2021,41(8):2931-2943.

[4]周宏春,霍黎明,李长征,等.历史交汇期的生态环境保护与美丽中国擘画[J].环境保护,2021,49(6):12-16.

[5]高吉喜,张小华,邹长新,等.筑牢生态屏障 建设美丽中国[J].环境保护,2021,49(6):17-20.

# 案例42 "碳达峰""碳中和"：中国在行动

## 一、案例导读

随着世界上更多国家和地区工业化、城市化进程的加快，世界环境治理愈发困难，因此国际社会需要有前所未有的雄心和行动。而在气候变化及其应对这一议题上，我国一直都秉承合作包容的态度，稳步开展环境保护的探索与实践。习近平主席在与气候变化相关的重要国际会议上也向世界提出了中国倡议和中国举措。最为引发世界关注的是，2020年习近平主席在联合国大会上宣布，中国将力争在2030年前实现二氧化碳排放量达到峰值的目标，2060年前还将力争实现碳中和的目标。"碳达峰""碳中和"的重大承诺，受到国际社会的充分肯定和赞许，也是我国主动承担重要责任的有力

体现。本案例聚焦"碳达峰""碳中和"的中国倡议,从中对政府经济管理的相关问题展开讨论。

## 二、案例材料

### (一)唐遥:2021 年热词"碳达峰",未来 10 年它将改变中国

在 2014 年的《中美气候变化联合宣言》中,中国首次提出 2030 年实现"碳达峰"的计划。在 2020 年的 9 月和 12 月,习近平主席在联合国大会上和气候雄心峰会上向世界承诺中国将提高应对气候变化的国家自主贡献度,力争在 2030 年实现碳达峰,2060 年实现碳中和。为了实现这一庄严承诺,2020 年 12 月召开的中央经济工作会议把碳达峰作为 2021 年八大工作重点之一,"十四五"规划也将"碳达峰"列入重要内容。中国在 2030 年实现"碳达峰"的目标整体上是可行,它既是中国高质量发展的内在要求,也是中国作为负责任的大国在应对全球气候变化中所做的巨大努力。唐遥指出,我们要对"碳达峰"任务的紧迫性和挑战要有统一的认识,这一目标要求中国实现碳排放降低和加快碳捕获能力的建设,为此不同的行业和地区要加紧研究和制定行动方案,在挑战中抓住新的机遇,在变革中实现高质量发展。

**控制碳排放量、增加碳捕获和储存**

如何实现"碳达峰"和"碳中和"? 可以采取以下两方面的措施:一是减少碳排放量,通过采用清洁技术、能源替代等手段降低碳排放,从而向"达峰"目标靠近。二是通过生物措施和其他手段增加碳的捕获和存储。

控制碳的排放量有几个重点:第一是从排放强度的角度去考虑,要降低单位产值的能耗。第二是改变我们的产业结构,我国当前经济中重化工业和高能耗产业仍占据着重要比重,这是我国在经济持续发展的同时实现"碳达峰"和"碳中和"必须解决的核心矛盾。第三是在经济持续发展的进程中必然要消耗一定能源的前提下,需努力降低化石能源在我国整个能源中的占比,这是一个艰巨的挑战。我国本身化石能源禀赋是富煤缺油少气,2019 年煤炭在所有的能源消耗中的占比达到 58% 左右。虽然我们的资源禀赋和当前的能源供给结构给我们带来了巨大挑战,但另一方面也说明我国有很大的改善空间。

除了减少排放量之外,对已经发生的碳排放需要进行捕获,目前看有两个主要的渠道:第一,是在发生碳排放的源头点,比如发电厂、化工厂或者其他制造业工厂,对集中排放的碳进行捕获和储存,也即通过 CCS 技术大幅降低碳排放。目前 CCS 技术最大可以实现 90% 的碳排放降幅,但是成本较高,大规模应用还有待技术的进步。第二,还有一些碳会游离到大气中,可以通过建设碳中和林、提高存量森林资源碳吸收能力等办法去捕获游离的碳排放。经过多年的努力,我国的森林覆盖率达到了 23%,但是单位面积对应的森林蓄积量和碳吸收能力还有不小的提高空间。总体而言,碳捕获的技术和激励机制目前还存在很多挑战,迫切需要进一步的研究和改革。

**"碳达峰"不是"碳冲峰"**

从已有的一些政策分析来看,"碳达峰"目标是可行的,同时也有很大的挑战性,因此必须要让各个地区、各个行业乃至每位居民形成一个共同的认识。

在 2012—2019 年期间,根据国家统计局数据,我国平均 GDP 增长是 7%,但我们的

能源消耗并没有按照这个速度增长,能源消耗平均增长是 3%,这意味着每单位 GDP 能耗大概是以 4% 的速度在下降。中国在未来较长的时间内还将处在中高速发展阶段,GDP 年均增长速度仍能达到 5% 左右。要实现"碳达峰",到 2030 年能源的增速要持续下降到显著低于 GDP 增速的水平,这需要不懈的艰苦努力。

在一些地方的"十四五"规划中,仍然有发展重化工业的冲动。个别地方认为"碳达峰"并不难,当地在"十四五"、"十五五"中加快上高碳的项目,之后就不再增加这类产业,也可以比较轻松地实现"达峰"。但这违背了我国高质量发展的政策导向,应该避免这样的投资冲动。

在时间维度上来看,中国从"碳达峰"到"碳中和"的时间紧张。欧盟在 1990 年代、美国在 2007 年左右已经达到了碳排放的峰值,因此他们从"碳达峰"到"碳中和"之间预留了约 40 到 60 年左右时间。而我国从 2030 年"碳达峰"的目标到 2060 年"碳中和"的目标之间只有 30 年。作为一个发展中国家,我们希望尽快进入高收入国家的经济体,同时又要在 30 年内完成从"碳达峰"到"碳中和"的过渡,难度是不小的。因此,我们非常有必要尽快进行相关研究和规划。

据不完全统计,上海、福建、青海、海南等地提出要在全国"达峰"之前完成这个任务,有 17 个省市提出在 2021 年研究制定相关的行动方案,但还有不少地方还处在理解、思考以及制定行动方案的过程中。全国一盘棋,条件好的地区要先达峰,条件不好的地区会落后一些,为兑现"碳达峰"的承诺自然我们希望率先达峰的地方越来越多,这就要求各省区市要统一认识,尤其是认识到任务的艰巨性。

### 未来低碳发展是潜在的比较优势

讲碳排放不仅要考虑本国情况,而且要兼顾国际间的竞争。中国想要打造双循环、高质量的对外开放,就要考虑到与不同国家的经济往来。我国的碳排放有相当大一部分来自出口产品的制造,这意味着我们生产过程中碳排放的强度超过消费中的碳排放强度。因此,在未来各个国家间谈判建立统一的碳关税和碳税制度的过程中,要争取公平的待遇。另一方面也要现实地看到,由于美国两党政治的特点,在轮换到共和党执政时美国政府对气候议题是非常冷淡的,因此整个国际气候变化合作、碳排放合作方面肯定会出现一些波折,甚至是重大的挫折,我们要对此做好预案,即在国际上无法达成统一碳排放方案时中国应当如何应对。

从企业角度来说,中国的企业会面对成本的压力,原因是不少发展中国家在碳排放方面还没有提出类似中国的减排目标,因此中国企业肯定在碳排放合规方面要付出更高的成本。作为应对,企业本身要通过提高能源效率和产品创新等方式适应低碳经济。同时,亚马逊、梅赛德斯奔驰等国际大公司已经加入《气候宣言》,未来将有越来越多的行业向低碳方向发展,因此低碳排放也可以是中国的未来的比较优势之一,中国的企业不仅要看到挑战,也要看到机遇。

### 统筹区域协调发展

我国不同的省区市存在很大的地域差异。我们提到"碳达峰"有两个渠道,一是减少碳排放,二是碳捕获和储存。在这两个层面,各个省区市各有优劣势,因此"碳达峰"政策必然要因地制宜,在各个地方表现出差异性。

在能源生产的区域格局方面,能源生产应向优势地区集中,提高开采的效率、降低能源成本。同时,传统能源大省面临能源生产结构的挑战与机遇。比如内蒙古、山西、陕西、新疆等地有丰富的化石能源,但同时也具备发展风电和光电的资源禀赋,因此这些地方可以在能源生产结构方面进行长期的调整。而在技术和成本方面没有优势的化石能源产区,能源生产可能要面临一个加速退出的局面,但在具备条件的情况下,这类地区可以加大碳捕获能力的建设。

区域间协调发展是实现高质量发展的重要方面,在"碳达峰"和"碳中和"过程中也要考虑这个问题。首先要统筹区域间的动态平衡,比如在云南和青海,光电、水电、风电的比重高,化石能源的比重低,这类具有可再生能源优势的地方可以率先实现"碳达峰"和"碳中和"。东部一些具备财力、技术和人口密度优势的地方,可发挥自身优势,争取尽早实现"碳达峰"。对于既缺乏资源禀赋又缺乏财力、技术等优势的地方,可以为他们留下合理的发展空间和时间,不必"一刀切"地要求所有的省区市在 2030 年达到同一水准。

"十四五"规划中提出要建立地区间的长期生态补偿机制,这个方针在"碳达峰"相关政策制定上也具有很重要的指导意义。生态补偿机制包括从政府层面建立财政转移支付制度,对承担生态功能的区域给予财政支持,也包括利用市场化的手段,加速碳市场的建设。尤其重要的是,森林生态系统创造的"固碳"效应在碳市场中获得收入后,资金要反哺给森林的实际管理者(通常是农户和当地社区),激励他们管理好森林资源、提高单位面积上森林的碳吸收能力。

要想实现"碳达峰"目标的整体协调推进,必须依靠市场和政策"两条腿"走路。碳排放可以看作是生产和生活中产生的负外部性,对地球的环境产生了不良的影响。首先,大力发挥市场化应对手段的作用,比如国家生态环境部已经发布了《碳排放权交易管理办法(试行)》,中国需要加快碳排放交易市场的建设,为碳排放合理定价。另一方面,国家目前和未来会制定颁布和碳排放相关的多项政策和指导方针,例如发改委、科技部等部门可以通过产业政策和技术标准调整能源结构、产业结构和能源效率;财政资金可以支持绿色发展相关项目,支持碳捕获技术的研发和应用,研究和碳减排相关的税收制度;从金融角度来看,相关行业主管部门要引导资金流向绿色发展领域,金融机构应开发绿色金融产品来提供更为高效的融资支持。

(二)碳达峰、碳中和目标是什么?　中国一直在行动

2021 年 3 月 15 日下午,中共中央总书记、国家主席、中央军委主席、中央财经委员会主任习近平主持召开中央财经委员会第九次会议。习近平在会上发表重要讲话,其中提到要把碳达峰、碳中和纳入生态文明建设整体布局,拿出抓铁有痕的劲头,如期实现 2030 年前碳达峰、2060 年前碳中和的目标。

碳达峰,就是指在某一个时点,让二氧化碳的排放不再增长达到峰值,之后逐步回落。

碳中和,指的是在一定时间内,通过植树造林、节能减排等途径,抵消自身所产生的二氧化碳排放量,实现二氧化碳"零排放"。

**提出碳达峰、碳中和目标彰显大国担当**

这次会议首次提出要把碳达峰、碳中和纳入生态文明建设整体布局,这或许意味着国家将更加重视碳达峰、碳中和目标的实现。

二氧化碳的排放量,也是评判生态环境好坏的一个重要数值标准。

任何一个国家,环境问题的产生都是由于发展,尤其是在发展的初期阶段。收入水平低、能力差、技术人才治理意识等等的局限,造成了发展是通过污染环境进行的。无论是发展中国家,还是发达国家,在早期都需要经历这么一个过程。

然而,西方国家总是在环境问题上拿中国说事,频频制造"中国环境威胁论"。

其实中国并不反对节能减排,相反的是我们一直在为环保做出积极贡献。中国从碳达峰到碳中和的目标期限仅为30年,远远短于欧美发达国家50—70年的时长。

这树立了中国负责任的大国形象,彰显了中国主动履行应对气候变化国际责任、推动构建人类命运共同体的大国担当,也是美丽中国建设的需要和保障。

### 为达目标,中国一直在行动

碳达峰和碳中和目标的提出,不仅仅是喊喊口号而已,中国已经实实在在地在做。

据国家林业和草原局官方微博3月12日消息,2020年,中国完成造林677万公顷、森林抚育837万公顷、种草改良草原283万公顷、防沙治沙209.6万公顷,全国湿地保护率达50%以上。开展国家森林城市建设的城市达441个,城市人均公园绿地面积达14.8平方米。新增公路绿化里程18万公里,铁路绿化里程4933公里。截至发博时,全国森林覆盖率达23.04%,森林面积2.2亿公顷。

"十四五"规划提出,到2025年,中国森林覆盖率将从目前的23.04%再提高超1个百分点,达到24.1%,湿地保护率提高到55%,基本消除重污染天气和城市黑臭水体,加快发展方式绿色转型,使单位国内生产总值能耗和二氧化碳排放分别降低13.5%、18%。

另外,中国新能源装机和发电迅速增长,2019年中国新能源发电量为5435亿千瓦时,同比增长28.2%;占全国发电量的8.6%。预计到2030年,新能源发电装机将达16.4亿千瓦,占装机容量43.2%。

还有,2021年1—2月,中国新能源汽车生产31.7万辆,增长395.3%。截至2021年3月,中国新能源汽车的产销量和保有量均占到世界的一半以上。截至2020年10月底,共享单车中仅仅哈啰单车用户就累计骑行240亿公里,累计减少碳排放量近280万吨;哈啰助力车用户累计骑行近80亿公里,节约碳排放约28万吨。

中国政府高度重视环境保护,将生态文明建设纳入中国特色社会主义事业"五位一体"总体布局,大力推动绿色、低碳和可持续发展,认真履行气候变化、生物多样性、化学品等领域国际环境条约义务,取得显著成效。截至2019年底,中国单位国内生产总值二氧化碳排放比2005年降低48.1%,已超额完成2030年森林碳汇目标。中国通过切实行动为全球气候环境治理持续作出积极贡献。

### 湖南将明确达峰目标时间表、路线图

实现碳达峰,再来看看湖南是怎么做的。

2019年,湖南省能源消费二氧化碳排放约为3亿吨,碳强度约为0.8吨/万元,均低于全国平均水平,碳强度较2015年累计下降19.86%。

2021年,湖南将在全面摸清二氧化碳历史排放、认清排放现状、分析排放趋势、研判峰值目标的基础上,组织编制全省、重点区域、重点领域和重点行业达峰行动方案,分解落实主要目标和任务,强化重大政策和行动,创新体制与机制,为实现达峰目标明确时间表、路线图。

湖南将从经济结构、产业结构、能源结构低碳化转型,钢铁、建材、有色、化工、石化、电力等高耗能行业实施达峰行动,减少建筑能耗和优化建筑用能结构,在控制交通活动排放、优化交通方式构成与运输体系组织方式、提高燃料利用效率等重点领域齐发力。

环境是人类生存的条件,也是人类发展的根基。只有环境发展好了,人民生活幸福感才会越来越强;只有环境发展好了,中国经济社会才能持续健康地后续发力;只有环境发展好了,才能给子孙后代留下最宝贵的财富。

最后,让时间来到 2060 年,此时的中国已早早实现碳中和目标,我们所处的家园一定会是一个空气清新、绿意盎然、生机勃勃的美丽中国。

(案例来源:唐遥.2021 年热词"碳达峰",未来 10 年它将改变中国[EB/OL].(2021-03-10)[2021-12-31].https://m.thepaper.cn/baijiahao_11645377.;燃青年工作室.碳达峰、碳中和目标是个啥? 中国一直在行动[EB/OL].(2021-03-16)[2021-12-31].https://baijiahao.baidu.com/s? id=1694402578856330773&wfr=spider&for=pc.)

**案例思考:**

1.结合案例,试分析"碳达峰""碳中和"目标的设定有何意义。

2.结合案例,试分析"碳达峰""碳中和"目标的设定对我国未来的资源利用将产生什么影响。

3.结合案例,试论述为实现"碳达峰""碳中和"目标,我国应采取哪些举措。

## 三、案例分析参考

**1.结合案例,试分析"碳达峰""碳中和"目标的设定有何意义。**

"碳达峰"是"碳中和"的基础和前提,"碳达峰""碳中和"目标的设定具有如下意义:

(1)"碳达峰""碳中和"目标的设定是我国参与全球治理的必然要求。气候问题是个全球性的挑战,我国也不例外。气候变暖导致的海平面上升以及极端天气增多等异常现象,对人类的正常生存具有巨大影响,所以气候问题是个全球性问题。现在很多国家都提出了各自的"碳中和"愿景,我国要参与新的全球治理体系的构建,必然也要参与到这一行动当中。

(2)"碳达峰""碳中和"目标的设定是我国实现高质量发展的客观要求。我国已经提出了高质量发展的战略目标,其中能源的节约集约利用与生态环境的综合保护是高质量发展的题中之义。"碳达峰"目标的设定便契合这一要求。

(3)"碳达峰""碳中和"目标的设定对于我国的能源安全意义重大。化石能源方面,目前我国的石油供应存在较大的进口依赖性,所以无论是出于降低能源总量的要求还是出于减少能源的进口依赖性的需求,"碳达峰"目标的提出对于我国的能源安全都具有十分积极的意义。

**2.结合案例,试分析"碳达峰""碳中和"目标的设定对我国未来的资源利用将产生什么影响。**

"碳达峰""碳中和"目标的设定对我国未来的资源利用将产生这些影响:

一是"碳达峰""碳中和"目标的设定有利于资源的节约集约利用。

在一个规划过程中,终点条件的变化会影响各个阶段的行为。设定碳中和终点目标,排放轨迹便将发生很大变化,在 2030 年前各个经济主体进一步发展高碳产业的可能性将大大降低。企业界对于低碳产业、可再生能源及非化石能源将会给予更多的重视,减少使用和高效使用碳材料,从而提高资源利用效率,支持经济可持续发展。

二是"碳达峰""碳中和"目标的设定将有利于全国上下形成减排的合力。

自然资源丰富的地区例如内蒙古、新疆等地具有开发风能和光电资源的潜力,因此可以在能源生产结构上稳步调整,从传统的化石能源燃烧等向更加清洁高效的发电方式转变,从而在能源结构方面产生比较明显的优化。其他地区也都可以因地制宜,围绕着"碳达峰""碳中和"目标共同发力。

三是"碳达峰""碳中和"目标的设定有利于资源利用技术的升级。

为实现"碳达峰""碳中和"的目标,我国今后将在绿色技术、资源再利用技术、碳捕获技术等领域强化创新,以技术手段推动减排,因此"碳达峰""碳中和"目标的设定有利于我国资源利用技术的升级。

**3.结合案例,试论述为实现"碳达峰""碳中和"目标,我国应采取哪些举措。**

第一,依据国际承诺,拟定国内目标。依据在国际上承诺的"碳达峰""碳中和"的目标,明确"十四五"期间单位 GDP 能耗、二氧化碳排放量、森林覆盖率等指标的预期值,确保如期实现对外承诺的目标,用实际行动为应对气候变化贡献中国力量。

第二,统筹长期目标、中期目标和短期目标。"碳中和"目标的实现过程中,"碳达峰"的实现是一个相对紧迫的关键节点。将"碳达峰""碳中和"纳入年度重点工作中进行统一部署,将"十四五"期间的节能减排目标也按照年度逐一分解,做到不同阶段目标的统筹兼顾。

第三,协同推进高质量发展和高水平生态环境保护。"十四五"期间,我国进入一个新的发展阶段,不仅要实现高质量的经济发展,而且要追求更高的生态环境质量。要把"碳达峰""碳中和"工作视为推进高质量发展和高水平生态环境保护的重要抓手,直面挑战并积极迎接新机遇。

第四,强化顶层设计和持续完善政策体系。制定好 2030 年前碳排放达峰行动计划,为"十四五"及更长时期的可持续发展奠定基础。要把优化产业和能源结构作为工作重点,健全政策措施,建立健全全国用能权等的交易市场建设,规避高碳锁定,从而为转型留下时间窗口。

**参考文献:**

[1]佟哲,周友良.新发展格局下中国实现碳达峰、碳中和的现状、挑战及对策[J].价格月刊,2021(8):32-37.

[2]王江,唐艺芸.碳中和愿景下地方率先达峰的多维困境及其纾解[J].环境保护,2021,49(15):31-36.

[3]鲜军,周新苗.全要素生产率提升对碳达峰、碳中和贡献的定量分析:来自中国县级市层面的证据[J].价格理论与实践,2021(6):76-79.

[4]熊健,卢柯,姜紫莹,等."碳达峰、碳中和"目标下国土空间规划编制研究与思考[J].城市规划学刊,2021(4):74-80.

[5]李云燕,崔涵,朱启臻.从碳达峰碳中和目标愿景看乡村环境治理的困境与出路[J].行政管理改革,2021(8):32-38.